THE iBT TOEFL SERIES
READING

READING

THE iBT TOEFL SERIES

READING

강상흥 지음

저자 강상흥

약력
The University of Florida 경제학 Ph.D. 과정에 T.A.(가르치는 조교) 장학금 받고 입학한 후 수료. 현재, 박정어학원에서 '상흥'이라는 이름 그대로 '항상 흥미롭게' TOEFL Reading을 강의하고 있다.

저서
《강상흥 토플 문법 구조》 (2000, 문지사),
《TOEFL Voca, 왜 마구잡이로 외워?》 (2005, 문지사),
《토플독해, 왜 마구잡이로 시작해?》 (2006, MJ미디어)

하루 천 명이 넘는 방문객들이 찾는 네이버 블로그 운영.
블로그 주소는 kangreading.blog.me
(질문은 〈강쌤의 '흥미로운 토플' 지면 강의〉 '메모' 게시판에 남겨주세요.)

토플러스 iBT TOEFL Reading

2012년 7월 10일 1판 2쇄 인쇄
2012년 7월 16일 1판 2쇄 발행

지은이 | 강상흥
펴낸이 | 박정
펴낸곳 | PJBOOKS
판매대행 | TOMATO
등록번호 | 제6-0622호
주소 | 서울 동대문구 답십리1동 469-3 월드씨티빌딩 501호
전화 | 0502-600-4925
팩스 | 0502-600-4924

ⓒ 강상흥 2010
이 책 및 CD의 내용과 구성의 저작권은 저자에게 있습니다.
서면에 의한 저자와 출판사의 허락없이 내용의 일부 또는 전부를 인용하거나 발췌하는 것은 금지되어 있습니다.

ISBN 978-89-91068-34-6
파본은 교환해 드립니다(정가는 표지에 있습니다).

토마토출판사 홈페이지(www.tomatobooks.co.kr)

들어가는 말

주영민 기자와의 가상 인터뷰 내용으로 '들어가는 말'을 대신하겠습니다.

주 기자: 선생님, 안녕하세요?
선생님: 안녕하세요, 주 기자님?
주 기자: 저희 신문사에서는 '영어교육, 이대로 좋은가?'라는 기획 시리즈물의 일환으로 세계 공인시험인 토플 시험에 관한 내용으로 선생님과 대담을 갖게 됐습니다.

우리나라 토플 성적은 157개국 중 71위

주 기자: 토플 주관사인 미국 ETS의 발표에 따르면 2009년 우리나라의 토플 평균 점수가 81점으로 157개국 중 71위를 차지했다고 합니다. 2007년에 76점으로 98위, 2008년에 77점으로 89위로 꾸준히 상승 추세입니다. 하지만 영어에 쏟는 비용과 노력에 비해 저조한 성적입니다. 지나치게 문법이나 해석 위주로 영어를 공부해서 그런 것일까요?

	세계 평균	한국 평균
2007년	78점 (1위: 네덜란드 104점)	76점 (98위)
2008년	79점 (1위: 네덜란드/덴마크 102점)	77점 (89위)
2009년	79.5점 (1위: 네덜란드 101점)	81점 (71위)

선생님: 다음 ETS의 발표를 참고하면 그렇지 않다는 것을 확인할 수 있습니다.

	Reading	Listening	Speaking	Writing
한국 평균	21	20	19	21

지나치게 문법과 해석 위주의 영어공부를 하고 있다면 Reading 점수가 다른 섹션의 점수보다 훨씬 잘 나와야 하는데 그렇지 않거든요.

우리나라 학생들에게 너무나 어려운 iBT TOEFL

주 기자: 그렇다면 무엇이 문제입니까?

선생님: iBT TOEFL 시험이 너무 어렵게 출제되고 있습니다. 예전 CBT 시험이 미국 중학교 3학년 수준이었다면 iBT 시험은 미국 대학교 2학년 수준으로 출제되고 있습니다.

주 기자: 왜 갑자기 난이도가 높아진 것입니까?

선생님: 미국 대학들이 ETS에게 TOEFL 성적을 못 믿겠다고 계속 불평을 했고 ETS가 이를 시험에 반영한 것입니다. 그래서 iBT 리딩에서는 학생들이 '학문적 자료를 얼마나 잘 읽을 수 있는지 측정하기 위해서' 대학 교재 발췌문을 가능하면 그대로 사용합니다.

주 기자: 미국 중학교 3학년 수준과 미국 대학교 2학년 수준 차이는 구체적으로 어떤 것입니까?

선생님: iBT 리딩을 예로 든다면, 기존의 CBT 시험에서는 '정보를 파악하기 위한 읽기 능력'을 요구한 반면에 iBT 시험에서는 '학습을 위한 읽기 능력'을 요구하고 있습니다. 즉, 기존의 CBT 시험에서는 '지문을 훑어보며 요점 파악하기'에 중점을 뒀는데 반해, iBT 시험에서는 '지문의 목적과 구조 파악하기, 요점과 세부 사항들의 관계 이해하기, 주제 문장과 뒷받침 문장들 사이의 관계 이해하기'에 중점을 두고 있습니다. 이렇게 시험이 어려워지면서 일부 학생들은 황당하다 못해 충격을 받는 경우도 나타나고 있습니다. 다음은 몇몇 학생들이 시험치고 난 후의 소감들입니다.

"완전 충격 …… 리딩 개 어려움"

"집에 오자마자 접속 …… 피곤하네요.. 리딩이 왜 이리 어려웠는지?"

"시험 …… 진짜 시간 빨리 지나갔어요.. --ㅎ 아직도 웃음뿐이 ……"

"오늘 리딩 난이도 어땠나요? 리딩에서 피 봤네요……"

"진짜 눈물 나게 어려웠어요…… 나만 그런가……?"

"갈수록 어려워지는 거 같은 느낌 …… 주제도 생소하고 ……"

영어와 우리말은 사고방식부터 다르다

주 기자: 시험이 어려워졌다면 우리나라 학생들에게만 어려워진 것은 아니지 않습니까? 왜 우리 학생들이 유독 힘겹게 느끼는 것일까요?

선생님: 영어와 우리말의 전개방식의 차이 때문입니다. 즉, 영어는 핵심 내용인 주제를 맨 앞에 제시하는 두괄식 방식인데 반해 우리말은 주제를 맨 뒤에 제시하는 미괄식 방식입니다.

주 기자: 이런 전개방식의 차이가 문제 되나요?

선생님: 예. 아주 심각한 문제를 낳습니다. 영어의 주제는 맨 처음에 나오고 그 다음 문장들은 그 주제를 뒷받침하는 것들인데 이것을 미괄식 방법으로 읽으면 주제가 맨 끝에 나온다고 생각하고 읽게 되므로 내용의 흐름을 제대로 파악할 수 없습니다. 듣기에서는 더욱 심각합니다. 핵심적인 내용은 이미 앞에 나왔는데 나중에 나올 거라고 생각하고 듣게 되면 중요한 것은 놓치고 세부적인 것들만 듣게 됩니다. 영어로 말을 할 때도 핵심적인 사항을 먼저 제시해야만 합니다. 그렇지 않으면 듣는 사람이 아주 답답해합니다. 영어로 글을 쓸 때도 마찬가지이죠. '교수님이 주말에 도와 달라고 부탁할 때 거절'하는 방식에 대한 예를 들겠습니다. 우리나라에

서는 다음과 같이 〈예시 → 이유 → 주제문〉 순서로 말합니다.

"며칠 전에 제 어머니가 교통사고로 병원에 입원했습니다.
(그래서) 이번 주말에 제가 어머니 간병 때문에 바쁠 거 같습니다.
(그래서) 제가 교수님 도와 드릴 수 없을 거 같습니다."

위와 같이 말하는 방식은 주제가 맨 끝에 나오는 미괄식 방식입니다. 미국 교수님에게 이런 방식으로 말하면 소통하기가 힘듭니다. 왜냐하면 영어에서는 〈주제문 → 이유 → 예시〉 순서인 두괄식 방식으로 소통하기 때문입니다. 즉,

"제가 교수님 도와 드릴 수 없을 거 같습니다.
(왜냐하면) 이번 주말에 바쁠 거 같습니다.
며칠 전에 제 어머니가 교통사고로 병원에 입원해서 제가 어머니를 간병해야 합니다."

주제 중심으로 주요 단어들을 연결하며 읽기

주 기자: 제가 대학 다닐 때 영어 공부 방법은 '영어 공부에 왕도는 없다. 많이 외우고, 많이 읽고, 많이 풀라.'는 것이었습니다. 이렇게 하면 안 되나요?

선생님: (웃으며) 저도 선배들로부터 그런 얘기를 많이 듣고 그렇게 실천했습니다. 모르는 단어가 나오면 사전에서 그 단어의 의미와 예문을 찾아서 노트에 정리하고, 어떤 문장이 해석이 안 되면 구조를 따져 가면서 자세히 해석하려고 했습니다. 이런 식으로 2년간 했더니 두꺼운 노트 10권 분량이 되더군요. 시험 결과가 괜찮은 편이어서 The University of Florida 경제학 박사과정에 4년 장학금을 받고 가르치는 조교(Teaching Assistant)로 입학했어요. 하지만 영어식 사고를 갖춘 것이 아니어서 박사과정 공부뿐만 아니라 조교를 하는데 무진장 애를 먹었습니다. 영어식 사고를 갖추지 않으면 제가 박사과정에서 겪은 것처럼 당장 iBT TOEFL시험을 준비하는데 애를 먹게 됩니다.

주 기자: 왜요?

선생님: 모르는 단어가 나오면 사전에서 찾아 확인하고, 한 문장씩 자세히 해석하는 공부 습관을 들이면 실제 시험에서 시간이 절대적으로 부족하게 되고, 긴 지문을 읽다가 지쳐서 대충대충 읽게 돼서 전체 줄거리를 놓치게 됩니다. iBT에서는 지문의 길이가 CBT에 비해 2배로 길어지고, 미국 대학교재에서 발췌된 지문 내용들은 생소한 것들이 많이 출제되고 있습니다.

주 기자: 그러면 어떻게 영어 지문을 읽어야 합니까?

선생님: '주제 문장 중심으로 key word들을 연결하며 읽는 것'입니다. 이것은 '대략적으로 훑어 보고 요점을 파악'하는 skimming의 한 방법입니다. 이 방식을 저는 '빠른 독해 비법'이라고 일컫고 있습니다. '빠른 독해 비법'을 위해서는 두 가지 절차가 필요합니다. 첫째, 문장에서 중요한 정보인 주어, 동사, 보어, 목적어에 신경 쓰고, 덜 중요한 정보인 수식어구와 삽입어구는 무시하며 읽는 겁니다. 둘째, 주제문의 핵심어구인 '동사 + 보어/목적어'를 파악한 후에는 다음 문장들이 주제와 어떻게 연결되는지 예상하며 읽는 겁니다.

주 기자: 이런 방식이 iBT Reading에서 좋은 점은 무엇입니까?

선생님: 전체 줄거리를 빠르게 파악하는데 도움이 됩니다. 특히, 모르는 단어들이 많이 나오는 생소한 지문에서 요점을 파악하는데 좋습니다.

시험 준비 교재로 Official Guide와 TOEFL Practice Online이 적합

주 기자: 시험 준비 교재로는 어떤 것들이 좋습니까?

선생님: 이 책을 공부한 다음에 보충할 자료들은 다음 4가지입니다.

첫째, 〈The Official Guide to the TOEFL, 3rd Edition〉
둘째, 〈Free iBT Sample Questions for Test Takers〉
셋째, 〈TOEFL Practice Online (TPO)〉
넷째, 〈kangreading.blog.me〉

주 기자: 이 자료들은 어떤 것들입니까? 자세한 설명 부탁드릴께요.

선생님: 첫 번째 자료는 ETS가 발행한 책인데 제목에 나온 것처럼 iBT TOEFL에 대한 '공식 안내서' 입니다. Reading 지문은 9개이고 중급 정도의 수준입니다. 둘째 자료는 ETS가 온라인에서 무료로 제공하는 자료로서 시험 치기 전에 연습하기 좋은 자료입니다. 이 자료는 토플 홈페이지(http://toefl.org)에서 무료로 다운 받을 수 있습니다. 셋째 자료는 ETS가 온라인에서 유료로 제공하는 기출문제들인데 시험 치기 전에 연습용으로 아주 좋습니다. 이 자료들은 토플 홈페이지에서 유료로 제공받을 수 있습니다(국내 대행사 홈페이지 주소는 http://etest.chosun.com/tpo/index.jsp 입니다). 네 번째 것은 제 네이버 블로그 주소입니다.

주 기자: 선생님 블로그에서는 어떤 자료들을 이용할 수 있습니까?

선생님: 토플 리딩 실전테스트들을 화면으로 연습할 수 있고, 토플 리딩 문제 푸는 10가지 공식을 공부할 수 있습니다. 또한, 리스닝, 스피킹, 라이팅에 관련된 유용한 정보를 얻을 수 있습니다.

주 기자: 오늘 인터뷰에 응해주셔서 감사합니다.

선생님: 고맙습니다.

이 책을 공부하는 방법

천지연: 선생님, 이 책을 어떻게 공부하는 것이 좋은가요?

선생님: 여러분이 현재 어떤 단계에 있느냐에 따라 공부하는 방법을 다르게 정하는 것이 좋습니다. 기본반 학생들을 크게 두 그룹으로 나눌 수 있습니다. 첫째는, 개별 문장의 내용은 이해가 되는데 단락 전체의 줄거리가 이해 안 되는 그룹이고, 둘째는, 하나의 단락에서 이해가 안 되는 문장이 두 세 개 정도 돼서 어떤 때는 전혀 엉뚱하게 해석하는 그룹입니다. 여러분은 어떤 그룹에 속한다고 생각해요?

천지연: 저는 첫 번째 그룹에 속하는 거 같습니다.

은초롱: 저도요.

맹영구: (약한 목소리로) 저는 두 번째 그룹에 속하는 거 같습니다.

선생님: 좋아요. 자, 그러면 두 그룹의 학생들을 위한 이 책의 공부 방법을 알려 드릴께요.

단락의 줄거리 요약을 위해 '주제 중심으로 읽고 주요 단어들을 연결하기'

선생님: 지연 씨와 초롱 씨 같은 첫째 그룹은 빠른 독해 방법과 단락의 줄거리를 요약하는 것을 훈련해야 합니다.

천지연: 빠른 독해 방법은 어떻게 훈련하면 됩니까?

선생님: 문장에서 덜 중요한 정보를 과감히 무시하고 아주 중요한 정보만 취하는 훈련을 하는 겁니다. 문장에서 아주 중요한 정보는 주어, 동사, 보어, 목적어이고 덜 중요한 정보는 수식어구와 삽입어구입니다.

은초롱: 단락의 줄거리 요약은 어떻게 훈련하면 됩니까?

선생님: 두괄식 방법을 따르는 것입니다.

은초롱: '두괄식 방법을 따른다' 는 것은 무슨 뜻입니까?

선생님: 영어에서는 주제가 보통 첫 문장에 제시됩니다. 그래서, 첫 문장을 신경 써서 읽고 핵심을 파악한 후, 다음 문장들이 주제와 어떻게 연결되는지 파악해야 합니다. 연결 관계를 파악하기 위해서는 '왜(why)?', '어떻게(how)?', '뭐라고(what)?', '어느 정도로(How much)?' 등과 같은 질문을 던지고 그에 대한 답을 기대하며 읽는 것입니다. 이렇게 읽어야 하는 이유에 대해서는 본문에서 자세히 설명하겠습니다.

문장을 제대로 해석하려면 '토플리딩을 위한 필수구문과 필수단어 공부'

선생님: 영구 씨처럼 토플 시작한 지 1, 2개월 밖에 안돼서 '어려운 문장이 나올 때 가끔씩 엉뚱하게 해석' 하는 학생들은 Appendix에 있는 '토플리딩을 위한 필수구문 30' 과 Part III에 있는 '토플리딩 필수단어 600' 을 완전 마스터하시기 바랍니다. 구문과 단어를 잘 모르면 한 단락에서 이해가 안 되는 문장이 두세 개 정도 됩니다. 이 경우에 문장과 문장의 연결이 잘 안 되기 때문에 단락의 줄거리를 요약할 수가 없습니다.

맹영구: 선생님, 필수 구문과 필수 단어를 공부한 다음에는 어떻게 해야 되나요?

선생님: 그 다음 공부 방법은 위에 제시된 첫째 그룹의 방법을 따르면 됩니다. 즉, 빠른 독해 방법과 단락의 줄거리를 요약하는 것을 훈련하면 됩니다.

CONTENTS

들어가는 말 <5>
이 책을 공부하는 방법 <9>
iBT TOEFL 소개 <12>
iBT TOEFL Reading <17>

Part I   빠른 독해 비법   21

Chapter 1.   핵심어구 읽기   22

1. 부사를 무시하라. <23>
2. 부사구를 무시하라. <26>
3. 부사절을 무시하라. <30>
4. 명사를 수식하는 형용사구를 무시하라. <33>
5. 명사를 수식하는 형용사절을 무시하라. <39>
6. 《( ), 주부 + 술부》에서 빈 칸에 나온 어구를 무시하라. <45>
7. 〈주부 + 술부, ( )〉에서 빈 칸에 나온 어구를 무시하라. <48>
8. 〈 ~ + 명사, ( )〉에서 빈 칸에 나온 어구를 무시하라. <52>
9. 〈주부, ( ), 술부〉에서 빈 칸에 나온 어구를 무시하라. <55>
10. 대쉬(-), 콜론(:), 세미콜론(;) 다음에 나오는 어구를 무시하라. <58>

Chapter 2.   예상하며 읽기   62

1. 우리말은 끝까지 읽어야 알 수 있지만 영어는 첫문장만 읽어도 알 수 있다. <63>
2. 동사와 그 이후의 핵심어에 초점을 맞추면 다음 내용이 보인다. <69>
3. 접속부사(구)에 주목하면 글이 같은 방향으로 전개될 지 반대 방향으로 전개될 지 알 수 있다. <84>

Part II   문제 유형 분석   87

Chapter 1.   Vocabulary(단어) 문제   88

Overview <88>   Strategies <89>   Warming-up <98>
Exercise <100>   Review Test <102>

Chapter 2.   Reference(지시어) 문제   106

Overview <106>   Strategies <107>   Warming-up <115>
Exercise <117>   Review Test <119>

Chapter 3.   Fact(언급된 사실) 문제   122

Overview <122>   Strategies <123>   Warming-up <128>
Exercise <131>   Review Test <134>

Chapter 4. Not/Except(언급되지 않은 것) 문제　　　　　　　　　138
　　　　　　Overview ⟨138⟩　　Strategies ⟨139⟩　　Warming-up ⟨143⟩
　　　　　　Exercise ⟨146⟩　　Review Test ⟨148⟩

Chapter 5. Purpose(목적) 문제　　　　　　　　　　　　　　　152
　　　　　　Overview ⟨152⟩　　Strategies ⟨153⟩　　Warming-up ⟨157⟩
　　　　　　Exercise ⟨161⟩　　Review Test ⟨164⟩

Chapter 6. Insertion(삽입) 문제　　　　　　　　　　　　　　168
　　　　　　Overview ⟨168⟩　　Strategies ⟨169⟩　　Warming-up ⟨175⟩
　　　　　　Exercise ⟨179⟩　　Review Test ⟨182⟩

Chapter 7. Inference(추론) 문제　　　　　　　　　　　　　　186
　　　　　　Overview ⟨186⟩　　Strategies ⟨187⟩　　Warming-up ⟨195⟩
　　　　　　Exercise ⟨199⟩　　Review Test ⟨202⟩

Chapter 8. Sentence Simplification(문장 간결화) 문제　　　　206
　　　　　　Overview ⟨206⟩　　Strategies ⟨207⟩　　Warming-up ⟨217⟩
　　　　　　Exercise ⟨223⟩　　Review Test ⟨226⟩

Chapter 9. Summary(요약) 문제　　　　　　　　　　　　　　230
　　　　　　Overview ⟨230⟩　　Strategies ⟨233⟩　　Warming-up ⟨244⟩
　　　　　　Exercise ⟨249⟩　　Review Test ⟨252⟩

Chapter 10. Table(표 완성) 문제　　　　　　　　　　　　　　258
　　　　　　Overview ⟨258⟩　　Strategies ⟨260⟩　　Warming-up ⟨262⟩
　　　　　　Exercise ⟨264⟩　　Review Test ⟨266⟩

Part III　토플 리딩 필수단어 600　　　　　　　　　　　　　271

Appendix　토플 리딩을 위한 필수구문 30　　　　　　　　　293

1. 명사류의 구조(구문 1~6) ⟨298⟩
2. 형용사류의 구조(구문 4~10) ⟨303⟩
3. 부사류의 구조(구문 11~17) ⟨313⟩
4. 병렬 구조(구문 18~19) ⟨323⟩
5. 비교 구문의 구조(구문 20~23) ⟨325⟩
6. 도치 구문(구문 24~28) ⟨330⟩
7. 문장 부호의 구조(구문 29~30) ⟨335⟩

iBT TOEFL 소개

차례
- **iBT TOEFL 처음 만나기**
  - iBT TOEFL이란?
  - iBT TOEFL 준비하기
- **iBT TOEFL 한눈에 보기**
  - iBT TOEFL 특징
  - iBT TOEFL의 구성
  - iBT와 PBT의 점수 비교
- **iBT TOEFL 체험하기**
  - iBT TOEFL 접수에서 시험까지

iBT TOEFL 처음 만나기

iBT TOEFL이란?

TOEFL(Test of English as a Foreign Language, 토플)은 미국의 ETS가 미국의 학교에서 공부하려는 외국인을 대상으로 실시하는 영어능력 평가시험이다. 토플은 PBT(paper-based test)로 시작하여 CBT(computer-based test)를 거쳐 현재의 iBT 방식으로 발전하였다. iBT(internet-based test) 토플은 인터넷을 기반으로 하며, 개인의 실제 의사소통 능력을 보다 정확하게 측정하는 데 그 목적을 두고 있다. CBT 토플은 PBT 토플에 영작문을 추가한 문제를 컴퓨터에서 CAT(computer-adaptive test, 개별 응시생에 맞는 난이도의 문제 출제)방식으로 실시한 평가방식인데, 지금은 iBT 토플에 의해 완전히 대체되었다. 하지만, PBT 토플은 인터넷이 취약한 지역을 위주로 일부 지역에서 여전히 실시되고 있다.

iBT TOEFL 준비하기

시험영역	Reading, Listening, Speaking, Writing
시험 소요시간	약 4시간
시험 횟수	ETS에서 지정한 날짜에 응시할 수 있으며, 1년에 30~40회 정도 실시
총점	120점(각 영역별 30점)
시험 장소	지역별로 대학교, 고등학교 및 일부 기관에 설치된 ETS의 Test center
시험일	일부 금, 토, 일요일에 시행

접수 방법	① 온라인 접수 www.toeflkorea.or.kr (3~4개월 단위로 시험 신청 등록) 　– 시험 응시 전 시험 응시가능일과 각 지역의 Test center 확인 　– 시험 응시일 7일전까지 ETS 사이트에서 등록. 　– 상시 등록이 가능하며 등록 확인을 위해 E-mail 발송됨 ② 전화 접수 　– 프로메트릭코리아(1566-0990)으로 전화를 걸어 담당자를 통해 등록 　– 통화 가능시간: 월~금 am 9:00~pm 17:00
결제 방법	– 신용카드(VISA, MASTER, American Express 등 국제 사용 가능한 카드에 한함) – 수표(Electronic Check, Bank Check) – 우편환
시험 문의	– 전화: (미국) 1-609-771-7100 / 팩스: (미국) 1-610-290-8972 – e-mail: TOEFLSupport4Korea@ets.org
시험 취소 및 날짜 변경	– 프로메트릭코리아로 전화하거나 ETS사이트에서 등록 취소 또는 날짜변경 가능 – 응시일로부터 3일 전까지 날짜 변경이 가능하며 40$의 비용 발생 – 시험 응시 날짜 3일 전까지 취소할 경우 85$ 환불 받을 수 있음
시험 응시 비용	US $ 170(변동될 수 있음)
시험 준비물	– 사진이 포함된 공인된 신분증 원본(주민등록증, 운전면허증, 여권, 군인신분증) – 접수 등록 번호(Registration Number) – 시험장소 마다 환경이 달라 사물함이 부족할 수도 있으니 그 외 소지품은 적게 가져갈 것
점수 확인 및 리포팅	① 온라인 점수 확인 　– 응시일로부터 15일(비영업일 제외) 후 ETS 사이트상에서 점수 확인 가능 ② 우편발송 　– 온라인 점수 확인과 별개로 우편을 통해 각 영역별 피드백이 적힌 성적 통지서를 받을 수 있음 ③ 리포팅 　– 4개 기관까지 성적 리포팅이 가능하며 시험 응시일로부터 15일 후 성적발송, 7~10일 정도 소요 　– 추가 리포팅 시 ETS사이트에서 토플성적 리포팅 신청서(TOEFL Score Report Request Form) 작성하여 신청(리포팅 비용 $17) 　– 성적 유효기간: 2년
참고 사이트	www.toeflgoanywhere.org/kr(ETS사가 제공하는 토플준비 도우미 한국어사이트) www.youtube.com/TOEFLtv(ETS사가 운영하는 토플관련 동영상 사이트)

※ 토플 시험일자 및 시험장소는 www.pjenglish.com의 토플지식인(퀵 버튼 메뉴)에서도 확인할 수 있다.
※ ETS가 제공하는 모의토플테스트를 www.pjenglish.com에서도 응시할 수 있다.

iBT TOEFL 한눈에 보기

iBT TOEFL 5대 특징

1. **Speaking 평가 개설 및 문법 평가 방식의 변화**
   iBT의 가장 커다란 특징은 Speaking 평가를 도입한 것이며 PBT, CBT와는 달리 별도로 평가하지 않고 Writing 과 Speaking에서 응시자의 문법 활용 능력을 평가한다.

2. **통합형 문제 출제로 Writing과 Speaking을 종합적으로 평가**
   읽기-듣기-쓰기, 읽기-듣기-말하기, 듣기-말하기 등의 여러 언어영역을 통합한 유형의 문제를 출제하여 통합적 사고 능력을 종합적으로 평가한다.

3. **발음의 다국적화 및 실제 상황 반영**
   Listening 평가에서 기존의 '짧은 대화'가 없어지고, '긴 대화,' '강의 및 토론'으로 구성되어 있으며, 실제 여러 영어권 국가들의 교실, 기숙사 등 캠퍼스 환경과 유사한 상황을 제공하기 위해 미국식 발음 외에도, 영국과 호주 식 발음이 등장하기도 한다. 또 화자의 억양이나 목소리, 어조를 파악해 화자의 태도나 의도를 파악하는 문제도 출 제된다.

4. **Note-taking 허용**
   학생들이 교실에서 필기를 하며 강의를 듣는 것처럼, 토플 시험 응시자에게도 이와 비슷한 환경을 제공하기 위해 Note-taking을 허용한다. 메모지는 감독관이 나눠주며, 시험이 끝난 뒤 회수한다.

5. **지문의 장문화, 700단어 이상**
   Reading과 Listening 의 지문이 예전보다 많이 길어졌으므로, 이를 잘 소화하기 위해서는 고도의 집중력과 인내 력이 필요하다.

iBT TOEFL의 구성

시험 영역	출제 문항 수	점수	소요시간
Reading	지문 3~5개(지문 당 길이: 700단어): '더미' 지문이 있을 때는 지문 5개 지문 당 12~14문항 Part 1 → 지문 1개 - 20분 Part 2 → 지문 2개 - 40분 Part 3 → 지문 2개 - 40분	30점 만점	60~100분
Listening	대화 2~3개, 각 5문항(대화 길이 3분) 강의 4~6개, 각 6문항	30점 만점	60~90분
휴식시간 10분			

Speaking	독립형 2문항(Independent tasks) 통합형 4문항(Integrated tasks)	0~4(Speaking), 0~5(Writing) 으로 평가 후, 30점 만점으로 다시 환산	20분
Writing	통합형 1문항 - 20분 독립형 1문항 - 30분		50분

※ '더미' 란 기본 출제 문제 이외에 추가되는 문제로 성적평가에는 반영하지 않으며, Reading이나 Listening 중에서 한 영역에서만 출제된다.

iBT 와 PBT의 점수 비교

iBT	PBT	iBT	PBT
120	677	81~82	553
120	673	79~80	550
119	670	77~78	547
118	667	76	540~543
117	660~663	74~75	537
116	657	72~73	533
114~115	650~653	71	527~530
113	647	69~70	523
111~112	640~643	68	520
110	637	66~67	517
109	630~633	65	513
106~108	623~627	64	507~510
105	617~620	62~63	503
103~104	613	61	500
101~102	607~610	59~60	497
100	600~603	58	493
98~99	597	57	487~490
96~97	590~593	56	483
94~95	587	54~55	480
92~93	580~583	53	477
90~91	577	52	470~473
88~89	570~573	51	467
86~87	567	49~50	463
84-85	563	-	-
83	557~560	0	310

iBT TOEFL 체험하기

iBT TOEFL 접수에서 시험까지

① ETS사이트(www.ets.org) 회원가입
② 사이트상에서 시험일과 응시 장소 확인
 - 한미교육위원단을 포함, 고려대, 연세대, 국민대 등 각 지역별 대학교와 고등학교 중에서 선택할 수 있으며 응시환경, 시설, 교통 등에 대한 사전조사 필요
③ ETS사이트 또는 전화로 시험 접수
④ 시험 당일에 신분증, 등록번호와 간편한 소지품만 챙겨 응시 장소 사무실에서 응시자 확인, 기밀 서약서(confidentiality statement)작성, 사진촬영으로 응시자 신분 확인
⑤ 신분확인 후 감독관이 Note-taking을 위한 필기구와 종이 제공(시험 중 종이가 부족하면 손을 들고 감독관에게 요청)
⑥ 감독관의 지시에 따라 입실하여 지정된 좌석에서 시험 시작
⑦ 문제가 있을 경우 손을 들어 감독관에게 알리되 자리에서 이탈 또는 컴퓨터를 조작할 경우 부정행위로 간주될 수 있으니 주의해야 함
⑧ 외투를 입고 시험을 치르는 중에 옷을 벗을 경우 부정행위로 간주되므로 시험실 입장 전에 사물함에 넣거나, 혹은 옷을 입은 상태라면 시험 종료 시까지 입고 시험 응시해야 함
⑨ Reading, Listening 영역이 끝난 후 10분간의 휴식이 주어지며, 이 때 시험실 밖으로 나올 수 있음
⑩ Speaking 영역이 시작되기 전에 헤드셋의 마이크가 제대로 작동하는지의 확인을 위하여 반드시 화면에 제시되는 지시에 따라 확인
⑪ Writing 영역은 반드시 typing하여 작성
⑫ 시험 종료 후 화면에서 종료 메시지를 확인하고 필기도구, 신분증 등을 챙겨 Note-taking 종이를 반드시 감독관에게 제출

iBT TOEFL Readng

차례
- **iBT TOEFL Reading의 특징과 구성**
  - iBT TOEFL Reading의 특징
  - iBT TOEFL Reading의 구성
- **iBT TOEFL Reading 시험 화면**
  - iBT TOEFL Reading 시험 화면
- **iBT TOEFL Reading 학습 전략**
  - Reading 기본 훈련
  - Reading Tips

iBT TOEFL Reading의 특징과 구성

iBT TOEFL Reading의 특징

1. **지문이 길고 난이도가 높아져서 고도의 집중력을 요구한다.**
   iBT Reading의 지문에는 약 700여개의 단어가 사용되어, 이전 토플보다 지문이 한층 길어졌으며, 지문당 문항수도 많아지고 문항의 난이도도 높아져서 고도의 집중력을 필요로 한다.

2. **다양한 유형과 형식의 문제들이 도입되었다.**
   iBT Reading의 문제 유형은 지문에 대한 기본적인 이해뿐만 아니라, 지문의 맥락을 파악하고, 제시된 정보를 바탕으로 의도를 파악하거나 추론 및 종합적인 분석이 필요할 정도로 다양하다. 문제의 형식도 사지선다형, 지문클릭형(지문에 문장삽입), 요약표/범주표 채워넣기 등의 다양한 형태가 있다.

3. **Glossary & Review기능을 제공한다.**
   Glossary는 전문 용어나 특별한 의미를 지닌 어휘의 경우 지문에 파란색으로 밑줄이 있고 어휘를 클릭하면 그 의미를 보여주는 기능이며, 특정 용어를 몰라서 지문을 이해하지 못하는 것을 방지하고 있다. Review 버튼을 클릭하면, 해당 영역에서 모든 문제의 답 체크 여부를 한눈에 보여준다.

iBT TOEFL Reading의 구성

1. **지문구성**
   iBT TOEFL은 Reading부터 시작한다. 첫 번째 지문1개에 20분이 주어지며, 쉬는 시간 없이 2개 지문에 40분이 주어진다. 이처럼 3개 지문의 풀이로 끝나는 경우와 추가로 2개 지문(40분)이 더 출제되기도 한다.
   → 3개 지문(60분), 5개 지문(100분)

2. 지문의 내용

iBT TOEFL Reading에서는 학술적인(Academic) 내용을 위주로 지문을 구성하여, 응시생들이 영어로 학교 수업을 받을 수 있는지를 측정하고 있다. 주로 출제되는 분야는 다음과 같다.

- Natural, Earth & Physical Science
- World History
- Social Science & Humanity
- Archaeology & Anthropology
- Art

3. 지문의 구조 유형

iBT Reading의 지문은 다음과 같이 다양한 구조를 갖고 있으며, 반드시 이를 파악해야 한다.

(1) 원인-결과(Cause-Effect)
(2) 문제- 해결(Problem-Solution)
(3) 비교 및 대조(Comparison / Contrast)
(4) 분류(Classification)

4. 문제 유형

문제유형	유형설명	출제문항수	배점
(1) Basic Comprehension: 지문에 대한 기초적인 이해도 측정			
어휘 Vocabulary	어휘나 구의 문맥상 의미 선택	3~5	1
지시어 Reference	지시어의 지시 내용 추론	0~1	1
사실 정보 찾기 Factual Information	지문에 언급된 세부 사항 파악	2~4	1
틀린 정보 찾기 Negative Fact Information	지문에 언급된 세부 사항 파악	2~4	1
문장요약 Sentence Simplification	문장의 핵심 정보 파악 및 재구성	1	1
(2) Inferencing Reading: 전체 흐름을 이해하고 글쓴이의 의도를 파악			
추론 Inference	지문의 내용을 근거로 내용 추론	1~2	1
의도파악 Rhetorical Purpose	수사학적 의도 파악	1~2	1
문장삽입 Insert Text	주어진 문장을 문맥상 알맞은 곳에 삽입	1	1
(3) Reading to Learn Questions: 문장, 문단의 전후 관계 파악 및 전체 지문과의 연관성에 대한 이해도			
요약완성 Prose Summary & Fill in a Table	지문 전체 요약 완성	0~1	2
분류문제 Categorization	지문의 내용에 근거하여 정보 분류	0~1	3~4

iBT TOEFL Reading 시험 화면

아래는 실제 시험화면을 나열하였다. 각 버튼들의 위치와 화면 구성을 눈에 익혀 놓는 것이 좋다.

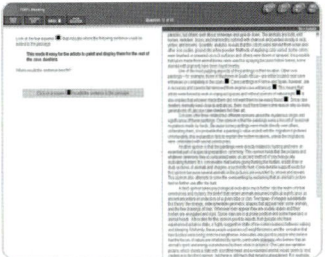

⋯▶ Insertion문제의 경우, 오른쪽 Passage에서 원하는 Square를 클릭!

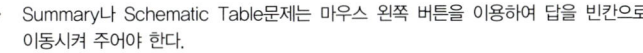

⋯▶ 'VIEW TEXT' 버튼을 누르면 전체 지문을 읽을 수 있다.

⋯▶ Summary나 Schematic Table문제는 마우스 왼쪽 버튼을 이용하여 답을 빈칸으로 이동시켜 주어야 한다.

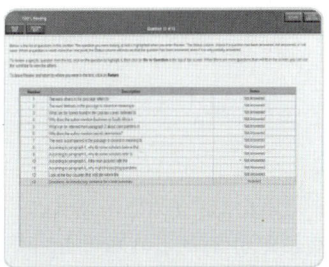

⋯▶ 오른쪽 상단에 'REVIEW' 버튼을 누르면 전체 문제의 응답 유무를 확인할 수 있다.

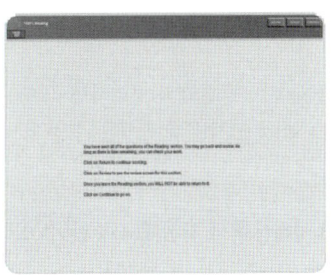

⋯▶ Reading지문 1개가 끝나면 지문 2개가 연결되어 있는 문제가 다시 시작된다. 지문 2개를 40분 내에 풀게 된다.

iBT TOEFL Reading 학습 전략

Reading 기본 훈련

1. **어휘력과 분야별 배경지식은 기본**
   대학교수업에서 다루어지는 다양한 분야의 내용이 출제되므로, 이미 출제된 분야의 배경지식과 필수 어휘를 꼭 익혀두어야 한다.

2. **지문 읽는 법 – Skimming**(대략적으로 훑어보고 요점 파악하기) **훈련**
   보통, 정보 양이 많을수록 이해력은 오히려 감소한다. 그래서 많이 읽고도 이해력을 높일 수 있는 방법이 필요하다. 이해력을 높이려면 각각의 문장에서 덜 중요한 정보를 과감히 무시하고 아주 중요한 정보만 취해야 한다. 문장에서 아주 중요한 정보는 주어, 동사, 보어, 목적어이고 덜 중요한 정보는 수식어구와 삽입어구이다.

3. **기본 단계에서의 약점**
   기본 단계의 수험생은 중간중간에 중요한 부분의 의미를 제대로 파악하지 못하고 넘어간다. 그래서 그는 정보를 이해하고 연결시키는 능력이 부족하고, 지문 속 정보의 바꾸어 쓰기(paraphrase)를 인식하는 데 어려움을 갖고 있다.

4. **기본단계의 약점을 극복하는 방법 – 예상하며 읽기**
   정보를 이해하고 연결시키는 능력을 향상시키기 위해 주제가 어떻게 전개될 지 예측하는 훈련을 해야 한다. 즉, 첫 문장에서 주제의 핵심어를 파악한 후 다음에 나올 내용을 미리 예측하며 읽는 훈련을 해야 한다. 이렇게 하면 모르는 내용이 나오더라도 바로 앞 내용과 연결하여 그 의미를 유추해낼 수 있다.

Reading 시험 Tips

1. **지문별, 문항별 효율적 시간 분배**
   화면 상단의 시간카운트를 활용하여 각 지문에 적절한 시간분배를 해야 하며, 각 지문의 마지막에 출제되는 Summary와 Category Chart의 문제는 배점이 높으므로 충분한 시간을 배분하도록 한다. 시간이 많이 모자랄 때에는 Vocabulary나 Reference와 같이 난이도가 낮은 것을 공략하도록 한다.

2. **Note-taking 활용**
   Reading도 Note-taking이 허용되므로, 지문을 읽으면서 핵심내용과 세부내용을 구분하여 간략히 정리하면 각 단락 간 관계를 용이하게 파악할 수 있다. 특히, 배점이 높은 Summary와 Category Chart 문제를 풀 때 효과적이다.

3. **시험 Direction 숙지**
   Reading이 시험의 첫 부분이므로 컴퓨터 사용법과 여러 Direction 등을 사전에 익혀두어서 시험에 집중할 수 있어야 한다. 또한 Glossary 기능과 Review 기능도 숙지하여 활용하도록 한다.

4. **집중력 유지**
   지문이 길어서 지문을 읽는 도중에 흐트러지면 시간이 부족할 수 있다. 평소에 지문을 끝까지 읽고, 문제를 다 풀 때까지 집중력을 유지하도록 연습한다.

READING Part I

빠른 독해 비법

1. 핵심어구 읽기
2. 예상하며 읽기

CHAPTER 01
핵심어구 읽기

선생님: 보통, 정보 양이 많을수록 이해력은 오히려 감소합니다.(참고: 좀 더 자세한 사항을 보시려면 제 블로그 kangreading.blog.me에서 '왜 많이 읽고, 외우고, 풀어도 영어 실력이 오르지 않을까?'를 검색해서 읽어보세요.) 그래서, 많이 읽고도 이해력을 높일 수 있는 방법이 필요합니다. 이해력을 높이려면 각각의 문장에서 덜 중요한 정보를 과감히 무시하고 아주 중요한 정보만 취할 필요가 있습니다. 이것은 '대략적으로 훑어 보고 요점을 파악' 하는 skimming의 한 방법입니다.

맹영구: 덜 중요한 정보와 아주 중요한 정보는 어떻게 구별합니까?

선생님: 문장에서 아주 중요한 정보는 주어, 동사, 보어, 목적어이고 덜 중요한 정보는 수식어구와 삽입어구입니다.

은초롱: 수식어구는 어떤 것입니까?

선생님: 수식어구에는 절 전체를 수식하는 부사, 부사구, 부사절이 있고, 명사를 수식하는 형용사구와 형용사절이 있습니다.

천지연: 삽입어구는 어떤 것들이 있습니까?

선생님: 삽입어구는 콤마(comma)와 함께 쓰인 것들입니다. 무시해도 좋은 어구들을 정리하면 다음과 같습니다.

> 1. 부사를 무시하라.
> 2. 부사구를 무시하라.
> 3. 부사절을 무시하라.
> 4. 명사를 수식하는 형용사구를 무시하라.
> 5. 명사를 수식하는 형용사절을 무시하라.
> 6. 《( ), 주부 + 술부》에서 빈 칸에 나온 어구를 무시하라.
> 7. 〈주부 + 술부, ( )〉에서 빈 칸에 나온 어구를 무시하라.
> 8. 〈 ~ + 명사, ( )〉에서 빈 칸에 나온 어구를 무시하라.
> 9. 〈주부, ( ), 술부〉에서 빈 칸에 나온 어구를 무시하라.
> 10. 대쉬(–), 콜론(:), 세미콜론(;) 다음에 나오는 어구를 무시하라.

 부사를 무시하면 문장의 핵심어구가 보인다.

선생님: 부사는 한자말 '副詞'에서 알 수 있는 바와 같이 '부가적인 말'이라는 뜻입니다. 부사는 덧붙이거나 강조할 때 쓰입니다. 부사는 어떤 말에 덧붙이거나 어떤 것을 강조할까요?

은초롱: 부사는 형용사, 다른 부사, 동사, 문장 전체를 꾸며줄 수 있습니다.

선생님: 그렇죠. 부사는 형용사와 다른 부사에 덧붙여 그 형용사/부사의 의미를 보완하여 주고, 동사에 덧붙여 문장의 의미를 풍부하게 하며, 강조하기 위하여 문장 전체를 꾸며줍니다. 부사는 다음과 같이 형용사, 다른 부사, 동사를 꾸밀 때, 핵심적인 내용이 아니기 때문에 무시될 수 있습니다.

(a) The exam was **unexpectedly** easy. (그 시험은 예상외로 쉬었다.)

(b) She came **too** late. (그녀는 너무 늦게 왔다.)

(c) He **honestly** admitted his errors. (그는 솔직하게 그의 잘못들을 인정했다.)

선생님: 이 때 주의해야 할 것은 부정 의미를 나타내는 부사(not, never, hardly, rarely, scarcely, seldom 등)가 동사를 꾸밀 때 이 부사를 무시하면 안 된다는 것입니다.

맹영구: 왜요?

선생님: 부정 의미의 부사를 무시하면 문장의 의미가 부정적인 내용에서 긍정적인 내용으로 변하기 때문입니다. 예를 들면,

(d) The moon was **hardly** observable through the clouds.
(달은 거의 볼 수 없었다 / 그 구름들을 통해)

(e) Such an idea was **scarcely** imaginable five years ago.
(그런 아이디어는 거의 상상할 수 없었다 / 5년 전에)

선생님: 또한, 문장 맨 앞에 쓰인 부사들 중에는 무시하지 말고 오히려 이용해야 하는 것들이 있습니다.

천지연: 어떤 것들입니까?

선생님: 첫째는 긍정/부정의 의미를 나타내면서 문장 전체를 수식하는 문장부사이고 둘째는 접속부사입니다. 긍정/부정의 의미를 나타내는 문장부사는 그 다음에 나오는 문장의 의미가 긍정/부정이라는 것을 예측 가능하게 해주는 부사입니다. 예를 들면, fortunately, unfortunately, happily, unhappily, surprisingly, strangely, luckily 등.

CHAPTER 01 - 핵심어구 읽기

(f) **Unfortunately**, this region is vulnerable to flooding.
(불행하게도, 이 지역은 홍수에 취약하다.)

(g) **Luckily**, he was able to avoid getting into the fight.
(운 좋게도, 그는 그 싸움에 빠져드는 것을 피할 수 있었다.)

은초롱: 선생님, 왜 접속부사는 무시하면 안됩니까?

선생님: 접속부사는 앞 문장과 그 다음 문장을 의미로 연결하기 때문에 글의 흐름을 파악하는데 아주 중요한 요소가 됩니다. 접속부사들을 의미에 따라 분류하면 다음과 같습니다. 모두 외우시기 바랍니다.

> 1. 대조: however, nevertheless, nonetheless, yet 등
> 2. 결과: accordingly, consequently, hence, so, therefore, then, thus 등
> 3. 부가적 설명: further, furthermore, moreover 등
> 4. 화제의 전환: meantime, meanwhile 등

(h) Fish has no vocal organs. **Nevertheless**, they are able to make noises.
(물고기들은 음성 기관들을 갖고 있지 않다. 그래도, 그들은 소음들을 낼 수 있다.)

(i) Our language is linked with our culture; **consequently**, it passes down our traditions to future generations.
(우리 언어는 우리 문화와 관련되어 있다; 따라서, 그것은 우리의 전통들을 다음 세대들에 전달한다.)

Warming-up 1

선생님: 이번 시간에는 부사를 무시해서 빠르게 문장의 핵심어구를 파악하는 연습을 할 것입니다. 우리는 아래 10가지 사항들 중 첫 번째 사항을 다뤘습니다.

1. **부사를 무시하라.**
2. 부사구를 무시하라.
3. 부사절을 무시하라.
4. 명사를 수식하는 형용사구를 무시하라.
5. 명사를 수식하는 형용사절을 무시하라.
6. 《( ), 주부 + 술부》에서 빈 칸에 나온 어구를 무시하라.
7. 〈주부 + 술부, ( )〉에서 빈 칸에 나온 어구를 무시하라.
8. 〈 ~ + 명사, ( )〉에서 빈 칸에 나온 어구를 무시하라.
9. 〈주부, ( ), 술부〉에서 빈 칸에 나온 어구를 무시하라.
10. 대쉬(-), 콜론(:), 세미콜론(;) 다음에 나오는 어구를 무시하라.

선생님: 부사는 보통 형용사, 다른 부사, 동사를 수식하기 때문에 무시될 수 있습니다. 하지만, 무시될 수 없는 부사들은 세 가지 종류가 있었습니다. 어떤 것들이었죠?

은초롱: 무시될 수 없는 부사는 부정 의미의 부사, 문장부사, 접속부사입니다.

선생님: 그렇죠. 부정 의미의 부사는 동사를 수식하여 동사를 부정적 의미로 만듭니다. 부정 의미의 부사가 생략되면 문장 내용이 긍정으로 바뀌기 때문에 무시하면 안 됩니다. 문장부사는 전체 내용에 영향을 미치기 때문에 무시하면 안 되고요. 접속부사는 앞 뒤 내용을 연결하므로 무시하면 안 됩니다. 다음 지문에서 무시될 수 있는 부사와 무시될 수 없는 부사를 찾아 보세요.

Environmental Pressures for Plants

Environmental pressures such as wind, rain, and even human touch can greatly influence plants. For example, strong winds negatively affect coastal trees, causing them shorter. Conversely, heavy rainfall acts favorably on the trees so that it makes them stronger. A laboratory study conducted at Stanford University clearly showed that plant growth patterns could be significantly changed by touching plants twice a day. Moreover, the researchers found that these growth changes resulted from gene activation. However, this gene actuation hardly occurred if the plants were not directly stimulated.

CHAPTER 01 - 핵심어구 읽기

② 부사구를 무시하면 문장의 핵심어구가 보인다.

선생님: 문장의 핵심어구를 빠르게 파악하기 위해서는 부사구, 부사절, 형용사구, 형용사절, 명사구, 명사절의 종류를 모두 알아야 됩니다. (이에 대한 자세한 설명은 Appendix에 있는 '문장구조: 표로 정리하기(294쪽)'을 참고하세요.) 부사구에는 전부분 즉, 전치사구, 부정사구, 분사구문이 있습니다. 무시될 수 있는 부사구를 하나씩 살펴보기로 하죠.

❶ 전치사구를 무시하라.

선생님: 〈전치사 + 명사어구〉인 전치사구는 부사처럼 동사나 형용사를 꾸미거나 문장 전체를 꾸밀 수 있습니다. 전치사구가 동사나 형용사를 꾸밀 때 전치사구는 핵심어구가 아니기 때문에 무시될 수 있습니다.

(a) She cut the rope **with a knife**.
 (그녀는 칼로 그 줄을 잘랐다.)

(b) The trees were black **against the evening sky**.
 (그 나무들은 검었다 / 저녁 하늘을 배경으로)

선생님: 이 때, 주의해야 할 것은 전치사구가 자동사 바로 뒤에서 동사를 꾸밀 때 전치사구는 중요한 어구가 되기 때문에 무시하면 안됩니다

은초롱: 전치사구가 자동사를 꾸밀 때 왜 중요한 어구가 됩니까?

선생님: 전치사구는 자동사의 보충어구로 쓰이기 때문입니다 아래 예문에서 확인하겠습니다.

(c) Tom is **in the classroom**.
 (Tom은 교실 안에 있다.)

(d) Man cannot live **by only bread**.
 (사람은 빵만으로 살 수 없다.)

선생님: (c)에서 is 다음에 나오는 'in the classrom'을 무시하면 Tom is만 남아서 어색한 의미가 됩니다. (d)에서 live 다음에 나오는 'by only bread'를 무시하면 Man cannot live(사람은 살 수 없다)만 남아서 어색한 의미가 됩니다.

은초롱: (c), (d)에서 전치사구는 자동사의 보어 역할을 하는 셈이네요.

선생님: 그렇죠. 그래서 꼭 필요합니다. 반면에, 전치사구가 문장 전체를 꾸밀 때 대부분의 경우에 전치사구는 핵심어구가 아니기 때문에 무시될 수 있습니다.

(e) **Due to the terrible weather**, all flights to Jeju are cancelled.
 (아주 나쁜 날씨 때문에, 제주행 모든 비행기들은 취소되었다.)

(f) **Through history**, we are able to guess the life of the past.
 (역사학을 통해, 우리는 과거의 삶을 추측할 수 있다.)

선생님: 그런데, 문장 맨 앞에 쓰인 전치사구들 중에는 무시하지 말고 오히려 이용해야 하는 것들이 있습니다.
맹영구: 어떤 것들입니까?
선생님: for example과 같은 접속부사구입니다. 특히, 대조적 의미를 나타내는 전치사구를 잘 이용할 필요가 있습니다.
맹영구: 대조적 의미를 나타내는 전치사구에는 어떤 것들이 있습니까?
선생님: In contrast, on the contrary, on the other hand, 'instead of 명사', 'unlike 명사', 'despite 명사' 등입니다. In contrast, on the contrary, on the other hand, 'instead of 명사'는 앞 뒤 내용이 반대라는 것을 예상하게 해줍니다.

(g) We can do without cars, tobaccos, and movies. **In contrast**, clothing, food, and shelter are *indispensable*.
 (우리는 자동차, 담배, 영화 없이 지낼 수 있다. 반면에, 옷, 음식, 거처는 …하다.)

(h) He expected to be praised for his efforts to extinguish the fire. **On the contrary**, he was *scolded* for the delay in notifying the fire department.
 (그는 칭찬받을 거라고 기대했다 / 그 불을 끄려는 그의 노력들에 대해. 반대로, 그는 …했다 / 소방서에 알리는데 늦은 것에 대해)

선생님: (g)에서 indispensable은 앞의 어떤 어구의 반대말일까요?
천지연: (잠시 생각한 후) do without이요.
선생님: 그렇죠. do without은 '~없이 지내다'라는 뜻이고 indispensable은 '필수불가결한, 꼭 필요한'이라는 뜻입니다. (h)에서 scolded는 앞의 어떤 어구의 반대말일까요?
천지연: praised요.
선생님: 그렇죠. scold는 '꾸짖다, 잔소리하다'는 뜻입니다.
은초롱: 이런 전치사구를 어떻게 이용하는 것이 좋습니까?
선생님: 이 전치사구 뒤에는 앞 내용과 반대되는 내용이 나올 거라고 미리 예상하며 읽으세요.

CHAPTER 01 - 핵심어구 읽기

❷ 부정사구를 무시하라.

선생님: 부정사구는 문장 전체를 꾸미는 부사구로 쓰일 때 '~하기 위하여' 라는 의미를 나타냅니다. (부정사구에 대한 자세한 설명은 Appendix에 있는 '구문 14: 부정사구와 분사구문의 차이(318쪽)' 을 참고하세요.) 이 때, 부정사구는 핵심어구가 아니므로 문장의 핵심어구를 파악하기 위해 부정사구를 무시해도 됩니다

(a) **To save its life**, an animal may ignore thirst and hunger for a time.
(목숨을 구하기 위해, 동물은 목마름과 배고픔을 무시할 수 있다 / 잠시 동안)

(b) **To avoid contamination**, surgeons wash their hands before an operation.
(감염을 피하기 위해, 외과의사들은 손들을 씻는다 / 수술 전에)

❸ 분사구문을 무시하라.

선생님: 분사구문은 문장을 단순화하기 위해 부사절을 부사구로 축약시킨 구문입니다.(분사구문에 대한 자세한 설명은 Appendix에 있는 '구문 14: 부정사구와 분사구문의 차이(318쪽)' 을 참고하세요.) 분사구문은 문장 전체를 꾸미는 수식어구이기 때문에 핵심어구가 아닙니다. 그래서 문장의 핵심어구를 파악하기 위해 분사구문을 무시해도 됩니다.

(a) **Walking down the street**, the man witnessed a terrible accident.
(그 길을 걸어내려 가다가, 그 남자는 끔찍한 사고를 목격했다.)

(b) The sick become infirm, **losing the strength to work**.
(아픈 사람들은 약하게 된다, 일할 수 있는 힘을 잃으면서)

(c) Ella Fitzgerald was the perfect musical partner for the trumpeter Louis Armstrong, **matching him in warmth and artistry**.
(Ella Fitzgerald는 완벽한 음악 파트너였다 / 트럼펫 연주자 Louis Armstrong에게, 따뜻함과 예술성에서 그와 조화를 이루면서)

Warming-up 2

선생님: 이번 시간에는 부사, 부사구를 무시해서 빠르게 문장의 핵심어구를 파악하는 연습을 할 것입니다. 우리는 아래 10가지 사항들 중 첫 두 가지 사항을 다뤘습니다.

1. 부사를 무시하라.
2. 부사구를 무시하라.
3. 부사절을 무시하라.
4. 명사를 수식하는 형용사구를 무시하라.
5. 명사를 수식하는 형용사절을 무시하라.
6. 《( ), 주부 + 술부》에서 빈 칸에 나온 어구를 무시하라.
7. 〈주부 + 술부, ( )〉에서 빈 칸에 나온 어구를 무시하라.
8. 〈 ~ + 명사, ( )〉에서 빈 칸에 나온 어구를 무시하라.
9. 〈주부, ( ), 술부〉에서 빈 칸에 나온 어구를 무시하라.
10. 대쉬(–), 콜론(:), 세미콜론(;) 다음에 나오는 어구를 무시하라.

선생님: 부사구에는 어떤 어구들이 있었죠?
은초롱: 전부분 즉, 전치사구, 부정사구, 분사구문이 있습니다.
선생님: 그렇죠. 부사구는 문장 전체나 동사를 수식하기 때문에 무시될 수 있습니다. 하지만, 무시될 수 없는 부사구들이 두 가지 종류가 있었습니다. 어떤 것들이었죠?
은초롱: 무시될 수 없는 부사구는 자동사 다음에 쓰인 전치사구와 접속부사구입니다.
선생님: 그렇죠. 자동사 다음에 쓰인 전치사구는 자동사의 보어 역할을 하기 때문에 무시하면 안 되고, 접속부사구로 쓰인 전치사구는 앞 뒤 내용을 연결하므로 무시하면 안됩니다. 자, 다음 지문에서 무시될 수 있는 부사와 부사구를 찾아 보세요.

Urban Heat Island

Urban heat islands can directly affect the health and welfare of urban inhabitants. Compared with rural regions, cities undergo higher rates of heat-related illness and death. Heat islands can intensify severe hot weather events, which can result in physiological disruption and death — especially in vulnerable populations such as the elderly people. In the United States, a thousand people die every year due to excessive heat. Because urban heat islands cause higher temperature, they can potentially increase the scale and length of heat waves. According to research, the death rate increases significantly during the heat wave.

CHAPTER 01 – 핵심어구 읽기

③ 부사절을 무시하면 문장의 핵심어구가 보인다.

선생님: 부사절을 이끄는 어구에는 종속접속사와 관계부사가 있습니다. 무시될 수 있는 부사절을 하나씩 살펴보기로 하죠.

1 종속접속사가 이끄는 부사절을 무시하라.

선생님: 부사절을 이끄는 종속접속사에는 if, although, because, while, since, until 등이 있습니다. (이에 대한 자세한 설명은 Appendix에 있는 '구문 11: 부사절의 구조 및 해석 방법(314쪽)' 을 참고하세요.) 종속접속사에 대해 몇 가지 내용을 복습을 하겠습니다. 종속접속사의 의미는 무엇인가요?

은초롱: 종속접속사는 종속절을 이끄는 접속사라는 뜻입니다.

선생님: 그렇죠. 종속절은 어떤 절이죠?

은초롱: 종속절은 주절에 종속된 절이라는 뜻입니다.

선생님: 그렇죠. 주절은 무슨 뜻이죠?

은초롱: 주절은 주요한 절의 줄임말입니다. 문장에서 중심이 되는 절입니다.

선생님: 그렇죠. 종속절은 주절을 뒷받침하는 역할을 하기 때문에 없어도 의미 연결에 큰 지장을 일으키지 않습니다. 핵심어구는 주절의 〈동사+보어/목적어〉로 제시됩니다.

(a) I had to stand in the concert **because I could not find a vacant seat**.
　　(나는 그 콘서트에서 서 있어야 했다 / 왜냐하면 나는 빈 좌석을 찾을 수 없었으니까)

(b) The pearls are imitations, **although they look real**.
　　(그 진주들은 모조품들이다, / 비록 그것들은 진짜처럼 보이지만)

선생님: (a)에서 주절과 종속절은 무엇이죠?

천지연: 주절은 'I had to stand in the concert' 이고, 종속절은 'because ~ seat' 입니다.

선생님: 그렇죠. (a)에서 핵심어는 주절의 〈자동사+보충어구〉인 'stand in the concert' 이므로 우리는 종속절인 'because ~ seat' 를 ( )로 묶고 무시할 수 있습니다. (b)에서 주절과 종속절은 무엇이죠?

천지연: (b)에서 주절은 'The pearls are imitations' 이고, 종속절은 'although ~ real' 입니다.

선생님: 그렇죠. (b)에서 핵심어는 주절의 동사 이후인 'imitations' 이므로 우리는 종속절인 'although ~ real' 을 ( )로 묶고 무시할 수 있습니다.

❷ 관계부사가 이끄는 부사절을 무시하라.

선생님: 부사절을 이끄는 관계부사에는 where와 when이 있습니다.(이에 대한 자세한 설명은 Appendix에 있는 '구문 11: 부사절의 구조 및 해석 방법(314쪽)'을 참고하세요.) 관계부사에 대해 몇 가지 내용을 복습을 하겠습니다. 관계부사에서 관계의 의미는 무엇인가요?

학생들: ???

선생님: 관계는 접속의 의미입니다. 관계부사에서 '부사'의 의미는 무엇인가요?

학생들: ???

선생님: 부사는 where/when 다음에 나오는 절에서 부사로 쓰인다는 뜻입니다. 관계부사절은 주절을 뒷받침하는 역할을 하기 때문에 없어도 의미 연결에 큰 지장을 일으키지 않습니다. 핵심어구는 주절의 〈동사+보어/목적어〉로 제시됩니다.

(a) We sent the baby **where she will be taken good care of**.
(우리는 그 아이를 보냈다 / 그녀가 잘 돌보아질 곳으로)

(b) President Clinton's popularity dropped rapidly **when the sex scandal was revealed**.
(클린턴 대통령의 인기는 급격히 떨어졌다 / 성 추문이 드러났을 때)

선생님: (a)에서 주절과 종속절은 무엇이죠?

은초롱: (a)에서 주절은 'We sent the baby'이고, 종속절은 'where ~ good care of' 입니다.

선생님: 그렇죠. (a)에서 핵심어는 주절의 〈동사+목적어〉인 'sent the baby'이므로 우리는 종속절인 'where ~ good care of'를 ( )로 묶고 무시할 수 있습니다. (b)에서 주절과 종속절은 무엇이죠?

천지연: (b)에서 주절은 'President Clinton's popularity dropped rapidly'이고, 종속절은 'when the sex ~ revealed' 입니다.

선생님: 그렇죠. (b)에서 핵심어는 주절의 주어와 동사인 'President Clinton's popularity dropped'이므로 우리는 종속절인 'when the sex ~ revealed'를 ( )로 묶고 무시할 수 있습니다.

은초롱: 선생님, (b)에서 핵심어에 주어도 포함되나요?

선생님: 좋은 질문입니다. (b)에서처럼 동사가 자동사일 때 〈주어+자동사〉가 핵심어가 됩니다. 왜냐하면 자동사만으로는 의미가 불분명하기 때문입니다.

CHAPTER 01 – 핵심어구 읽기

 Warming-up 3

선생님: 이번 시간에는 부사, 부사구, 부사절을 무시해서 빠르게 문장의 핵심어구를 파악하는 연습을 할 것입니다. 연습하기 전에 다음의 덜 중요한 어구들을 다시 한 번 기억해 두시기 바랍니다. 우리는 아래 10가지 사항들 중 첫 세 가지 사항을 다뤘습니다.

1. **부사를 무시하라.**
2. **부사구를 무시하라.**
3. **부사절을 무시하라.**
4. 명사를 수식하는 형용사구를 무시하라.
5. 명사를 수식하는 형용사절을 무시하라.
6. 《( ), 주부 + 술부》에서 빈 칸에 나온 어구를 무시하라.
7. 〈주부 + 술부, ( )〉에서 빈 칸에 나온 어구를 무시하라.
8. 〈 ~ + 명사, ( )〉에서 빈 칸에 나온 어구를 무시하라.
9. 〈주부, ( ), 술부〉에서 빈 칸에 나온 어구를 무시하라.
10. 대쉬(–), 콜론(:), 세미콜론(;) 다음에 나오는 어구를 무시하라.

선생님: 부사절을 이끄는 품사는 어떤 것들이죠?
천지연: 종속접속사와 관계부사 where, when 입니다.
선생님: 그렇죠. 자, 다음 지문에서 무시될 수 있는 부사, 부사구, 부사절을 찾아 보세요.

Volcano Eruption

Before it erupts, a volcano sends out some warning signs. Magma rises into the shallow area beneath the volcano. As the magma is approaching the surface, it releases gases such as sulphur dioxide. The rise of magma also generates small earthquakes and vibrations. Additionally, as the magma moves toward the surface, it causes slight change of the volcano's slopes. In general, these warning signs can be measured for weeks and perhaps months to years.

4 형용사구를 무시하면 문장의 핵심어구가 보인다.

선생님: 형용사구에는 전부분 즉, 전치사구, 부정사구, 분사구가 있습니다. 무시될 수 있는 형용사구를 하나씩 살펴보기로 하죠.

① 전치사구를 무시하라.

선생님: 〈전치사 + 명사어구〉인 전치사구는 앞에 나온 명사를 꾸밀 수 있습니다.
전치사구가 앞에 나온 명사를 꾸밀 때 명사의 개념을 바꾸지 않으면 전치사구는 핵심어구가 아니기 때문에 무시될 수 있습니다.

(a) She received a letter **from her mother**.
(그녀는 받았다 / 그녀 엄마로부터의 편지를)

(b) Motion pictures present spectacular scenes **such as storms**.
(영화들은 제공한다 / 폭풍우들과 같은 볼만한 장면들을)

맹영구: 선생님, 명사의 개념이 바뀌지 않는다는 것은 무엇을 의미합니까?

선생님: (a)에서 'a letter from her mother' 는 '그녀의 엄마로부터 온 편지' 입니다. 'from her mother' 가 없어도 'a letter' 의 개념은 바뀌지 않습니다. 마찬가지로, (b)에서 'spectacular scenes such as storms' 는 '폭풍우들과 같은 볼만한 장면들' 입니다. 'such as storms' 가 없어도 'spectacular scenes' 의 개념은 바뀌지 않습니다. 반면에, 〈명사+전치사구〉에서 전치사구가 앞에 나온 명사를 꾸밀 때 그 명사가 새로운 개념이 되면 전치사구는 명사와 함께 핵심어가 되기 때문에 전치사구를 무시하면 안 됩니다.

맹영구: '전치사구가 명사를 꾸밀 때 그 명사가 새로운 개념이 된다' 는 것은 어떤 뜻입니까?

선생님: 전치사구가 없을 때의 명사와 전치사구가 있을 때의 명사의 의미가 다르다는 것을 의미합니다. 예를 들면, '(그냥) 남자' 와 '아내 없는 남자' 는 다른 개념이죠. 또한, '(그냥) 친구' 와 '필요할 때 친구' 도 다른 개념이고요.

(c) A *man* **without a wife** is *a house* **without a roof**.
(아내 없는 남자는 지붕 없는 집이다.)

(d) A *friend* **in need** is a real friend.
(필요할 때의 친구가 참다운 친구이다.)

(e) A *bird* **in the hand** is worth *two* **in the bush**.
(손 안에 있는 한 마리 새는 가치가 있다 / 숲 속에 있는 두 마리의)

CHAPTER 01 — 핵심어구 읽기

선생님: (c)에서 전치사구 'without a wife'와 'without a roof'를 무시하면 <A man is a house>가 되어 어색한 의미가 됩니다. 또한, (d)에서 전치사구 'in need'를 무시하면 <A friend is a real friend>가 되어 어색한 의미가 됩니다. 마찬가지로, (e)에서 전치사구 'in the hand'와 'in the bush'를 무시하면 <A bird is worth two>가 되어 어색한 의미가 됩니다.

은초롱: 전치사구가 앞에 나온 명사를 꾸밀 때 (c), (d), (e)처럼 명사의 개념이 바뀌는 경우가 많습니까?

선생님: 많지 않습니다. 그래서 대부분의 경우에 앞에 나온 명사를 꾸미는 전치사구는 무시될 수 있습니다. 그런데, 〈of + 명사〉 형태의 전치사구가 앞에 나온 명사를 꾸밀 때 세 가지 면에서 주의를 요합니다. 첫째, 〈A of B〉 형태에서 A라는 명사가 B라는 명사의 '일부분'을 나타내는 경우에 <of B>를 무시하면 안됩니다.

은초롱: 왜 무시하면 안 됩니까?

선생님: 다음 예문들에서 이것을 확인하겠습니다.

(f) *Some* **of the region** is experiencing drought conditions right now.
(그 지역의 일부가 가뭄 상태들을 경험하고 있다 / 바로 지금)

(g) *Part* **of her leg** was cut off because of cancer of the bone.
(그녀의 다리 일부가 절단됐다 / 그 뼈의 암 때문에)

선생님: (f)에서 'of the region'을 무시하면 Some의 의미가 불분명하고, (g)에서 'of her leg'를 무시하면 'Part'의 의미가 불분명합니다.

천지연: 〈of+명사〉 형태의 전치사구가 앞에 나온 명사를 꾸밀 때 주의해야 하는 두 번째 경우는 어떤 것입니까?

선생님: 두 번째는 <A of B>에서 A와 B가 서로 불가분의 관계를 나타낼 때 <of B>를 무시하면 안됩니다. 즉, A와 B가 〈행위-주체〉와 〈행위-대상〉의 관계를 나타낼 때 <of B>를 무시하면 안됩니다.

천지연: <A of B>에서 A와 B가 〈행위-주체〉의 관계를 나타낸다는 것은 어떤 뜻입니까?

선생님: 〈행위-주체〉의 관계는 A가 동사, B가 주어 역할을 한다는 뜻입니다. 이것을 of의 '주격 관계'라고 합니다.

(h) *The death* **of his father** shocked him. 〈주격 관계〉
(그의 아버지의 죽음은 그에게 충격을 줬다.)

(i) They enthusiastically welcomed *the arrival* **of the doctor**. 〈주격 관계〉
(그들은 그 의사의 도착을 열렬히 환영했다.)

은초롱: (h), (i)에서 <A of B>는 왜 주격 관계라고 불립니까?
선생님: (h)에서 <The death of his father>는 '그의 아버지가 죽었다' 는 뜻이므로 주격 관계이고, (i)에서 <the arrival of the doctor>는 '그 의사가 도착했다' 는 뜻이므로 주격 관계입니다.
은초롱: <A of B>에서 A와 B가 <행위-대상>의 관계를 나타낸다는 것은 어떤 뜻입니까?
선생님: <행위-대상>의 관계는 A가 동사, B가 목적어 역할을 한다는 뜻입니다. 이것을 of의 '목적격 관계' 라고 합니다.

    (j) *The love* **of art** led him to an artist. <목적격 관계>
        (예술의 사랑이 그를 예술가로 이끌었다.)

    (k) *The possession* **of his house** was transferred to his son. <목적격 관계>
        (그의 집의 소유권이 그의 아들에게 양도되었다.)

천지연: (j), (k)에서 <A of B>는 왜 목적격 관계라고 불립니까?
선생님: (j)에서 <The love of art>는 '예술을 사랑하다' 는 뜻이므로 목적격 관계이고, (k)에서 <The possession of his house>는 '그의 집을 소유하다' 는 뜻이므로 목적격 관계입니다.
맹영구: <of + 명사> 형태의 전치사구가 앞에 나온 명사를 꾸밀 때 주의해야 하는 세 번째 경우는 어떤 것입니까?
선생님: 세 번째는 <a 명사 of 명사>일 때 <a 명사 of>가 뒤에 있는 명사를 수식하므로 뒤에 있는 명사를 무시하면 안 된다는 것입니다.
맹영구: 왜 무시하면 안됩니까?
선생님: 다음 예문들에서 이것을 확인하겠습니다.

    (l) **A number of** *female doctors* <u>are</u> working in the hospital.
        (다수의 여자 의사들이 그 병원에서 일하고 있다)

    (m) *The number* **of female doctors** <u>is</u> increasing.
        (여자 의사들의 숫자는 증가하고 있다)

선생님: (l)에서 주어는 무엇일까요?
맹영구: 'A number' 아닙니까?
선생님: 아닙니다. (l)에서 주어는 'female doctors' 입니다. 'A number of' 는 "어떤 수의, 다수의" 라는 뜻으로 'female doctors' 를 꾸며주고 있습니다. 이 용법은 'a lot of people(많은 사람들)' 에서도 나타납니다. 주어 'female doctors' 가 복수이므로 동사도 복수 are로 주어지고 있습니다. (m)에서 주어는 무엇일까요?
맹영구: 'female doctors' 아닙니까?

CHAPTER 01 — 핵심어구 읽기

선생님: (웃으며) 아닙니다. (m)에서 'of female doctors' 가 앞에 나온 'The number' 를 꾸미고 있으므로 주어는 'The number' 입니다. 주어가 단수이므로 동사도 단수인 'is' 가 쓰이고 있습니다. 지금까지의 내용을 정리하면, 〈a 명사 of〉는 뒤에 나오는 명사를 꾸미고, 〈the 명사 of 명사〉에서 〈of 명사〉는 앞에 나온 'the 명사' 를 꾸밉니다. 다음 예문들을 참조하시기 바랍니다.

(n) **A majority of** *students* participated in the graduation party.
(대다수 학생들이 그 졸업 파티에 참석했다.)

(o) Karl is **a brute of** *a man*; Jane is **an angel of** *a woman*.
(Karl은 짐승 같은 남자이다; Jane은 천사 같은 여자이다.)

❷ 부정사구를 무시하라.

선생님: 〈명사+부정사구〉에서 부정사구는 앞에 나온 명사를 꾸밀 수 있습니다. 부정사구가 앞에 나온 명사를 꾸밀 때 부정사구는 핵심어구가 아니기 때문에 무시될 수 있습니다.

(a) I have *no friend* **to advise me**.
(나는 친구가 없다 / 나에게 충고해 줄)

(b) There are *several alternatives* **to choose from**.
(여러 대안들이 있다 / 선택할 수 있는)

(c) *The ability* of a director **to combine performers well** is the key to the success of a movie.
(감독의 능력은 / 연기자들을 잘 결합할 수 있는 / 영화의 성공에 열쇠이다)

선생님: 하지만 〈a 명사 + 부정사구〉 형태에서 〈a 명사〉는 불특정적인 의미를 나타내기 때문에 부정사구가 빠졌을 때 명사의 의미가 애매모호해질 수 있습니다. 이 경우에는 부정사구를 무시하면 안 됩니다.

(d) She had *a strong desire* **to help and care for people**.
(그녀는 강한 욕망을 가지고 있었다 / 사람들을 돕고 돌보겠다는)

(e) The country makes *an effort* **to get basic health care to every village**.
(그 나라는 노력하고 있다 / 모든 마을에 기본적인 의료 보호를 받게 하려는)

③ 분사구를 무시하라.

선생님: 〈the 명사+분사구〉에서 분사구는 앞에 나온 명사를 꾸밀 수 있습니다. 분사구가 앞에 나온 〈the 명사〉를 꾸밀 때 분사구는 핵심어구가 아니기 때문에 무시될 수 있습니다.

(a) *The train* **arriving at the platform** came from New York.
(그 열차는 / 승강장에 도착하는 / 뉴욕에서 왔다)

(b) *The oboe* **most commonly used today** is a small tube.
(오보에는 / 가장 흔하게 오늘날 사용되는 / 작은 통이다)

(c) The problem was *the battery* **having a dead cell**.
(그 문제는 배터리였다 / 다 써버린 전지를 가지고 있는)

선생님: 하지만 〈명사+분사구〉 형태에서 분사구가 빠졌을 때 명사의 의미가 애매모호해질 수 있습니다. 이 경우에는 분사구를 무시하면 안 됩니다. 아래 예문에서 확인하겠습니다.

(d) The number of *people* **reading a newspaper** rose significantly.
(신문을 읽는 사람들의 숫자는 상당히 증가했다.)

(e) *Experiments* **using gene therapy** represent a giant step into the medicine of the future.
(유전자 치료를 사용하는 실험들은 거대한 발걸음을 나타낸다 / 미래의 의학으로의)

은초롱: 분사구가 없을 때 어떤 형태/종류의 명사의 의미가 애매모호할까요?

선생님: 〈a 명사〉 또는 명사의 복수형입니다. 〈a 명사〉 또는 명사의 복수형은 불특정적인 의미를 나타내기 때문에 (d)와 (e)에서 처럼 분사구가 빠지면 막연한 의미가 되어 어색합니다.

CHAPTER 01 – 핵심어구 읽기

 Warming-up 4

선생님: 이번 시간에는 부사, 부사구, 부사절, 형용사구를 무시해서 빠르게 문장의 핵심어구를 파악하는 연습을 할 것입니다. 연습하기 전에 다음의 덜 중요한 어구들을 다시 한 번 기억해 두시기 바랍니다. 우리는 아래 10가지 사항들 중 첫 네 가지 사항을 다뤘습니다.

1. **부사를 무시하라.**
2. **부사구를 무시하라.**
3. **부사절을 무시하라.**
4. **명사를 수식하는 형용사구를 무시하라.**
5. 명사를 수식하는 형용사절을 무시하라.
6. 《( ), 주부 + 술부》에서 빈 칸에 나온 어구를 무시하라.
7. 〈주부 + 술부, ( )〉에서 빈 칸에 나온 어구를 무시하라.
8. 〈 ~ + 명사, ( )〉에서 빈 칸에 나온 어구를 무시하라.
9. 〈주부, ( ), 술부〉에서 빈 칸에 나온 어구를 무시하라.
10. 대쉬(-), 콜론(:), 세미콜론(;) 다음에 나오는 어구를 무시하라.

선생님: 명사를 꾸미는 형용사구에는 어떤 어구들이 있었죠?
천지연: 전부분 즉, 전치사구, 부정사구, 분사구가 있습니다.
선생님: 그렇죠. 형용사구를 뺐을 때 명사의 의미가 모호해지는 경우에 그 형용사구를 무시하면 안됩니다. 반면에, 형용사구가 빠져도 명사의 의미가 분명한 경우에 그 형용사구를 무시할 수 있습니다. 자, 다음 지문에서 무시될 수 있는 형용사구, 부사, 부사구, 부사절을 찾아 보세요.

Sea Shanties

In the 1800's, sailors had valuable songs called sea shanties, which they sang aboard their ships. They tried to find unusual comfort in the simple songs in order to overcome their tough life. Sea shanties lessened the boredom of long trips and lightened the burden of hard work. The songs were also useful friends to sailors, helping them work as a team. The rhythms of the songs served to harmonize the movements of the sailors.

5 형용사절을 무시하면 문장의 핵심어구가 보인다.

선생님: 형용사절에는 관계사절 즉, 관계대명사절, 관계형용사절, 관계부사절이 있습니다. 무시될 수 있는 형용사절을 하나씩 살펴보기로 하죠.

 관계대명사절을 무시하라.

선생님: 관계대명사절은 앞에 나온 명사를 꾸밀 수 있습니다. 관계대명사절이 앞에 나온 명사를 꾸밀 때 그 명사가 분명한 의미를 나타내는 경우에 관계대명사절을 무시해도 됩니다. 명사가 분명한 의미를 나타내는 경우는 관계대명사 앞에 comma가 있는 경우입니다.

(a) He had *two daughters*, **one of whom married a doctor**.
(그는 두 딸을 뒀다, 그들 중 한 명은 의사와 결혼했다.)

(b) In 2007, she married *Jackson*, **whom she had met behind the stage in 2005 at his New York concert**.
(2007년에, 그녀는 Jackson과 결혼했다, 그녀가 2005년에 무대 뒤에서 만났던 / 그의 뉴욕 콘서트에서)

(c) In December, she saw *more patients* than usual, **most of whom had symptoms of the influenza**.
(12월에, 그녀는 평소보다 더 많은 환자를 진찰했다, 그들 중 대부분은 독감의 증상들을 가지고 있었다.)

은초롱: 선생님, 관계대명사 앞에 comma가 없으면 명사의 의미가 불분명하나요?

선생님: 관계대명사 앞에 comma가 없으면 대부분의 경우에 명사의 의미는 불분명합니다. 왜냐하면 관계대명사가 쓰이는 이유가 명사의 의미를 제한하기 위해서 쓰이기 때문입니다. 아래 예문들에서 이를 확인하세요.

(d) I have *two children* **who study abroad**. 〈who = 접속사 + they〉
(나는 두 자녀를 두고 있다 / 외국에서 공부하는)

(e) I have *two children*, **who study abroad**. 〈 who = and + they〉
(나는 두 자녀를 두고 있는데 / 그들은 외국에서 공부하고 있다)

CHAPTER 01 - 핵심어구 읽기

선생님: (d)와 (e)의 차이점은 무엇일까요?

학생들: ???

선생님: (d)에서는 '자녀들이 3명 이상' 이라는 뜻입니다. 즉, 외국에서 공부하는 자녀가 두 명이고 그렇지 않은 자녀가 더 있다는 뜻입니다. (e)에서는 '자녀가 두 명인데 둘 다 외국에서 공부한다' 는 뜻입니다. 그래서 (d)에서는 관계대명사절을 무시하면 안 되고 (e)에서는 관계대명사절을 무시해도 됩니다.

은초롱: 선생님, 관계대명사 앞에 comma가 없으면 명사의 의미가 불분명해집니까?

선생님: 좋은 질문입니다. 관계대명사절이 앞에 나온 명사의 의미를 크게 제한할 때, 관계대명사절이 없으면 그 명사의 의미는 애매모호해집니다. 예를 들면, '(그냥) 사람들' 과 '텔레비전을 계속 보는 사람들' 은 의미가 다릅니다. 또한, '(어떤) 사람' 과 '그녀가 아는 사람' 은 의미가 다릅니다. 이 경우에 관계대명사절을 무시하면 안 됩니다.

(f) *People* **who watch television continuously** may become very passive.
(텔레비전을 계속 보는 사람들은 아주 수동적이 될 수 있다.)

(g) When she entered the crowed room, she could see *no person* **whom she knew**.
(그녀가 사람들로 가득한 방에 들어 갔을 때, 아는 사람을 한 명도 볼 수 없었다.)

(h) Ancient people played *games* **which imitated fight, like boxing and wrestling**.
(옛날 사람들은 게임들을 했다 / 싸움을 모방한, 복싱과 레슬링 같은)

맹영구: 선생님, 관계대명사 앞에 comma 없을 때 명사의 의미가 분명한 경우도 있나요?

선생님: 예. 있습니다. 이 경우에 관계대명사절은 앞에 나온 명사의 개념을 바꾸지 않으므로 무시될 수 있습니다. 다음 예문들에서 확인하죠.

(i) She is *a pianist* **who interprets Chopin wonderfully**.
(그녀는 피아니스트이다 / 쇼팽을 훌륭하게 해석하는)

(j) He broke with *a woman* **with whom he had fallen in love**.
(그는 한 여자와 헤어졌다 / 그가 사랑에 빠졌던)

(k) Our soldiers retook *the island* **which had been seized by the enemy**.
(우리의 군인들은 그 섬을 되찾았다 / 적군에 의해 빼앗겼던)

선생님: (i)에서 관계대명사절 who ~ brilliantly를 생략하면 명사 pianist의 의미는 변하나요?

천지연: 아뇨.

선생님: 그래서 (i)에서 관계대명사절을 무시할 수 있습니다. (j)와 (k)에서 관계대명사절을 생략해도 앞에 나온 명사의 의미가 불분명해지지 않으므로 관계대명사절은 무시될 수 있습니다.

❷ 관계형용사절을 무시하라.

선생님: 관계형용사절은 앞에 나온 명사를 꾸밀 수 있습니다. 관계형용사절이 앞에 나온 명사를 꾸밀 때 그 명사가 분명한 의미를 나타내는 경우에 관계형용사절을 무시해도 됩니다. 명사가 분명한 의미를 나타내는 경우는 관계형용사 앞에 comma가 있는 경우입니다.

(a) My sister, **whose major was sociology**, is a professor of Harvard University.
(내 누나는, 전공이 사회학인데, 하버드 대학의 교수이다)

(b) The table, **whose surface was made of metal**, was not destroyed by fire.
(그 테이블은, 표면이 금속으로 만들어졌는데, 화재에 의해 파괴되지 않았다)

은초롱: 선생님, 관계형용사 앞에 comma가 없으면 명사의 의미가 불분명한가요?
선생님: 관계형용사 앞에 comma가 없으면 대부분의 경우에 명사의 의미는 불분명합니다. 왜냐하면 관계형용사가 쓰이는 이유가 명사의 의미를 제한하기 위해서 쓰이기 때문입니다. 이 경우에 관계형용사절을 무시하면 안 됩니다. 다음 예문들에서 이를 확인해보죠.

(c) There are *a few people* **whose capabilities are appropriate for this work**.
(소수의 사람들이 있다 / 그들의 능력들이 이 일에 적합한)

(d) Love should be *a tree* **whose roots are deep in the earth, but whose branches extend into heaven**.
(사랑은 나무일 수 있다 / 그것의 뿌리들이 땅 속 깊이 있지만, 그것의 가지들이 하늘로 뻗은)

맹영구: 선생님, 관계형용사 앞에 comma가 없을 때 명사의 의미가 분명한 경우도 있나요?
선생님: 예. 있습니다. 이 경우에 관계형용사절은 앞에 나온 명사의 개념을 바꾸지 않으므로 무시될 수 있습니다. 다음 예문들에서 이를 확인하죠.

(e) He is *a dominant father* **whose children are afraid of him**.
(그는 권위적인 아버지이다 / 그의 자녀들이 그를 두려워하는)

(f) Shakers were *an idealistic religious sect* **whose members were largest in the second half of the nineteenth century**.
(Shakers는 관념론적인 종교 종파였다 / 그것의 구성원들은 19세기 후반에 가장 컸다)

선생님: (e)에서 관계형용사절 whose ~ him이 없어도 명사 a dominant father의 의미가 분명하므로 관계형용사절은 무시될 수 있습니다. 마찬가지로, (f)에서 관계형용사절 whose ~ century가 없어도 명사 an idealistic religious sect의 의미가 분명하므로 관계형용사절은 무시될 수 있습니다.

CHAPTER 01 - 핵심어구 읽기

③ 관계부사절을 무시하라.

선생님: 관계부사절은 앞에 나온 명사를 꾸밀 수 있습니다. 관계부사절이 앞에 나온 명사를 꾸밀 때 그 명사가 분명한 의미를 나타내는 경우에 관계부사절을 무시해도 됩니다. 명사가 분명한 의미를 나타내는 경우는 관계부사 앞에 comma가 있는 경우입니다.

(a) He studied economics in *the University of Florida*, **where he spent four years**.
(그는 플로리다 대학에서 경제학을 공부했다, 거기서 그는 4년을 보냈다)

(b) The Second World War began on *September 1, 1939*, **when Germany attacked Poland**.
(2차 세계대전은 1939년 9월 1일에 시작됐다 / 독일이 폴란드를 공격했을 때)

천지연: 선생님, 관계부사 앞에 comma가 없으면 명사의 의미가 불분명하나요?

선생님: 예. 관계부사 앞에 comma가 없으면 대부분의 경우에 명사의 의미는 불분명합니다. 왜냐하면 관계부사가 쓰이는 이유가 명사의 의미를 제한하기 위해서 쓰이기 때문입니다. 이 경우에 관계형용사절을 무시하면 안됩니다. 다음 예문들에서 이를 확인해보죠.

(c) This is *the region* **where car accidents take place frequently**.
(이곳이 그 지역입니다 / 자동차 사고들이 자주 발생하는)

(d) Penicillin saved many lives at *a time* **when there was no way to cure pneumonia**.
(페니실린은 많은 생명들을 구했다 / 폐렴을 치료할 방법이 없었을 때에)

(e) There is *no reason* **why we should make an apology to them**.
(아무 이유도 없다 / 우리가 그들에게 사과해야 할)

선생님: (c)에서 관계부사절 where ~ frequently가 없으면 명사 the region의 의미가 불분명해지므로 관계부사절은 무시될 수 없습니다. 마찬가지로, (d)에서 관계부사절 when ~ pneumonia가 없으면 명사 a time의 의미가 불분명해지므로 관계부사절은 무시될 수 없습니다. 또한, (e)에서 관계부사절 why ~ them이 없으면 명사 no reason의 의미가 불분명해지므로 관계부사절은 무시될 수 없습니다.

은초롱: 선생님, 관계부사 comma 없을 때 명사의 의미가 분명한 경우도 있나요?

선생님: 예. where와 when의 경우에 앞에 나온 명사의 개념을 바꾸지 않을 때가 있습니다. 이 때 관계부사절은 무시될 수 있습니다. 반면에, why는 선행사 reason이나 cause와 함께 쓰여야 형용사절이 되고 why절의 내용은 중요하므로 무시될 수 없습니다. 다음 예문들에서 이를 확인하죠.

(f) Earthquakes damage *buildings* **where people are working**.
(지진들은 건물들을 파괴한다 / 사람들이 근무하는)

(g) I need my biology book by *next Friday* **when my class starts**.
(나는 내 생물학 책이 필요해 / 다음 금요일 무렵에 / 내 수업이 시작할 때인)

(h) The crime investigators sought for *a reason* **why the victim was killed**.
(그 범죄 조사자들은 이유를 찾았다 / 왜 그 희생자가 죽임을 당했는지)

선생님: (f)에서 관계부사절 where ~ working 없어도 명사 buildings의 의미가 분명하므로 관계부사절은 무시될 수 있습니다. 마찬가지로, (g)에서 관계부사절 when ~ starts가 없어도 명사 next Friday의 의미가 분명하므로 관계형용사절은 무시될 수 있습니다. 하지만, (h)에서 관계부사절 why ~ killed가 없으면 명사 a reason의 의미가 불분명하므로 무시될 수 없습니다.

CHAPTER 01 - 핵심어구 읽기

 Warming-up 5

선생님: 이번 시간에는 부사, 부사구, 부사절, 형용사구, 형용사절을 무시해서 빠르게 문장의 핵심어구를 파악하는 연습을 할 것입니다. 연습하기 전에 다음의 덜 중요한 어구들을 다시 한 번 기억해 두시기 바랍니다. 우리는 아래 10가지 사항들 중 첫 다섯 가지 사항을 다뤘습니다.

1. 부사를 무시하라.
2. 부사구를 무시하라.
3. 부사절을 무시하라.
4. 명사를 수식하는 형용사구를 무시하라.
5. 명사를 수식하는 형용사절을 무시하라.
6. 《( ), 주부 + 술부》에서 빈 칸에 나온 어구를 무시하라.
7. 〈주부 + 술부, ( )〉에서 빈 칸에 나온 어구를 무시하라.
8. 〈 ~ + 명사, ( )〉에서 빈 칸에 나온 어구를 무시하라.
9. 〈주부, ( ), 술부〉에서 빈 칸에 나온 어구를 무시하라.
10. 대쉬(-), 콜론(:), 세미콜론(;) 다음에 나오는 어구를 무시하라.

선생님: 명사를 꾸미는 형용사절에는 어떤 어구들이 있었죠?
맹영구: 관계대명사, 관계형용사, 관계부사가 있습니다.
선생님: 그렇죠. 형용사절을 뺐을 때 명사의 의미가 모호해지는 경우에 그 형용사절을 무시하면 안됩니다. 반면에, 형용사절이 빠져도 명사의 의미가 분명한 경우에 그 형용사절을 무시할 수 있습니다 자, 다음 지문에서 무시될 수 있는 형용사절, 형용사구, 부사, 부사구, 부사절을 찾아 보세요.

The Suez Canal and the Panama Canal

The Suez Canal and the Panama Canal have similar historical backgrounds. In 1869, Ferdinand de Lesseps, a French canal developer, constructed and controlled the Suez Canal, which connected the Mediterranean and Red Seas. He attempted to construct the Panama Canal during the 1880s, but the project was completed by the United States in 1914. Later, both canals came under control of the countries in which they are located. Egypt obtained control of the Suez Canal in 1957 and Panama got control over its canal in 1977.

 **《( ), 주부+술부〉에서 ( )를 무시하면 핵심어구가 보인다.**

선생님: comma를 잘 활용하면 핵심어구를 빨리 파악할 수 있습니다. comma는 주로 다음 4가지 경우에 쓰이는데 ( ) 안의 어구를 무시하면 핵심어구를 찾는 것이 수월해집니다.(comma에 대한 자세한 설명은 Appendix에 있는 '구문 29: comma의 용법(335쪽)'을 참고하세요.)

6. 《( ), 주부 + 술부〉에서 빈 칸에 나온 어구를 무시하라.
7. 〈주부 + 술부, ( )〉에서 빈 칸에 나온 어구를 무시하라.
8. 〈 ~ + 명사, ( )〉에서 빈 칸에 나온 어구를 무시하라.
9. 〈주부, ( ), 술부〉에서 빈 칸에 나온 어구를 무시하라.

선생님: 《( ), 주부 + 술부〉에서 주부는 주어를 포함하는 부분이라는 뜻이고 술부는 술어동사를 포함하는 부분이라는 뜻입니다. ( )에 쓰일 수 있는 어구들은 문장 전체를 수식하는 어구들과 주어를 보충 설명하는 어구들입니다. 문장 전체를 수식하는 어구에는 어떤 것들이 있죠?

은초롱: 부사, 부사구, 부사절이 있습니다.

선생님: 그렇죠. 부사구에는 어떤 것들이 있죠?

맹영구: 부사구에는 전부분, 즉 전치사구, 부정사구, 분사구문이 있습니다.

선생님: 그렇죠. 부사절에는 어떤 것들이 있죠?

천지연: 부사절에는 종속접속사가 이끄는 부사절과 관계부사가 이끄는 부사절이 있습니다.

선생님: 종속접속사에는 어떤 것들이 있나요?

은초롱: 종속접속사는 because, if, when, although 등입니다.

선생님: 그렇죠. 부사절을 이끄는 관계부사에는 어떤 것들이 있나요?

은초롱: where와 when이 있습니다.

선생님: 그렇죠. 관계부사 why와 how는 부사절을 이끌 수 없다는 것을 유의해야 합니다. (이에 대한 자세한 설명은 Appendix에 있는 '구문 11: 부사절의 구조 및 해석 방법(314쪽)'을 참고하세요.) 주어를 보충 설명하는 어구에는 어떤 것들이 있을까요?

학생들: ???

선생님: 주어를 보충 설명하는 어구에는 형용사구와 동격어구가 있습니다. ( )에 쓰일 수 있는 형용사구는 분사구, 'Of + 복수명사', '형용사 + 전치사구'입니다. ( )에 형용사구 역할을 하는 부정사구가 쓰일 수 없습니다. ( )에 쓰인 부정사구는 모두 부사구라는 사실을 유의하시기 바랍니다.

CHAPTER 01 - 핵심어구 읽기

선생님: 주어 앞에 comma와 함께 쓰이는 부사, 부사구, 부사절은 거의 모두 무시 될 수 있다는 내용은 이미 앞에서 다뤘습니다. 주어 앞에 쓰인 부사들 중에서 무시될 수 없는 부사에는 문장부사, 접속부사가 있고, 무시될 수 없는 부사구에는 접속부사구가 있습니다. 지금까지의 설명을 아래 예문들에서 확인하겠습니다.

(a) ⋯⋯⋯⋯, long songs are not popular nowadays.
　　　↳ **Usually** 〈부사〉
　　(보통, 긴 노래들은 요즘 인기가 없다.)

(b) ⋯⋯⋯⋯, cells die.
　　　↳ **Like all other living things** 〈전치사구〉
　　(모든 다른 살아있는 것들처럼, 세포들은 죽는다.)

(c) ⋯⋯⋯⋯, a candidate has to win a majority of votes.
　　　↳ **To be elected as a president** 〈부정사구〉
　　(대통령으로 선출되기 위해서, 후보자는 다수의 표를 얻어야 한다.)

(d) ⋯⋯⋯⋯, Jane turned pale.
　　　↳ **Frightened by the news** 〈분사구문〉
　　(그 소식에 놀라서, Jane은 창백해졌다.)

(e) ⋯⋯⋯⋯, Jane wanted to leave the hospital.
　　　↳ **Although she was hardly able to walk** 〈부사절〉
　　(비록 그녀는 거의 걸을 수 없었지만, Jane은 그 병원을 떠나고 싶었다.)

(f) ⋯⋯⋯⋯, Harvard University is the oldest university in America.
　　　↳ **Founded in 1636** 〈분사구〉
　　(1636년에 설립된, 하버드 대학은 미국에서 가장 오래된 대학이다.)

(g) ⋯⋯⋯⋯, five are absent.
　　　↳ **Of the thirty students** 〈Of + 복수명사〉
　　(그 30명의 학생들 중에, 다섯 명이 결석했다.)

(h) ⋯⋯⋯⋯, black leopards look similar.
　　　↳ **Native to Africa** 〈형용사 + 전치사구〉
　　(아프리카 원산인, 검은 표범들은 비슷해 보인다.)

(i) ⋯⋯⋯⋯, Jennifer receives preferential treatment from government agencies.
　　　↳ **A government contractor** 〈동격어구〉
　　(정부 계약자인, Jennifer는 특별 대우를 받는다 / 정부 기관들로부터)

Warming-up 6

선생님: 이번 시간에는 《( ), 주부 + 술부》에서 ( )에 쓰인 어구를 무시해서 빠르게 문장의 핵심어구를 파악하는 연습을 할 것입니다. 연습하기 전에 다음의 덜 중요한 어구들을 다시 한 번 기억해 두시기 바랍니다. 우리는 아래 10가지 사항들 중 첫 여섯 가지 사항을 다뤘습니다.

1. 부사를 무시하라.
2. 부사구를 무시하라.
3. 부사절을 무시하라.
4. 명사를 수식하는 형용사구를 무시하라.
5. 명사를 수식하는 형용사절을 무시하라.
6. 《( ), 주부 + 술부》에서 빈 칸에 나온 어구를 무시하라.
7. 〈주부 + 술부, ( )〉에서 빈 칸에 나온 어구를 무시하라.
8. 〈 ~ + 명사, ( )〉에서 빈 칸에 나온 어구를 무시하라.
9. 〈주부, ( ), 술부〉에서 빈 칸에 나온 어구를 무시하라.
10. 대쉬(-), 콜론(:), 세미콜론(;) 다음에 나오는 어구를 무시하라.

선생님: 《( ), 주부 + 술부》에서 ( )에 쓰일 수 있는 어구들은 어떤 것들이 있었죠?

은초롱: 부사, 부사구, 부사절, 형용사구, 동격어구가 있습니다.

선생님: 그렇죠. ( )에 쓰일 수 있는 형용사구는 분사구, 'Of + 복수명사', '형용사 + 전치사구' 이죠. 이것들 중에서 문장부사, 접속부사, 접속부사구는 무시될 수 없습니다. 자, 다음 지문에서 무시될 수 있는 부사, 부사구, 부사절, 형용사구, 동격어구, 형용사절을 찾아 보세요.

Symbiosis

In rainforests, many plants and animals live symbiotically and are beneficial for one another. For instance, ant plants live on tropical trees and depend on certain ants for food. They have tunnels in their stems which are suitable for ants to live in. The ants store dead insects inside some of the tunnels, and then the ant plants use them for food. The ants also take care of a butterfly larva which lives inside the ant plant and eats its leaves. In return, the butterfly larva makes honeydew, the ants' food.

CHAPTER 01 - 핵심어구 읽기

7. 〈주부+술부, ( )〉에서 ( )를 무시하면 핵심어구가 보인다.

선생님: 〈주부 + 술부, ( )〉에서 주부는 주어를 포함하는 부분이라는 뜻이고 술부는 술어동사를 포함하는 부분이라는 뜻입니다. ( )에 쓰일 수 있는 어구들은 〈not+~〉와 문장 전체를 수식하는 어구들 중에서 접속부사, 전치사구 〈like+명사〉와 분사구문입니다.

(a) Success is a journey, ………… .
　　　　　　　　　　　　　　not a destination 〈not + ~〉
(성공은 여정이다, 최종 목적지가 아니라)

(b) Our team won the game. It was a bad one, ………… .
　　　　　　　　　　　　　　　　　　　　　　　however 〈접속부사〉
(우리 팀이 그 경기를 이겼다. 그렇지만, 그것은 형편없는 것이었다.)

(c) Dolphins communicate with clicks and songs, ………… .
　　　　　　　　　　　　　　　　　　　　　　　like birds 〈전치사구〉
(돌고래들은 찰깍 소리들과 노래들로 소통한다, 새들처럼)

(d) He came back, ………… .
　　　　　　　　exhausted from the journey 〈분사구문〉
(그는 돌아왔다, 긴 여행으로부터 지친 채)

은초롱: (의아해 하며) 선생님, (a)에서 왜 <not + a destination>이 ( )에 쓰이는 것입니까?
선생님: <not A but B> 용법에서 not A를 강조하기 위해서 not A를 뒤로 이동시킨 경우입니다. 즉,

(a)' Success is **not** a destination **but** a journey.
　　 = Success is a journey, **not** a destination.
　　　(성공은 여정(=과정)이다, 최종 목적지(=결과)가 아니라)

선생님: 이 경우에 not A를 무시하면 안 됩니다. 왜냐하면 not A는 강조되기 위해 맨 끝에 배치된 것이기 때문입니다.
천지연: 선생님, 〈주부 + 술부, ( )〉에서 ( )에 쓰일 수 있는 어구는 접속부사라고 하셨는데 접속부사가 문장 맨 끝에 comma와 함께 쓰이는 경우도 있나요?
선생님: (웃으며) 있습니다. 접속부사 however와 though입니다. 이 접속부사는 아주 중요하기 때문에 무시하면 안 됩니다.

(e) It is doubtful that life is now present on Mars, **though**.
(의심스럽다 / 생물이 지금 화성에 존재한다는 것은, 그렇지만)

은초롱: 선생님, 〈주부 + 술부, ( )〉에서 ( )에 쓰일 수 있는 어구는 전치사구 〈like 명사〉라고 하셨는데 다른 전치사구는 왜 ( )에 쓰이지 않는 것입니까?

선생님: 좋은 질문입니다. 전치사구 〈like 명사〉는 형용사구로도 쓰일 수 있기 때문에 부사구로 쓰이려면 그 앞에 comma가 있어야 합니다. 하지만 그 외의 전치사구는 부사구로 쓰일 때 혼동의 여지가 없기 때문에 comma 없이 쓰입니다.

천지연: 선생님, 부정사구와 부사절은 왜 ( )에 쓰이지 않는 것입니까?

선생님: 부정사구와 부사절은 ( )에 쓰일 때 그 앞에 있는 comma를 빼도 혼동을 야기하지 않기 때문에 comma 없이 쓰입니다.

맹영구: 선생님, 분사구문 앞에는 꼭 comma가 쓰여야 하나요?

선생님: comma를 쓰지 않으면 혼동이 되는 경우에 comma를 써야 합니다. 명사 다음에 분사구문이 나올 때 comma를 쓰지 않으면 분사구문이 명사를 꾸미는 분사구로 착각될 수 있습니다. 이런 경우에는 반드시 comma를 써야 합니다. 그 외에 혼동의 여지가 없을 때는 comma를 생략해도 됩니다.

(f) The police chased the criminal **finally catching him**. 〈어색함〉
→ The police chased the criminal, **finally catching him**.
(경찰은 그 범인을 추격했다, 마침내 그를 붙잡으면서)

선생님: (f)에서 comma가 없으면 어떤 혼동이 있을까요?

은초롱: comma가 없으면 'finally catching him' 이 앞에 나온 명사 'the criminal'을 꾸밀 수 있습니다.

선생님: 그렇죠. 그래서 'finally catching him' 이 분사구문이 아니라 분사구로 해석될 수 있습니다. 즉, '경찰은 마침내 그를 붙잡은 그 범인을 추격했다' 가 됩니다. 이런 혼동을 피하기 위해서 (f)에서 comma가 필요합니다. 하지만 다음과 같이 혼동의 여지가 없을 때 분사구문 앞에 있는 comma는 생략 가능합니다.

(g) I spent a lot of time, **looking for my dog**.
= I spent a lot of time **looking for my dog**. 〈comma 생략 가능〉
(나는 많은 시간을 보냈다, 내 개를 찾아서)

CHAPTER 01 - 핵심어구 읽기

선생님: (g)에서 분사구문 'looking for my dog'는 앞에 나온 time을 꾸미는 것으로 보면 '내 개를 찾는 시간'이 되어 어색합니다. 그래서 혼동의 여지가 없으므로 comma 없이 쓰일 수 있습니다.

선생님: 자, 지금까지의 설명을 정리해볼까요? 〈주부 + 술부, ( )〉에서 ( )에 나올 수 있는 어구는 〈not + ~〉, 접속부사 however와 though, 전치사구 〈like 명사〉와 분사구문입니다. 이것들 중에 무시되면 안 되는 것은 무엇이었죠?

천지연: 〈not + ~〉, 접속부사 however / though는 무시하면 안됩니다.

선생님: 그렇죠. 〈not + ~〉는 <not A but B>에서 나온 것으로 not A가 강조되는 형태라서 무시하면 안되고, 접속부사 however / though는 앞 문장과 반대의 내용을 나타내므로 무시하면 안되죠. 결국, 〈주부 + 술부, ( )〉에서 전치사구 〈like 명사〉와 분사구문이 ( )에 나올 때 이것들은 무시될 수 있습니다.

Warming-up 7

선생님: 이번 시간에는 〈주부 + 술부, ( )〉에서 ( )에 쓰인 어구를 무시해서 빠르게 문장의 핵심어구를 파악하는 연습을 할 것입니다. 연습하기 전에 다음의 덜 중요한 어구들을 다시 한 번 기억해 두시기 바랍니다. 우리는 아래 10가지 사항들 중 첫 일곱 가지 사항을 다뤘습니다.

1. 부사를 무시하라.
2. 부사구를 무시하라.
3. 부사절을 무시하라.
4. 명사를 수식하는 형용사구를 무시하라.
5. 명사를 수식하는 형용사절을 무시하라.
6. 《( ), 주부 + 술부〉에서 빈 칸에 나온 어구를 무시하라.
7. 〈주부 + 술부, ( )〉에서 빈 칸에 나온 어구를 무시하라.
8. 〈 ~ + 명사, ( )〉에서 빈 칸에 나온 어구를 무시하라.
9. 〈주부, ( ), 술부〉에서 빈 칸에 나온 어구를 무시하라.
10. 대쉬(-), 콜론(:), 세미콜론(;) 다음에 나오는 어구를 무시하라.

선생님: 〈주부 + 술부, ( )〉에서 ( )에 쓰일 수 있는 어구들은 어떤 것들이 있었죠?
은초롱: 전치사구와 분사구문이 있습니다.
선생님: 좀 더 정확하게는 <not ~ >, 접속부사 however와 though, 전치사구 〈like 명사〉, 분사구문이 있죠. 이 중에서 무시해도 좋은 어구는 무엇이었죠?
천지연: 전치사구 〈like 명사〉와 분사구문입니다.
선생님: 그렇죠. 자, 다음 지문에서 무시될 수 있는 부사, 부사구, 부사절, 형용사구, 동격어구, 형용사절을 찾아 보세요.

Termite Nest

Termites, sometimes incorrectly called "white ants," are a group of social insects. Their resemblance to ants is superficial. They are more closely related to cockroaches. As truly social animals, they have the highest level of social organization, like the ants and some bees. They work and live together in groups. There are members of different social orders in a termite nest, including kings and queens, the soldiers, and the workers. All members are interdependent, supporting each other for survival of the colony.

CHAPTER 01 - 핵심어구 읽기

⑧ 〈~+명사, ( )〉에서 ( )를 무시하면 핵심어구가 보인다.

선생님: 〈~ + 명사, ( )〉에서 ( )에 쓰일 수 있는 어구는 앞에 나온 명사를 꾸미는 형용사절의 전부, 형용사구의 일부와 동격어구입니다. ( )에 쓰인 어구들은 모두 보충 설명하는 것들이기 때문에 무시될 수 있습니다. 형용사절에는 어떤 것들이 있죠?

은초롱: 관계사절이 있습니다.

선생님: 그렇죠. 관계사절은 관계대명사절, 관계형용사절, 관계부사절을 말하죠. 형용사구에는 어떤 것들이 있죠?

은초롱: 형용사구에는 전부분 즉, 전치사구, 부정사구, 분사구가 있습니다.

선생님: 그렇죠. 그런데 세 가지 형용사구 중에서 ( )에 쓰일 수 있는 것은 일부의 전치사구와 분사구 뿐입니다.

맹영구: 왜 대부분의 전치사구와 부정사구는 ( )에 쓰일 수 없습니까?

선생님: 대부분의 전치사구와 부정사구가 형용사구로 쓰일 때 그 앞에 comma가 있으면 부사구로 착각될 수 있기 때문에 전치사구와 부정사구는 ( )에 쓰일 수 없습니다.

맹영구: ( )에 쓰일 수 있는 일부의 전치사구는 어떤 것입니까?

선생님: 고유명사 다음에 comma가 쓰여야 하는데 comma 뒤에 전치사구가 나올 수 있습니다. 예를 들면, <Dinosaurs evolved during the Mesozoic Era, from 251 million years ago to 65 million years ago.> 또한, such as ~(~와 같은), like(~처럼)도 comma 다음에 쓰일 수 있는 전치사구입니다. 예를 들면, <You need to reduce oily food, such as meat.>, <Fast food restaurants sell inexpensive food, like hamburgers.>

천지언: 분사구와 동격어구가 ( )에 쓰일 수 있는 이유는 무엇입니까?

선생님: ( )에 쓰이는 분사구와 동격어구는 원래의 관계대명사절에서 〈관계대명사+be동사〉가 생략된 경우입니다. 지금까지의 설명을 정리하면, ( )에 쓰일 수 있는 어구는 관계대명사절, 관계형용사절, 관계부사절, 분사구, 동격어구입니다. 명사 다음에 comma와 함께 쓰이는 형용사절과 형용사구는 무시 될 수 있다는 내용은 이미 앞에서 다뤘습니다.

(a) In general, lions live in groups, ………… .
　　　　　　　　　　　　　　↑
　　　　which include up to thirty individuals 〈관계대명사절〉
　　(일반적으로, 사자들은 떼지어 산다, / 그 떼는 30마리 정도를 포함한다)

(b) We appreciate Professor Richard, ………… .
　　　　　　　　　　　　　　　　↑
　　　　whose idea provided the inspiration for our plan 〈관계형용사절〉
　　(우리는 Richard 교수님께 감사한다, / 그의 아이디어는 우리 계획에 대한 영감을 제공했다)

(c) Honeybees' instincts provide them for life in a colony, ⋯⋯⋯⋯ .
　　　　　　　where they have a complex social organization 〈관계부사절〉
(꿀벌들의 본능들은 그들에게 제공한다 / 서식지에서의 삶을, / 거기에서 그들은 복잡한 사회조직을 갖고 있다)

(d) Diabetics have to follow specific nutritional rules, ⋯⋯⋯⋯ .
　　　　　　　　　such as avoiding eating sugary food 〈전치사구〉
(당뇨병 환자들은 특정적인 음식물 규칙들을 따라야 한다, / 달콤한 음식을 먹는 것을 피하는 것과 같은)

(e) The 1960's saw a change in the content of movies, ⋯⋯⋯⋯ .
　　　　　　　treating subjects that were considered taboo 〈분사구〉
(1960년대는 변화를 보았다 / 영화들의 내용에서, / 금기로 간주되었던 소재들을 다루는)

(f) Louisa May Alcott wrote 'Little Women,' ⋯⋯⋯⋯ .
　　　　　　　　a classic of children's literature 〈동격어구〉
(Louisa May Alcott는 '작은 아씨들' 을 썼다, / 아동 문학의 고전인)

은초롱: 선생님, 분사구와 동격어구는 원래의 관계대명사절에서 〈관계대명사+be동사〉가 생략된 경우라고 말씀하셨는데 (e)와 (f)를 관계대명사절로 바꿀 수 있다는 뜻입니까?

선생님: (웃으며) 물론입니다. (e)와 (f)를 관계대명사절로 바꾸면 다음과 같습니다.

(e)' The 1960's saw a change in the content of movies, *which were* **treating subjects that were considered taboo**.

(f)' Louisa May Alcott wrote Little Women, *which was* **a classic of children's literature**.

CHAPTER 01 - 핵심어구 읽기

Warming-up 8

선생님: 이번 시간에는 〈~ + 명사, ( )〉에서 ( )에 쓰인 어구를 무시해서 빠르게 문장의 핵심어구를 파악하는 연습을 할 것입니다. 연습하기 전에 다음의 덜 중요한 어구들을 다시 한 번 기억해 두시기 바랍니다. 우리는 아래 10가지 사항들 중 첫 여덟 가지 사항을 다뤘습니다.

1. 부사를 무시하라.
2. 부사구를 무시하라.
3. 부사절을 무시하라.
4. 명사를 수식하는 형용사구를 무시하라.
5. 명사를 수식하는 형용사절을 무시하라.
6. 《( ), 주부 + 술부》에서 빈 칸에 나온 어구를 무시하라.
7. 〈주부 + 술부, ( )〉에서 빈 칸에 나온 어구를 무시하라.
8. 〈 ~ + 명사, ( )〉에서 빈 칸에 나온 어구를 무시하라.
9. 〈주부, ( ), 술부〉에서 빈 칸에 나온 어구를 무시하라.
10. 대쉬(-), 콜론(:), 세미콜론(;) 다음에 나오는 어구를 무시하라.

선생님: 〈~+명사, ( )〉에서 ( )에 쓰일 수 있는 어구들은 어떤 것들이 있었죠?
천지연: 관계대명사절, 관계형용사절, 관계부사절, 분사구, 동격어구입니다.
선생님: 그렇죠. 자, 다음 지문에서 무시될 수 있는 부사, 부사구, 부사절, 분사구, 형용사절, 동격어구를 찾아 보세요.

Agricultural Revolution

Between 1760 and 1830, Britain experienced an agricultural revolution which helped drive the Industrial Revolution, meaning the social and economic changes. In this period, the agricultural revolution increased agricultural productivity, and thus food supply, which resulted in low food prices. Farmers and landowners made profits and invested them in industry or in transport improvements, such as canals. The agriculture revolution also made labor supply easily available. The British countryside was changed in the period, when the open-field system of cultivation was transformed into an enclosure system, one that compressed farms and enclosed fields. This new system drove people into cities, where they became workers for the factories.

〈주부, ( ), 술부〉에서 ( )를 무시하면 핵심어구가 보인다.

선생님: 〈주부, ( ), 술부〉에서 ( )에 쓰일 수 있는 어구는 부사, 부사구, 부사절과 형용사구, 형용사절, 동격어구입니다. 부사, 부사구, 부사절이 ( )에 쓰이는 이유는 무엇일까요?

은초롱: 부사, 부사구, 부사절은 문장 전체를 꾸미기 때문입니다.

선생님: 그렇죠. 형용사구, 형용사절, 동격어구가 ( )에 쓰이는 이유는 무엇일까요?

학생들: ???

선생님: 주어가 명사일 때 형용사구, 형용사절, 동격어구가 ( )에 쓰여 주어를 보충 설명할 수 있습니다. 자, 이제 하나씩 정리해볼까요? 부사구에는 어떤 것이 있죠?

천지연: 부사구에는 전치사구, 부정사구, 분사구문이 있습니다.

선생님: 그렇죠. 부사절에는 어떤 것이 있죠?

맹영구: 부사절에는 종속접속사가 이끄는 부사절이 있습니다.

선생님: 그렇죠. 그 외에 where/when이 이끄는 부사절도 있죠. 형용사구에는 어떤 것이 있죠?

은초롱: 형용사구에는 전치사구, 부정사구, 분사구가 있습니다.

선생님: 그렇죠. 형용사절에는 어떤 것이 있죠?

천지연: 형용사절에는 관계대명사절, 관계형용사절, 관계부사절이 있습니다.

선생님: 그렇죠. ( )에 주로 쓰이는 부사는 however, though 등과 같은 접속부사입니다. 이 때 접속부사는 무시되면 안 됩니다. 왜냐하면 앞 문장과 반대 내용을 이끌기 때문입니다. 전치사구가 형용사구로서 ( )에 쓰일 수 있는 것은 앞에서 살펴본 바와 같이 'such as + 명사', 'like + 명사' 입니다. 〈주부, ( ), 술부〉에서 ( )에 나오는 어구들 중에서 접속부사를 제외한 나머지 즉, 부사구, 부사절, 형용사구, 형용사절, 동격어구는 모두 무시될 수 있습니다.

(a) I can, ………… , promise that the books will be sent out within two days.
　　　　　　　however 〈접속부사〉
(그렇지만, 나는 약속할 수 있습니다 / 그 책들은 2일 이내로 보내질 것이라고)

(b) In 1890, Key West, ………… , was Florida's largest city.
　　　　　　　　　　　　with a population of 18,000 〈전치사구〉
(1890년에, Key West는, 18,000 인구를 갖고서, Florida의 가장 도시였다.)

(c) Chimpanzees, ………… , can be easily trained.
　　　　　　　　being young 〈분사구문〉
(침팬지들은, 어렸을 때, 쉽게 훈련될 수 있다.)

CHAPTER 01 - 핵심어구 읽기

(d) Snakes, ············ , can suddenly change their behavior.
　　　　　↳ **when they are threatened by a predator** 〈부사절〉
(뱀들은, 포식자에 의해 위협받을 때, 갑자기 그들의 행동을 바꿀 수 있다.)

(e) Some diseases, ············ , are passed on a child from its parents.
　　　　　↳ **such as hemophilia** 〈전치사구〉
(몇몇 질병들은, 혈우병과 같은, 부모로부터 자식에게 유전된다.)

(f) San Francisco's Chinese community, ············ , is the largest group of Chinese outside Asia.
　　　　　　　　　　　　　　　　　　　　↑
　　　　　　　　　comprising 67,000 inhabitants 〈분사구〉
(샌프란시스코의 중국인 공동체는, 67,000 주민들로 구성된, 아시아 밖에서 중국인들의 가장 큰 집단이다.)

(g) Emma Lazarus, ············ , wrote several sonnets.
　　　　　↳ **who was a poet and essayist** 〈관계대명사절〉
(Emma Lazarus는, 시인이자 수필가인, 몇몇 소네트들을 썼다.)

(h) The table, ············ , was not destroyed by fire.
　　　　　↳ **whose surface was made of metal** 〈관계형용사절〉
(그 테이블은, 표면이 금속으로 만들어졌는데, 화재에 의해 파괴되지 않았다.)

(i) Bread, ············ , is made from flour.
　　　　　↳ **the world's most important food** 〈동격어구〉
(빵은, 세계에서 가장 중요한 음식인, 밀가루로 만들어진다.)

Warming-up 9

선생님: 이번 시간에는 〈주부, ( ), 술부〉에서 ( )에 쓰인 어구를 무시해서 빠르게 문장의 핵심어구를 파악하는 연습을 할 것입니다. 연습하기 전에 다음의 덜 중요한 어구들을 다시 한 번 기억해 두시기 바랍니다. 우리는 아래 10가지 사항들 중 아홉 가지 사항을 다뤘습니다.

1. 부사를 무시하라.
2. 부사구를 무시하라.
3. 부사절을 무시하라.
4. 명사를 수식하는 형용사구를 무시하라.
5. 명사를 수식하는 형용사절을 무시하라.
6. 《( ), 주부 + 술부〉에서 빈 칸에 나온 어구를 무시하라.
7. 〈주부 + 술부, ( )〉에서 빈 칸에 나온 어구를 무시하라.
8. 〈 ~ + 명사, ( )〉에서 빈 칸에 나온 어구를 무시하라.
9. 〈주부, ( ), 술부〉에서 빈 칸에 나온 어구를 무시하라.
10. 대쉬(-), 콜론(:), 세미콜론(;) 다음에 나오는 어구를 무시하라.

선생님: 〈주부, ( ), 술부〉에서 ( )에 쓰일 수 있는 어구들은 어떤 것들이 있었죠?
은초롱: 접속부사, 부사구, 부사절, 형용사구, 형용사절, 동격어구입니다.
선생님: 그렇죠. 이것들 중에서 접속부사를 제외한 나머지 어구들은 모두 무시될 수 있죠. 지금까지 다룬 1~9까지의 내용들을 복습할 것입니다. 자, 다음 지문에서 무시될 수 있는 부사, 부사구, 부사절, 형용사구, 형용사절, 동격어구를 찾아 보세요.

Cash Crops

Most farmers in developed countries cultivate some cash crops, such as corn and squash, on a large scale. After they sell the products, they purchase what they need for their families. In the past, however, the way that crops were cultivated was fairly dissimilar. Farmers would cultivate different kinds of crops on a small scale. When they harvested much more amounts of crops than they needed, they sold some of the crops. But, when there was no extra, they reserved the crops to provide them for their families.

CHAPTER 01 - 핵심어구 읽기

 대쉬(—), 콜론(:), 세미콜론(;) 다음 내용을 무시하면 핵심어구가 보인다.

선생님: 대쉬(—), 콜론(:), 세미콜론(;)을 잘 활용하면 핵심어구를 빨리 파악할 수 있습니다. (comma에 대한 자세한 설명은 Appendix에 있는 '구문 30: 대쉬(—), 콜론(:), 세미콜론(;)의 용법 차이(338쪽)'을 참고하세요.)

은초롱: 대쉬(—)는 어떤 경우에 쓰이나요?

선생님: 대쉬(—)는 문장 중간이나 끝에서 앞에 나온 내용을 보충 설명할 때 쓰입니다. 또한, 대쉬는 문장 앞 부분에 나열된 것들을 정리할 때 all, these 등과 함께 쓰입니다. 대쉬 다음에 나오는 어구는 무시될 수 있습니다.

맹영구: 왜요?

선생님: 대쉬는 앞에 나온 내용을 보충 설명하기 때문입니다. 보충 어구가 없으면 앞 내용이 조금 애매해지긴 하지만 의미 흐름에 지장을 줄 정도는 아닙니다. 다음 예문들에서 확인하기 바랍니다.

(a) His plan was related to *an old dream* — **Columbus' dream**.
   (그의 계획은 오랜 꿈과 관련돼 있었다 – 콜럼버스의 꿈)

(b) *Everything* that we produce and trade — **food, manufactured goods, labor, and services** — has a money value.
   (모든 것은 / 우리가 생산하고 교역하는 – 음식, 제조 물건들, 노동, 용역들 – 돈 가치를 가지고 있다)

(c) *Apples, oranges, and bananas* — **all these** are the fruits that I like very much.
   (사과들, 오렌지들, 바나나들 – 모든 이런 것들은 과일들이다 / 내가 아주 많이 좋아하는)

천지연: 콜론(:)은 어떤 경우에 쓰이나요?

선생님: 콜론(:)은 앞에 나온 어구를 보충 설명할 때 쓰입니다. colon의 기본적인 개념은 '즉, 말하자면, 예를 들면, ~라고' 입니다. 그래서 colon은 앞에 나온 어구와 관련된 동격, 자세한 설명, 열거 등을 나타냅니다. 콜론 다음에 나오는 어구는 무시될 수 있습니다.

맹영구: 왜요?

선생님: 콜론은 앞에 나온 어구를 보충 설명하기 때문입니다. 보충 어구가 없으면 앞 내용이 조금 애매해지긴 하지만 의미 흐름에 지장을 줄 정도는 아닙니다. 다음 예문들에서 확인하기 바랍니다.

(d) She had only *one thing* in mind: **to pass the test**. 〈동격〉
 (그녀는 오직 하나의 것을 가지고 있다 / 마음 속에: 그 시험에 합격하는 것)

(e) *He had drunken heavily*: **this explained his unsteady walk**. 〈자세한 설명〉
 (그 남자는 심하게 술 마셔 왔다: 이것은 그의 불안정한 걸음을 설명했다.)

(f) I am taking *four courses* in this term: **English, Psychology, Mathematics, and Statistics**. 〈열거〉
 (나는 4과목을 수강하고 있다 / 이번 학기에: 영어, 심리학, 수학, 통계학)

맹영구: 세미콜론(;)은 어떤 경우에 쓰이나요?

선생님: 세미콜론(;)의 기본적인 개념은 '그래서, 왜냐하면, 반면에' 입니다. 세미콜론(;)은 등위접속사의 축약형이라서 등위접속사와 비슷한 역할을 합니다. semicolon은 and / but처럼 두 개의 독립된 문장들을 연결하고 그 뒤에 나오는 공통어구를 생략할 수 있습니다. 세미콜론(;)이 '그래서' 나 '왜냐하면' 의 의미를 나타낼 때 무시될 수 있습니다.

맹영구: 왜요?

선생님: 세미콜론(;)이 '그래서' 나 '왜냐하면' 의 의미를 나타낼 때 이는 앞에 나온 어구를 보충 설명하기 때문입니다. 보충 어구가 없으면 앞 내용이 조금 애매해지긴 하지만 의미 흐름에 지장을 줄 정도는 아닙니다. 하지만 세미콜론이 '반면에' 라는 의미를 나타낼 때 세미콜론(;)은 무시되면 안됩니다.

은초롱: 왜 무시하면 안됩니까?

선생님: 세미콜론(;)이 '반면에' 라는 의미를 나타낼 때 그것은 but의 의미로서 앞의 내용과 독립적인 내용을 나타내기 때문입니다. 다음 예문들에서 확인하시기 바랍니다.

(g) Come and see me on Monday; **I have something to tell you**. 〈이유〉
 (나 보러 와 / 월요일에; 왜냐하면 뭔가 있으니까 / 너에게 말할)

(h) The shops were closed; **I couldn't buy anything**. 〈결과〉
 (그 상점들이 닫혀 있었다; 그래서 나는 아무 것도 살 수 없었다)

(i) Some people like meat; **others (like) fish**. 〈대조〉
 (몇몇 사람들은 고기를 좋아한다; 반면에, 다른 사람들은 생선을 좋아한다)

CHAPTER 01 - 핵심어구 읽기

선생님: 세미콜론(;) 다음에 that is (말하자면)와 같은 동격의 의미를 나타내는 어구를 동반하면 세미콜론(;) 이하는 무시될 수 있습니다.

천지연: 왜요?

선생님: 세미콜론(;) 다음에 동격의 의미를 나타내는 어구가 쓰일 때 이것은 앞에 나온 어구를 보충 설명하기 때문입니다.

(j) We are *unhappy people*; **that is, lonely, depressed, destructive people**.
(우리는 불행한 사람들이다; 즉, 외롭고, 낙담한, 파괴적인 사람들)

선생님: 세미콜론(;) 다음에 for example과 같은 열거를 나타내는 어구가 나오면 세미콜론(;) 이하는 무시될 수 있습니다.

천지연: 왜요?

선생님: 세미콜론(;) 다음에 열거를 나타내는 어구가 쓰일 때 이것은 앞에 나온 어구를 보충 설명하기 때문입니다.

(k) Jane prefers *high risk activities*; **for example, rafting and skydiving**.
(제인은 위험이 높은 활동들을 선호한다; 예를 들면, 래프팅과 스카이다이빙)

Warming-up 10

선생님: 이번 시간에는 대쉬, 콜론, 세미콜론을 무시해서 빠르게 문장의 핵심어구를 파악하는 연습을 할 것입니다. 연습하기 전에 다음의 덜 중요한 어구들을 다시 한 번 기억해 두시기 바랍니다. 우리는 아래 10가지 사항들 모두 다뤘습니다.

1. 부사를 무시하라.
2. 부사구를 무시하라.
3. 부사절을 무시하라.
4. 명사를 수식하는 형용사구를 무시하라.
5. 명사를 수식하는 형용사절을 무시하라.
6. 《( ), 주부 + 술부》에서 빈 칸에 나온 어구를 무시하라.
7. 〈주부 + 술부, ( )〉에서 빈 칸에 나온 어구를 무시하라.
8. 〈 ~ + 명사, ( )〉에서 빈 칸에 나온 어구를 무시하라.
9. 〈주부, ( ), 술부〉에서 빈 칸에 나온 어구를 무시하라.
10. 대쉬(–), 콜론(:), 세미콜론(;) 다음에 나오는 어구를 무시하라.

선생님: 대쉬와 콜론 이하의 내용은 보충 설명을 나타내기 때문에 무시될 수 있습니다. 하지만, 세미콜론이 '반면에' 라는 의미를 나타낼 때 앞 내용과 독립적인 내용을 나타내므로 무시될 수 없습니다. 그 외의 경우에는 세미콜론 이하의 내용을 무시할 수 있습니다. 지금까지 다룬 1~10까지의 내용들을 복습할 것입니다. 자, 다음 지문에서 무시해도 좋은 부사, 부사구, 부사절, 형용사구, 형용사절, 동격어구, 대쉬, 콜론, 세미콜론을 찾아 보세요.

Urban Heat Island

Urban heat islands can directly affect the health and welfare of urban inhabitants. Cities undergo high rates of heat-related illness and death; rural regions do low rates. Heat islands can increase severe hot weather events, which can result in physiological disruption and death – especially in vulnerable populations such as the elderly people. In addition, urban heat islands can potentially raise the scale and length of heat waves: this causes death. According to research, the death rate increases significantly during the heat wave; a thousand people die every year due to excessive heat in the United States.

CHAPTER 02
예상하며 읽기

선생님: 토플 리딩에서는 한 단락만 읽어도 문제 풀 수 있도록 단락을 기본 단위로 해서 문제들이 출제되고 있습니다.

영구: 선생님, 단락이란 어떤 것인가요?

선생님: '우리는 문장으로 말하고, 단락으로 생각한다'는 말처럼 문장(sentence)은 표현하는 것의 최소 단위이고, 단락(paragraph)은 생각하는 것의 최소 단위입니다. 즉, 단락이란 가장 짧은 이야기이죠. 토플 리딩 문제들은 단락 순서에 맞춰 차례대로 출제됩니다. 그래서 토플 리딩 문제들을 풀 때 단락만 읽고 풀어도 됩니다.

재은: 선생님 말씀은 지문 전체 내용을 읽지 않고 토플 리딩 문제들을 풀어도 된다는 뜻인가요?

선생님: 물론입니다. 지문 전체를 읽은 후 문제 풀면 기억력의 한계 때문에 정확도가 떨어지고 시간도 많이 걸립니다. 첫 단락 읽은 후 관련 문제들을 풀고 다음 단락을 읽고 관련 문제들을 풀면 됩니다.

재은: 그럼, 단락 독해하는 특별한 방법이 있나요?

선생님: (웃으며) 그럼요! 토플 리딩, 리스닝, 스피킹, 라이팅의 단락은 주로 다음과 같이 전개 됩니다.

첫째, 주제문장
둘째, 이유 / 방법 / 열거 중 하나
셋째, 예시

초롱: 토플 리딩 지문을 읽을 때 위 단락 전개 방법을 어떻게 이용하면 됩니까?

선생님: 주제를 먼저 파악한 후 주제가 어떤 방향으로 전개될 지 범위를 좁혀 예상하세요. 주제문장 다음에 나오는 내용은 주로 '이유'나 '방법' 입니다. 그 다음에 이유/방법을 뒷받침하는 내용으로 '예시'가 나옵니다. 주제 파악하는 방법과 주제가 어떤 방향으로 전개될 지 예측하는 방법에 대해서 자세히 살펴보겠습니다.

1. 우리말은 끝까지 읽어야 알 수 있지만 영어는 첫문장만 읽어도 알 수 있다.

선생님: 영어에서는 주제를 첫 문장에 제시하는 두괄식 방식이기 때문에 첫 문장만 읽어도 핵심을 파악할 수 있습니다. 반면에 우리말은 주제를 맨 끝에 제시하는 미괄식 방식이기 때문에 끝까지 읽어야 핵심을 파악할 수 있습니다. 우리는 무의식적으로 한국어식 구성 방법인 미괄식 방법으로 글을 읽기 때문에 효율적인 독해를 못하고 있습니다.

영어 독해 방법은 첫 문장 읽고 그에 대한 질문을 하고 다음 내용을 읽는 것이 효과적입니다. 즉, 다음과 같이 한 대목을 읽는 순간 그 뜻을 이해하고, 그와 동시에 '왜?', '어떻게?', '뭐라고?', '어느 정도로?' 등과 같은 질문을 던지고 그에 대한 답을 기대하며 읽는 것입니다. 아래 내용은 클린턴 대통령의 수락 연설 중 일부입니다.

읽는 것	이해하는 것
I never met my father. ↓	아버지를 만나지 못했다 → **왜?** ↓
Three months before I was born, he was killed in a car wreck on a rainy road. ↓	태어나기 3개월 전 죽었다 → **어쩌다가?** ↓
He was driving from Chicago to Arkansas to see my mother.	어머니 만나러 운전하고 있었다.

초롱: 선생님, '왜?', '어쩌다가?' 라고 질문하지 않고 그냥 읽으면 어떤 문제가 발생하나요?

선생님: 좋은 질문입니다. 위 지문의 첫 두 문장은 결과와 원인의 관계를 나타냅니다. 아무 생각 없이 그냥 읽으면 이 관계를 파악하는데 시간이 많이 걸리게 됩니다. 더 나쁜 독해 방법은 무의식 중에 한국어식 방법인 미괄식 방식으로 읽는 겁니다. 미괄식 방식은 '그래서?' 라는 질문과 그에 대한 답으로 이어집니다. 첫 문장 "나는 내 아버지를 결코 만나지 못했다."를 한국어 방

CHAPTER 02 예상하며 읽기

식으로 읽으면 '그래서?'라는 질문을 무심코 던지고 '나는 불행했다', '나는 가난했다' 등의 내용이 다음에 나올 것이라고 예상하게 됩니다. 예상이 실제 내용과 많이 빗나가게 되죠. 이를 조정하기 위해서는 같은 문장들을 두 번, 세 번 읽어야 하니까 시간이 많이 걸리게 됩니다. 미괄식 방식으로 글을 쓰거나 말하게 되면 두괄식 방식에 익숙한 native speaker들을 혼란에 빠뜨릴 수 있습니다. 제가 University of Florida 박사과정 유학 초기에 교수님들에게 질문할 때마다 미괄식으로 말하는 실수를 저질렀습니다. 클린턴 대통령의 연설문을 미괄식 방식으로 바꿔보면 미괄식의 문제점이 분명히 드러납니다.

읽는 것	이해하는 것
My father was driving from Chicago to Arkansas to see my mother.	내 아버지는 운전하고 있었다/ 내 어머니를 만나기 위해 → **그래서?**
↓	↓
Three months before I was born, he was killed in a car wreck on a rainy road.	태어나기 3개월 전 죽었다 → **그래서?**
↓	↓
I never met my father.	아버지를 결코 만나지 못했다.

선생님: 위 지문에서 첫 문장이 주제문이 아니기 때문에 그 다음에 무슨 말이 나올지 몰라 답답합니다. 주제문이 나올 때까지 '그래서?'라는 질문만 계속 던지게 되죠. 제가 미괄식으로 질문할 때마다 교수님들은 '얘가 무슨 얘기를 하려고 하나?'라고 답답해 했습니다. 어쩌면 '얘, 바보 아냐?'라고 생각했을 지도 모릅니다. 분명 억울한 일이죠. 단지 미괄식 방식으로 말했을 뿐인데 그런 취급을 받게 되면…

지연: 선생님, 두괄식인지, 아니면 미괄식인지 파악하려면 첫 문장이 주제인지 아닌지를 알아야 하는데 주제 파악하는 방법이 있습니까?

선생님: 아, 좋은 질문입니다. 주제인지 아닌지를 구별하는 첫 번째 요령은 주어진 문장에 대해 'About what?(뭐에 관한 거야?)'라고 질문을 던질 때 답을 제공하면 그 문장은 주제가 될 수 있습니다. 예를 들면,

There are **some differences** between American and British spelling.

위 문장은 'About what?' 이라는 질문에 대한 답(some differences; 약간의 차이들)을 제공하므로 주제가 될 수 있습니다. 그 다음 내용으로 미국 영어 스펠링과 영국 영어 스펠링의 차이점들에 대한 언급이 나오겠죠. 주제를 찾는 둘째 요령은 뒷받침 문장들이 주제 문장보다 훨씬 더 구체적이라는 사실을 이용하는 겁니다.

1. 다음 문장들 중 주제 문장은 어느 것일까요?
   (A) When we are listening, we move our head up and down to demonstrate that we understand.
   (B) We can have a conversation with our bodies.
   (C) We frequently move our hands when we are talking.
   (D) We shake our head to demonstrate that we disagree.

선생님: 네 문장들 중에서 가장 넓은 의미는 무엇일까요? 그 문장이 주제 문장입니다.
지연: (B)입니다.
선생님: 그렇죠. '우리는 우리 몸으로 대화할 수 있다' 는 것이 가장 넓은 개념으로서 주제 문장이고, '들을 때, 머리를 끄덕인다', '말할 때, 손을 움직인다', '동의하지 않으면 머리를 흔든다' 는 내용을 뒷받침 문장들로 제시하고 있습니다.
초롱: 선생님, 질문이 있는데요. 토플 시험을 준비하는데 꼭 이렇게 읽어야 할 이유가 있습니까? 우리는 문제만 잘 풀면 되는데요.
선생님: 좋은 질문입니다. 그렇지 않아도 그 얘기를 하려고 했습니다. 두괄식 방식으로 글을 읽는 것은 읽는 것에 도움이 될 뿐만 아니라 문제 푸는데도 상당히 도움이 됩니다. 주제 문장만 읽어도 단락의 내용이 대략 어떤 것일지 감을 잡을 수 있으니까요. 그걸 이용해서 다음 문제를 풀어 볼까요?

CHAPTER 02 - 예상하며 읽기

2. According to the passage, lichens on the tundra grow close to the land in order to
   (A) keep away from tundra animals
   (B) take nutrition out of soil
   (C) reduce contact with the cold weather
   (D) get unfrozen water supplies

Climate decides the distribution of living creatures in the world. Climatic borders create the boundaries within which organisms can stay alive. Plants must be much better adjusted to tolerate harsh weather conditions than animals. In the severe circumstances of the tundra, for example, low growing lichens, mosses, and other small plants embrace the ground to avoid cold winds.

선생님: 주제 문장은 '기후는 살아있는 생물들의 분포를 결정한다' 는 겁니다. 그 다음 내용으로 '왜 기후가 살아있는 생물들의 분포를 결정하는가' 에 대한 이유가 나올 겁니다. 더위 또는 추위가 생물에게 영향을 미칠 거라는 얘기가 나오겠죠. 2번 질문을 볼까요? lichens는 생물일까요, 기후일까요?

지연: 문제에서 lichens는 '땅 가까이에서 자란다' 고 했으니까 생물일 것 같습니다.

선생님: 맞아요. lichens는 '지의류' 입니다. 2번 질문의 내용은 왜 '툰드라 지역의 지의류는 땅 가까이에서 자라느냐? 는 겁니다. 첫 문장을 참고하면 답을 예측할 수 있습니다. 그 이유는 기후 때문이죠. 보기에서 기후와 관련된 내용을 찾아보세요.

영구: (A), (C), (D)에 기후 관련 단어들이 있는데요.

선생님: 맞아요. 하지만 땅 가까이에서 자라는 이유가 기후 때문이라는 것은 (C)이죠. '추운 날씨와의 접촉을 줄이기' 위해서 지의류는 땅 가까이에서 자란다는 거죠. 지문 내용을 주부의 핵심어구, 동사, 동사 이후의 핵심어구로 나눠 살펴볼까요?

문장	주부의 핵심어구	동사	동사 이후 핵심어구
1	Climate	decides	living creatures
2	Climate borders	create	boundaries
3	Plants	adjusted	harsh weather conditions
4	lichens, mosses, and other small plants	embrace	to avoid cold winds

주제 문장에 나온 주어 Climate는 다음 과정을 거쳐 구체화 되고 있습니다. 즉, Climate → climate borders → harsh weather conditions → cold winds. 또한, 주제 문장에서 술부의 핵심인 living creatures는 다음 과정을 거쳐 구체화 되고 있습니다. 즉, living creatures → organisms → plants → lichens, mosses, and other small plants. 이와 같이, 주제 문장은 넓은 의미로 제시되고 뒷받침 문장들은 점점 더 좁은 의미로 구체화 됩니다.

위 내용을 해석하면 다음과 같습니다.

"기후는 전 세계의 살아 있는 생물들의 분포를 결정한다. 기후 경계들은 생물들이 살 수 있는 경계들을 만든다. 식물들은 훨씬 더 잘 적응해야 한다 / 사나운 날씨 조건들을 견디는데 / 동물들보다. 예를 들면, 툰드라의 심각한 상황들 속에서, 낮게 자라는 지의류들, 이끼들, 그리고 다른 작은 식물들은 땅에 붙어 있다 / 차가운 바람들을 피하기 위해."

CHAPTER 02 - 예상하며 읽기

Warming-up 1

1. Choose one of the following words to fill in the blank.
   (A) reliable
   (B) social
   (C) creative
   (D) musical

   Since 1961, when he was eleven years old, Stevie Wonder has sold 70 million albums and has won 25 Grammy Awards. However, the artist is more than just a musician. Since 1981, Stevie Wonder has become a _____ leader. He participated in several songs for social justice and humanitarianism, including *"That's What Friends Are For (1982)"* and *"We are the World (1985)"*. The former was a song for AIDS research and the latter for the hungry people in Africa. He writes and sings music about peace and harmony.

2. Choose one of the following words to fill in the blank.
   (A) education
   (B) ornamentation
   (C) accomplishment
   (D) communication

   How we dress is a way of _____. The way that we dress influences other people's impression of us. By following the fashion style of a group, we can show that we support the group. For example, when we go to a football game, we put on the uniform of a team which we support. In contrast, by selecting a fashion style which is different from that of a group, we can show distance between ourselves and the group. For example, if we attend a formal wedding in blue jeans, we reveal our bad feeling to other people in attendance.

2 동사와 그 이후의 핵심어에 초점을 맞추면 다음 내용이 보인다

> 주제문에서 핵심어구는 서술어 즉, 〈동사 + 보어(명사/형용사)〉 또는 〈동사 + 목적어(명사)〉입니다. 이 핵심어구를 중심으로 단락의 내용이 전개 됩니다. 핵심어구를 파악하면 그 다음 내용이 예상됩니다.
> 1. 동사가 핵심어인가?
> 2. 동사 뒤에 나오는 명사가 핵심어인가?
> 3. 동사 뒤에 나오는 형용사가 핵심어인가?

영구: 어떻게 핵심어인지, 아닌지 구별하나요?

선생님: 좋은 질문입니다. 핵심어는 '새로운 정보냐, 아니냐'로 구별하면 됩니다. 새로운 정보이면 핵심어가 될 수 있고, 그렇지 않으면 핵심어가 아닙니다. '~이다(be동사),' '~되다(become),' '~를 가지다(have)' 등의 일반적 의미의 동사들은 새로운 정보가 아니므로 핵심어가 될 수 없습니다. 명사의 경우에, 'a + 명사'는 '어떤 하나의 ~'라는 뜻으로 새로운 정보를 나타내므로 핵심어가 되지만 'the + 명사'는 '그 ~'라는 뜻으로 구정보이므로 핵심어가 될 수 없습니다. 다음 문장에서 핵심어를 찾아보세요.

(a) All fish can probably hear sounds produced in the water.

지연: hear sounds입니다.

선생님: 그렇죠. 글쓴이는 '소리들을 들을 수 있다'라는 새로운 정보를 제시하고 있습니다. 그 다음에 '물고기들이 어떻게 소리들을 듣는지'에 대한 내용이 나올 겁니다. 다음 문장에서 핵심어를 찾아보세요.

(b) In the colonial period, cities greatly influenced the development of North America.

영구: influenced the development입니다.

선생님: 그렇죠. 그 다음에 '왜 도시들이 북미 발전에 크게 영향을 미쳤는지'에 대한 내용이 나올 겁니다. 다음 문장에서 핵심어를 찾아보세요.

CHAPTER 02 - 예상하며 읽기

(c) There are four different ways in which familiar landmarks help an insect on its trips between nest and hunting site.

초롱: four different ways입니다.

선생님: 그렇죠. 그 다음에 '네 개의 다른 방법들'이 무엇인지 차례대로 언급할 겁니다. 〈There are ~〉 구문이 주제 문장으로 나오면 핵심어는 are 다음에 나오는 복수 명사가 됩니다. 그래서 그 다음에는 이것들이 무엇인지 하나씩 열거될 겁니다.

(c1) There are **many theories** about the origin of theater in ancient Greece.

(c2) There are **two widely different influences** on the early development of statistical methods.

선생님: (c1)에서 핵심어는 many theories입니다. 그 다음 내용으로 '연극의 기원에 대한 이론들'이 무엇인지 적어도 두 가지는 언급될 겁니다. (c2)에서 핵심어는 two widely different influences입니다. 그 다음 내용으로 '통계 방법들의 초기 발전에 대한 두 가지 아주 다른 영향들'이 무엇인지 나올 겁니다. 다음 문장에서 핵심어를 찾아보세요.

(d) The honeybee colony would be expected to have a means of communication.

지연: communication입니다.

선생님: 그렇죠. 좀 더 정확히 말하면 a means of communication이죠. 그 다음에 '꿀벌들의 의사소통 방법'에 대한 내용이 나올 겁니다. 다음 문장에서 핵심어를 찾아보세요.

(e) Natural gas is an essential element of the world's supply of energy.

영구: an essential element입니다.

선생님: 그렇죠. essential과 element 중에 어느 것이 더 중요한 단어일까요?

영구: 선생님, 그걸 어떻게 구별합니까?

선생님: 정보로 구별합니다. 두 단어 중 어떤 것이 새로운 정보로서 비중이 높은가를 따지면 됩니다. 즉, 'Natural gas is essential.(천연 가스는 필수적이다)'와 'Natural gas is an element.(천연 가스는 에너지 원소이다)' 중에서 어느 것이 정보 비중이 높은가요?

영구: essential이요.

선생님: 그렇죠. 그 다음에 '천연 가스가 얼마나 중요한가'에 대한 내용이 나올 겁니다. 다음 문장에서 핵심어를 찾아보세요.

(f) Oceanic islands throughout the world are weak to biological invasions.

초롱: weak이요.

선생님: 그렇죠. 그 다음에 '왜 바다 섬들이 생물 침입들에 약한가'에 내용이 나올 겁니다.

초롱: 근데요, 선생님. 아까부터 궁금한 게 있는데요. 왜 굳이 이렇게 핵심어를 찾아야 하는 겁니까? 그냥 읽으면 안 되나요?

선생님: 좋은 질문입니다. 그냥 읽으면 안됩니다. 다음에 나올 내용을 미리 예상할 수 있다는 것은 상당한 장점입니다. 설령 모르는 단어가 나온다고 할지라도 유추할 수 있습니다. 또한, 집중력이 좋아지고, 빨리 읽을 수 있습니다.

1 동사가 핵심어일 때 'Why?' 또는 'How?'라는 질문을 던지고 그에 대한 답을 예상하며 읽으세요.

선생님: 주제 문장에서 동사가 핵심어일 때 why?나 how?라는 질문을 던지고 그 다음 문장에서 이에 대한 답을 찾으세요. 특히, 부정적인 일 / 뜻밖의 것에는 why?의 답이 나오고, 잘한 일에는 how?의 답이 나옵니다. 예를 들면, 클린턴 대통령 연설문에서 첫 문장 'I never met my father.'에서 핵심어는 never met이고 그 다음 문장에는 이에 대한 이유가 나오게 됩니다.

> Although it was discovered and produced 150 years ago, aluminum is **now graded behind only iron and steel** among metals which are practical for human beings. The secret of its popularity is in its various utilities. The same metal that makes cooking appliances is used as material for automobiles. Aluminum which is used for cans and baseball bats also forms the essential parts of space vehicles.

CHAPTER 02 - 예상하며 읽기

선생님: 위 지문에서 첫 문장의 핵심어는 graded behind only iron and steel(단지 철과 강철 뒤 등급이다)입니다. 그 다음 문장에는 why?의 답이 나올까요, 아니면 how?의 답이 나올까요?

초롱: 어떻게?보다는 왜?라는 질문이 자연스러운 것 같은데요.

선생님: 그렇죠. 그 다음에 왜?라는 질문의 답이 나올 겁니다.

영구: 선생님, 어떻게?보다 왜?라는 질문이 자연스러운 걸 어떻게 알죠?

선생님: (웃으며) 좋은 질문이네요. 핵심어들을 이용해서 어떻게…?와 왜…?라는 질문을 만들어보세요. 즉, '어떻게 알루미늄은 철과 강철 뒤 등급인가?' 와 '왜 알루미늄은 철과 강철 뒤 등급인가?' 이 두 질문 중에 어느 것이 자연스러운가요?

영구: 왜?라는 질문이요.

선생님: 그렇죠. 그렇게 하면 됩니다. 그렇다면 '알루미늄이 철과 강철 다음 등급' 인 이유는 뭐죠? 다음 문장에서 그 이유를 찾아주세요.

지연: 여러 가지 효용성들(its various utilities) 때문입니다.

선생님: 그렇죠. 그러면 여러 가지 효용성들은 어떤 것일까요?

지연: 많이 나오는데요.

선생님: 하나하나 얘기해보세요.

지연: 요리기구, 자동차 재료, 캔, 야구 배트, 우주선 재료입니다.

선생님: 그렇죠. 잘 했네요. 위 지문에서 문장들의 핵심어구들, 다음 내용 예측, 문장들의 관계를 분석해 보면 다음과 같습니다.

문장	주부의 핵심어구	술부의 핵심어구	다음 내용 예측	문장들의 관계
1	aluminum	graded behind only iron and steel	Why?	
2	popularity	its various utilities	What?	Why?의 답
3	The metal	materials for automobiles	그 외의 예는?	What?의 답 1
4	Aluminum	parts of space vehicles		What?의 답 2

위 내용을 해석해 보면 다음과 같습니다.

"비록 알루미늄은 150년 전에 발견되고 제조되었지만, 그것은 지금 단지 철과 강철 바로 다음 등급이다 / 인간에게 실용적인 금속들 중에. 그것의 인기의 비밀은 그것의 여러 가지 유용성들 속에 있다. 요리 기구들을 만드는 그 금속은 자동차들을 위한 재료로 사용된다. 알루미늄은 / 깡통들과 야구 배트들을 위해 사용되는 / 또한 우주선들의 중요한 부품들을 형성한다."

Warming-up 2

1. Why does the author mention "a jungle" in the passage?
   (A) To give an example of the courses of evolution
   (B) To indicate where large-eyed people can be found
   (C) To explain why people have evolved sharp vision
   (D) To suggest that people do not need to smell well

   Human eyes have **developed in a forest environment**. In the thick, complicated world of a jungle, it is more important to see well than to develop a sharp sense of smell. In the course of evolution, people have obtained large eyes while the nose has gotten smaller to give the eye a clear view.

2. The author uses the term "barometer" in the passage to indicate that corn was
   (A) easy to produce in a large scale
   (B) sometimes plentiful or scarce
   (C) critical to the living of the region
   (D) difficult to harvest and sell

   During the late nineteenth century, corn was **regarded as the barometer of the southern economy of the United States**. When the product was affluent, the economy was fine; when the product failed, there was depression. People in the region observed the harvests, and the selling of the product would gradually turn into a preferred subject of discussion.

CHAPTER 02 - 예상하며 읽기

❷ 명사가 핵심어일 때 'What?'이라는 질문을 던지고 그에 대한 답을 예상하며 읽으세요.

선생님: 주제 문장에서 명사가 핵심어일 때 what?이라는 질문을 던지고 그 다음 문장에서 이에 대한 답을 찾으세요. 막연하거나 넓은 의미일 때 예를 들어 설명하고, 여러 가지 것들을 설명할 때 열거 방식을 취합니다.

> In the history of creatures, there have been **various key cataclysms** in which total groups of animals were substituted by others. Perhaps the best-known was the substitution of the dinosaurs by the mammals 65 million years ago. Another key change took place 215 million years ago, when mammal-like reptiles, which had dominated the world for 80 million years, were replaced by the dinosaurs.

선생님: 위 지문에서 첫 문장의 핵심어는 various key cataclysms입니다. cataclysms에 대한 얘기가 나올 겁니다. 그 다음 두 문장에서 cataclysms의 동의어를 찾아보세요.

영구: substitution요.

선생님: 그건 앞 문장에 나온 substituted의 다른 표현입니다.

초롱: dinosaurs 아닙니까?

선생님: 아닙니다. dinosaurs는 groups of animals의 구체적 표현이고, mammals는 others의 구체적 표현입니다.

지연: change 같은데요.

선생님: 맞습니다. Another가 힌트입니다. 둘째 문장에서 Perhaps the best-known 다음에 cataclysm이 생략됐습니다. 세 번째 문장에서 Another key change는 그 앞에 change와 비슷한 의미가 있다는 뜻입니다. (참고: Another student라는 표현이 쓰이려면 그 앞에 One student에 대한 언급이 있어야 합니다). 위 지문은 두 가지 변화들에 대해 언급하고 있습니다. 이를 표로 나타내면 다음과 같습니다. 아래 해석도 참고하세요.

문장	주부의 핵심어구	술부의 핵심어구	다음 내용 예측	문장들의 관계
1		various key cataclysms	What?	
	animals	substituted by others		
2	the best-known	substitution of the dinosaurs by the mammals	그 외의 예는?	What?의 답 1
3	Another key change	took place		What?의 답 2
	mammal-like reptiles	replaced by the dinosaurs		

"생물들의 역사에서, 여러 가지 중요한 격변들이 있어왔다 / 그 격변들 속에서 전체 그룹의 동물들이 다른 것들로 대체되었다. 아마도 가장 잘 알려진 것은 포유류들에 의한 공룡들에 대한 대체였다 / 6500만년 전에. 또 다른 중요한 변화는 그로부터 2억 1500만년 전에 발생했다, / 포유류 같은 파충류들이 / 8000만년 동안 세상을 지배했었던 / 공룡들에 의해 대체됐을 때"

1. It can be inferred in the passage that during the Second World War the rate of death was reduced dramatically due to
   (A) pneumonia
   (B) a weapon
   (C) penicillin
   (D) the United States army

One of the essential weapons applied during World War II was not a gun applied against people, but rather **a drug** applied against disease. During the war, penicillin saved a lot of soldiers from pneumonia. During World War I, when penicillin was not yet developed, the disease caused 18% of the deaths in the United States army. During World War II, on the contrary, the drug helped decrease the percentage of death from pneumonia to less than 1%.

CHAPTER 02 - 예상하며 읽기

선생님: 위 지문에서 첫 문장의 핵심어는 a drug입니다. 그 다음 내용으로 '어떤 약'에 대한 구체적인 설명이 나올 겁니다. 1번 질문을 볼까요? '사망률을 극적으로 줄인' 것은 무엇일까요? 지문의 첫 문장을 참고하면 됩니다. 너무 쉽죠!

영구: 답은 (C)입니다.

선생님: 맞습니다. 그런데 왜 (C)가 답이죠?

영구: 약이 될 수 있는 것은 (C)뿐이니까요.

선생님: 그렇죠. 둘째 문장에서 penicillin은 a drug의 구체적인 설명입니다. 셋째 문장에서 pneumonia는 어떤 단어에 대한 구체적인 설명일까요?

초롱: disease요.

선생님: 그렇죠. pneumonia는 폐렴이라는 뜻입니다. 그 다음 문장에서 on the contrary가 나오고 있으므로 1차 대전과 2차 대전의 차이가 나올 거라고 예상할 수 있습니다. 2차 세계 대전에서는 폐렴을 치료할 수 있는 penicillin 때문에 사망률이 감소했겠죠. 이를 표로 나타내면 다음과 같습니다. 아래 해석도 참고하세요.

문장	주부의 핵심어구	술부의 핵심어구	다음 내용 예측	문장들의 관계
1	One of the essential weapons	not a gun, but a drug	What?	
2	penicillin	saved a lot of soldiers	How? 또는 How much?	What?의 답
3	the desease	caused 18% of the deaths	How much?	How much?의 답
4	the drug	the deaths decrease to less than 1%		How much?의 답

"필수적인 무기들 중 하나는 / 2차 세계 대전 동안에 사용된 / 사람들에게 사용된 총이 아니라, 오히려 질병에 사용된 약이다. 그 전쟁 동안에, 페니실린은 폐렴으로부터 많은 병사들을 구했다. 1차 세계 대전 동안에, / 페니실린이 개발되지 않았을 때, / 폐렴은 미국 군대에서 18%의 사망자들을 야기했다. 2차 세계 대전 동안에, / 이와 대조적으로, / 그 약은 도왔다 / 폐렴으로 인한 죽음의 비율이 1% 미만으로 떨어지도록."

Warming-up 3

1. Infants whose environments have normal stimuli will do which of the following?
   (A) smile more
   (B) become more sleepy
   (C) gain weight more slowly
   (D) be unaware of their surroundings

   Infants need sensory and perceptual stimulation in order to develop emotionally and physically. Healthy babies experience this stimulation while they are in contact with the mother or other adults who feed or wash them. They are likely to be active and interested in their environments. In contrast, infants who are born prematurely do not experience the stimulation during the early weeks of their lives when they live in incubators. So, they become tired and are uninterested in their surroundings.

2. According to the passage, urban heat islands bring about which of the following to city residents during the summer?
   (A) Global warming
   (B) Cool winter
   (C) Change of local climate
   (D) Higher energy costs

   One result of urban heat islands is higher demand for summertime cooling in cities that are in relatively hot climates. Since homes and buildings in the cities absorb sunlight, urban heat islands can increase energy necessary for air conditioning and refrigeration. For example, they have considerable effect on the city of Los Angeles. The city's average temperature has risen about 1°F every decade since World War II. It is estimated that the heat island effect costs the city about $100 million per year in increased energy demand.

CHAPTER 02 - 예상하며 읽기

 형용사가 핵심어일 때 'How much?' 또는 'Why?' 라는 질문을 던지고 그에 대한 답을 예상하며 읽으세요.

선생님: 주제 문장에서 형용사가 핵심어일 때 how much? 또는 why?라는 질문을 던지고 그 다음 문장에서 이에 대한 답을 찾으세요. '좋은', '나쁜' 등과 같은 장단점을 나타낼 때 '어느 정도'의 답으로 비교/대조로 나타내고, 시간상의 차이를 나타낼 때 시간의 대조 방식으로 나타냅니다. 부정적인 일 / 뜻밖의 것에는 why?의 답이 나옵니다. 예를 들면, 'A doctor's job is not easy.'에서 핵심어는 not easy이고 그 다음 문장에는 이에 대한 이유가 나옵니다.

> When the Erie Canal was opened in 1825 to connect the Hudson River with Lake Erie, the Hudson became one of the **busiest** rivers in the United States. For more than 50 years, the Hudson was filled from beginning to end with schooners, paddle-wheelers, and barges which carried goods and travelers. But in the late 1800's, river traffic began to drop.

선생님: 위 지문에서 첫 문장의 핵심어는 busiest rivers(가장 바쁜 강들)입니다. 그 다음 문장에는 how much?의 답이 나올 겁니다. 그 다음 문장에 '얼마나 바쁜다'고 나오나요?

지연: '허드슨 강은 처음부터 끝까지 가득 채워'질 정도로 바빴다고 합니다.

선생님: 그렇죠! 그런데 무엇들로 가득 채워졌을까요? 즉, schooners, paddle-wheelers, barges는 어떤 것들일까요?

학생들: ……

선생님: 강에 가득 채워진 것들이라면 어떤 것들일까요? goods(상품들)과 passengers(승객들)을 실어 나르는 것들이라면…?

초롱: (이제 알겠다는 듯) 아아, 배들입니다.

선생님: (웃으며) 그렇죠! schooners는 쌍 돛대 배, paddle-wheelers는 외륜선, barges는 거룻배입니다. 마지막 문장에 But이 나옵니다. 앞 문장의 핵심어인 filled의 반대말이 그 다음에 나올 겁니다. 무엇일까요?

영구: drop이요.

선생님: 그렇죠. 그 다음에 어떤 내용이 나올까요?

지연: 운송량이 감소한 이유요.

선생님: 그렇죠. 그 다음에 '왜 강 수송량이 감소했는가?'의 이유가 나올 겁니다. 이를 표로 나타내면

다음과 같습니다. 아래 해석도 참고하세요.

문장	주부의 핵심어구	술부의 핵심어구	다음 내용 예측	문장들의 관계
1	the Hudson	one of the busiest rivers	Why? 또는 How much?	
2	the Hudson	filled from beginning to end	How?	How much? 의 답
3	river traffic	began to drop		How? 의 답

"이리 운하가 1825년에 개설됐을 때 / 허드슨 강과 이리 호수를 연결하기 위하여, / 허드슨 강은 미국에서 가장 바쁜 강들 중 하나가 되었다. 50년 이상 동안, 그 허드슨 강은 처음부터 끝까지 가득 채워졌다 / 쌍 돛대 배, 외륜선, 그리고 거룻배들로 / 상품들과 여행객들을 실어 나르는. 하지만 18세기 말에, 강 운송량은 떨어지기 시작했다."

1. Why does the author mention the expression "Clay becomes hard when it is dried in the air, but can be softened again with water" in the passage?
   (A) To show that clay can be rigid
   (B) To explain that clay is solid at high temperature
   (C) To describe that clay is a flexible material
   (D) To prove that clay is used to make bricks

Clay is a substance that becomes flexible so that it can be formed like mud. Clay becomes hard when it is dried in the air, but can be softened again with water. However, heat transforms the character of clay so that it becomes rigid and solid. This change is almost irreversible when the clay is heated above a temperature of 600℃. From ancient times, people have used these characters of clay to make bricks and pottery.

선생님: 지문의 첫 문장에서 핵심 단어는 flexible(유연한)입니다. 그 다음 내용으로 '점토는 어느 정도로 유연한가?' 라는 내용이 나올 겁니다. 그 내용은 1번 질문으로 나오고 있네요. 1번 답은 뭘까요?

CHAPTER 02 - 예상하며 읽기

지연: (C)입니다.

선생님: 맞습니다. 왜 (C)가 답이죠?

지연: 음영 처리 된 문장은 '점토는 건조할 때 단단하고, 물과 섞이면 부드러워진다'는 뜻으로 flexible의 정도를 나타내고 있기 때문입니다.

선생님: 그렇죠. 음영 처리 된 문장 다음에 However가 나오고 있습니다. 앞에 제시된 핵심어 flexible과 반대말이 나올 겁니다. 무엇일까요?

초롱: rigid(굳은) and solid(견고한)입니다.

선생님: 그렇죠. 그 다음 문장에는 600℃ 이상의 고온 상황이라는 구체적인 예가 나오고 있습니다. 이를 표로 나타내면 다음과 같습니다. 아래 해석도 참고하세요.

문장	주부의 핵심어구	술부의 핵심어구	다음 내용 예측	문장들의 관계
1	Clay	flexible, formed like mud	How much?	
2	Clay	hard, dried, softened with water	How?	How much?의 답
3	heat	transforms the character, rigid and solid	How?	How?의 답
4	This change	irreversible, heated above 600℃	So?	How?의 답
5	people	to make bricks and pottery		So?의 답

"점토는 물질이다 / 유연하게 되어 진흙처럼 모양낼 수 있는. 점토는 단단해진다 / 공기 중에서 건조하게 될 때, / 하지만 물과 함께 다시 부드러워질 수 있다. 그렇지만, 열은 점토의 속성을 바꿔서 그것은 굳어지고 견고해진다. 이 변화는 거의 되돌릴 수 없다 / 그 점토가 600℃ 이상에서 가열될 때. 오래 전부터, 사람들은 점토의 이런 특성들을 사용해왔다 / 벽돌들과 도자기를 만들기 위해."

2. The word "heterogeneous" in the passage is closest in meaning to
   (A) unwilling
   (B) dependent
   (C) different
   (D) false

In the late 1400's, North America had surprisingly **diverse** tribes and cultures. The North of the Rio Grande, which now represents the southern boundary of Texas, had a population of over 12 million people with about 400 different cultures, 500 languages, and a wide range of tribal types. Compared to the Europeans, the Indian peoples were extremely heterogeneous, and they often regarded the Europeans as only one ethnic group.

선생님: 지문의 첫 문장에서 핵심 단어는 diverse tribes and cultures(다양한 부족들과 문화들)입니다. 그 다음 내용으로 '얼마나 다양한 부족들과 문화들이 존재 했었는가?' 라는 내용이 나올 겁니다. 얼마나 다양했나요? 숫자가 나오면 '얼마나?' 의 답이 됩니다.

초롱: 1200만 이상의 사람들, 400개의 문화들, 500개의 언어들이 나옵니다.

선생님: 그렇죠. 그 외에 광범위한 부족 형태들도 나오고 있습니다. 그 다음 문장에 유럽과 인디언 종족들의 비교가 나옵니다. heterogeneous는 앞에 나온 숫자들과 관련이 있습니다. 첫 문장의 어떤 단어와 비슷할까요?

지연: diverse와 비슷할 것 같습니다.

선생님: 맞아요. 그 이유는 diverse가 주제 문장의 핵심어이기 때문입니다. 그 다음에 나올 내용은 주제 문장에 대한 구체적 설명이 되어야 하니까 주제문과 뒷받침 문장들은 서로 비슷한 내용이 될 수 밖에 없죠! 2번 문제의 답은 무엇일까요?

영구: (C) different입니다.

선생님: 그렇죠. 이를 표로 나타내면 다음과 같습니다. 아래 해석도 참고하세요.

CHAPTER 02 예상하며 읽기

문장	주부의 핵심어구	술부의 핵심어구	다음 내용 예측	문장들의 관계
1	North America	surprisingly diverse tribes and cultures	How much?	
2	The North of the Rio Grande	a population of over 12 million people	So?	How much?의 답
3	the Indian peoples	extremely heterogeneous		So?의 답

"1400년대 말에, 북미는 놀랄 정도로 다양한 부족들과 문화들을 갖고 있었다. 리오 그란데 북부는, / 지금 텍사스 남쪽 경계를 나타내는, / 1200만 명 이상의 인구를 갖고 있었다 / 약 400개의 다른 문화들, 500개의 언어들, 그리고 광범위한 부족 형태들을 가진. 유럽인들과 비교되었을 때, 그 인디언 종족들은 아주 다양했다, / 그리고 그들은 종종 그 유럽인들을 단지 하나의 인종 그룹으로 간주했다."

Warming-up 4

1. Why are bees called social insects?
   (A) They live together and help one another.
   (B) They live near people and give them nectar.
   (C) They are divided into three kinds.
   (D) They work hard.

2. According to the passage, which of the following is true of the worker bees?
   (A) They are specially fed in order to become sexually mature.
   (B) They are kept on standby for mating with a virgin queen.
   (C) They are dominant reproductive females in a colony.
   (D) They go from flower to flower collecting nectar.

   The bee, like the ant, is a **social insect**. Bees live in groups in a hive, and every bee does certain work that helps the other members of the group. In a beehive there are three kinds of bees: the queen bee, the drones, and the workers. The queen bee is an adult, mated female. She is usually the mother of all the bees in the hive. The drones are male honey bees. Their main function is to fertilize a receptive queen. The worker bees are female bees that lack the full reproductive ability of the queen bee. They do a lot of activities such as nectar and pollen gathering, nursing, hive construction, and protection for the entrance of the hive from enemies.

3. According to the passage, the piano has become a popular solo instrument for the following reasons EXCEPT
   (A) It can play melody and harmony.
   (B) It is adaptable.
   (C) It can be used for household music.
   (D) It is dependent.

   For 150 years, the piano has been the **most popular solo** instrument for Western music. Unlike other instruments, it is totally self-reliant, because it can play both the melody and its accompanying harmony simultaneously. The piano can also produce various notes at different dynamic levels. Such versatility has made the piano the most favored musical instrument in the household since the nineteenth century.

CHAPTER 02 - 예상하며 읽기

3. 접속부사(구)에 주목하면 글이 같은 방향으로 전개될 지 반대 방향으로 전개될 지 알 수 있다.

선생님: 접속부사(구)는 앞 뒤 문장들의 관계를 밝히고 뒷문장이 나아갈 방향을 예고하기 때문에 글의 흐름을 파악하는데 도움이 됩니다. 글의 흐름은 앞 뒤 내용이 같은 방향으로 전개되는 방법과 반대로 전개되는 방법이 있습니다. 같은 방향으로 전개시키기 위해서는 순접어구가 필요하고 반대 방향으로 전개하기 위해서는 역접어구가 필요합니다. 이를 정리하면 다음과 같습니다.

순접 어구	역접 어구
accordingly, consequently, hence, so, therefore, thus, also, similarly, in addition, for example, as a result 등	however, but, nevertheless, instead, rather, in contrast, on the contrary, on the other hand, otherwise 등

선생님: 다음 지문에서 빈 칸에 알맞은 접속부사(구)를 찾아보세요. 주제문의 핵심어구는 뭐죠?

1. Choose one of the following words to fill in the blank.
   (A) However
   (B) In addition
   (C) For example
   (D) On the contrary

People use wool not only from sheep but also from other animals. _____, desert residents utilize the wool from camels. In the mountains of India, inhabitants make use of the substance from cashmere goats. In South America, native people employ it from llamas.

영구: use wool 입니다.
선생님: 맞습니다. 하지만 그것만으로는 부족합니다. 혹시 그 뒤에 새로운 정보로 제시된 다른 어구는 없나요?

지연: other animals입니다.

선생님: 그렇죠. other animals가 구체적으로 어떤 것인지 설명이 없으니까 그 다음에 이것에 대한 설명이 나와야 합니다. 빈 칸 다음에 '다른 동물들'에 대한 구체적인 언급들이 나오고 있습니다. 즉, 낙타들, 캐시미어 염소들, 라마들. 그렇다면 빈 칸에 알맞은 접속어구는 무엇일까요?

지연: (C) For example입니다.

선생님: 그렇죠. 낙타들, 캐시미어 염소들, 라마들은 other animals의 예가 되겠죠.
다음 단락에서 접속부사 However 앞 뒤의 내용이 어떻게 대조를 이루는지 확인해보시기 바랍니다.

> Clay is a substance that becomes flexible so that it can be formed like mud. Clay becomes hard when it is dried in the air, but can be softened again with water. **However**, heat transforms the character of clay so that it becomes rigid and solid. This change is almost irreversible when the clay is heated above a temperature of 600℃. From ancient times, people have used these characteristics of clay to make bricks and pottery.

However 앞 내용은 보통 때의 점토가 유연하다는 내용이고, 뒤 내용은 열 받았을 때 단단해진다는 내용입니다. 600℃ 이상의 고온 상황이라는 구체적인 예도 나오고 있습니다. 이를 표로 나타내면 다음과 같습니다.

보통 때	열 받았을 때
flexible(유연한)	rigid(굳은) and solid(견고한)
hard / softened	예: 600℃ 이상에서 열 받을 때, clay → bricks & pottery

CHAPTER 02 - 예상하며 읽기

Warming-up 5

1. Why does the author mention the expression "support a faction"?
   (A) To describe that political parties were created
   (B) To demonstrate that people had the equal ideas
   (C) To contrast two opposing parties
   (D) To emphasize that the national government should have more power

   In 1776, when the United States became independent, there were no political parties. However, before long, different ideas about how the government should be operated caused people to support a faction. Soon, two conflicting parties emerged: the Federalists and the Anti-Federalists.

2. The following sentence can be added to the passage.

   Consequently, the water is heated.

   Where would it best fit in the passage?

   Power plants cause thermal pollution so that they can break aquatic ecosystems. **A** They release hot steam from their gas turbines. **B** Cold water is needed to cool the hot steam. **C** When this hot water finally arrives at a river or an ocean, it increases the temperature of the waters. **D** The sudden rise in water temperature can kill fish and their eggs. In addition, it can encourage the growth of seaweeds.

READING Part II
문제 유형 분석

1. Vocabulary(단어) 문제
2. Reference(지시어) 문제
3. Fact(언급된 사실) 문제
4. Not / Except(언급되지 않은 것) 문제
5. Purpose(목적) 문제
6. Insertion(삽입) 문제
7. Inference(추론) 문제
8. Sentence Simplification(문장 간결화) 문제
9. Summary(요약) 문제
10. Table(표 완성) 문제

CHAPTER 01
Vocabulary(단어) 문제

1 이 문제가 요구하는 것

    Vocabulary 문제는 주어진 단어의 의미와 가장 가까운 뜻을 가진 단어를 선택하는 유형입니다. 각 단어는 1차 의미보다는 문맥 속에서 쓰인 2차, 3차 의미가 요구되기 때문에 문맥 속에서 주변 문장의 단서를 이용하여 단어의 의미를 정확하게 파악하는 방법을 익혀 두어야 합니다. 아래에 15가지 단어 유추 방법을 제시했으므로 이것들을 잘 활용하시기 바랍니다. Vocabulary 문제는 보통 한 지문당 3~4개가 출제되고 있습니다.

2 어떻게 이 문제를 확인하나?

    지문에 단어(word) 또는 구(phrase)가 음영 처리되어 있고, 4개의 보기들이 주어집니다. Vocabulary 문제의 질문 유형은 다음과 같습니다.

> The word _____ in paragraph X is closest in meaning to
> The phrase _____ in paragraph X is closest in meaning to

지문에 중요 개념으로 설명되어 있는 용어를 묻는 문제 형태도 가끔 출제됩니다.

> Based on the information in paragraph X which of the following best explains the term _____

③ 본문 어디를 읽어야 하나?

본문에서 음영 처리된 단어를 찾은 후 그 문장과 앞, 뒤 문장을 읽고 그 단어의 의미를 유추해보세요. 그 다음에 보기들을 그 단어의 자리에 대입하여 의미가 통하는 것을 찾으면 됩니다.

Strategy 01 | 원인 / 결과 의미 이용하기

원인/결과의 의미를 나타내는 어구들은 앞에 나온 내용과 뒤에 나온 내용이 비슷하다는 것을 나타냅니다.

> 접속사: because, for, in that, since, so ~ that; if, when
> 전치사: because of, due to, on account of, owing to, as a result of, thanks to
> 접속부사: accordingly, consequently, hence, so, therefore, thus
> 동사: cause, lead to(야기하다), result from(~로부터 생기다), result in(~로 끝나다)

(a) Air travel was **postponed because of** adverse weather.

> 분석) 항공 여행이 연기된 이유는 좋지 않은 날씨 때문이겠지요. adverse는 ad(~쪽으로)+verse(turn; 방향을 바꾸다)로 이루어진 단어로서 '거스르는, 불리한, 좋지 않은' 의미입니다.

(b) The ball has **lost air**. **Thus**, it has to be inflated.

> 분석) 공이 바람 빠지면 그 공에 공기를 넣어야죠. inflate는 '(공기 등을) 불어 넣다, 부풀게 하다'라는 뜻입니다. 명사형은 inflation(부풀리기, 팽창, 물가 폭등)입니다.

CHAPTER 01 - Vocabulary(단어) 문제

Strategy 02 | 양보 의미 이용하기

양보의 의미를 나타내는 어구들은 앞에 나온 내용과 뒤에 나온 내용이 서로 다르다는 것을 나타냅니다.

> 접속사: although, even though, though, while(~에 반하여, ~동안)
> 부사: however, nevertheless, nonetheless(~에도 불구하고), yet(그러나)
> 전치사: despite, in spite of(~에도 불구하고)

(a) The pearls are fake, **although** they look **real**.

> 분석) although가 있으므로 fake는 real과 대조적 의미라야 합니다. 그 진주들은 진짜처럼 보이지만 사실은 가짜라는 뜻이죠. fake는 '가짜의, 모조의, 위조의' 라는 뜻입니다.

(b) **Despite** economic **growth** over the last year, forecasts for the next year are pessimistic.

> 분석) 작년 경제 성장에도 불구하고 내년 경제 예측은 좋지 않다는 거죠. pessimistic은 '비관적인, 염세적인' 이라는 뜻입니다.

Strategy 03 | 대조 의미 이용하기

대조의 의미를 나타내는 어구들은 앞에 나온 내용과 뒤에 나온 내용이 서로 정반대라는 것을 나타냅니다.

> 전치사: except for, far from(~하기는커녕), in contrast to, instead of, unlike
> 부사구: in contrast, on the contrary, on the other hand
> 비교급: more ~ than, rather than
> 부사: instead, rather, surprisingly, unexpectedly

(a) **Far from** looking like a rush job , the report looks very **professional** .

> 분석) Far from이 있으므로 rush job은 professional과 대조적인 의미라야 합니다. rush job은 '전문적인' 의 반대로서 '급한 일, 서둘러 한 일' 이라는 뜻입니다.

(b) He expected to be **praised** for his efforts to extinguish the fire. Instead, he was scolded for the delay in notifying the fire department.

> 분석) Instead가 있으므로 scolded는 praised와 대조적인 의미라야 합니다. '칭찬 받다'의 반대는 '비난 받다'이죠. scold는 '꾸짖다, 잔소리하다'는 뜻입니다. 해석하면, '그는 그의 노력에 칭찬 받을 거라고 기대했다. / 그 불을 끄려고 했던 노력들에 대해. 그 대신에, 그는 잔소리 들었다 / 소방서에 알리는데 늦어서.'입니다.

Strategy 04 │ 유사 비교의 의미 이용하기

유사 비교의 의미를 나타내는 어구들은 앞에 나온 내용과 뒤에 나온 내용이 서로 유사하다는 것을 나타냅니다.

> 접속사: 〈just as ~, (so) ~ 〉(마치 ~처럼, ~하다)
> 부사(구): similarly, in the same way
> 전치사: like(~처럼)

(a) The son will **follow his father's example; similarly**, the daughter will model herself on her mother.

> 분석) similarly가 있으므로 model은 follow his father's example과 비슷한 의미라야 합니다. model은 '본받다, 모범에 맞추다'라는 뜻입니다.

(b) **Just as** rocks and clouds are intricately structured things, the self is a **complicated** construction.

> 분석) Just as가 있으므로 intricately는 complicated와 비슷한 의미라야 합니다. intricately는 in+tric(혼란)+ate+ly로 이루어진 단어로서 '복잡하게'라는 뜻입니다. '바위들과 구름들은 복잡하게 구성된 것들인 것처럼, 자아도 복잡한 구조이다'라는 뜻입니다.

Strategy 05 │ 시간의 전후 관계 이용하기

시간의 전후 관계를 나타내는 어구들은 시간 상 이전의 내용과 이후의 내용이 서로 대조적임을 나타냅니다.

CHAPTER 01 – Vocabulary(단어) 문제

> 접속사: after, before, until, when, as(~일 때, ~동안)
> 전치사: after, before, until
> 부사(구): at first, once, initially(처음에), early, ago, yesterday; now, recently, later, today, subsequently(그 후에)

(a) **Before** the invention of **money**, mankind used the barter system of trading objects for objects.

> 분석) Before가 있으므로 money와 barter는 반대 의미라야 합니다. 화폐 발명 이전에 물건과 물건을 바꾸는 물물교환제도가 있었죠. barter는 '물물 교환'이라는 뜻입니다.

(b) George was reserved **at first but** became much more **talkative when he got to know us better**.

> 분석) 시간의 대조를 나타내므로 reserved는 talkative(말이 많은, 이야기하기 좋아하는)의 반대라야 합니다. reserved는 '말수가 적은, 서먹서먹한, 수줍은'이라는 뜻입니다. 'George는 처음에 수줍어했지만 훨씬 더 말이 많아졌다 / 그가 우리를 더 잘 알게 됐을 때'라는 뜻입니다.

Strategy 06 such(그런), this(이런), that(저런), the(그, 저), 관계사 이용하기

> such(그런), this(이런), that(저런), the(그, 저), 관계사는 앞에 나온 명사를 가리킵니다. 이런 지시어구들이 가리키는 명사는 such/this/the 다음에 나온 명사와 같은 뜻이고, 관계절의 내용과 일치합니다.

(a) Seven people died in a **discotheque** after a harmful substance was thrown into the premises.

> 분석) the premises는 discotheque을 가리키고 있으므로 premises는 '건물' 계통의 의미라야 합니다. '건물, 구내, 부동산'이라는 뜻입니다.

(b) Word order in a sentence was much **freer** in Old French than it is in French today; **this** liberation disappeared gradually.

> 분석) this liberation은 freer를 가리키고 있습니다. 그래서 liberation은 '자유' 계통의 의미라야 합니다. '자유로움, 해방, 석방'이라는 뜻이죠. 참고로, liberty는 '자유'. '한 문장에서 어순은 옛날 불어에서 훨씬 더 자유로웠다 / 오늘날 불어에서보다; 이 자유로움은 점차적으로 사라졌다'라는 뜻입니다.

Strategy 07 등위 접속사 and, or 이용하기

and는 앞에 나온 내용과 뒤에 나온 내용이 같다는 것을 나타내고 or는 비슷하지만 정도의 차이가 있다는 것을 나타냅니다. 그래서 and는 앞/뒤에서 동의어를 찾으면 되고, or 앞/뒤에서는 비슷한 어구를 찾으면 됩니다.

(a) He **praised** her taste, and she commended his understanding.

> 분석) and가 있으므로 commended와 praised는 같은 의미라야 합니다. commend는 '칭찬하다' 라는 뜻입니다. commend의 파생어로는 recommend(추천하다)가 있습니다.

(b) Sea cucumbers have the capability to feed sparingly or **not at all** for long periods.

> 분석) or가 있으므로 sparingly는 not at all(전혀)와 비슷하면서 정도 차이가 있는 의미라야 합니다. sparingly는 '약간, 조금' 계통의 의미이겠죠. '절약하여, 드물게' 라는 뜻입니다. '해삼들은 능력을 가지고 있다 / 오랜 기간들 동안에 조금 먹거나 전혀 먹지 않을.' 이라는 뜻입니다.

Strategy 08 등위 접속사 but 이용하기

but은 앞에 나온 내용과 뒤에 나온 내용이 반대라는 것을 나타냅니다. 그래서 but 앞/뒤에서 반의어를 찾으면 됩니다.

(a) God will reward those who choose **good**, but punish those who choose evil.

> 분석) but이 있으므로 evil은 good(선)과 반대 의미라야 합니다. evil은 '악, 사악' 이라는 뜻입니다. '하나님은 선을 선택하는 사람들에게 보상할 것이지만 악을 선택하는 사람들을 벌할 것이다.' 는 뜻입니다.

(b) As time passed, some stories were **abandoned**, **but** others persisted and provided material for drama.

> 분석) but이 있으므로 persisted는 abandoned(버렸다, 포기했다)와 반대 의미라야 합니다. persist는 per(완전히)+sist(stand)[완전히 서 있다]로 이루어진 단어로서 '살아남다, 지속하다' 라는 뜻입니다. '시간이 지났을 때, 몇몇 이야기들은 버려졌지만, 다른 것들은 살아남았고 연극에 재료를 제공했다.' 는 뜻입니다.

CHAPTER 01 — Vocabulary(단어) 문제

> **Strategy 09**   상관 등위 접속사 이용하기

상관 등위접속사 〈both A and B〉, 〈either A or B〉, 〈neither A nor B〉, 〈not A but B〉, 〈not only A but also B〉에서 A와 B는 서로 정반대의 의미를 나타내는 경우가 많습니다. 이 사실을 단어 유추에 적용시켜보겠습니다.

(a) The political success of any government depends on its ability to perform **both foreign and** domestic policies.

> 분석) 〈both ~ and〉가 있으므로 domestic은 foreign의 반대 의미라야 합니다. domestic은 '국내의' 뜻입니다. '어떤 정부의 정치적인 성공은 그것의 능력에 의존한다 / 외국 정책들과 국내 정책들을 수행할' 이라는 뜻입니다.

(b) No one is neutral about Stephens; he motivates **either** adoration **or dislike** in those who work for him.

> 분석) 〈either ~ or〉가 있으므로 adoration은 dislike(혐오)와 반대 의미라야 합니다. adoration은 '사모, 숭배' 라는 뜻입니다. '아무도 Stephens에 대해 중립적이지 않다; 그는 숭배 또는 혐오를 일으킨다 / 그를 위해 일하는 사람들에게' 라는 뜻입니다.

> **Strategy 10**   〈other〉, 〈some ~, others ~ 〉의 의미 이용하기

Other는 '다른' 이라는 의미이기 때문에 그 앞에는 비슷한 종류의 '어떤 것(들)' 이 나와야 합니다. 예를 들면, "그 관광 버스에 탄 다른 학생들은 무사했다"라는 문장 앞에는 '한 학생 또는 몇몇 학생들은 무사하지 못했다' 는 내용이 나옵니다. 〈one ~, the other ~〉는 두 개를 나타낼 때 쓰이고, 〈some ~, others ~〉는 다섯 개 이상을 나타낼 때 쓰입니다. Other(s) 앞과 뒤에는 서로 대조적인 내용이 나와야 하고, other 바로 다음에 나오는 명사는 앞에 나온 사람/사물과 비슷한 의미라야 합니다.

(a) **The president, cabinet members**, and **other** prominent people attended the meeting.

> 분석) other가 있으므로 prominent people은 president, cabinet members와 같은 종류의 저명 인사들이라야 합니다. prominent는 '두드러진, 걸출한, 유명한' 이라는 뜻입니다. '대통령, 내각 관료들(=장관들), 그리고 다른 유명인사들이 그 회의에 참석했다.' 는 뜻입니다.

(b) Some regions are suffering from **heavy rains**; **others** are experiencing drought.

> 분석) 〈Some ~, others ~〉 용법이므로 내용은 서로 대조적이라야 합니다. 그래서 drought는 heavy rains(폭우들)의 반대 의미라야 합니다. drought는 dry(마른, 건조한)의 명사형으로서 '가뭄' 이라는 뜻입니다.

(c) Our salsa club has two groups; **one** for **skilled dancers** and **the other** for neophytes.

> 분석) 〈one ~, the other~〉 용법이므로 내용은 서로 대조적이라야 합니다. 그래서 neophytes는 skilled dancers(숙련된 댄서들)의 반대 의미라야 합니다. neophyte는 neo(new)+phyte(낳다) [새로 낳은 사람]으로 이루어진 단어로서 '초심자, 신출내기' 라는 뜻입니다.

Strategy 11 〈between A and B〉, 〈from A to B〉, 〈A for B〉 이용하기

〈between A and B〉, 〈동사 from A to B〉, 〈동사 A for B〉 구문에서 A와 B는 서로 대조적인 의미를 나타냅니다. 이런 경우에 A나 B 중 어느 하나를 모를 때 반대말을 찾으면 됩니다.

1. alternate between A and B(A와 B 사이에 교대로 일어나다), difference between A and B(A와 B 사이의 차이), distinguish between A and B(A와 B 사이 구별하다)
2. change ~ from A to B(A에서 B로 ~을 바꾸다), distinguish from A to B(A로부터 B를 구별하다), replace from A to B(A에서 B로 대체하다), A replace B(A가 B를 대체하다), range from A to B(A로부터 B까지 범위를 이루다), ~ in sizes from A to B(크기가 A로부터 B까지 ~하다)
3. abandon A for B(B를 위해 A를 버리다), exchange A for B(A를 B로 교환하다), substitute A for B(B를 A로 대체하다)

(a) I **alternate between** joy **and** grief.

> 분석) 〈alternate between ~ and〉 용법이므로 grief는 joy(기쁨)과 반대 의미라야 합니다. grief는 '슬픔, 깊은 고뇌, 비통' 이라는 뜻입니다.

(b) A bank clerk can easily tell **the difference between** real 10 dollar bills **and** counterfeit ones.

> 분석) 〈difference between ~ and〉 용법이므로 counterfeit는 real(진짜의)와 반대 의미라야 합니다. counterfeit는 '가짜의, 위조의' 라는 뜻입니다. '은행원은 쉽게 차이를 구별할 수 있다 / 진짜 10달러 지폐들과 가짜 10달러 지폐들의.' 라는 뜻입니다.

(c) We can **distinguish from** honesty **to** deception.

> 분석) 〈distinguish from ~ to〉 용법이므로 deception은 honesty(정직)과 반대 의미라야 합니다. deception은 deceive(속이다)의 명사형으로 '속임, 사기' 라는 뜻입니다.

CHAPTER 01 - Vocabulary(단어) 문제

Strategy 12 분사구문 이용하기

> 분사구문은 '~하면서'라는 뜻으로 결과 또는 이유를 나타냅니다. 분사구문이 결과를 나타내면 앞에 나온 주절의 내용은 원인이 됩니다. 이 경우에 원인과 결과의 관계를 이용하여 모르는 단어를 유추하면 됩니다. 분사구문이 이유를 나타내면 주절의 내용은 결과가 됩니다. 이 경우에도 인과관계를 이용하여 모르는 단어를 유추해보세요.

(a) The sick become infirm, **losing** the strength to work.

> 분석) 분사구문은 결과를 나타냅니다. 일할 힘을 잃게 된 원인이 아파서 약해졌기 때문이죠. infirm은 in(not)+firm(단단한)의 단어로 '약한, 허약한'이라는 뜻이죠. '아픈 사람들은 약하게 된다, 일할 힘을 잃어버리면서.'라는 뜻입니다.

(b) The policeman thought that I was to blame for the fire, not **realizing** that my friend was the real criminal.

> 분석) 분사구문은 원인을 나타냅니다. 그 경찰관은 내 친구가 진짜 범인이라는 것을 몰랐기 때문에 내가 그 화재에 책임 있다고 생각한 거죠. criminal은 crime(범죄)의 파생어로서 '범인, 범죄자'라는 뜻입니다.

Strategy 13 only의 의미 이용하기

> Only는 '단지, 오직, 다만'이라는 뜻으로서 제한적인 의미를 나타냅니다. 그래서 only 앞, 뒤의 내용이 서로 대조적인 의미를 나타냅니다.

(a) The theater is **only** 15 minutes away from here. We have sufficient time to get there.

> 분석) only가 있으므로 sufficient time은 15 minutes와 대조적 의미라야 합니다. sufficient는 '충분한'이라는 뜻입니다. '그 극장은 여기에서 단지 15분 정도의 거리에 있다. 우리는 거기에 도착할 충분한 시간을 가지고 있다.'라는 뜻입니다.

(b) Joyce and I see each other **only** sporadically; when we are together, we feel as if we have seen each other frequently.

> 분석) only가 있으므로 sporadically는 frequently(자주, 빈번하게)와 대조적 의미라야 합니다. sporadically는 '이따금, 가끔씩'이라는 뜻입니다. 'Joyce와 나는 단지 가끔씩 서로 만난다; 우리가 함께 있을 때, 우리는 느낀다 / 마치 우리가 자주 서로 본 것처럼.'이라는 뜻입니다.

Strategy 14 앞 뒤 문장의 대조 관계 이용하기

> 두 개의 문장 내용이 서로 대조적인 의미를 나타낼 때 단어들도 반대 의미를 나타내는 것들이 쓰입니다. 이런 경우에 반대말을 찾으면 됩니다.

(a) She is **giving up** her shop because the profit is too small. She **hopes** to go into a more beneficial business.

> 분석) 두 문장은 is giving up과 hopes 때문에 서로 대조적입니다. 그녀는 가게를 포기하고 더 수지 맞는 사업을 찾고 있네요. beneficial는 profit과 비슷한 의미로서 '이익이 되는' 이라는 뜻입니다.

(b) We can do without **cars, tobaccos, and movies**. However, **food, shelter and clothing** are indispensable.

> 분석) However 때문에 두 문장은 서로 대조적입니다. 두 문장은 cars, tobacco, and movies와 food, shelter and clothing의 대조입니다. indispensable은 do without(~없이 지내다)의 반대 의미로서 '없어서는 안 되는, 필수 불가결한' 의 의미입니다.

Strategy 15 colon(:), semicolon(;), dash(-), 동격 이용하기

> colon, semicolon, dash, 동격은 앞에 나온 내용에 대한 보충 설명을 할 때 주로 쓰입니다. 그래서 colon / semicolon / dash / 동격 앞/뒤에서 동의어를 찾으면 됩니다. 한 가지 유의해야 할 것은 semicolon이 대조적인 의미를 나타내기도 한다는 겁니다. 이 때 semicolon 앞/뒤에서 반의어를 찾아야 합니다. 요약하자면, colon / dash / 동격 앞/뒤에서 동의어를 찾고, semicolon이 보충 설명할 때는 동의어를 찾고, 대조적 의미를 나타낼 때는 반의어를 찾아야 합니다.

(a) Bears and bats hibernate in caves: frogs and lizards **spend the winter** in the earth.

> 분석) colon으로 연결되고 있으므로 hibernate는 spend the winter와 같은 의미라야 합니다. hibernate는 '겨울잠 자다, 칩거하다' 라는 뜻입니다. '곰과 박쥐들은 동굴들에서 겨울잠 잔다: 개구리들과 도마뱀들은 땅 속에서 겨울을 보낸다.' 라는 뜻입니다.

(b) The switch is fragile; it will easily **break** if you use too much force.

> 분석) semicolon이 보충 설명에 쓰이고 있으므로 fragile은 easily break와 같은 의미라야 합니다. fragile은 '부서지기 쉬운, 깨지기 쉬운' 이라는 뜻입니다.

CHAPTER 01 - Vocabulary(단어) 문제

Warming-up

1~15 밑줄 친 단어의 동의어를 아래 보기에서 고르세요.

1. **Because** their own knowledge of these periods was usually limited, their contributions to American history remained confined.
   (A) restricted (B) familiar
   (C) recognizable (D) enormous

2. Aristotle's physics had completely collapsed, **while** his biology was laboriously rebuilt.
   (A) constructed (B) accomplished
   (C) elaborated (D) failed

3. Most animals move into a cave or tree with minimal alteration of the environment. **On the other hand**, nests are built that require a considerable change of the environment.
   (A) argument (B) variation
   (C) association (D) imitation

4. During the nineteenth century, most of the writing about women conformed to the "great women" theory of history, **just as** much of mainstream American history concentrated on "great men."
   (A) was free from (B) fell short of
   (C) met (D) surpassed

5. **Before** the new department store can be built, the three old buildings **now** on the site will have to be demolished.
   (A) destructed (B) renovated
   (C) discriminated (D) accumulated

6. Most architecture displays a wide divergence of taste **and** freedom of application of the rules written down in the books.
   (A) description (B) development
   (C) difference (D) display

7. We need volunteers to write for the newsletter on **either** a regular or random basis.
   (A) patterned (B) constant
   (C) deliberate (D) unsystematic

8. There was a gradual change in the United States' labor force from agriculture to **other** nonagricultural pursuits.
   (A) detections   (B) areas
   (C) opportunities   (D) competences

9. Thousands of farmers **abandoned** the precarious life on the farm **for** more secure jobs in the city.
   (A) uncertain   (B) invariable
   (C) established   (D) unprofitable

10. People buy insurance in order to **substitute** a small, certain, tolerable loss **for** a large, uncertain, catastrophic one.
    (A) massive   (B) bearable
    (C) vague   (D) terrible

11. Although they have voracious appetites, **eating** day and night, sea cucumbers have the capability to feed a little bit. (sea cucumber: 해삼)
    (A) unnecessary   (B) moderate
    (C) energetic   (D) incredible

12. **Only** humans and some animals enjoy color vision. The red flag is black to the bull. Horses live in a monochrome world.
    (A) monotonous   (B) ultraviolet
    (C) one-dimension   (D) one-color

13. Some children who are reserved with **strangers** are communicative with **their family**.
    (A) talkative   (B) prejudiced
    (C) companionable   (D) unsociable

14. There are no autonomous creatures; every form of life is dependent on other forms.
    (A) self-sufficient   (B) minimal
    (C) reliant   (D) compassionate

15. Most women have all other women as opponents; most men have all other men as their allies.
    (A) enemies   (B) partners
    (C) rivals   (D) sponsors

CHAPTER 01 – Vocabulary(단어) 문제

Exercise

1. The word "intensify" in the passage is closest in meaning to
   (A) evaluate
   (B) increase
   (C) induce
   (D) diminish

2. The word "disruption" in the passage is closest in meaning to
   (A) deliberation
   (B) barrier
   (C) breakdown
   (D) expansion

3. The word "vulnerable" in the passage is closest in meaning to
   (A) radical
   (B) prohibitive
   (C) weak
   (D) miserable

4. The word "potentially" in the passage is closest in meaning to
   (A) certainly
   (B) strongly
   (C) remarkably
   (D) possibly

Urban Heat Island

Urban heat islands can directly affect the health and welfare of urban inhabitants. Compared with rural regions, cities undergo higher rates of heat-related illness and death. Heat islands can intensify severe hot weather events, which can result in physiological disruption and death – especially in vulnerable populations such as the elderly people. In the United States, a thousand people die every year due to excessive heat. Because urban heat islands cause higher temperature, they can potentially increase the scale and length of heat waves. According to research, the death rate increases significantly during the heat wave.

5. The word "sustained" in the passage is closest in meaning to
   (A) restrained
   (B) continued
   (C) caught
   (D) supported

6. The word "vital" in the passage is closest in meaning to
   (A) essential
   (B) living
   (C) helpful
   (D) minor

7. The word "distant" in the passage is closest in meaning to
   (A) nearby
   (B) peaceful
   (C) faraway
   (D) separate

Sumerian Economy

The economy that sustained the Sumerians depended on agriculture and trade. To support agriculture, they used a complex system of canals and dams for irrigation. The irrigation caused crops such as wheat and barley to grow well in this region. Trade was another vital element of the economy. It brought riches to the cities. The traders took risks of desert travel to carry goods to distant regions. (The Sumerians made the first wheeled vehicles.) Ships sailed up and down the river and throughout the Persian Gulf, carrying pottery and various processed goods and bringing back fruits and diverse raw materials.

Review Test

The Industrial Revolution

1   Why was Britain the first country to industrialize? The Industrial Revolution occurred because conditions were ideal in Britain. Natural and human resources which Britain possessed led to the Industrial Revolution. Natural resources such as coal, iron, copper and water power brought about the development and expansion of industry. The growing population in Britain which resulted from less disease and lower infant mortality provided the additional labor needed to work in industry.

2   Between 1760 and 1830, Britain experienced an agricultural revolution which helped drive the Industrial Revolution. In this period, the agricultural revolution caused a huge increase in agricultural productivity, and thus a food surplus which resulted in low food prices. Farmers and landowners made profits and invested them in industry or in transport improvements such as canals. The agriculture revolution also made a supply of labor easily available. Between 1760 and 1830 the British countryside was changed when the open-field system of cultivation gave way to compressed farms and enclosed fields. This new system of enclosure drove people into cities where they became workers for the factories in the Industrial Revolution.

3   Another cause of the Industrial Revolution was improvements in transport. The better transport system was required to fulfill the demands of the growing population. The system had been vastly enhanced by new inventions such as steam ships and trains. In 1825, George Stevenson invented the first profitable steam locomotive. The railways were so successful that they became a key method of transport during the Industrial Revolution. If there had not been the railways, commercial growth would not have been accomplished so quickly. Turnpike roads were increased greatly. In 1750 there were 3000 miles of turnpike roads, but by 1800 there were almost 20,000 miles. The new turnpikes meant that journey time was curtailed significantly.

1. The word "expansion" in paragraph 1 is closest in meaning to
   (A) abundance
   (B) concentration
   (C) division
   (D) growth

2. The word "mortality" in paragraph 1 is closest in meaning to
   (A) death
   (B) compensation
   (C) illness
   (D) delivery

The Industrial Revolution

1   Why was Britain the first country to industrialize? The Industrial Revolution occurred because conditions were ideal in Britain. Natural and human resources which Britain possessed led to the Industrial Revolution. Natural resources such as coal, iron, copper and water power brought about the development and expansion of industry. The growing population in Britain which resulted from less disease and lower infant mortality provided the additional labor needed to work in industry.

CHAPTER 01 - Vocabulary(단어) 문제

3. The word "surplus" in paragraph 2 is closest in meaning to
   (A) cargo
   (B) excess
   (C) devastation
   (D) succession

4. The phrase "gave way to" in paragraph 2 is closest in meaning to
   (A) resisted
   (B) abandoned
   (C) was changed into
   (D) was surrounded by

2   Between 1760 and 1830, Britain experienced an agricultural revolution which helped drive the Industrial Revolution. In this period, the agricultural revolution caused a huge increase in agricultural productivity, and thus a food surplus which resulted in low food prices. Farmers and landowners made profits and invested them in industry or in transport improvements such as canals. The agriculture revolution also made a supply of labor easily available. Between 1760 and 1830 the British countryside was changed when the open-field system of cultivation gave way to compressed farms and enclosed fields. This new system of enclosure drove people into cities where they became workers for the factories in the Industrial Revolution.

5. The word "vastly" in paragraph 3 is closest in meaning to
(A) just
(B) greatly
(C) slightly
(D) fairly

6. The word "locomotive" in paragraph 3 is closest in meaning to
(A) engine
(B) progress
(C) technique
(D) structure

7. The word "curtailed" in paragraph 3 is closest in meaning to
(A) improved
(B) extended
(C) shortened
(D) diversified

3   Another cause of the Industrial Revolution was improvements in transport. The better transport system was required to fulfill the demands of the growing population. The system had been vastly enhanced by new inventions such as steam ships and trains. In 1825, George Stevenson invented the first profitable steam locomotive. The railways were so successful that they became a key method of transport during the Industrial Revolution. If there had not been the railways, commercial growth would not have been accomplished so quickly. Turnpike roads were increased greatly. In 1750 there were 3000 miles of turnpike roads, but by 1800 there were almost 20,000 miles. The new turnpikes meant that journey time was curtailed significantly.

CHAPTER 02
Reference(지시어) 문제

1 이 문제가 요구하는 것

Reference 문제는 주어진 지시어가 가리키는 지시 대상이 무엇인지를 선택하는 문제 유형입니다. 지시어는 인칭대명사(it, they 등), 지시대명사(this, that 등), 관계대명사(which, that 등), 부정대명사(some, others, one 등) 등으로 주어집니다. 지시어는 대체로 대명사로 주어지기 때문에 지시어가 가리키는 지시 대상은 앞에 나온 명사입니다. Reference 문제는 보통 한 지문당 1개의 문제가 출제되고 있습니다.

2 어떻게 이 문제를 확인하나?

지문에 단어(word) 또는 구(phrase)가 음영 처리되어 제시되고, 4개의 보기가 주어집니다. Reference 질문 유형은 다음과 같습니다.

> The word _____ in the passage refers to
> The phrase _____ in the passage refers to

3 본문 어디를 읽어야 하나?

본문에 음영 처리된 단어나 구를 확인할 수 있습니다. 이 단어나 구가 포함된 문장을 읽고 지시어가 가리키는 대상을 그 앞에서 찾으면 됩니다.

Strategy 01 주격 인칭대명사 it, they는 앞에 나온 주어를 가리킬 확률이 90% 정도입니다.

초롱: (놀라며) 그렇게 확률이 높은 이유가 뭔가요?

선생님: 주어 중심으로 이야기가 전개되기 때문에 주어가 반복됩니다. 똑 같은 명사를 계속 쓰는 것을 피하기 위해 주격 인칭대명사로 대체하는 것입니다. 이 문제에 답하는 요령은 우선 앞에 나온 주어를 대명사 자리에 넣어서 의미가 통하는지 확인하는 것입니다.

---

1. The word "it" in the passage refers to
   (A) studies
   (B) trust
   (C) start
   (D) life

Erik Erikson, famous for his theory on social development of human beings, insists that trust is the first issue which a baby confronts immediately after birth. He stresses that trust is the most essential element in personality development of the child. Studies suggest that when a strong trust is formed from the beginning of life, it leads a child to moral, honest, reasonable behavior in relations with others.

어휘) social(사회적인), insist(주장하다), confront(직면하다), element(요소), trust(신뢰, 신용), personality(인격, 인품), moral(도덕적인), reasonable(사리에 맞는, 합당한)

분석) it이 속한 문장에서 주어는 Studies와 a strong trust입니다. 복수인 studies는 단수인 it의 지시 대상이 될 수 없습니다. a strong trust를 it 자리에 넣어 의미가 통하는지 확인하세요. '그것 = 강력한 믿음'은 의미가 통하므로 정답입니다.

정답) (B)

Key Words) 첫 문장(S1): the first issue. 둘째 문장(S2): the most essential element. 셋째 문장(S3): moral, honest, reasonable behavior.

문장과 문장의 연결) S1←S2: '왜 첫 번째 문제인가?' 의 답. S2←S3: '왜 가장 중요한 요소인가?' 의 답.

해석) Erik Erikson은, / 인간들의 사회적 발달에 대한 그의 이론으로 유명한, / 주장한다 / 신뢰는 첫 번째 문제이다 / 어린아이가 태어난 직후에 직면하는. 그는 강조한다 / 신뢰는 가장 중요한 요소라고 / 그 아이의 인격 발달에서. 연구들은 제시한다 / 강력한 신뢰가 인생의 시작에서 형성될 때, 그것은 한 아이를 이끈다 / 품행이 바른, 정직한, 사리에 맞는 행동으로 / 다른 사람들과의 관계에서.

CHAPTER 02 — Reference(지시어) 문제

2. The word "they" in the passage refers to
(A) numbers
(B) positions
(C) examples
(D) groups

Mathematics can be considered a distinct language. It symbolizes functions, forms, and positions by numbers. The numbers seem complicated, but when they are classified into groups and explained with particular examples, they begin to show meanings.

어휘) distinct(독특한, 분명한), complicated(복잡한), classify(분류하다)

분석) they가 속한 문장에서 주어는 The numbers입니다. The numbers를 they 자리에 넣어 의미가 통하는지 확인하세요. '그것들 = 그 숫자들'은 의미가 통하므로 정답입니다.

정답) (A)

Key Words) 첫 문장(S1): a distinct language. 둘째 문장(S2): symbolizes functions, forms, and positions by numbers. 셋째 문장(S3): complicated, show meanings.

문장과 문장의 연결) S1←S2: '왜 독특한 언어인가?'의 답. S2←S3: '어떻게 상징화 하는가?'의 답.

해석) 수학은 하나의 독특한 언어로 간주될 수 있다. 수학은 기능들, 모양들, 그리고 위치들을 상징화한다 / 숫자들에 의해서. 그 숫자들은 복잡해 보인다, / 하지만 그것들이 그룹들로 분류되고 특정적인 예들과 함께 설명될 때, 그것들은 의미들을 보이기 시작한다.

Strategy 02 목적격 인칭대명사 it, them은 앞에 나온 주어와 목적어를 가리킬 확률이 반반입니다.

영구: 주격 인칭대명사는 앞 주어를 가리킬 확률이 90%로 아주 높은데 목적격 인칭 대명사는 목적어를 가리킬 확률이 50% 밖에 안 되는 이유가 뭔가요?

선생님: 목적어 중심으로 이야기를 전개하는 것이 아니기 때문에 목적어가 반복적으로 나올 필요가 없습니다. 그래서 목적격 인칭대명사는 앞에 나온 목적어뿐만 아니라 주어도 가리킬 수 있습니다. 이 문제에 답하는 요령은 우선 앞에 나온 주어와 목적어를 대명사 자리에 넣어서 의미가 통하는 것을 택하면 됩니다.

3. The word "it" in the passage refers to
   (A) material
   (B) heat
   (C) body
   (D) air

   A blanket is a kind of cloth, which is intended to keep us warm, particularly while we are sleeping. It prevents heat from passing through its one side to another side. Therefore, the material keeps the heat of our body from passing into the colder air surrounding it.

어휘 blanket(담요), cloth(천, 직물), intend(의도하다, ~할 작정이다), material(물질), keep A from B = prevent A from B(B로부터 A를 막다)

분석 it이 가리킬 수 있는 명사는 주어인 the material, 목적어 the heat, the body입니다. 'the colder air surrounding it'에서 이 단어들을 it 자리에 넣어 해석해 보면 각각 '그 물질을 둘러싸고 있는 더 차가운 공기', '그 열을 둘러싸고 있는 더 차가운 공기', '그 몸을 둘러싸고 있는 더 차가운 공기' 입니다. 이들 중에 의미가 통하는 것은 '그 물질을 둘러싸고 있는 더 차가운 공기' 입니다. 즉, it = the material.

정답 (A)

Key Words 첫 문장(S1): cloth, keep us warm. 둘째 문장(S2): prevents heat from passing. 셋째 문장(S3): keeps the heat of our body from passing.

문장과 문장의 연결 S1←S2: '어떻게 우리를 따뜻하게 해주는가?' 의 답. S2←S3: '그래서?' 의 답.

해석 담요는 일종의 천이다, / 우리를 따뜻하게 하도록 의도 된, / 특히 우리가 잠자고 있는 동안에. 그것은 열을 막는다 / (열이) 그것 (= 담요)의 한 면에서 또 다른 면까지 통과하는 것으로부터. 그래서, 그 물질 (= 담요)은 우리 몸의 열을 막는다 / 그것을 둘러싸고 있는 더 차가운 공기를 관통하는 것으로부터.

4. The word "them" in the passage refers to
   (A) songs
   (B) friends
   (C) sailors
   (D) trips

   In the 1800's, sailors had valuable songs called sea shanties, which they sang aboard their ships. They had such a tough life that they tried to find unusual comfort in the simple songs. Sea shanties lessened the boredom of long trips and lightened the burden of hard work. The songs were also useful friends to sailors, helping them work as a team. The rhythms of the songs served to harmonize the movements of the sailors.

CHAPTER 02 — Reference(지시어) 문제

어휘 tough(힘든, 고된), comfort(위안, 편안함), shanty(뱃노래), aboard(배 안에), lessen(줄이다), boredom(권태, 따분함), lighten(가볍게 하다), burden(부담), serve(도움이 되다), harmonize(조화시키다, 일치시키다)

분석 them이 가리킬 수 있는 명사는 songs, friends, sailors입니다. 'helping them work as a team'에서 이 단어들을 them 자리에 넣어 해석해 보면 각각 '그 노래들이 동료로서 일하는 것을 도우면서', '친구들이 동료로서 일하는 것을 도우면서', '선원들이 동료로서 일하는 것을 도우면서'입니다. 이들 중에 의미가 통하는 것은 '선원들이 동료로서 일하는 것을 도우면서'입니다. 즉, them = sailors.

정답 (C)

Key Words 첫 문장(S1): valuable songs. 둘째 문장(S2): a tough life, find unusual comfort. 셋째 문장(S3): lessened the boredom, lightened the burden. 넷째 문장(S4): useful friends, work as a team. 다섯째 문장(S5): harmonize the movements

문장과 문장의 연결 S1←S2: '왜 귀중한 노래들인가'의 답. S2←S3: '어떻게 위안을 발견했는가?'의 답. S1←S4: '왜 귀중한 노래들인가'의 답 2. S4←S5: '어떻게 동료로서 일하도록 도왔는가?'의 답.

해석 1800년대에, 선원들은 귀중한 노래들을 가지고 있었다 / 뱃노래들이라 불리는, / 그들이 배들 안에서 불렀던 그들은 너무 힘든 삶을 가져서 그들은 드문 위안을 발견하려고 노력했다 / 그 단순한 노래들 속에서. 뱃노래들은 오랜 여행들의 따분함을 줄였고, 힘든 일의 부담을 가볍게 했다. 그 노래들은 또한 선원들에게 유용한 친구들이었다, / 그들이 동료로서 일하도록 도우면서. 그 노래들의 리듬들은 도움이 됐다 / 선원들의 움직임들을 일치시키는데.

Strategy 03 지시대명사 that, those는 각각 같은 문장의 앞에 나온 단수명사, 복수명사를 가리킵니다.

지연: 왜 같은 문장에서 답을 찾아야 하나요?

선생님: that은 '그것', those는 '그것들'이라는 의미 때문에 가까이 있는 명사들을 가리킵니다. 특히, that/those가 including, like, such as 바로 다음에 쓰일 때, 즉 〈명사 + including / likely / such as + that〉일 때 that / those가 가리키는 명사는 including, like, such as 바로 앞에 있는 명사입니다. 왜냐하면 '그것(들)과 같은 ~'이라는 의미 때문입니다. That / Those가 주어로 쓰이면 바로 앞 문장의 주어를 가리킬 가능성이 높습니다.

---

5. The word "that" in the passage refers to
   (A) Appearance
   (B) Art
   (C) Renaissance
   (D) Things

The art of the Renaissance was different from that of the Middle Ages. In the Middle Ages, things in paintings were flat and symbolic rather than realistic in appearance. During the Renaissance, however, artists changed painting. Renaissance artists painted in a way that things looked when they were far away or close to something.

어휘 Middle Ages(중세 시대), flat(수평인, 평평한), reform(개선하다, 교정하다), far away(멀리 떨어진)

분석 that이 가리킬 수 있는 명사는 art와 Renaissance입니다. 'different from that in the Middle Ages'에서 이 단어들을 that 자리에 넣어 해석해 보면 각각 '중세에서의 예술과 다른', '중세에서의 르네상스와 다른' 입니다. 이들 중에 의미가 통하는 것은 '중세에서의 예술과 다른' 입니다. 즉, that = art.

정답 (B)

Key Words 첫 문장(S1): different from that of the Middle Ages. 둘째 문장(S2): flat and symbolic. 셋째 문장(S3): changed painting. 넷째 문장(S4): painted in a way that things looked.

문장과 문장의 연결 S1←S2: '중세 그림의 특징은 무엇인가?'의 답. S2←S3: '어떻게 다른가?'의 답. S3←S4: '어떻게 바뀌었는가?'의 답.

해석 르네상스의 예술은 달랐다 / 중세 시대에서의 그것과. 중세 시대에, 그림들 속의 물체들은 평평하고 상징적이었다 / 모습에서 실제적이라기 보다는. 하지만 르네상스 동안에, / 예술가들은 그림을 교정했다. 르네상스 예술가들은 물체들이 보이는 그대로 그렸다 / 그것들이 어떤 것에 멀리 떨어져 있거나 가까이 있을 때.

6. The word "that" in the passage refers to
   (A) wavelength
   (B) sound wave
   (C) frequency
   (D) music

7. The word "those" in the passage refers to
   (A) sounds
   (B) patterns
   (C) variances
   (D) waves

Frequency and wavelength are conversely connected. For example, a high pitched sound wave has a short wavelength, while a lower sound wave, such as that from a baritone wave, has a longer wavelength. Why is this important? The difference between high pitched sounds, such as those from a violin, and low pitched sounds, like those from a guitar, makes the patterns of music.

어휘 frequency(빈도, 주파수), wavelength(파장), conversely(반대로 거꾸로), high pitched(높은 음의), sound wave(음파), baritone wave(바리톤 파동)

분석 that 앞에 such as가 있으므로 that은 그 앞에 있는 명사 a lower sound wave를 가리킨다는 것을 알 수 있습니다. 또한, those 앞에 like가 있으므로 those는 그 앞에 있는 명사 the low pitched sounds를 가리킨다는 것을 알 수 있습니다.

정답 6. (B) 7. (A)

Key Words 첫 문장(S1): conversely connected. 둘째 문장(S2): a short wavelength, a longer wavelength. 셋째 문장(S3): important. 넷째 문장(S4): makes the patterns of music.

문장과 문장의 연결 S1←S2: '어떻게 반대로 연결됐는가?'의 답. S2←S3: '그 의미는 무엇인가?'라는 질문. S3←S4: '왜 중요한가?'의 답.

CHAPTER 02 - Reference(지시어) 문제

해석 주파수와 파장은 반대로 관련되어 있다. 예를 들면, 높은 음의 음파는 짧은 파장을 가지고, / 반면에 더 낮은 음파는, / 바리톤 파장으로부터의 그것과 같은, / 더 긴 파장을 가진다. 이것은 왜 중요한가? 높은 음들의 차이는 / 바이올린으로부터의 그것들과 같은 / 낮은 음들에 대한, / 기타로부터의 그것들과 같은 / 음악의 패턴들을 만든다.

Strategy 04 관계대명사 which/that은 대명사로서 앞에 나온 명사(즉, 선행사)를 가리킵니다. 또한, 〈a 명사 of the 명사 which ...〉의 경우에 which가 가리키는 대상은 항상 'a 명사' 입니다.

지연: 〈a 명사 of the 명사 which ...〉의 경우에 which는 왜 〈the 명사〉가 아니라 〈a 명사〉를 가리키나요?

선생님: 정보의 차이 때문입니다. 〈the 명사〉는 '그 ~' 라는 뜻으로 이미 알려진 것이고 〈a 명사〉는 '어떤 한 ~' 라는 뜻으로 새로운 것을 나타냅니다. 관계대명사 이하는 〈a 명사〉의 의미를 제한하기 위해서 쓰이는 것입니다. which 다음에 나오는 동사가 단수인지 복수인지 확인하시기 바랍니다.

8. The word "which" in the passage refers to
   (A) canals
   (B) control
   (C) countries
   (D) project

The Suez Canal and the Panama Canal have similar historical backgrounds. In 1869, Ferdinand de Lesseps, a French canal developer, constructed and controlled the Suez Canal, which connected the Mediterranean and Red Seas. He attempted to construct the Panama Canal during the 1880s, but the project was completed by the United States in 1914. Later, both canals came under control of the countries in which they are located. Egypt obtained control of the Suez Canal in 1957 and Panama got control over its canal in 1977.

어휘) canal(운하), construct(건설하다), Mediterranean(지중해), obtain(얻다)

분석) which가 가리킬 수 있는 명사는 바로 앞에 있는 control과 countries입니다. 'in which they are located'에서 they = both canals입니다. 이 명사들을 which 자리에 넣어 해석해 보면 각각 '통제 안에 두 운하들은 위치해 있다', '그 나라들 안에 두 운하들은 위치해 있다' 입니다. 이들 중에 의미가 통하는 것은 '그 나라들 안에 두 운하들은 위치해 있다' 입니다. 즉, which = countries.

정답) (C)

Key Words) 첫 문장(S1): similar historical backgrounds. 둘째 문장(S2): constructed and controlled the Suez Canal. 셋째 문장(S3): completed by the United States. 넷째 문장(S4): under control of the countries. 다섯째 문장(S5): control of the Suez Canal, control over its canal.

문장과 문장의 연결) S1←S2: '역사적 배경이란 무엇인가?' 의 답. S2←S3: '역사적 배경이란 무엇인가?' 의 두 번째 답. S3←S4: '어떻게 됐는가?' 의 답. S4←S5: '어떻게?' 의 답.

해석) 수에즈 운하와 파나마 운하는 비슷한 역사적 배경을 가지고 있다. 1869년에, Ferdinand de Lesseps는, / 프랑스 운하 개발자, / 수에즈 운하를 건설하고 관리했다, / 그것은 지중해와 홍해를 연결했다. 그는 파나마 운하를 건설하려고 시도했다 / 1880년대 동안에, / 하지만 그 계획은 1914년에 미국에 의해 완성됐다. 나중에, 두 운하들은 그 나라들의 관리 아래 두어졌다 / 두 운하들이 위치해 있는. 이집트는 1957년에 수에즈 운하의 감독권을 얻었고 파나마는 1977년에 그것의 운하에 대한 감독권을 얻었다.

9. The word "which" in the passage refers to
   (A) paper
   (B) description
   (C) problems
   (D) decision

When you try to make a decision about problems, first of all, write on paper a short description of the problems which helps to simplify them. Then, write down the difference between your long-term and short-term goals. The long-term goals frequently include different decisions than the short-term ones.

어휘) description(서술, 기술, 설명), long-term(장기간의), frequently(자주, 빈번하게)

분석) which가 가리킬 수 있는 명사는 바로 앞에 있는 a short description과 the problems인데 which는 새로운 정보인 〈a + 명사〉를 가리키므로 which = a short description입니다.

정답) (B)

Key Words) 첫 문장(S1): write a short description of the problems. 둘째 문장(S2): write down the difference between your long-term and short-term goals. 셋째 문장(S3): include different decisions.

문장과 문장의 연결) S1←S2: '그 다음 단계는 무엇인가?' 의 답. S2←S3: '왜 그런가?' 의 답.

해석) 당신이 문제들에 대해 결정을 만들려 시도할 때, 우선, 종이 위에 그 문제들에 대한 간단한 설명을 쓰세요 / 그것들(= 그 문제들을 단순화 하는 것을 돕는. 그 다음에, 차이를 쓰세요 / 당신의 장기와 단기의 목표들 사이의. 장기 목표들은 자주 다른 결정들을 포함한다 / 단기 목표들보다.

CHAPTER 02 - Reference(지시어) 문제

> **Strategy 05** 부정대명사 others에 밑줄이 그어져 있으면 앞 문장에서 〈some+복수명사〉 또는 〈many+복수명사〉를 확인하고 그 '복수명사'를 답으로 고르면 됩니다.

초롱: 왜 others는 〈some+복수명사〉 나 〈many+복수명사〉와 연결되나요?

선생님: 부정(不定)대명사 즉, '정해지지 않은 막연한 의미의 대명사'인 others는 'other+복수명사'를 축약한 형태로서 '다른 것들, 다른 사람들'을 의미합니다. Others는 그 의미 때문에 〈some+복수명사〉 나 〈many+복수명사〉가 앞에서 언급된 후에 그 다음에 나올 수 있는 말입니다.

---

10. The word "Others" in the passage refers to
(A) Reasons
(B) Mountains, rivers and seas
(C) Tunnels
(D) Road traffic, rail traffic, or canal

> Tunnels are built for several reasons. They allow us to go through mountains and under rivers and seas. Some tunnels may be for road traffic, for rail traffic, or for a canal. Others are built for carrying water to large cities. Others are constructed to hold electric lines, gas lines, telephone lines, and water pipes.

어휘) rail traffic(철도 교통), canal(운하), electric lines(전선들)

분석) Others 바로 앞 문장에 〈some + 복수명사〉 또는 〈many + 복수명사〉가 있는지 확인하세요. Some tunnels가 있네요. 그러면 Others = other + tunnels입니다.

정답) (C)

Key Words 첫 문장(S1): built for several reasons. 둘째 문장(S2): go through mountains and under rivers and seas. 셋째 문장(S3): for road traffic, for rail traffic, or for a canal. 넷째 문장(S4): carrying water to large cities. 다섯째 문장(S5): hold electric lines, gas lines, telephone lines, and water pipes.

문장과 문장의 연결) S1←S2: '여러 가지 이유들은 무엇인가?'의 첫째 답. S1←S3: '여러 가지 이유들은 무엇인가?'의 둘째 답. S1←S4: '여러 가지 이유들은 무엇인가?'의 셋째 답. S1←S5: '여러 가지 이유들은 무엇인가?'의 넷째 답.

해석) 터널들은 몇몇 이유들 때문에 지어진다. 그것들은 우리에게 허락한다 / 산들을 뚫고 가도록 / 그리고 강들과 바다들 아래로 가도록. 몇몇 터널들은 존재할 수도 있다 / 도로 교통, 철도 교통, 또는 운하를 위하여. 다른 것들은 지어진다 / 큰 도시들에 물을 운반하기 위하여. 또 다른 것들은 세워진다 / 전선들, 가스선들, 전화선들과 수도관들을 두기 위하여.

Warming-up

It has been found that laughter is able to decrease the effect of pain. In one experiment, researchers generated pain in groups of students who watched different television programs. The group of students which tolerated the pain for the longest time was that which watched a comic program. The reason why laughter can decrease stress and pain is that it helps to generate endorphins in the brain. These are natural chemicals which reduce them.

1. The word "that" in the passage refers to
   (A) group
   (B) students
   (C) pain
   (D) time

2. The word "it" in the passage refers to
   (A) reason
   (B) pain
   (C) laughter
   (D) group

3. The word "them" in the passage refers to
   (A) endorphins
   (B) stress and pain
   (C) chemicals
   (D) brains

Several studies show that groups which make individual members think creatively will succeed, but those which do not will fail. In successful groups, individuals are encouraged to generate creative ideas and share them with others. In unsuccessful groups, individual members are not encouraged to do so. Instead, they are always required to minimize disagreement and reach consensus without critically examining, analyzing and evaluating ideas.

4. The word "those" in the passage refers to
   (A) groups
   (B) members
   (C) studies
   (D) individuals

5. The word "them" in the passage refers to
   (A) members
   (B) groups
   (C) individuals
   (D) creative ideas

6. The word "they" in the passage refers to
   (A) others
   (B) successful groups
   (C) individual members
   (D) unsuccessful groups

CHAPTER 02 - Reference(지시어) 문제

7. In the passage, the word "which" refers to
   (A) cognitive psychology
   (B) computer revolution
   (C) past few decades
   (D) internal mental processes

8. The word "Others" in the passage is closest in meaning to
   (A) cognitive psychologists
   (B) computer programs
   (C) models
   (D) human thought processes

9. The word "those" in the passage refers to
   (A) psychologists
   (B) human thought processes
   (C) computer programs
   (D) models

Cognitive psychology, which studies the internal mental processes of thought, has been influenced by the computer revolution of the past few decades, which inspired research on the human brain as an information processor. Some cognitive psychologists utilize computer programs to make models of human thinking processes. Others use their knowledge of human thinking processes to develop computer programs, like those for computer chess games.

Exercise

1. The word "beneficial" in the passage is closest in meaning to
   (A) helpful
   (B) exceptional
   (C) required
   (D) damaging

2. The word "which" in the passage refers to
   (A) ant plants
   (B) ants
   (C) tunnels
   (D) one another

3. The word "them" in the passage refers to
   (A) ants
   (B) dead insects
   (C) tunnels
   (D) stems

4. The word "look after" in the passage is closest in meaning to
   (A) neglect
   (B) feed
   (C) consume
   (D) take care of

Symbiosis

In rainforests, many plants and animals live symbiotically and are beneficial for one another. For instance, ant plants live on tropical trees and depend on certain ants for food. They have tunnels in their stems which are suitable for ants to live in. The ants store dead insects inside some of the tunnels, and then the ant plants use them for food. The ants also look after a butterfly larva which lives inside the ant plant and eats its leaves. In return, the butterfly larva makes honeydew which the ants eat.

CHAPTER 02 - Reference(지시어) 문제

Natural Selection

The basic concepts of evolution were argued long before there was any scientific research which was done to support them. Several ancient philosophers stated the idea that nature produces a wide variety of creatures and that only those creatures survive that manage to provide for themselves and reproduce successfully. However, the evolutionary concept could not get any actual power because it lacked a scientific theory. Scientists would like to believe that species evolved from one form to another, but they had no credible process to make evolution occur. In 1859, Charles Darwin solved the problem by providing the idea of natural selection, which means that organisms well adjusted to their environments are more likely to survive.

5. The word "them" in the passage refers to which of the following?
   (A) evolution
   (B) concepts
   (C) research
   (D) philosophers

6. The word "it" in the passage refers to
   (A) concept
   (B) power
   (C) idea
   (D) nature

7. The word "they" in the passage refers to
   (A) Species
   (B) Forms
   (C) Evolutions
   (D) Scientists

8. The word "credible" in the passage is closest in meaning to
   (A) believable
   (B) favorable
   (C) curious
   (D) unreasonable

Sparta and Athens

1   While Sparta and Athens were geographically located close together, the city states in ancient Greece varied greatly in cultures and governments. With its strong military, Sparta conquered many lands and forced them into obedience. On the other hand, with its free speaking democracy, Athens united with many smaller city-states to form a powerful government. Sparta and Athens flourished during their time as powerful governments, but the city states were eventually destroyed.

2   The Spartan government was controlled by an oligarchy. It was ruled by two kings, an assembly of elders, and an assembly of citizens over age 30. There was no freedom. The citizens had little voice in the decisions made by the government. The Spartans gave up comfort for a more disciplined military approach to control the neighboring Laconians. Eventually, their powerful military turned them into a deadly war machine.

3   During the dark ages, Athens had been a monarchy, but it emerged as a democracy in the sixth century B.C. Before democracy, Athenian aristocrats possessed the best land and controlled political and religious life by means of a council of nobles. In 594 B.C., Athens confronted political turmoil because of serious economic problems. Many Athenian farmers were sold into slavery when they could not pay back money which they had borrowed from aristocrats. Civil war threatened to occur between aristocrats and farmers. The ruling Athenian aristocrats responded to this crisis by choosing Solon, a reform-minded aristocrat. Solon cancelled all current land debts and freed people who had fallen into slavery for debts. Through these changes, Athens founded a democracy.

CHAPTER 02 - Reference(지시어) 문제

1. The word "flourished" in paragraph 1 is closest in meaning to
   (A) influenced
   (B) engaged
   (C) prospered
   (D) dedicated

2. The word "oligarchy" in paragraph 2 is closest in meaning to
   (A) government in which power belongs to nobles
   (B) government in which power belongs to one person
   (C) government in which power belongs to wealthy people
   (D) government in which power belongs to a few people

3. The word "them" in paragraph 2 refers to
   (A) citizens
   (B) Spartans
   (C) Laconians
   (D) decisions

Sparta and Athens

1   While Sparta and Athens were geographically located close together, the city states in ancient Greece varied greatly in cultures and governments. With its strong military, Sparta conquered many lands and forced them into obedience. On the other hand, with its free speaking democracy, Athens united with many smaller city-states to form a powerful government. Sparta and Athens flourished during their time as powerful governments, but the city states were eventually destroyed.

2   The Spartan government was controlled by an oligarchy. It was ruled by two kings, an assembly of elders, and an assembly of citizens over age 30. There was no freedom. The citizens had little voice in the decisions made by the government. The Spartans gave up comfort for a more disciplined military approach to control the neighboring Laconians. Eventually, their powerful military turned them into a deadly war machine.

3   During the dark ages, Athens had been a monarchy, but it emerged as a democracy in the sixth century B.C. Before democracy, Athenian aristocrats possessed the best land and controlled political and religious life by means of a council of nobles. In 594 B.C., Athens confronted political turmoil because of serious economic problems. Many Athenian farmers were sold into slavery when they could not pay back money which they had borrowed from aristocrats. Civil war threatened to occur between aristocrats and farmers. The ruling Athenian aristocrats responded to this crisis by choosing Solon, a reform-minded aristocrat. Solon cancelled all current land debts and freed people who had fallen into slavery for debts. Through these changes, Athens founded a democracy.

4. The word "aristocrats" in paragraph 4 is closest in meaning to
   (A) citizens
   (B) servants
   (C) nobles
   (D) common people

5. The word "turmoil" in paragraph 5 is closest in meaning to
   (A) stability
   (B) change
   (C) breakthrough
   (D) chaos

6. The word "they" in paragraph 5 refers to
   (A) problems
   (B) aristocrats
   (C) Athenian farmers
   (D) Athens

CHAPTER 03
Fact(언급된 사실) 문제

1 이 문제가 요구하는 것

Fact 문제는 '언급된 사실'을 묻는 문제이므로 본문에 언급된 어떤 한 문장을 토대로 출제됩니다. 가끔씩 이런 문제를 틀리는 이유는 본문에 언급된 문장을 제대로 찾지 못해서 전체적인 본문 내용을 토대로 답을 유추하기 때문입니다. Fact 문제는 보통 한 지문당 3~4개 출제됩니다.

2 어떻게 이 문제를 확인하나?

특정 단락에 관한 문제일 때 이를 나타내는 단락 번호가 문제에 포함되고 화면에 관련 단락이 [➡]로 표시됩니다. 가끔, 특정 단락에 관한 문제가 아니라 지문 전체에 관한 문제가 출제되기도 합니다. Fact 질문 유형은 다음과 같습니다.

> According to paragraph X, which of the following is true ....?
> According to paragraph X, where/when/why/how ....?
> In paragraph X, the author states that ....
> According to the passage, which of the following is true ....?

3 본문 어디를 읽어야 하나?

본문에 언급된 문장을 제대로 찾기 위해서는 우선 질문에서 key word를 찾고 본문에서 이를 대입해보는 것입니다. Fact 문제를 풀기 위해서는 우선 주제 문장을 참고해야 합니다. 주제 문장에 바로 답이 나오는 경우도 있으니까요. Fact 문제에 대한 답은 주로 본문에서 key word가 있는 문장이나 그 다음 문장에 있습니다.

> Strategy 01   주제 문장을 참고하여 답을 찾으세요.

초롱: 선생님, 주제 문장만 봐도 답이 보인다는 말씀인가요?

선생님: (웃으며) 예. 영어에서는 주제를 첫 문장에 제시하기 때문에 첫 문장만 읽어도 핵심을 파악할 수 있다는 것을 Part I에서 살펴봤습니다. 첫 문장만 봐도 많은 문제들이 풀린다는 사실에 저도 놀라고 있습니다. 예전 시험인 PBT나 CBT 때보다 요즘 iBT 시험에서 더 그런 경향을 보이고 있습니다.

---

1. According to the passage, our behavior toward the people whom we see in a business meeting may depend upon
   (A) their personal character
   (B) their position and age
   (C) their sensitive eyes
   (D) the secretary's response

We should know in advance <u>the age and rank of the people</u> whom we meet in business in order to know how to treat them. We are representing our company and we want our company to look good in the eyes of other people. So, before we go to a business meeting, we carefully consult a secretary about all the people who will be there. In this way we can behave suitably toward our seniors and juniors.

어휘   in advance(미리), rank(지위, 신분), treat(다루다, 대하다), represent(나타내다, 대표하다), consult(상의하다, 상담하다, 조언을 청하다), suitably(적절하게), senior(연장자, 선임자, 상사), junior(연하의 사람, 하급자, 후배)

분석   질문에 나온 'the people whom we see in a business meeting'은 본문의 첫 문장에 있는 'the people whom we meet in business'와 같은 의미입니다. 본문 첫 문장의 핵심 내용인 'the age and rank of the people(사람들의 나이와 지위)'가 질문에 대한 답입니다.

정답   (B) (position = rank)

Key Words   첫 문장(S1): know in advance the age and rank. 둘째 문장(S2): representing our company, want our company to look good. 셋째 문장(S3): consult a secretary about all the people. 넷째 문장(S4): behave suitably toward our seniors and juniors.

문장과 문장의 연결   S1←S2: '왜 미리 나이와 지위를 알아야 하는가?'의 답. S2←S3: '어떻게 아는가?'의 답. S3←S4: '왜 비서와 상담하는가?'의 답.

CHAPTER 03 - Fact(언급된 사실) 문제

> **해석** 우리는 미리 사람들의 나이와 지위를 알아야 한다 / 우리가 업무에서 만나는 / 그들을 어떻게 다루어야 하는지 알기 위해서. 우리는 우리 회사를 대표하고 있다 / 그리고 우리는 우리 회사가 좋게 보이기를 원한다 / 다른 사람들의 눈에. 그래서, 우리가 업무 회의에 가기 전에, 우리는 주의 깊게 비서에게 조언을 청한다 / 거기에 참석할 모든 사람들에 대해. 이런 방식으로 우리는 적절하게 행동할 수 있다 / 우리의 손위 사람들과 손 아래 사람들에 대해.

Strategy 02
질문에서 key word를 찾은 후 본문에서 이 key word가 있는 문장 또는 다음 문장 내용과 일치하는 보기를 찾으세요.

1. key word가 있는 문장 내용을 쉽게 표현(paraphrasing)한 보기를 찾으세요.

영구: 선생님, '쉽게 표현한 보기' 라는 것은 어떤 것인가요?
선생님: 동의어가 포함되거나 간략하게 쓰여졌다는 것을 의미합니다. 예를 들면,

> The meaning of organic foods varies greatly. 유기농 음식들의 의미는 크게 변한다.
> = Organic foods have no fixed meaning. 유기농 음식들은 고정된 의미를 갖고 있지 않다.

---

2. According to the passage, the artistic movies that Chaplin directed provide
 (A) interpretation of complex scenes
 (B) insights into Chaplin as a person
 (C) examples of idealistic movies
 (D) summaries of historical movies

Charlie Chaplin, the film star and director, has become famous in film history for his comic masterpieces, such as *Modern Times*. He developed filmmaking enthusiastically, directing a lot of creative movies. It is actually through these movies that we can <u>quite understand his devotion and passion</u>.

어휘 director(영화 감독), masterpiece(명작, 걸작품), devotion(헌신, 전념), passion(열정)

분석 질문에서 key words는 'the artistic movies' 입니다. 이 key words는 본문의 마지막 문장에서 'through these movies'로 나오고 있습니다. 마지막 문장의 내용 중에서 'quite understand his devotion and passion'을 쉽게 표현한 보기가 정답이죠! 즉, '그의 헌신과 열정을 상당히 이해' 하는 것은 이 영화들을 통해 가능하다는 것이죠. 이런 내용을 포함하는 보기는 (B)의 'insights into Chaplin as a person(인격체로서의 채플린을 간파하는 것)' 입니다.

정답 (B)

Key Words 첫 문장(S1): famous. 둘째 문장(S2): developed filmmaking enthusiastically, creative movies. 셋째 문장(S3): through these movies, understand his devotion and passion.

문장과 문장의 연결 S1←S2: '왜 유명하게 됐는가?' 의 답. S2←S3: '이 영화들은 어떤 의미가 있는가?' 의 답.

해석 찰리 채플린은, / 영화 배우이자 감독인, / 영화 역사에서 유명하다 / 그의 희극 명작들로 인해 / 모던 타임즈와 같은. 그는 열정적으로 영화 제작을 발전시켰다, / 많은 독창적인 영화들을 감독하면서. 사실상 이 영화들을 통해서이다 / 우리가 그의 헌신과 열정을 상당히 이해할 수 있는 것은.

2. how 질문에 답할 때 질문에 있는 key word가 포함된 본문의 문장 또는 다음 문장에서 답을 찾으세요.

지연: 왜 how 질문의 답은 본문에서 key word가 있는 문장이나 다음 문장에 있나요?

선생님: 주제가 처음에 제시되기 때문입니다. 결론이 먼저 제시되고 그 다음에 방법(how)이 제시되므로 key word가 있는 문장이나 다음 문장에서 답을 찾아야 합니다.

3. According to the passage, how do black surfaces cause urban heat islands?
(A) They absorb much heat.
(B) They transfer excess heat to the building.
(C) They cool buildings.
(D) They reflect sunlight.

Governments make efforts to reduce the temperatures of urban heat islands. This can be achieved by replacing dark surfaces to light surfaces. Dark surfaces, like black roofs on buildings, <u>absorb much more sunlight than light surfaces</u>, which reflect it. When the buildings absorb sunlight, they convert the sunlight to heat energy, and emit it back out as heat. Black surfaces have about 70° F (21° C) higher temperature than light surfaces.

어휘 reduce(줄이다), urban heat island(도시 열섬), replace(바꾸다), absorb(흡수하다), reflect(반사하다), convert(변형시키다), emit(내뿜다, 방출하다)

분석 질문에서 key words는 'black surfaces' 입니다. 이 key words는 본문의 세 번째 문장에서 'Dark surfaces'로 나오고 있습니다. 이 문장 내용이 질문의 답입니다. 즉, 'Dark surfaces absorb much more sinlight than light surfaces (검은 표면들은 밝은 표면들에 비해 훨씬 더 많은 햇볕을 흡수한다)' 입니다. 이 내용을 포함하는 보기는 (A)이죠.

정답 (A)

Key Words 첫 문장(S1): reduce the temperatures. 둘째 문장(S2): replacing dark surfaces to light surfaces. 셋째 문장(S3): absorb much more sunlight. 넷째 문장(S4): convert the sunlight to heat energy, emit it back out. 다섯째 문장(S5): about 70° F(21° C) higher temperature.

문장과 문장의 연결 S1←S2: '어떻게 온도를 줄이는가?' 의 답. S2←S3: '왜 검은 표면이 문제인가?' 의 답. S3←S4: '그래서?' 의 답. S4←S5: '어느 정도로 더운가?' 의 답.

CHAPTER 03 - Fact(언급된 사실) 문제

해석 〉 정부들은 노력들을 하고 있다 / 도시 열섬의 온도들을 낮추기 위해. 이것은 실행될 수 있다 / 어두운 표면들을 밝은 표면들로 바꿈으로써. 어두운 표면들은, / 건물들 위의 검은 지붕들과 같은, / 훨씬 더 많은 햇볕을 흡수한다 / 밝은 표면들보다 / 그것을 반사하는. 그 건물들이 햇볕을 흡수할 때, 그것들은 그 햇볕을 열 에너지로 바꾼다, / 그리고 그것을 열로 밖으로 방출한다. 검은 표면들은 약 70°F (21°C) 더 높은 온도를 가진다 / 밝은 표면보다.

3. why 질문 또는 because 질문에 답할 때 질문에 있는 key word가 포함된 본문의 문장 또는 다음 문장에서 답을 찾으세요.

영구: 왜 why나 because 질문의 답은 본문에서 key word가 있는 문장이나 다음 문장에 있나요?

선생님: 마찬가지로, 주제가 처음에 제시되기 때문입니다. 결론이 먼저 제시되고 그 다음에 이유 (why / because)가 제시되므로 key word가 있는 문장이나 다음 문장에서 답을 찾아야 합니다.

---

4. According to the passage, why did coins once have true value as money?
   (A) They provided advantages over the barter system.
   (B) They were not difficult to transport.
   (C) They were accepted by everyone.
   (D) They were made of valuable metals.

In ancient times, all trades depended on the barter system in which goods were exchanged for goods. The goods were traded with real things such as tools. Later, the barter system was replaced by coins, such as gold and silver. They still had true value <u>because they were bits of precious metals</u>. The coins were transformed by paper money that can have value only when all the people accept it.

어휘 〉 barter system(물물교환 제도), goods(상품, 물건), exchange(교환하다), replace(대신하다, 대체하다), bits(작은 부분들, 조각들), precious metal(귀중한 금속=귀금속), transform(바꾸다, 변형시키다), paper money(지폐)

분석 〉 질문에서 key words는 'coins', 'true value as money' 입니다. 이 key words는 본문의 세 번째 문장에 나오고 있습니다. 이 문장 내용이 질문의 답입니다. 즉, 'because they were bits of precious metal(그것들은 귀중한 금속 조각들이었기 때문에)' 입니다. 이 내용을 포함하는 보기는 (D)이죠.

정답 〉 (D)

Key Words 〉 첫 문장(S1): depended on barter system. 둘째 문장(S2): traded with real things. 셋째 문장(S3): replaced by coins. 넷째 문장(S4): true value, precious metals. 다섯째 문장(S5): transformed by paper money, value, accept it.

문장과 문장의 연결 〉 S1←S2: '어떻게 의존하는가?' 의 답. S2←S3: '나중에 어떻게 바뀌었나?' 의 답. S3←S4: '어떻게 쓰이나?' 의 답. S4←S5: '어떻게 바뀌었나?' 의 답.

해석 고대 시대에, 모든 장사들은 물물 교환 제도에 의존했다 / 그 제도에서 물건들은 물건들로 교환됐다. 그 물건들은 거래됐다 / 도구들과 같은 진짜 물건들과 함께. 그 후에 그 물물 교환 제도는 동전들에 의해 대체됐다 / 금과 은 같은. 그것들은 여전히 진짜 가치를 가졌다 / 왜냐하면 그것들은 귀중한 금속들의 일부분들이었으므로. 동전들은 지폐에 의해 바뀌었다 / 가치를 가질 수 있는 / 단지 모든 사람들이 그것을 받아들일 때만.

---

5. According to the passage, there are so many unique plant and animal species in the Hawaiian Islands because they
   (A) had a remarkably diverse potential habitat
   (B) evolved much longer
   (C) had no rivals
   (D) were successful immigrants

<u>The plants and animals</u> that settled the Hawaiian Islands <u>did not have competition</u>, and so evolved into many native species. The terrestrial animals and plants of Hawaii are believed to have evolved from approximately 2,000 ancestors that arrived on the islands by accident. Based on the age of the Islands, an average of only one successful immigrant arrived every 35,000 years.

어휘 settle(정착하다), evolve(발전하다, 진화하다), native(토착의, 어떤 지방 특유의), terrestrial(육상의, 땅에 사는), approximately(대략), ancestor(조상), by accident(우연히), immigrant(이주자)

분석 질문에서 key words는 'so many unique plant and animal species'입니다. 이 key words는 본문 첫 번째 문장의 'many native species'로 나오고 있습니다. 이 문장 내용이 질문의 답입니다. 즉, 'The plants and animals … did not have competition(그 식물들과 동물들은 … 경쟁 상대를 가지고 있지 않았다)'입니다. 이 내용을 포함하는 보기는 (C)이죠.

정답 (C)

Key Words 첫 문장(S1): not have competition, evolved into many native species. 둘째 문장(S2): evolved from approximately 2,000 ancestors. 셋째 문장(S3): arrived every 35,000 years.

문장과 문장의 연결 S1←S2: '얼마나 많은 토착 종들?'의 답. S2←S3: '몇 년마다 도착?'의 답.

해석 그 식물들과 동물들은 / 하와이 군도에 정착한 / 경쟁 상대를 가지지 않았고, 그래서 많은 토착의 종들로 진화했다. 하와이의 육상 동물들과 식물들은 믿어진다 / 대략 2000개의 조상들로부터 진화했다고 / 우연히 그 군도에 도착한. 그 군도의 나이를 고려하면, 평균 단 하나의 성공적인 이주 생물은 매 35,000년마다 도착했다.

CHAPTER 03 - Fact(언급된 사실) 문제

Warming-up

1. According to the passage, if a married Sumerian woman had a love affair with another man, what penalty would the law impose on her?
   (A) She should be released.
   (B) She would be killed.
   (C) She would have security under the law.
   (D) She would be imprisoned.

   Sumerian men often ruled women by cruel force. Sumerian women had no protection under the law. If a wife fell in love with a man other than her husband and she slept with him, the law stated that she shall be slain and the man set free. The Sumerians put the control of men over women into law. If a woman's husband died, his father or brother controlled her.

2. According to the passage, what happens when urbanization advances?
   (A) Plants carry the heat away through evaporation.
   (B) The amount of heat and smog decreases.
   (C) Urban temperature rises because trees are removed.
   (D) Soil absorbs heat during the day.

   The process of urbanization results in heat islands. When a city develops, a lot of trees are cut down to make room for buildings and roads. In the city, concrete used for buildings and asphalt used for roads absorb the majority of solar energy input. Then, the concrete and asphalt change the sunlight to heat energy, and send it back out as heat. In rural areas, on the other hand, solar energy absorbed near the ground evaporates water from trees and soil.

3. According to the passage, why did the shape of Mount St. Helens alter?
   (A) Gases increased.
   (B) Earth activity increased.
   (C) Magma built up under the volcano.
   (D) Vibrations rose.

Deformation of a volcano occurs when it prepares to erupt. Before the volcano erupts, magma constantly accumulates near its surface and changes its shape. The increased deformation, especially if accompanied by an increase in sulfur dioxide emissions and earthquake activity, is a high probability sign of a volcano eruption. For example, before Mount St. Helens erupted on May 18, 1980, it became deformed. The north side of the volcano was expanding upwards as magma was building up underneath.

4. According to the passage, how did Athens overcome the political crisis?
   (A) Through civil war
   (B) By means of a reform which took away all debts
   (C) By selling farmers into slavery
   (D) By making new loans

In 594 B.C., Athens faced political disorder because of serious economic problems. Many Athenian farmers were sold into slavery when they could not pay back money which they had borrowed from aristocrats. Civil war threatened to occur between aristocrats and farmers. The ruling Athenian aristocrats responded to this crisis by choosing Solon, a reform-minded aristocrat. Solon canceled all current land debts and freed people who had fallen into slavery for debts. Through these changes, Athens founded democracy.

CHAPTER 03 – Fact(언급된 사실) 문제

5. According to the passage, what happens to cold-blooded animals in the state of diapause?
   (A) Their heartbeat, breathing, and temperature go up.
   (B) They consume a large quantity of their body fat.
   (C) They stop all their body processes.
   (D) Their growth and development cease.

In very cold winter, cold-blooded animals must remain inactive. They cannot regulate body temperature so that they must depend on little sunlight obtained from the surroundings. In order to survive, they slow down all their body processes almost to a stop. This is known as diapause. In this state, their growth and development stop. Also, their heartbeat, breathing, and temperature decline. They use up just a small amount of their body fat and can survive for several weeks.

6. According to the passage, when desertification occurs, natural vegetation die because
   (A) soil nutrients are lost
   (B) the ground becomes compressed
   (C) water for them is missing
   (D) runoff of rain declines

Desertification which results from deforestation decreases the ability of land to support plants. The loss of plants accelerates soil erosion by wind and water. When plant cover and soil layer are reduced, the impact of raindrops on the loose soil carries thin clay particles into the tiniest soil spaces. The particles block the spaces, water does not penetrate them, and thus runoff rises. In this case, even long-lived plants do not survive because water is lost off the land instead of being absorbed in the soil.

Exercise

1. The word "contentious" in the passage is closest in meaning to
   (A) random
   (B) agreeable
   (C) logical
   (D) controversial

2. The word "which" in the passage refers to
   (A) origin of birds
   (B) scientific consensus
   (C) contentious topic
   (D) evolutionary biology

3. The phrase "the new animals" in the passage refers to
   (A) predators
   (B) dinosaurs
   (C) some dinosaurs
   (D) animals which are different from birds

4. According to the passage, what is the relationship between dinosaurs and birds?
   (A) Birds developed from dinosaurs.
   (B) Birds adapted to living with dinosaurs.
   (C) Evolutionary evidences indicate that birds and dinosaurs are not closely linked.
   (D) Dinosaurs helped birds to survive.

Origin of Birds

The origin of birds has been a contentious topic within evolutionary biology for many years. However, recently a scientific consensus has emerged which insists that birds are a group of dinosaurs that evolved during the Mesozoic Era, from 251 million years ago to 65 million years ago. In the course of the evolution of birds from dinosaurs, there were a series of changes in the bone, muscle, and skin structures of the birds. This great improvement of some dinosaurs over a period of thousands of years provided the new animals to escape their predators and to find food more easily.

5. According to the passage, overhead cover is helpful for trout because it
   (A) presents shelter for them
   (B) drives them away
   (C) offers ideal temperature for them
   (D) protects them from the sun's heat

6. The word "spawning" in the passage is closest in meaning to
   (A) moving
   (B) reproducing
   (C) hiding
   (D) avoiding

7. According to the passage, which of the following is true of trout?
   (A) They like hot water.
   (B) They need pebbles for shelter.
   (C) They probably do not survive in 30°C.
   (D) They require much sediment for their eggs.

Trout

Trout usually live in lakes which have low water temperature, overhead cover, and gravel. The optimal temperature for an ideal trout habitat is between 50°F(10°C) and 65°F(18.3°C). They begin to show signs of stress at temperatures exceeding 70°F(21°C), and will most likely die in 80°F(26.6°C) water. Overhead cover plays an essential role as it shades the lake from the heating rays of the sun and provides shelter for insects which trout feed upon. When such cover is removed, the trout go away. The typical trout lake bed is primarily made up of gravel and pebbles. The gravel is necessary for proper spawning. Trout lay eggs in stream gravel, and clean gravel is necessary to assure movement of oxygenated water over the eggs. As little as a quarter-inch of sediment over trout eggs can result in 100 percent death.

8. The word "dormant" in the passage is closest in meaning to
   (A) unpredictable
   (B) minor
   (C) inactive
   (D) vigorous

9. According to the passage, how do queen wasps avoid freezing?
   (A) By producing a chemical in their blood
   (B) By regulating low levels of ice
   (C) By releasing anti-freeze in the radiator
   (D) By hiding away under stones or wood

10. According to the passage, which of the following is true about frog species?
    (A) They produce and circulate a glycerol in the blood.
    (B) They build up sugar alcohols in their blood which prevent them from freezing their whole body.
    (C) They avoid contact with environmental ice by wintering in very dry places.
    (D) They can endure certain levels of ice in their bodies.

Cold-blooded Animals

Cold-blooded animals must become dormant during the extremely cold winter because they do not have an internal mechanism for regulating body temperature. There are two kinds of cold-blooded animals which deal with freezing temperatures. One avoids freezing and the other tolerates it. Many caterpillars, some butterflies, snails, queen wasps and bumblebees avoid freezing by releasing chemicals in their body. They have evolved the ability to produce glycerol in their blood to prevent them from freezing in the same way that anti-freeze works in the radiator of a car. On the other hand, chorus frogs, gray tree frogs, and wood frogs tolerate and regulate a frozen state. They can tolerate the actual formation of ice within the body. In this case, they can start freezing just below 0°C, a higher temperature. This is helpful for them because they can have enough time to make metabolic adjustments that ensure survival.

Review Test

Termite Nest

1   Termites, sometimes incorrectly called "white ants," are a group of social insects. Their resemblance to ants is superficial as they are more closely related to cockroaches. As truly social animals, they have the highest level of social organization, like the ants and some bees. They work and live together in groups. There are members of different social orders in a termite nest. They include kings and queens, the soldiers, and the workers. All members are interdependent upon each other for survival of the colony.

2   The termite nest, or termitarium, is constructed by the worker termites. It is made up of mud that is sometimes as solid as concrete and a paper-like material made from wood. Since termites have a soft skin and are easily dried out, they live in nests that are moist, warm, dark, and closed from the outside environment. The high relative moisture (90% to 99%) in the interior of the nest is probably preserved by water production resulting from the metabolic courses of individual termites. The temperature inside the nest is generally higher than that of the outside environment.

3   Indeed, termites must live in a constant temperature of exactly 87°F(30°C) to survive. The difficulty is that the temperature outside fluctuates greatly, from between 35°F(1.6°C) at night to 104°F(40°C) during the day. The solution which they have devised is to dig a ventilation hole at the base of the structure. It receives the cool air by means of halls shaped out of the wet mud below and sends the hot air up through a chimney to the top. They constantly change the structure, opening up new tunnels and blocking others to regulate the heat and moisture.

4   Termites dig large networks of galleries, or tunnels, underground. These galleries are about 20 to 50 cm deep. They can be enormous and reach a radius of 50 to 100 meters around the nest. They are used for food storage and for raising larvae. These underground networks give the colony a place to live, and they can connect the colony directly to sources of food, like the roots of decaying trees or the side of a person's house. Termites are extremely sensitive to temperature, moisture and light. So, they cannot move over ground like most insects, but must travel in mud-coated tunnels to the source of food. The covered paths provide the blind and sun-sensitive workers access to food sources.

1. The word "superficial" in paragraph 1 is closest in meaning to
   (A) important
   (B) seeming
   (C) crude
   (D) appropriate

2. The word "They" in paragraph 1 refers to
   (A) Members
   (B) Groups
   (C) Termites
   (D) Orders

3. According to paragraph 1, which of the following is true about termites?
   (A) They do not have a strict social order system.
   (B) They are independent of one another.
   (C) They live in colonies with an organized division of labor.
   (D) They are specialized ants with a long evolutionary history.

Termite Nest

1   Termites, sometimes incorrectly called "white ants," are a group of social insects. Their resemblance to ants is superficial as they are more closely related to cockroaches. As truly social animals, they have the highest level of social organization, like the ants and some bees. They work and live together in groups. There are members of different social orders in a termite nest. They include kings and queens, the soldiers, and the workers. All members are interdependent upon each other for survival of the colony.

CHAPTER 03 - Fact(언급된 사실) 문제

4. According to paragraph 2, termites should live in moist nests because they
   (A) have a hard skin
   (B) should limit their metabolism
   (C) must avoid high temperature
   (D) are simply dried up

5. The word "that" in paragraph 2 refers to
   (A) nest
   (B) temperature
   (C) humidity
   (D) water production

6. The word "fluctuates" in paragraph 3 is closest in meaning to
   (A) alters
   (B) involves
   (C) refines
   (D) corresponds

7. According to paragraph 3, which of the following roles does a ventilation hole in the nest play for termites?
   (A) It continuously alters moisture.
   (B) It helps remove moisture.
   (C) It circulates air to maintain constant temperature.
   (D) It regulates the outside heat.

2   The termite nest, or termitarium, is constructed by the worker termites. It is made up of mud that is sometimes as solid as concrete and a paper-like material made from wood. Since termites have a soft skin and are easily dried out, they live in nests that are moist, warm, dark, and closed from the outside environment. The high relative moisture(90% to 99%) in the interior of the nest is probably preserved by water production resulting from the metabolic courses of individual termites. The temperature inside the nest is generally higher than that of the outside environment.

3   Indeed, termites must live in a constant temperature of exactly 87°F(30°C) to survive. The difficulty is that the temperature outside fluctuates greatly, from between 35°F(1.6°C) at night to 104°F(40°C) during the day. The solution which they have devised is to dig a ventilation hole at the base of the structure. It receives the cool air by means of halls shaped out of the wet mud below and sends the hot air up through a chimney to the top. They constantly change the structure, opening up new tunnels and blocking others to regulate the heat and moisture.

8. The word "enormous" in paragraph 4 is closest in meaning to
   (A) modest
   (B) huge
   (C) explicit
   (D) optimal

9. The phrase "These underground networks" in paragraph 4 refers to
   (A) Galleries
   (B) Termites
   (C) Nests
   (D) Sources of food

10. According to paragraph 4, termites differ from a number of insects in that they
    (A) can travel on the ground to get food sources
    (B) have a mound nest
    (C) should move only underground
    (D) have a highly organized society which is able to carry out complex tasks

4   Termites dig large networks of galleries, or tunnels, underground. These galleries are about 20 to 50 cm deep. They can be enormous and reach a radius of 50 to 100 meters around the nest. They are used for food storage and for raising larvae. These underground networks give the colony a place to live, and they can connect the colony directly to sources of food, like the roots of decaying trees or the side of a person's house. Termites are extremely sensitive to temperature, moisture and light. So, they cannot move over ground like most insects, but must travel in mud-coated tunnels to the source of food. The covered paths provide the blind and sun-sensitive workers access to food sources.

CHAPTER 04
Not/Except(언급되지 않은 것) 문제

1 이 문제가 요구하는 것

Not/Except 문제는 '언급되지 않은 것'을 찾는 문제이므로 본문 내용을 토대로 해서 언급된 세 개의 보기와 언급되지 않은 한 개의 보기로 구성됩니다. Not/Except 문제는 보통 한 지문당 1개 출제됩니다.

2 어떻게 이 문제를 확인하나?

특정 단락에 관한 문제일 때 이를 나타내는 단락 번호가 문제에 포함되고 화면에 관련 단락이 [➡]로 표시됩니다. 가끔, 특정 단락에 관한 문제가 아니라 지문 전체에 관한 문제가 출제되기도 합니다. Not/Except 질문 유형은 다음과 같습니다.

> All of the following are mentioned in paragraph X EXCEPT
> According to the passage, which of the following is NOT true ....?

3 본문 어디를 읽어야 하나?

Not/Except 문제를 풀기 위해서는 우선 주제 문장을 참고해야 합니다. 주제 문장에 바로 답이 나오는 경우도 있습니다. Not/Except 문제의 보기들은 본문에 언급된 내용들을 쉽게 풀어 쓴 문장들로 제시됩니다. 따라서 각각의 보기는 전체 지문 어디에서 언급되고 있는지 확인해야 합니다. 이를 위해서는 각각의 보기에서 key word를 찾아낸 후 본문 내용과 대조해야 합니다.

Strategy 01   주제 문장을 참고하여 답을 찾으세요.

영구: 선생님, 주제 문장만 봐도 답이 보인다는 말씀인가요?

선생님: (웃으며) 예. Fact 문제 전략에서도 다뤘듯이, 영어에서는 주제를 첫 문장에 제시하기 때문에 첫 문장만 읽어도 핵심을 파악할 수 있고 문제를 풀 수 있습니다.

---

1. According to the passage, penicillin was helpful during the Second World War for all of the following functions EXCEPT
(A) healing infected wounds
(B) keeping injuries from getting infected
(C) being used against opponent soldiers
(D) treating pneumonia

One of the essential weapons applied during World War II was not a gun applied against people, but rather a drug applied against disease. During the war, penicillin saved a lot of soldiers from pneumonia. In addition, it was utilized to prevent infections when the skin was broken through a slight cut or a more severe injury. It was also used to heal wounds that became infected.

어휘) essential(필수적인, 본질적인), pneumonia(폐렴), utilize(사용하다), infection(전염, 감염), slight(조금의, 사소한), severe(심각한), injury(부상, 상해), wound(상처, 부상)

분석) 질문에서 key words는 'penicillin', 'helpful during the Second World War' 입니다. 이것은 본문 첫 문장에 'not a gun applied against people, but rather a drug applied against disease(사람들을 대상으로 사용된 총이 아니라 질병을 대상으로 사용된 약)' 이라고 나옵니다. 그 아래 문장들에서 페니실린은 질병을 치료하기 위해 어떻게 쓰였는지에 대한 이야기가 나올 겁니다. 즉, (A), (B), (D)에 대한 내용은 나오겠지만 (C)의 내용은 안 나온다는 걸 예상할 수 있습니다.

정답) (C)

Key Words   첫 문장(S1): not a gun, but a drug. 둘째 문장(S2): saved a lot of soldiers from pneumonia. 셋째 문장(S3): to prevent infections. 넷째 문장(S4): to heal wounds.

문장과 문장의 연결) S1←S2: '약이 어떻게 쓰였는가?'의 첫째 예. S1←S3: '약이 어떻게 쓰였는가?'의 첫째 예. S1←S4: '약이 어떻게 쓰였는가?'의 첫째 예.

해석) 필수적인 무기들 중 하나는 / 2차 세계 대전 동안에 사용된 / 사람들을 대상으로 사용된 총이 아니라 오히려 질병을 대상으로 사용된 약이었다. 그 전쟁 동안에, 페니실린은 폐렴으로부터 많은 병사들을 구했다. 게다가, 페니실린은 감염들을 막기 위해 사용됐다 / 피부가 망가졌을 때 / 사소한 찢김이나 더 심각한 부상을 통해. 그것은 또한 상처들을 치료하기 위해 사용됐다 / 감염된.

CHAPTER 04 — Not/Except(언급되지 않은 것) 문제

Strategy 02 특징들을 단순 나열할 때, 특징들이 긍정이면 부정의 보기가 답이고 특징들이 부정이면 긍정의 보기가 답이 됩니다.

지연: 선생님, 특징들을 단순 나열한다는 것은 무슨 뜻이고 긍정, 부정은 무슨 뜻입니까?

선생님: 단순 나열이란 특징들이 여러 가지 있을 때 복잡하게 서로 비교하지 않고 단순하게 특징 1, 2, 3으로 설명하는 것을 의미하고 긍정, 부정은 내용이 긍정적인지 부정적인지를 의미합니다. 예를 들면, 사막화의 요인들을 설명할 때 다른 것들이랑 비교하지 않고 그냥 사막화의 원인 1, 2, 3으로 제시하는 것은 단순 나열이 됩니다. 또한, 사막화는 내용상 부정적인 뜻이 되므로 사막화의 원인들도 부정적인 내용이 됩니다. 이 경우에 긍정적인 의미의 보기가 답이 됩니다.

---

2. According to the passage, which of the following is NOT an effect which overgrazing of animals has on grasslands?
   (A) The animals eradicate native species of wild perennial grasses.
   (B) Goats remove grasses by the roots.
   (C) The land becomes worthless and its soil gets eroded.
   (D) New grasses may be able to survive in the new environment.

Overgrazing is a major factor in worldwide desertification. It occurs when plants are exposed to grazing livestock for a long time. The livestock such as cattle, sheep, goats, and domestic camels often remove native species of wild grasses. Domestic goats most severely attack the plants. They pull the grasses out by the roots. Non-native grasses may move in their place but they cannot survive in this new environment and die. Overgrazing also decreases the usefulness of the land and causes soil erosion.

어휘) overgrazing(과도한 풀 뜯어먹기), factor(요소), expose(드러내다), graze(풀을 뜯어먹다), livestock(가축류), domestic(길들여진), remove(제거하다), native species(본토박이 종들), soil(토양), erosion(침식)

분석) 질문에서 key words는 'an effect', 'overgrazing of animals has on grasslands' 입니다. 'overgrazing'은 첫 문장에 나오고 있네요. '과도한 풀 뜯어먹기가 목초지들에 미치는 영향'은 부정적인 것입니다. 그 아래 내용은 모두 부정적인 내용일 거라고 예측할 수 있죠. 그러면 이 질문의 답은 긍정적인 내용입니다. (A), (B), (C)는 모두 부정적인 내용이고 (D)만 긍정적인 내용이네요. (D)가 답이죠.

정답) (D)

Key Words) 첫 문장(S1): a major factor in worldwide desertification. 둘째 문장(S2): occurs, exposed to grazing livestock. 셋째 문장(S3): remove native species. 넷째 문장(S4): severely attack the plants. 다섯째 문장(S5): the grasses out by the roots. 여섯째 문장(S6): move in their place, not survive, die. 일곱째 문장(S7): decreases the usefulness of the land and causes soil erosion.

문장과 문장의 연결) S1←S2: '언제 발생하는가?'의 답. S2←S3: '어떻게?'의 답. S3←S4: '가장 나쁜 예' 제시. S4←S5: '어떻게 공격하는가?'의 답. S5←S6: '그래서?'의 답. S6←S7: '또 다른 결과'

해석   과도한 풀 뜯어먹기는 세계적인 사막화에 있어서 주요 요소이다. 그것은 발생한다 / 식물들이 풀 먹는 가축들에 노출될 때 / 오랜 시간 동안에. 소떼, 양들, 염소들, 길들여진 낙타들과 같은 가축들은 종종 야생 풀들의 본토박이 종들을 제거한다. 길들여진 염소들은 가장 심하게 그 식물들을 공격한다. 그들은 그 풀들을 뿌리들까지 뽑는다. 토박이가 아닌 풀들이 그들의 장소에 옮겨올 수도 있다 / 하지만 그들은 이 새로운 환경에 버틸 수 없어서 죽는다. 과도한 풀 뜯어먹기는 또한 그 땅의 유용성을 감소시키고 토양 침식을 야기한다.

Strategy 03   특징들을 대조하며 나열할 때 대조 내용이 맞는지 확인하세요.

초롱: 선생님, 특징들을 대조하며 나열한다는 것은 무슨 뜻입니까?

선생님: 대조하며 나열한다는 것은 특징들이 여러 가지 있을 때 그 특징들을 서로 대조하며 설명한다는 것입니다. 이 경우에 답 찾는 방법은 그 대조 내용이 잘 맞는지 살펴보는 것입니다. 대조되는 내용은 단순 나열보다 훨씬 복잡하기 때문에 글을 읽으면서 특징들을 다음과 같이 표로 정리하면 훨씬 쉽게 답을 찾을 수 있습니다.

열대 우림	온대 숲

3. According to the passage, all of the following statements are true about insects' camouflage EXCEPT
   (A) In the temperate zone, insects do not need to change their protective coloration.
   (B) To avoid their predators, insects should look like uneatable substances in a tropical forest.
   (C) In the temperate zone, plants have extremely dissimilar shapes.
   (D) In a tropical forest, insects can hide themselves from enemies better than in a temperate forest.

  In order to protect themselves from predators, insects must look like common uneatable things, such as bark and leaf, found in a forest. This type of protection is called camouflage. In temperate forests, camouflage becomes more complicated than in tropical forests. Plants in the temperate zone look very different every season, whereas tropical forest plants have quite similar appearances all year. In temperate forests, insects must change their protective coloration through all the seasons so that they can effectively camouflage themselves.

CHAPTER 04 - Not/Except(언급되지 않은 것) 문제

어휘) predator(포식동물), camouflage(위장), bark(나무껍질), temperate(온건한, 온대의), tropical(열대의), complicated(복잡한), zone(지대, 지역), effectively(효과적으로)

분석) 질문에서 key words는 'insects' camouflage(곤충 위장)'입니다. 본문에서 insects' camouflage은 열대 우림과 온대 숲에서 다르다고 나옵니다. 이럴 때는 표로 분류하여 정리한 후 답하는 것이 좋습니다. 즉,

열대 우림	온대 숲
곤충들의 위장은 덜 복잡하다. 식물들은 1년 내내 같은 모습	곤충들의 위장은 더 복잡하다. 식물들은 계절마다 다른 모습 곤충들은 계절마다 보호색을 바꿔야 한다.

위 분류 내용과 맞지 않는 보기를 찾으면 됩니다. (A)가 위 내용과 정반대이네요.

정답) (A)

Key Words) 첫 문장(S1): look like the common uneatable things. 둘째 문장(S2): called camouflage. 셋째 문장(S3): more complicated than that in tropical forests. 넷째 문장(S4): very different every season, quite similar appearances all year. 다섯째 문장(S5): change their protective coloration through all the seasons.

문장과 문장의 연결) S1←S2: '이것은 무엇인가?'의 답. S2←S3: '위장은 어떤 숲에서 복잡한가?'의 답. S3←S4: '왜 복잡한가?'의 답. S4←S5: '어떻게 위장해야 하는가?'의 답.

해석) 포식동물들로부터 그 자신들을 보호하기 위하여, 곤충들은 나무껍질이나 잎사귀 같은 흔한 먹을 수 없는 물건들처럼 보여야 한다 / 숲에서 발견되는. 이 형태의 보호는 위장이라고 불린다. 온대 숲들에서, 위장은 더 복잡하게 된다 / 열대 숲들에서보다. 온대 지대 안에 있는 식물들은 매 계절마다 아주 다르게 보인다 / 반면에 열대 숲 식물들은 아주 비슷한 모습들을 가진다 / 일년 내내. 온대 숲들에서, 곤충들은 그들의 보호색을 바꿔야 한다 / 모든 계절에 걸쳐서 / 그들이 효과적으로 그 자신들을 위장할 수 있도록 하기 위해.

Warming-up

1. According to the passage, all of the following are warning signs of a volcano eruption EXCEPT
   (A) magma
   (B) earthquakes
   (C) animals
   (D) gases

   Before it erupts, a volcano sends out some warning signs. Magma rises into the shallow area beneath the volcano. As the magma is approaching the surface, it releases gases such as sulphur dioxide. The rise of magma also generates small earthquakes and vibrations. Additionally, as the magma moves toward the surface, it causes slight change of the volcano's slopes. In general, these warning signs can be measured for weeks and perhaps months to years.

2. According to the passage, all of the following are mentioned as problems that increased population brought about EXCEPT
   (A) poverty
   (B) removal of forests
   (C) more use of land
   (D) soil erosion

   Occurring as humans cut down forests in order to change them into agricultural lands, deforestation has several negative effects on the lands. When population grows, poor countries are forced to obtain much from their land in order to feed their people. The deforestation generally results in large scale soil erosion and sometimes total desertification. We can see examples of the total desertification on Madagascar's central highland plateau, where about 7% of the country's total territory has become unproductive land.

3. According to the passage, which of the following is NOT mentioned as a factor that causes the urban heat island?
   (A) structures
   (B) concrete
   (C) green plants
   (D) paved roads

4. According to the passage, tall buildings of cities cause all of the following EXCEPT
   (A) the blocking of wind
   (B) the trapping of solar energy
   (C) waste heat
   (D) the reflecting of the sun's heat

Buildings and roads have caused urban areas to maintain higher temperatures than surrounding rural areas. The urban heat islands occur when materials used in the urban areas, such as concrete and asphalt, take the place of plants. They absorb and hold nearly all of the heat around them. In the urban areas, there is little material which reflects heat. Buildings contribute to the urban heat islands in several ways. Since they trap solar energy between them during the day, they create higher temperatures. Buildings also block wind flow which generates cooling. Waste heat from buildings also contributes to the urban heat islands.

5. According to the passage, all of the following are reasons why birds exclude other birds EXCEPT
   (A) To manage food resources
   (B) To diminish the danger from predation
   (C) To dominate contact with mates
   (D) To extend the breeding season

In order to defend a territory, birds try to keep others out of their nest. This behavior is called territoriality. Territoriality is primarily directed toward members of the same species during the breeding season. In birds, territoriality is an attempt to define a territory for food supply and mating. It gives the birds special access to food and a place to raise young. In addition, territoriality serves as a predator defense mechanism. It provides the birds a place of safety from predators.

6. According to the passage, all of the following is true about ancient Greece and ancient Rome EXCEPT
   (A) Roman art is regarded as lower than Greek art because the former copied the latter.
   (B) In ancient Greece and Rome, the lowest social class was made up of slaves.
   (C) Greek artists sought for realistic art rather than ideal art.
   (D) Roman women were citizens.

Ancient Rome was the imitator of ancient Greece on a large scale. Greek art is considered superior to imitative Roman art. The goal of the classical Greek artists was to produce an ideal artistic form, whereas the goal of Roman artists was to produce realistic portraits for decoration. The basic divisions of early Greece consisted of slaves, freedmen, citizens, and women. Greek women were not citizens. Those of early Rome were composed of slaves, freedmen, plebeians (the common people), and nobles. Unlike those of Greece, Roman women were considered part of the common people.

7. According to the passage, which of the following is NOT true about the Sumerians?
   (A) Their political empire was occasionally divided by civil wars.
   (B) Most people thought of themselves as the servants of a god.
   (C) Their community was ruled by the high priest.
   (D) Their social system was well organized around a temple.

The social structure of the Sumerians, who lived in the flood plain of the Tigris and Euphrates Rivers from around 3500 B.C. to 1800 B.C., had unique religious qualities. The Sumerian communities were twelve city states organized around a temple. The Sumerians believed in many gods, and thought that the gods lived in temples. The high priest of the temple, who was the representative of a god, ruled a community, and all his authority originated from the god. The majority of the people in the community thought that they were the servant-slaves of the god.

CHAPTER 04 — Not/Except(언급되지 않은 것) 문제

Exercise

1. The word "some" in the passage refers to
   (A) shades
   (B) insects
   (C) sticks
   (D) predators

2. According to the passage, all of the following help a majority of stick insects avoid their predators EXCEPT
   (A) Their colors
   (B) Their looks
   (C) Their movements
   (D) Their hiding places

3. The word "still" in the passage is closest in meaning to
   (A) convincing
   (B) sitting
   (C) immobile
   (D) unremarkable

4. According to the passage, when they must move, how do stick insects act?
   (A) They swing back and forth to give the impression of a twig moving in the wind.
   (B) They suddenly begin to move to call attention of their predators.
   (C) They step away very aggressively.
   (D) They expose themselves only during the night.

Stick Insects

Stick insects, as the name suggests, have taken camouflage by resembling a stick or twig. They are so good at hiding their identity that it is easy to make mistakes. Their body colors make them look like part of the plant. Generally, stick insects are brown, although some may be green. Green stick insects hide in grass to avoid their predators, but brown stick insects are sitting out in the open within the leaves of a tree. Stick insects usually stay perfectly still, but when they are forced to move, they camouflage their motion. They simulate motion that would be caused by blowing wind.

5. The word "them" in the passage refers to
   (A) manufactured goods
   (B) British merchants
   (C) slaves
   (D) native goods

6. The word "lucrative" in the passage is closest in meaning to
   (A) incompetent
   (B) profitable
   (C) generous
   (D) fruitless

7. According to the passage, all of the following statements is true about the triangle trade EXCEPT
   (A) Slaves from Africa were taken back to Britain and sold.
   (B) British merchants would take the slaves to the West Indies and exchange them for native goods.
   (C) The slaves grew products like sugar and cotton in the West Indies.
   (D) British merchants would take manufactured goods to Africa and exchange them for slaves.

British Triangle Trade

British triangle trade indicated trade among three regions: Britain, Africa and the West Indies. It provided Britain with one of its major sources of wealth. The triangle trade operated during the eighteenth century, carrying manufactured goods, slaves, and cash crops. British merchants would transport manufactured goods such as textiles, gunpowder, glass, candles, and beer to Africa, where they could exchange them for slaves. Then, they would transport these slaves to the West Indies, where they would exchange them for native goods such as sugar, tea, tobacco and coffee. These goods were carried back to Britain and sold. The slaves cultivated products such as sugar and cotton on the plantations in the West Indies; later, these were taken and sold on to Britain. The triangle trade was lucrative for merchants because their ships were filled with manufactured goods, slaves or cash crops.

Rocks and Layers

1   Most of the rocks found on the Earth's surface are sedimentary rocks. They cover 75% of all rocks on the Earth's surface, although they make up only 5% of all the rocks in the Earth's crust. They are formed by sediment of particles such as mud, sand, and gravel in the land and within bodies of water. When rocks are exposed to wind, rain, and sun, they are eroded and broken into mud, sand, and gravel. These sedimentary particles are transported to rivers, lakes, and oceans, and can bury dead animals and plants on the bottom of the waters. Over time, when these sediments are accumulated by more particles, they become sedimentary rocks. Mud turns into mudstone or shale, sand turns into sandstone, gravel turns into conglomerate, and animal and plant particles turn into fossils.

2   The most evident feature of sedimentary rocks is their layers, which are formed when sedimentary particles are deposited over time. In the mid-1600's, this concept was developed by Nicholas Steno. He found that it was possible to determine the relative positions of sedimentary rocks. He recognized that particles of mud, sand and gravel settle to the bottom of waters according to their relative weight or size. The heaviest, largest particles settle at the beginning, and the lightest, smallest particles settle at the end. Small changes in particle size or structure cause the formation of layers in the rocks.

3   Sedimentary rocks are deposited in horizontal layers called strata or beds. They are formed particle by particle and stratum by stratum. This concept is stated in Nicholas Steno's Law of Superposition. According to the law, in any sequence of layered rocks, the deeper the stratum is, the older the rocks in the stratum are. In other words, a given stratum must be older than any stratum on top of it. The law helps geologists to determine the relative ages of rock layers and the fossils in them. So, by examining a sequence of layered rocks, the geologists can learn a lot about Earth history.

4   Sedimentary rocks are deposited horizontally or almost horizontally when they are originally formed. This principle was known as the Law of Original Horizontality, first proposed by Nicholas Steno. The rocks are laid down flat and level, forming a layer throughout. However, it is now observed that they are no longer horizontal. They have been disturbed by various later movements of the Earth's crust since they were formed. It is also known that not all sedimentary layers are originally laid down horizontally. For example, a sand layer is laid down at angles of about 15 degrees, supported by the internal friction between its grains.

1. According to paragraph 1, which of the following is NOT true of sedimentary rocks?
   (A) They are made after sediments build up in the land or water over a long period of time.
   (B) They make up about three-quarters of rocks exposed on the surface of the Earth.
   (C) They are formed from particles of older rocks that have been broken apart by water or wind.
   (D) They cover a majority of all the rocks that make up the Earth's crust.

2. According to paragraph 1, sediments need all of the following to become sedimentary rocks EXCEPT
   (A) conglomerate
   (B) the passage of time
   (C) the accumulation of more particles
   (D) the bodies of water

3. According to paragraph 1, which of the following is true about fossils?
   (A) They are evidence of remains of gravel particles.
   (B) They are mostly the hard parts of materials such as mud or sand.
   (C) They are the preserved remains of ancient animals and plants.
   (D) They are not found in sedimentary rocks.

Rocks and Layers

1   Most of the rocks found on the Earth's surface are sedimentary rocks. They cover 75% of all rocks on the Earth's surface, although they make up only 5% of all the rocks in the Earth's crust. They are formed by sediment of particles such as mud, sand, and gravel in the land and within bodies of water. When rocks are exposed to wind, rain, and sun, they are eroded and broken into mud, sand, and gravel. These sedimentary particles are transported to rivers, lakes, and oceans, and can bury dead animals and plants on the bottom of the waters. Over time, when these sediments are accumulated by more particles, they become sedimentary rocks. Mud turns into mudstone or shale, sand turns into sandstone, gravel turns into conglomerate, and animal and plant particles turn into fossils.

CHAPTER 04 – Not/Except(언급되지 않은 것) 문제

4. The word "feature" in paragraph 2 is closest in meaning to
   (A) alteration
   (B) structure
   (C) characteristic
   (D) barrier

5. According to paragraph 2, which of the following is NOT true about ways that solid particles settle?
   (A) The large particles settle faster than the small ones.
   (B) The light particles settle more slowly than the heavy ones.
   (C) Layers form as particle size is slightly changed.
   (D) The positions of sedimentary rocks are determined by their layers.

2   The most evident feature of sedimentary rocks is their layers, which are formed when sedimentary particles are deposited over time. In the mid-1600's, this concept was developed by Nicholas Steno. He found that it was possible to determine the relative positions of sedimentary rocks. He recognized that particles of mud, sand and gravel settle to the bottom of waters according to their relative weight or size. The heaviest, largest particles settle at the beginning, and the lightest, smallest particles settle at the end. Small changes in particle size or structure cause the formation of layers in the rocks.

6. According to paragraph 3, all of the following are true about layers EXCEPT
   (A) To study layers is helpful to understand ancient environments.
   (B) There are no fossils in strata.
   (C) A given stratum is stored on top of another.
   (D) A layer is younger than another layer under it.

7. The word "them" in paragraph 3 refers to
   (A) stratum
   (B) ages
   (C) rock layers
   (D) geologists

8. According to paragraph 4, which of the following is NOT true of layered rocks?
   (A) They have been in fixed positions since they were formed.
   (B) At first, they were usually horizontal.
   (C) They can be originally formed in special ways.
   (D) They can be moved from their original position.

3   Sedimentary rocks are deposited in horizontal layers called strata or beds. They are formed particle by particle and stratum by stratum. This concept is stated in Nicholas Steno's Law of Superposition. According to the law, in any sequence of layered rocks, the deeper the stratum is, the older the rocks in the stratum are. In other words, a given stratum must be older than any stratum on top of it. The law helps geologists to determine the relative ages of rock layers and the fossils in them. So, by examining a sequence of layered rocks, the geologists can learn a lot about Earth history.

4   Sedimentary rocks are deposited horizontally or almost horizontally when they are originally formed. This principle was known as the Law of Original Horizontality, first proposed by Nicholas Steno. The rocks are laid down flat and level, forming a layer throughout. However, it is now observed that they are no longer horizontal. They have been disturbed by various later movements of the Earth's crust since they were formed. It is also known that not all sedimentary layers are originally laid down horizontally. For example, a sand layer is laid down at angles of about 15 degrees, supported by the internal friction between its grains.

CHAPTER 05
Purpose(목적) 문제

1 이 문제가 요구하는 것

Purpose 문제는 작가의 표현 의도를 가장 잘 나타낸 것을 4개의 보기들 중에서 선택하는 유형입니다. Purpose 문제는 크게 두 가지로 나누어집니다. 첫째, '특정 단락에서 저자의 주요 목적은 무엇인가?' 라고 묻는 것이고, 둘째, '작가는 왜 특정적인 어구를 언급하는가?'에 대해 묻는 것입니다. Purpose 문제는 보통 한 지문당 1~2개가 출제되고 있습니다.

2 어떻게 이 문제를 확인하나?

특정 단락의 주요 목적을 질문할 때 이를 나타내는 단락 번호가 문제에 포함되고 화면에 관련 단락이 [➡]로 표시됩니다. 특정적인 어구에 관해 질문할 때 이 어구가 지문에서 음영 처리됩니다. Purpose 질문 유형은 다음과 같습니다. 1과 2는 특정 단락의 주요 목적에 대한 질문 유형이고 3~6은 특정적인 어구에 관한 질문 유형입니다.

> 1. In paragraph X, the author's primary purpose is ...
> 2. What is the main purpose of paragraph X?
> 3. Why does the author mention .... in paragraph X?
> 4. The author mentions ...... in the passage in order to
> 5. The author discusses ...... in paragraph X in order to
> 6. The author states ...... in paragraph X in order to

3 본문 어디를 읽어야 하나?

특정 단락의 주요 목적에 대한 질문에 답하기 위해 주제 문장인 첫 문장을 보면 됩니다. 특정적인 어구에 관한 질문은 본문에서 음영 처리된 어구를 확인할 수 있습니다. 이 어구가 포함된 문장과 바로 앞 문장을 읽으면 이 어구가 왜 쓰이고 있는지를 파악할 수 있습니다.

Strategy 01   main purpose 문제는 <u>주제 문장을 참고하여 답을 찾으세요</u>.

영구: 선생님, 주제 문장만 봐도 답이 보인다는 말씀인가요?

선생님: (웃으며) 예. Fact 문제와 Not/Except 문제 전략에서도 다뤘듯이, 영어에서는 주제를 첫 문장에 제시하기 때문에 첫 문장만 읽어도 저자의 목적을 파악할 수 있습니다.

---

1. In the passage, the author's primary purpose is
   (A) To describe why Hawaii is mountainous
   (B) To show how warm the Hawaiian climate is
   (C) To explain why Hawaii produces a lot of farm products
   (D) To illustrate that Hawaii is unfavorable for crops

   Hawaii has little farmland in which farmers can grow farm products because most of the Hawaiian land is rocky and mountainous. The farmland is about 40 % of the land in Hawaii. Nevertheless, Hawaii produces large amounts of crops. The farm products are supported by its mild, year-round climate, fertile volcanic soil, and plentiful rainfall. Hawaii has about 3,600 crop farms and 1,100 livestock farms.

어휘) farmland(농지), farm product(농작물), amount(수량), crop(농작물), mild(따뜻한, 온화한), year-round(1년 내내), fertile(비옥한), volcanic(화산의), soil(토양), plentiful(풍부한), support(지지하다, 뒷받침하다), livestock(가축류)

분석) primary purpose 문제의 답은 주제 문장에 있습니다. 보통 주제는 첫 문장에 나옵니다. 하지만 가끔 두 번째 또는 세 번째 문장에 나오기도 합니다. 이 지문에서처럼 셋째 문장에 Nevertheless, However, But 등이 주어지면 주제 문장은 이 어구들이 있는 문장에 나옵니다. 첫 번째 문장 내용은 '하와이가 산악지대이기 때문에 작물들을 재배할 공간이 거의 없다' 는 것입니다. 하지만, 셋째 문장에서 '하와이는 많은 농산물들을 재배한다'고 서술하고 있습니다. 이 단락의 목적은 '하와이가 농사지을 땅은 많지 않지만 많은 농산물을 재배한다' 는 이유를 제시하는 것입니다. 이 내용과 일치하는 보기는 (C)이네요.

정답) (C)

Key Words) 첫 문장(S1): little farmland, rocky and mountainous. 둘째 문장(S2): about 40% of the land. 셋째 문장(S3): produces large amounts of crops. 넷째 문장(S4): supported by its mild, year-round climate, fertile volcanic soil, and plentiful rainfall. 다섯째 문장(S5): about 3,600 crop farms and 1,100 livestock farms.

문장과 문장의 연결) S1←S2: '어느 정도인가?' 의 답. S2←S3: '대조적인 것은 무엇인가?' 의 답. S3←S4: '왜 다량의 농작물들을 생산하는가?' 의 답. S4←S5: '어느 정도인가?' 의 답.

CHAPTER 05 - Purpose(목적) 문제

> **해석**) 하와이는 적은 농지를 가지고 있다 / 농부들이 농작물을 재배할 수 있는 / 왜냐하면 하와이 땅의 대부분은 바위 투성이고 산악지대이기 때문에. 그 농지는 하와이 땅의 약 40%이다. 그럼에도 불구하고, 하와이는 다량의 농작물을 생산한다. 그 농작물들은 뒷받침된다 / 그것의 1년 내내 따뜻한 기후, 비옥한 화산 토양, 그리고 풍부한 강우량에 의해. 그것은 약 3,600개의 농작물 농장들과 1,100개의 가축 농장들을 가지고 있다.

Strategy 02 'Why does the author mention …' 또는 'The author mentions / discusses …'의 답은 <u>이전 문장, 같은 문장 또는 주제 문장에 있습니다.</u>

1. 이 유형의 답은 거의 대부분 특정 어구 바로 앞 문장에 있습니다.

지연: 선생님, 왜 이 유형의 답은 거의 대부분 특정적인 어구 바로 앞에 나옵니까?
선생님: 특정적인 어구는 앞 문장에 나온 내용을 보충 설명하기 위해 쓰인 것이기 때문입니다.

2. The author mentions "sparrows" in the passage because they
(A) defend themselves from enemies
(B) nest with other species of birds
(C) nest together to avoid coldness
(D) decrease their body contact

When birds nest together, they can save some of their body heat. Their body contact decreases the surface area which is exposed to the cold air. So, they keep each other warm. Two **sparrows** which nest together conserve a quarter of their heat and three sparrows which nest together lessen their heat losses by a third.

어휘) nest(둥지를 틀다), expose(드러내다), sparrow(참새), conserve(보존하다), a quarter(1/4), lessen(작게 하다, 줄이다), a third(1/3)

분석) 'sparrows(참새들)'을 언급하는 이유를 묻는 질문입니다. 이런 경우에 답은 보통 바로 앞 문장에 나옵니다. 'sparrows'는 본문에서 넷째 문장에 제시되고 있으므로 셋째 문장에서 답을 찾으면 되겠네요. 셋째 문장의 핵심은 '새들이 함께 둥지를 트는 이유'로 'they keep each other warm(그들이 서로 따뜻함을 유지한다)'는 것입니다. 이런 새들의 예로 sparrows가 제시되고 있습니다. 이런 내용을 반영하는 보기는 (C)이죠.

정답) (C)

Key Words) 첫 문장(S1): save some of their body heat. 둘째 문장(S2): decreases the surface area. 셋째 문장(S3): keep each other warm. 넷째 문장(S4): conserve a quarter of their heat, lessen their heat losses by a third.

문장과 문장의 연결) S1←S2: '왜 열을 절약하는가?'의 답. S2←S3: '그래서 어떻게 되는가?'의 답. S3←S4: '어느 정도 열을 보존하는가?'의 답.

해석) 새들이 함께 둥지를 틀 때, 그들은 그들의 체온의 일부를 절약한다. 그들의 몸 접촉은 표면 지역을 감소시킨다 / 차가운 공기에 노출된. 그래서, 그들은 서로를 따뜻하게 유지한다. 함께 둥지를 튼 두 마리 참새들은 그들의 열의 1/4을 보존하고 함께 둥지를 튼 세 마리 참새들은 그들의 열 손실들을 1/3만큼 줄인다.

2. **지문에서 특정적인 어구 바로 앞에 like, such as, including 등이 있으면 같은 문장 중에서 like, such as, including 바로 앞 내용이 답입니다.**

초롱: 선생님, 왜 이 유형의 답은 같은 문장에 있습니까?

선생님: 왜냐하면 like(~처럼), such as(~와 같은), including(~을 포함하는)의 의미 때문입니다. 그 앞에 나온 어구를 좀 더 자세히 설명하기 위해 〈like/such as/including+명사〉가 쓰인 것이기 때문에 like/such as/including 뒤에 쓰인 특정적인 어구는 그 앞에 있는 어구와 비슷한 내용이 됩니다. 그래서 이 유형의 답은 like/such as/including 바로 앞에 있는 내용이 됩니다.

3. The author mentions "greenhouse gas" in the passage?
   (A) It decreases the usefulness of coal-fired plants.
   (B) It increases the difficulty of digging out coal.
   (C) It is an example of the environmental problems related with coal.
   (D) It reduces an energy-efficiency way of using coal.

Coal is the largest energy source for the generation of electricity worldwide, but it has actually never been the most favorable fossil fuel for power plants. Coal includes less energy per unit of weight than natural gas or oil. It is not easy to dig out and transport coal. Coal is related with a number of unfavorable environmental effects, including greenhouse gas.

어휘: coal(석탄), generation(발생, 생성), favorable(유리한, 알맞은), fossil fuel(화석 연료), power plant(발전소), dig out(파내다), transport(운반하다), effect(결과, 영향)

분석: 'greenhouse gas(온실 가스)'를 언급하는 이유를 묻는 문제입니다. 본문에서 'greenhouse gas' 바로 앞에 including이 나오고 있습니다. 이런 경우에 답은 including 바로 앞에 있는 명사 unfavorable environmental effects의 의미와 비슷한 보기 (C)입니다. 왜냐하면, greenhouse gas를 언급한 이유는 이 온실 가스가 'a number of unfavorable environmental effects(많은 바람직하지 않은 환경적 영향들)'의 한 예이기 때문입니다.

정답: (C)

Key Words: 첫 문장(S1): never the most favorable fossil fuel. 둘째 문장(S2): less energy per unit. 셋째 문장(S3): not easy to dig out and transport coal. 넷째 문장(S4): unfavorable environmental effects.

문장과 문장의 연결: S1←S2: '왜 가장 알맞은 화석 연료가 아닌가?'의 첫째 이유. S1←S3: '왜 가장 알맞은 화석 연료가 아닌가?'의 둘째 이유. S1←S4: '왜 가장 알맞은 화석 연료가 아닌가?'의 셋째 이유.

해석: 석탄은 가장 큰 에너지 원천이다 / 전 세계 전력 생성을 위한, / 하지만 그것은 실제로 결코 가장 알맞은 화석 연료는 아니다 / 발전소들을 위한. 석탄은 무게 단위당 더 적은 에너지를 포함한다 / 천연가스나 기름보다. 쉽지 않다 / 석탄을 파내고 운반하는 것은. 석탄은 많은 바람직하지 않은 환경적인 영향들과 관계 있다, / 온실 가스를 포함하는.

CHAPTER 05 — Purpose(목적) 문제

Strategy 03 단락 전개 내용이 열거 방식일 때 이 유형의 답은 <u>주제 문장에 있습니다.</u>

영구: 선생님, 왜 이 유형의 답은 주제 문장에 있습니까?

선생님: 왜냐하면 열거 방식에서 특정적인 어구는 주제 내용을 뒷받침하는 여러 가지들 중 하나이기 때문입니다. 예를 들면, '연극이 어디서 유래했는지를 설명하는 요인들은 여러 가지이다.' 라는 주제 문장이 주어지면 그 다음에 연극의 기원을 나타내는 여러 가지 요인들이 나열될 것입니다. 즉, '춤', '이야기 말하기', '종교 의식'. 저자가 '종교 의식을 언급한 이유는 무엇인가?' 라는 질문의 답은 주제 문장의 내용인 '연극의 기원을 설명하는 요인들 중 하나' 입니다.

---

4. Why does the author mention "white paint" in the passage?
 (A) To compare it with other colors
 (B) To demonstrate that only white paint was used for wood walls in the eighteenth century
 (C) To give an example of great interior developments
 (D) To show that bright colors were popular in the eighteenth century

Eighteenth-century houses in the United States revealed huge interior developments compared to seventeenth-century houses. People made windows larger. They made doors larger and more decorative. They had walls which were made of brick or wood. They used white paint instead of blue, greens, and lead colors, which had been popular for walls during the seventeenth century.

어휘 interior(내부의), reveal(드러내다), huge(큰, 거대한), compared to(~와 비교될 때), lead(납)

분석 'white paint'를 언급하는 이유를 묻는 문제입니다. 주제 문장에서 동사 이후에 제시된 복수 명사 interior developments(내부 발전들)을 보고 단락이 열거 방식으로 전개될 것이라는 것을 알 수 있습니다. 내부 발전들의 예들로 'windows', 'doors', 'walls', 'white paint'가 제시되고 있습니다. 'white paint'는 열거된 여러 가지 요소들 중 하나이므로 정답은 'interior developments의 하나의 예' 입니다.

정답 (C)

Key Words 첫 문장(S1): huge interior developments. 둘째 문장(S2): windows larger. 셋째 문장(S3): doors larger and more decorative. 넷째 문장(S4): walls, made of brick or wood. 다섯째 문장(S5): used white paint.

문장과 문장의 연결 S1←S2: '커다란 내부 발전들은 무엇인가?' 의 첫째 예. S1←S3: '커다란 내부 발전들은 무엇인가?' 의 둘째 예. S1←S4: '커다란 내부 발전들은 무엇인가?' 의 셋째 예. S1←S5: '커다란 내부 발전들은 무엇인가?' 의 넷째 예.

해석 미국의 18세기 집들은 커다란 내부 발전들을 보였다 / 17세기 집들에 비해. 사람들은 유리창들을 더 크게 만들었다. 그들은 문들을 더 크고 더 장식적으로 만들었다. 그들은 벽들을 가졌다 / 벽돌이나 나무로 만들어진 그들은 하얀 페인트를 사용했다 / 파랑, 초록, 납 색깔들 대신에 / 17세기 동안에 벽들에 인기 있었던.

Warming-up

1. In the passage, the author's primary purpose is
   (A) To show that Neanderthals and Homo sapiens came from a common ancestor
   (B) To solve a continuing puzzle
   (C) To describe that the relationship between Neanderthals and Homo sapiens is controversial
   (D) To describe the characteristics of Neanderthals

   Scientists have disputed whether Neanderthals were a subspecies of Homo sapiens or a separate species. Neanderthals lived from 400,000 or about 250,000 to as recent as 30,000 years ago, whereas Homo sapiens have lived from about 250,000 years ago to the present. Some scientists claim that Neanderthals were Homo sapiens adapted to life in the harsh conditions found in postglacial Europe. Other scientists insist that Neanderthals were a separate species having distinctive characteristics, although Neanderthals and Homo sapiens branched off from a common ancestor about 400,000 years ago.

2. Why does the author discuss "Laszlo Polgar" in the passage?
   (A) To show that inborn talent plays the main role for a genius
   (B) To give an example of people who believe that a genius arises as a result of environmental conditions
   (C) To list elements which influence extraordinary talent
   (D) To introduce controversy about unusual talent

   There has been controversy about what makes a child a genius. Some people believe that extraordinary talent comes as a result of the inborn talent of the child. Others believe that the environment plays the major role. For example, Laszlo Polgar brought up his children to be chess players and later all three of his daughters became world class players, two of whom are grandmasters. This demonstrates that proper teaching can develop a huge amount of skill.

CHAPTER 05 - Purpose(목적) 문제

3. The author mentions "cuckoos" in the passage because
   (A) they attack the nest to force a host bird to raise their young
   (B) they remove one or more host eggs to stay away from recognition
   (C) they are social parasites
   (D) they are hosts which raise parasites' eggs

Social parasitism is practiced by many species which do not build nests of their own but rather put their eggs in nests of other species and abandon them there. The host bird serves as a babysitter when it raises the eggs as its own. The most famous social parasites are birds, such as cuckoos. If the host bird removes the cuckoo's eggs, the cuckoo will return and attack the nest in order to keep this parasitism. The cuckoo may remove one or more host eggs to avoid recognition.

4. The author mentions "pheasants" in the passage to provide an example of birds which defend
   (A) their food supply
   (B) their mating areas
   (C) the site of their nest
   (D) their stones

Birds protect the location of their nest, their food resources, or a site to mate. Many seabirds guard the region close to their nests. For example, some penguins protect the stones from which the nest is built. Hummingbirds drive away other nectar-feeding birds that try to approach favorite areas of nectar-bearing flowers. On their ground customarily utilized for public mating show, pheasants protect small areas.

5. Why does the author mention "a bottle of soda" in the passage?
   (A) To give an example of volcanic gases
   (B) To easily explain a process in which gases are released
   (C) To contrast it with magma
   (D) To describe when carbon dioxide is released

The enormous expansion of volcanic gases can present valuable information about the possibility of a volcano eruption. Before the volcanic eruption, magma moves into the area beneath the volcano. When the magma approaches the surface and its pressure reduces, it releases gases such as sulphur dioxide. This process is very similar to what happens when a bottle of soda is opened and carbon dioxide is released.

6. Why does the author mention "Song Sparrows" in the passage?
   (A) Their territory size varies from species to species
   (B) Their territory size varies from individual to individual
   (C) Their territory size varies from habitats to habitats
   (D) They prefer San Francisco bay lands to Ohio shrub lands

Territory size is usually influenced by population size and resource availability. It varies a lot with the individuals and the species. For example, sea gulls have territories of a few feet whereas Golden Eagles have territories of 35 square miles. Territory size also varies with the environmental conditions. For example, Song Sparrows have territories of about 3 square miles in comparatively resource-poor Ohio shrub lands, whereas they have territories of about 0.5 square miles in resource-rich San Francisco bay lands.

CHAPTER 05 — Purpose(목적) 문제

7. Why does the author mention that steel was made by "a slow and expensive process of heating, stirring, and reheating iron ore"?
   (A) To explain how difficult steel was to handle
   (B) To provide a reason for the idea that steel was very expensive
   (C) To describe how greatly steel was demanded
   (D) To indicate that steel was strong and durable

If it had not been for steel, the railroad industry could not have developed significantly. Made of iron, the first rails were too weak to hold up heavy trains which ran at high speeds. So, railroad senior managers wanted to substitute steel rails for iron rails. However, before the 1870's steel was so expensive that it could not be widely used. It was produced by a slow and costly process of heating and blending iron ore.

8. Why does the author mention that the Hawaiian Islands are "the most isolated high islands in the world"?
   (A) To explain how far the islands are from the land mass
   (B) To indicate that it was difficult for plants and animals to adapt to the islands
   (C) To provide a reason for the idea that there were no species in the islands at first
   (D) To describe how the islands were formed

About 70 million years ago, when the Hawaiian Islands were formed by volcanic activities, there were no plants and animals in the islands. Located about 2,500 miles(4,000 kilometers) from the nearest large land mass, they are the most isolated high islands in the world. The Hawaiian Islands have never been linked to a land mass. This excessive isolation made it very difficult for plants and animals to settle the islands.

Exercise

1. The word "those" in the passage refers to which of the following?
   (A) environments
   (B) changes
   (C) organisms
   (D) conditions

2. The word "blossom" in the passage is closest in meaning to
   (A) flourish
   (B) vary
   (C) disappear
   (D) struggle

3. Why does the author mention "a fish becoming a frog" in the passage?
   (A) To provide an example of a species that is suited to the new circumstances and flourishes
   (B) To illustrate that a species which changes its traits can turn into a different organism
   (C) To explain that animals within a species often have slightly different traits
   (D) To show that although a species changes its traits, it can not become a different animal

Theory of Natural Selection

Charles Darwin regarded natural selection as the driving force of biological evolution. The concept of natural selection was simple but powerful. It means that when change occurs over time, those organisms which are best adapted to the new environments will flourish, but those which are not well adapted will not survive. Darwin noticed that two conditions were required in order for natural selection to occur. First, organisms often had slightly different traits. Second, some of the traits made the organisms better adapted to certain environments. Over time, the better adapted organisms would blossom but the others would finally die out. The resulting population would be totally composed of those organisms with the better trait. Over time, this may cause a species to eventually become a completely different organism, like a fish becoming a frog.

CHAPTER 05 - Purpose(목적) 문제

4. In the passage, the primary purpose of the author is
   (A) to demonstrate that creative writing is a way of self-expression
   (B) to explain that creative writing is not easy work
   (C) to pursuade the reader to try creative writing
   (D) to discuss some positive effects of creative writing

5. According to the passage, creative writing can help release hidden stresses because
   (A) the writer often writes something imaginative
   (B) self-expression is not stressful
   (C) creative writing can express what the writer has long held within his mind
   (D) writing is a form of personal freedom

6. The word "motivate" in the passage is closest in meaning to
   (A) diminish
   (B) encourage
   (C) restrict
   (D) appreciate

Creative Writing

Creative writing can provide the writer with many functions. Above all, it is primarily a method of self-expression. It is writing that expresses thoughts, feelings and emotions rather than simply conveys information. Writing fiction, non-fiction, or poetry, the writer reveals them in a unique, imaginative, and poetic way. Secondly, creative writing can function as a safety valve for hidden stresses. It gives the writer an opportunity in which he can show deep inner thoughts which he had kept for a long time. Thirdly, creative writing can motivate the writer to read more. In order to write short stories or poems, he might become an enthusiastic reader of good literature.

7. The word "transition" in the passage is closest in meaning to
   (A) rotation
   (B) reproduction
   (C) change
   (D) advance

8. According to the passage, all of the following statements are true about the Industrial Revolution EXCEPT
   (A) It originally meant the period of 80 years in British history.
   (B) It was so called because it changed the entire society down to its roots.
   (C) It indicates economic and social transformations.
   (D) It contributed to the origins of modern society, but not to the current societies.

9. In the passage, why does the author mention "the French Revolution"?
   (A) It spread throughout the world.
   (B) It influenced everybody.
   (C) It occurred in Western society.
   (D) It took place before the Industrial Revolution

The Industrial Revolution

The Industrial Revolution has been used to describe the economic and social shift that means the transition from an agricultural society to an industrial society. It mainly refers to the period in British history from 1750 to 1830. As a process of industrialization, it started in Britain and has later spread to Europe, America and other regions of the world. It was revolutionary because it significantly improved the productive ability of Britain, Europe and the United States, and radically transformed their societies. Like the French Revolution, nobody was left untouched by the Industrial Revolution. Everybody was involved in it. The Industrial Revolution opened a new era in the history of Western society.

Review Test

Chimpanzees' Tool Use

1   Until recently, scientists believed that only humans were able to intelligently use tools to help them in specific tasks. Of course, they knew that some other animals use tools, but in a different way. Sea otters are one of the only marine mammals to use tools. They eat animals with shells, like clams, and use a stone to break open the shells. Egyptian vultures use tools in obtaining their food. Since the shells of ostrich eggs are too hard to break open by simply pecking at them, the vultures use rocks to assist them. The elephant uses a stick to scratch its back. The green heron drops a small object onto the surface of the water. Fish swim to the surface, hoping that the object might be prey. The heron then snatches the unsuspecting fish which come along to inspect its bait. Scientists call this kind of behavior instinct. These animals just do what they do like robots.

2   In 1960, Dr. Jane Goodall challenged the idea that man was the only smart toolmaker. She witnessed chimpanzees actually making tools to complete a task, in this case "fishing" for termites. Chimpanzees love eating termites, insects larger than most ants, which create huge and incredible nests. Baboons and birds also enjoy eating termites, but they wait until termites fly away from their nests to catch them. Chimpanzees do not wait. To catch the termites, chimpanzees carefully select a small twig of the accurate size and then strip off the leaves. Using their fingers, they scrape away the thin layer of soil covering the termites' tunnels, and cautiously insert the twig inside the tunnel. Several termites bite on to the twig. The chimpanzees quickly remove it and eat the juicy insects.

3   During her research, Jane also observed chimpanzees using tools in other situations. Some chimpanzees use sticks to avoid being bitten by a lot of insects while hanging from branches. Others throw rocks or sticks in front of other chimpanzees in order to assume a more leading position in their community. Chimpanzees have also been observed using leaves as sponges to obtain drinking water which they can not reach.

1. According to paragraph 1, all of the following animals use tools to obtain food EXCEPT
   (A) Sea otters
   (B) Elephants
   (C) Egyptian vultures
   (D) Green herons

2. Why does the author mention "robots" in paragraph 1?
   (A) To emphasize that the animals use tools without difficulty
   (B) To show that the animals take steps wisely
   (C) To explain that the animals are tough
   (D) To display that the animals take action instinctively

3. According to paragraph 1, what is the difference between humans and some other animals when they use tools?
   (A) Humans use tools on purpose but other animals do not.
   (B) Humans use tools in the same way even if they have never utilized them before, but other animals do not.
   (C) Humans use tools cognitively but other animals do not.
   (D) Humans can use tools although they do not learn how to use them, but other animals do not.

Chimpanzees' Tool Use

1   Until recently, scientists believed that only humans were able to intelligently use tools to help them in specific tasks. Of course, they knew that some other animals use tools, but in a different way. Sea otters are one of the only marine mammals to use tools. They eat animals with shells, like clams, and use a stone to break open the shells. Egyptian vultures use tools in obtaining their food. Since the shells of ostrich eggs are too hard to break open by simply pecking at them, the vultures use rocks to assist them. The elephant uses a stick to scratch its back. The green heron drops a small object onto the surface of the water. Fish swim to the surface, hoping that the object might be prey. The heron then snatches the unsuspecting fish which come along to inspect its bait. Scientists call this kind of behavior instinct. These animals just do what they do like robots.

CHAPTER 05 - Purpose(목적) 문제

4. In paragraph 2, the author's main purpose is to
   (A) argue that only humans could use tools with cognition
   (B) explain that animals other than humans made tools instinctively
   (C) show how chimpanzees caught the termites
   (D) describe that Dr. Goodall found chimpanzees making tools intelligently

5. According to paragraph 2, chimpanzees make simple tools in order to
   (A) construct nests
   (B) choose twigs
   (C) catch food
   (D) remove leaves

6. Why does the author mention "Baboons and birds" in paragraph 2?
   (A) To show that they eat termites as well
   (B) To contrast them with chimpanzees
   (C) To give other examples of animals which eat termites
   (D) To display that they also make tools to catch termites

7. According to paragraph 2, Jane Goodall's observations are essential chiefly because they
   (A) demonstrated the relations of chimpanzees and termites
   (B) were completed in the African jungle
   (C) were logically acknowledged
   (D) disproved a very old theory

2   In 1960, Dr. Jane Goodall challenged the idea that man was the only smart toolmaker. She witnessed chimpanzees actually making tools to complete a task, in this case "fishing" for termites. Chimpanzees love eating termites, insects larger than most ants, which create huge and incredible nests. Baboons and birds also enjoy eating termites, but they wait until termites fly away from their nests to catch them. Chimpanzees do not wait. To catch the termites, chimpanzees carefully select a small twig of the accurate size and then strip off the leaves. Using their fingers, they scrape away the thin layer of soil covering the termites' tunnels, and cautiously insert the twig inside the tunnel. Several termites bite on to the twig. The chimpanzees quickly remove it and eat the juicy insects.

8. Which of the following is NOT mentioned in paragraph 3 as a reason why chimpanzees use tools?
   (A) To stay away from biting insects
   (B) To acquire drinkable water
   (C) To show off in front of other chimpanzees
   (D) To take on a principal status in their group

3   During her research, Jane also observed chimpanzees using tools in other situations. Some chimpanzees use sticks to avoid being bitten by a lot of insects while hanging from branches. Others throw rocks or sticks in front of other chimpanzees in order to assume a more leading position in their community. Chimpanzees have also been observed using leaves as sponges to obtain drinking water which they can not reach.

CHAPTER 06

Insertion(삽입) 문제

1 이 문제가 요구하는 것

Insertion 문제는 글의 흐름을 자연스럽게 연결할 수 있도록 문제에 제시된 하나의 문장을 지문의 적절한 위치에 삽입하는 유형입니다. 이 문제를 풀기 위해서는 전체적인 문장 해석 능력도 필요하지만, 그 문제 안에 힌트가 숨어 있다는 것을 잊지 마세요. 이 힌트를 찾아 앞과 뒤에 연관되는 곳에 삽입하면 됩니다. Insertion 문제는 보통 한 지문당 1개가 출제되고 있습니다.

2 어떻게 이 문제를 확인하나?

지문에 4개의 ■가 표시되어 있으며 삽입될 하나의 문장이 제시됩니다. 지문의 ■를 클릭하면 그 자리에 문제에 제시된 문장이 볼드체로 삽입되어 나타납니다. Insertion 질문 유형은 다음과 같습니다.

> **Look at the four squares [■] that indicate where the following sentence could be added to the passage.**
>
> ~~~~~~~~~~~~~ 삽입될 문장 ~ ~~~~~~~~~~~~
>
> **Where would the sentence best fit?**
> **Click on a square [■] to add the sentence to the passage.**

3 본문 어디를 읽어야 하나?

문제에 제시된 문장을 본문의 square[■]가 있는 자리에 끼워 넣은 후 논리적으로 잘 연결되는지를 확인하면 됩니다.

선생님: 삽입 문제의 기본 전략은 첫째, 문제 속에 주어진 문장이 대조인지 보충 설명인지 확인하는 것이고, 둘째, 문제 속에 주어진 문장의 주어는 이전 문장의 내용을 가리키고, 목적어/보어는 그 다음 문장의 내용을 가리킨다는 것입니다. 이것들 중 목적어/보어의 정보가 가장 중요합니다.

Strategy 01 지시어 이용하기

선생님: 문제 속에 주어진 문장에 'they', 'it', 'this', 'that', 〈the+명사〉, 〈such+명사〉 등 지시어가 있다면 그 앞 문장에는 이 지시어들이 지시하는 내용이 있어야 합니다.

---

1. The following sentence can be added to the passage.

   This view changed completely in later centuries.

   Where would it best fit in the passage?

   People have responded differently to fever throughout history. Ancient Greeks regarded it as a natural reaction to infection. [A] They thought that when their body temperature was higher than normal, the fever itself could help them overcome the infection. [B] Fevers were so unpleasant that they were regarded as unfavorable. [C] So, in the late 1800's people usually used drugs in order to make the fever disappear. [D] However, like the ancient Greeks, people today believe that fever should not necessarily be treated. They think that it is an important signal that there is something wrong in their body.

어휘) respond(반응하다), fever(발열, 이상 고열), reaction(반응), overcome(극복하다), infection(전염, 감염), unfavorable(바람직하지 못한, 불운한), treat(치료하다)

분석) 삽입 문제의 기본적인 전략을 이용하세요. 첫째, 문제 속에 주어진 문장은 이전의 내용과 시간의 대조를 나타냅니다. 둘째, 문제에 주어진 문장의 주어 'This view'는 이전 문장의 내용을 가리키고, 술부 'changed completely in later centuries'는 다음 문장의 내용과 연결됩니다. 주어진 문장과 이전 문장이 반대라야 하므로 fever(발열, 이상 고열)에 대한 생각이 바뀌는 부분을 찾으면 그곳이 답입니다. (A) 앞 문장: 발열은 감염에 대한 자연스런 반응으로 간주됐다. (B)앞 문장: 단순한 발열은 환자가 그것을 극복하는 것을 돕는다. (C) 앞 문장: 발열들은 불쾌해서 바람직하지 않다. (D) 앞 문장: 사람들은 발열을 없애기 위해 약을 사용했다. (B) 앞 부분은 fever에 대해 긍정적으로 생각하는데 반해 (B) 다음 부분에서는 fever를 부정적으로 생각하고 있으므로 정답은 (B)입니다.

정답) (B)

Key Words) 첫 문장(S1): differently responded to fever. 둘째 문장(S2): as a natural reaction. 셋째 문장(S3): help them overcome the infection. 넷째 문장(S4): so unpleasant, regarded as unfavorable. 다섯째 문장(S5): used drugs. 여섯째 문장(S6): not necessarily be treated. 일곱째 문장(S7): an important signal, something wrong in their body.

문장과 문장의 연결) S1←S2: '고대에 어떻게 반응했는가?'의 답. S2←S3: '어떻게 자연스럽게 반응하는가?'의 답. S3←끼워 넣기 문장: '반응이 다르다'는 내용. 끼워 넣기 문장←S4: '어떻게 다른가?'의 답. S4←S5: '그래서?'의 답. S5←S6: 앞 문장과 대조. '치료할 필요 없다'. S6←S7: '왜?'의 답

해석) 사람들은 다르게 발열에 반응했다 / 전 역사를 통해. 고대 그리스인들은 그것을 간주했다 / 감염에 대한 자연적인 반응으로서. 그들은 생각했다 / 그들의 체온이 보통보다 더 높을 때, 발열은 스스로 그들이 (=그리스인들이) 그 감염을 극복하는 것을 도울 수 있다고. 발열들은 너무나 불쾌해서 그것들은 바람직하지 않다고 간주됐다. 그래서, 1800년대 말에, 사람들은 보통 약들을 사용했다 / 그 발열을 사라지게 하기 위하여. 하지만 고대 그리스인들처럼, 오늘날의 사람들은 믿는다 / 발열은 반드시 치료되어야 하는 것은 아니라고, 그들은 생각한다 / 그것은 중요한 신호라고 / 그들의 몸 속에 잘못된 어떤 것이 있다는.

Strategy 02 — 부정대명사 이용하기

선생님: 문제 속에 주어진 문장에 'another'가 있다면 그 앞 문장에는 'one'이 포함되어 있어야 하고, 'others'가 있다면 그 앞 문장에는 'some'이나 'many'가 포함되어 있어야 합니다. 〈each+명사〉가 문제 속에 있다면 그 앞 문장에 '명사의 복수형'이 있어야 합니다(예를 들면, each student가 주어지면 그 앞 문장에 students가 있어야 합니다).

---

2. The following sentence can be added to the passage.

Others are associated with practical functions.

Where would it best fit in the passage?

Throughout history, masks have been used for both ceremonial and practical purposes. **A** Some masks are mainly associated with ceremonies that have religious meanings or are related with funeral traditions or disease treatments. **B** They are used during festivals or to describe characters in a dramatic performance. **C** They are also used for war, sports, or medical purposes. **D**

어휘) **ceremonial**(의식의, 예식의), **purpose**(목적), **mainly**(주로), **are associated with**(~와 연결되어 있다), **religious**(종교적인), **are related with**(~와 관계 있다), **funeral**(장례의), **treatment**(치료), **festival**(축제), **performance**(공연), **medical**(의학의, 의료의)

분석) 삽입 문제의 기본적인 전략을 이용하세요. 첫째, 문제 속에 주어진 문장은 'Others' 의미 때문에 이전의 내용과 대조적이라야 합니다. 둘째, 주어진 문장의 주어 'Others'는 그 바로 앞에 나오는 ⟨some + 복수명사⟩나 ⟨many + 복수명사⟩와 연결되고, 동사 뒤의 어구 'practical fuctions'는 그 다음 문장 내용과 연결되어야 합니다. 본문에서 (B) 바로 앞 문장에 나온 'Some masks'는 'Others'와 대조적이고 바로 다음 문장에 나오는 'festivals'와 'a dramatic performance'는 주어진 문장의 'practical functions'의 예가 될 수 있으므로 정답은 (B)입니다.

정답) (B)

Key Words) 첫 문장(S1): used for both ceremonial and practical purposes. 둘째 문장(S2): associated with ceremonies. 셋째 문장(S3): used on festivals, describe characters. 넷째 문장(S4): used for war, sports, or medical purposes.

문장과 문장의 연결) S1←S2: '의식적 목적은 무엇인가?'의 답. S2←끼워 넣기 문장: 앞 문장과 대조. '실제적 목적과 관련 있다'는 내용. 끼워 넣기 문장←S3: '실제적 목적은 무엇인가?'의 답. S4←S5: '실제적 목적은 무엇인가?'의 둘째 답.

해석) 역사상, 마스크들은 사용되어져 왔다 / 의식과 실제적인 목적들을 위하여. 몇몇 마스크들은 주로 의식들과 연결되어 있다 / 종교적인 의미들을 가지거나 장례 전통들 또는 질병 치료들과 관련된. 그들은 축제들 동안에 사용되거나 / 또는 드라마 공연에서 배역들을 묘사하기 위하여 (사용된다). 그들은 또한 사용된다 / 전쟁, 스포츠 또는 의학적인 목적들을 위하여.

Strategy 03 순접 접속부사(구) 이용하기

선생님: 문제 속에 주어진 문장에 부연 설명, 인과 관계, 비교, 예시 등을 나타내는 접속부사(구)가 있다면 이전 문장에 비슷한 의미가 나와야 합니다. 순접 접속부사(구)를 정리하면 다음과 같습니다.

부연 설명:	also, besides, furthermore, moreover, as well, in addition 등
인과 관계:	consequently, therefore, thus, as a result, because of, due to 등
비교:	similarly, likewise 등
예시:	for example, for instance 등

CHAPTER 06 - Insertion(삽입) 문제

3. The following sentence can be added to the passage.

They have also used ways of movement that plants do not have.

Where would it best fit in the passage?

Characteristics that help animals to survive are more complicated than those of plants. **A** Because the animals have brains, their characteristics include various body shapes and sizes. **B** In addition, most animals can see, hear, taste, and smell due to a variety of sense organs. **C** These senses give the animals a wide range of experiences which are unfamiliar with plants. **D** Many animals can swim, fly, crawl, walk, and dig.

어휘) characteristic(특징), complicated(복잡한), include(포함하다), a wide range of(광범위한), sense organ(감각 기관), crawl(기어가다), dig(파다)

분석) 삽입 문제의 기본적인 전략을 이용하세요. 첫째, 주어진 문장은 'also' 때문에 이전 내용과 비슷한 내용이라야 합니다. 둘째, 주어진 문장의 주어 'They'는 이전 문장의 내용과 연결되고, 목적어 'ways of movement'는 그 다음 문장 내용과 연결됩니다. 본문에서 (D) 바로 다음 문장에 나온 'swim, fly, crawl, walk, and dig'는 주어진 문장의 'means of movement'의 구체적인 설명이 될 수 있으므로 정답은 (D)입니다.

정답) (D)

Key Words) 첫 문장(S1): more complicated. 둘째 문장(S2): various body shapes and sizes. 셋째 문장(S3): see, hear, taste, and smell. 넷째 문장(S4): a wide range of experiences. 다섯째 문장(S5): swim, fly, crawl, walk, and dig.

문장과 문장의 연결) S1←S2: '얼마나 복잡한가?'의 첫째 답. S1←S3: '얼마나 복잡한가?'의 둘째 답. S3←S4:: '그래서?'의 답. S4←끼워 넣기 문장: '얼마나 복잡한가?'의 셋째 답. 끼워 넣기 문장← S5: '운직임의 방법들은 구체적으로 어떤 것들인가?'의 답.

해석) 특징들은 / 동물로 하여금 살아남도록 도와주는 / 식물들의 그것들보다 더 복잡하다. 그 동물들은 뇌들을 가지고 있기 때문에, 그들의 특징들은 여러 가지 몸 모양들과 크기들을 포함한다. 게다가, 대부분의 동물들은 보고, 듣고, 맛보고, 그리고 냄새 맡을 수 있다 / 다양한 감각 기관들 때문에. 이런 감각들은 그 동물들에게 광범위한 경험들을 준다 / 식물들에게 생소한. 많은 동물들은 수영하고, 날고, 기어가고, 걷고, 그리고 땅을 팔 수 있다.

| Strategy 04 | 역접 접속 부사(구) 이용하기 |

선생님: 문제 속에 주어진 문장에 대조적 의미의 접속부사가 있다면 이전 문장에 반대 의미가 나와야 합니다. 역접 접속부사(구)를 정리하면 다음과 같습니다.

> 대조: but, however, nevertheless, instead, in contrast, on the contrary, on the other hand 등

4. The following sentence can be added to the passage.

   In the past, however, the way that crops were cultivated was fairly dissimilar.

   Where would it best fit in the passage?

   Most farmers in developed countries cultivate some cash crops, such as corn and squash, on a large scale. **A** After they sell the products, they purchase what they need for their families. **B** Farmers would cultivate different kinds of crops on a small scale. **C** When they harvested much more amounts of crops than they needed, they sold some of the crops. **D** But, when there was no extra, they reserved the crops to provide them for their families.

어휘) developed country(발전된 나라, 선진국), cultivate(경작하다), cash crop(황금 작물, 시장용 작물), corn(옥수수), squash(호박), on a large scale(대규모로), product(생산물, 제품), purchase(구입하다, 사다), harvest(수확하다), extra(여분의 것, 덤), reserve(남겨두다, 저장해 두다), provide(제공하다), fairly(상당히, 꽤), dissimilar(다른, 비슷하지 않은)

분석) 삽입 문제의 기본적인 전략을 이용하세요. 첫째, 주어진 문장은 'however'와 'In the past' 때문에 이전 내용과 시간적으로 대조적인 내용이라야 합니다. 둘째, 주어진 문장의 주어 'the way'는 이전 문장의 내용과 연결되고, 보어 'dissimilar'는 그 다음 문장 내용과 연결됩니다. 주어진 문장과 이전 문장이 시간적으로 대조적인 내용이라야 하므로 내용과 시제가 달라지는 부분을 찾으면 그곳이 답입니다. (A) 앞 문장: 농부들은 몇몇 시장용 작물들을 대규모로 재배한다. (B) 앞 문장: 그들은 이 농작물들을 판 후에 필요한 것들을 산다. (C) 앞 문장: 대부분의 농부들은 과거에 여러 다른 종류의 농작물들을 소규모로 재배했었다. (D) 앞 문장: 그들은 때때로 여분이 있을 때 그 농작물들 중 일부를 팔았다. (B) 앞 부분은 시제가 현재인데 반해 그 다음 문장에서는 시제가 과거입니다. 내용도 정반대로서 현재는 약간의 농작물을 대규모로 재배하는데 반해 과거에는 여러 가지 종류의 작물을 소규모로 재배했다고 합니다. 그래서 정답은 (B)입니다.

정답) (B)

CHAPTER 06 - Insertion(삽입) 문제

Key Words 첫 문장(S1): cultivate some cash crops in a large scale.   둘째 문장(S2): purchase what they need.   셋째 문장(S3): cultivate different kinds of crops in a small scale.   넷째 문장(S4): sold some of the crops.   다섯째 문장(S5): reserved the crops.

문장과 문장의 연결 S1←S2: '왜 대규모로 소수의 작물을 재배하는가?'의 답.   S2←끼워 넣기 문장: 앞 문장과 대조. '과거에 재배 방식은 달랐다'는 내용.   끼워 넣기 문장←S3: '어떻게 달랐는가?'의 답.   S3←S4: '그래서?'의 답.   S4← S5: 앞 문장과 대조. '그래서?'의 또 다른 답.

해석 선진국의 대부분의 농부들은 몇몇 시장용 작물들을 재배한다 / 옥수수와 호박과 같은, / 대규모로. 그들이 이 생산물들을 판 후에, 그들은 그들이 필요한 것을 구입한다 / 그들의 가족들을 위하여. 농부들은 다른 종류들의 작물들을 재배하곤 했다 / 소규모로. 그들이 훨씬 더 많은 양의 작물들을 수확했을 때 / 그들이 필요한 것보다, / 그들은 그 작물들의 일부를 팔았다. 하지만, 여분의 것이 없을 때, 그들은 그 작물들을 저장했다 / 그것들을 그들의 가족들에게 제공하기 위하여.

Warming-up

1. The following sentence can be added to the passage.

   Through these noises, they could keep a careful watch on their pool.

   Where would it best fit in the passage?

   It has been known that dolphins have a well-developed, sharp sense of hearing. Dolphins can hear sound within the frequency range of 1 to 150 kHz, while humans' average hearing range is about 0.02 to 17 kHz. **A** In one experiment, Winthrop Kellogg found that dolphins use sound in order to communicate. **B** In an outdoor pool, two dolphins sent off clicking noises every fifteen to twenty seconds. **C** Their hearing was so sharp that they could hear when a teaspoon of water dropped into the pool. **D**

2. The following sentence can be added to the passage.

   In return, the farmers had to work for the knights.

   Where would it best fit in the passage?

   In the medieval times, Western Europe was organized into a feudal system. It was rooted in relationships between people which determined their rights and property. The king ruled his country and owned all the land. He divided large areas of land to the church and his nobles. The nobles paid rent to the king for the land and promised to support him. **A** They gave some of their land to knights. **B** The knights served their lords and promised to fight for them. **C** They gave smaller pieces of their land to farmers. **D** They were at the bottom of the feudal system.

CHAPTER 06 - Insertion(삽입) 문제

3. The following sentence can be added to the passage.

   Others were accidentally introduced in Hawaii.

   Where would it best fit in the passage?

   Before people arrived in Hawaii, all animals in the island were native species. However, Hawaiian surroundings today are filled with non-native animals which people have brought from the outside. **A** Some animals such as the mongoose were purposely brought to Hawaii in order to control harmful animals. **B** When people bring a non-native animal without its natural controls such as disease, the animal disturbs the equilibrium of the native environment. **C** For instance, introduced Japanese white-eye birds compete with native species for territories. **D**

4. The following sentence can be added to the passage.

   Each class, decided by income, had a certain degree of political responsibility.

   Where would it best fit in the passage?

   Before an ancient Athenian man went into the army, his rank was determined by his social position. **A** The Athenian social status consisted of four classes, established by Solon in about 500 B.C. **B** The richest class provided the military with leaders. **C** The second class, called the horsemen, included the Athenian cavalry. **D** The third class contained the foot soldiers. Lastly, the poorest class did military service either as archers on land or sailors for the Athenian navy.

5. The following sentence can be added to the passage.

For example, human migrations from desert regions to cities and other countries can bring about social instability.

Where would it best fit in the passage?

Desertification results in environmental and social problems. It has environmental impact not only on the directly affected region but also on the surrounding regions. **A** Desertification causes flooding, dust storms, and pollution that can harm people living in the directly affected region. **B** The dust storms can cause health problems for people living in the surrounding regions, even up to thousands of kilometers away. **C** In addition, the social impact of desertification reaches the surrounding regions. **D**

6. The following sentence can be added to the passage.

However, other forms of life such as insects are considered specialized.

Where would it best fit in the passage?

Living things must be able to adapt in order to survive. Some living things adapt to environmental changes more easily than others. **A** For instance, humans can survive in any environment. **B** Their bodies help them adapt more easily to global climate changes. **C** They are regarded as generalized. **D** They are able to live only in a certain climate. They can not survive when it is too cold or too hot.

CHAPTER 06 - Insertion(삽입) 문제

7. The following sentence can be added to the passage.

   On the contrary, ozone at ground level acts as an invisible air pollutant.

   Where would it best fit in the passage?

   The ozone layer is essential to humans, animals and plants. **A** It absorbs most of the sun's harmful ultraviolet rays, preventing penetration to the Earth's surface. **B** It is a layer that exists between 15 miles(24 km) and 30 miles(48 km) above the Earth's surface. **C** It is one of the main elements of smog. **D** It forms when pollutants released from gasoline and diesel-powered cars react with heat and sunlight. Ozone exposure can bring about eye and nose pain, coughing and headaches. It harms plants and causes crop loss each year.

8. The following sentence can be added to the passage.

   In contrast, Chicago, which is in a cold climate, needs somewhat less energy for summertime cooling.

   Where would it best fit in the passage?

   One result of urban heat islands is higher demand for summertime cooling in cities that are in relatively hot climates. Since homes and buildings in the cities absorb sunlight, urban heat islands can increase energy necessary for air conditioning and refrigeration. **A** For example, they have considerable effect on the city of Los Angeles. **B** The city's average temperature has risen about 1° F every decade since World War II. **C** It is estimated that the heat island effect costs the city about $100 million per year in increased energy demand. **D**

Exercise

1. The word "them" in the passage refers to
   (A) impressions
   (B) authorities
   (C) Sumerians
   (D) documents

2. The phrase "ushered in" in the paragraph is closest in meaning to
   (A) demanded
   (B) began
   (C) declined
   (D) endangered

3. According to the passage, all of the following are mentioned as inventions by the Sumerians EXCEPT
   (A) bronze weapons
   (B) wheeled vehicles
   (C) pi
   (D) a writing system

4. The following sentence can be added to the passage.

   These inventions put the Sumerians among the most innovative civilizatons in human pre-history and history.

   Where would the sentence best fit?

Sumerian Inventions

The Sumerians are perhaps remembered most for their various practical inventions in such fields as education, transportation, mathematics, and farming. One of the greatest accomplishments of the Sumerians was the invention of the earliest known system of writing. The Sumerians created written documents by using a triangular-tipped stylus. **A** Many authorities credit them with the invention of wheeled vehicles, sailboats, and seafaring ships. **B** They came up with the concept of units of time, dividing a day into 24 hours, an hour into 60 minutes, and a minute into 60 seconds. They had a calendar, pi, algebra, arithmetic, and the concept of 360 degrees. **C** Most notably, they ushered in the era of intensive agriculture in Ancient Mesopotamia. They raised wheat, barley, sheep, and cattle for the first time on a large scale. They also created irrigation systems, dikes, canals, and reservoirs. **D**

CHAPTER 06 – Insertion(삽입) 문제

5. The word "barriers" in the paragraph is closest in meaning to
   (A) regulations
   (B) obstacles
   (C) chances
   (D) foundations

6. According to the passage, why is it very difficult for scientists to predict the eruption of volcanoes accurately?
   (A) All volcanoes are almost similar.
   (B) Non-active volcanoes are not monitored closely.
   (C) The technology today is not good enough to identify when an eruption will occur.
   (D) Volcanoes are too dangerous for scientists to study closely.

7. The following sentence can be added to the passage.

   Futhermore, scientists can learn from volcanic eruptions, but the data from a volcano are not necessarily applied to other volcanoes.

   Where would the sentence best fit?

Predicting Volcano Eruptions

Although volcanologists are increasingly skillful at forecasting the probability of an eruption, there remain several barriers. It is very hard to know exactly when the volcanic eruption will take place. **A** The instruments which we have tell us only what the volcano is doing now. They do not give us critical information about what it might do two or three weeks from now. **B** The technology is improving for predicting non-explosive eruptions, but only a few of about 550 active volcanoes around the world are being checked closely. **C** "Each volcano behaves individually like a person, and it has its own personality and behavior," said Bob Tilling, a volcanologist with the United States Geological Survey. **D**

8. Why was limestone primarily used by Egyptian artists?
   (A) It was utilized to make ritual tools.
   (B) It was tough enough to be used in tombs.
   (C) It was used for symbolism.
   (D) It was simply obtainable around the Nile Valley.

9. The following sentence can be added to the paragraph.

   Other ordinary soft stones contained calcspar, crystal, and sandstone.

   Where would the sentence best fit?

10. The word "exposed" in the paragraph is closest in meaning to
    (A) uncovered
    (B) located
    (C) described
    (D) preserved

11. According to the passage, black stone symbolized all of the following EXCEPT
    (A) the god of the dead people
    (B) energy of the sun
    (C) rebirth
    (D) fresh living

Stones Used in Egyptian Art

Egyptian artists mainly worked with stones. **A** One of the softest stones readily available was limestone, which made up the cliffs of the Nile Valley. **B** The soft stones were used in temples and tombs after the earliest periods. **C** On the other hand, hard stones were used to make statues, bowls, and ritual equipment. **D** Paint was sometimes applied to hard stone, but often the stone was exposed for its symbolism. Black stone such as granite was represented as the life giving black sediment left by Nile floods, thus symbolizing new life, resurgence, and Osiris, the revived god of the dead. Red, brown, yellow and gold were associated with the sun; thus, stones of those colors symbolized the sun.

CHAPTER 06 – Insertion(삽입) 문제

Review Test

Monarch Butterfly Migration

1 Monarch butterflies are distinctive in the sense that they migrate south to particular overwintering locations every year, as many species of birds do. Unlike the birds, the butterflies which migrate south fail to return to the site where they were born. They migrate farther than any other butterfly. Every autumn, about 100 million monarch butterflies move about 3,000 miles(4,800 km) in their migration. Monarch butterflies which are west of the Rocky Mountains make their way to the California coast and those which are east of the Rocky Mountains fly to central Mexico. In the spring, they mate, lay eggs, and then die.

2 During their migration of about 3,000 miles, monarch butterflies face several dangers. Because they must fly about 50 miles a day during the long journey, they suffer from fatigue. Winter storms and predation by birds kill a large number of monarchs. Cars on the expressways crush hundreds of monarchs. The danger of strong winds is still a threat to the survival of monarch butterflies, even after they reach their winter homes.

3 When they arrive at their winter homes, monarch butterflies cluster together to resist bad weather. About 100,000 monarchs can cluster on a single tree like a massive bundle of grapes. With its wings open, each monarch hangs over another monarch beneath it. While a butterfly weighs less than a gram, about 100,000 butterflies weigh a lot. The weight of the cluster defends the butterflies from rain and generates heat. It also keeps them from being blown away. They remain in their winter homes until March, when they start to fly north to their summer homes.

4 Why do monarch butterflies migrate? The simplest answer to the question is the cold weather and food shortage which occur when the temperature falls. In autumn, they feel the chill in the air. They sense the changing amount of light and the variability of day and nighttime temperatures. When the season changes from autumn to winter, days are getting shorter, nights longer, and nighttime temperatures colder. In addition, cold weather stops the growth of northern plants and causes a food shortage. Then, monarch butterflies must migrate south to warmer places in Mexico and California, looking for food.

1. The word "their" in paragraph 1 refers to
   (A) monarch butterflies
   (B) 3,000 miles
   (C) the Rocky Mountains
   (D) birds

2. According to paragraph 1, which of the following is NOT true about monarch butterflies?
   (A) Every autumn, they fly south to their wintering grounds in California and Mexico.
   (B) They die after mating and laying eggs.
   (C) Like many birds, they migrate south to a winter home every year.
   (D) They return north to the summer homes as birds do.

3. The following sentence can be added to paragraph 1.

   After emerging from the eggs, the next generation of monarchs migrates north to the summer homes.

   Where would the sentence best fit?

Monarch Butterfly Migration

1   Monarch butterflies are distinctive in the sense that they migrate south to particular overwintering locations every year, as many species of birds do. Unlike the birds, the butterflies which migrate south fail to return to the site where they were born. They migrate farther than any other butterfly. **A** Every autumn, about 100 million monarch butterflies move about 3,000 miles(4,800 km) in their migration. **B** Monarch butterflies which are west of the Rocky Mountains make their way to the California coast and those which are east of the Rocky Mountains fly to central Mexico. **C** In the spring, they mate, lay eggs, and then die. **D**

4. The word "crush" in paragraph 2 is closest in meaning to
   (A) face
   (B) destroy
   (C) resist
   (D) endure

5. When monarch butterflies finally arrive in central Mexico and the California coast, what kind of danger do they primarily face?
   (A) Storms
   (B) Cars
   (C) Low temperatures
   (D) Fatigue

6. Why does the author mention "a massive bundle of grapes" in paragraph 3?
   (A) To give an example of trees on which monarchs cluster
   (B) To explain why monarchs nest together
   (C) To describe what a lot of monarchs look like when they cluster
   (D) To illustrate where monarchs have a rest

7. Which of the following is NOT mentioned in paragraph 3 as a reason why monarchs cluster together?
   (A) To stay warm
   (B) To defend themselves against storms
   (C) To keep away from rain
   (D) To mate and lay eggs

2   During their migration of about 3,000 miles, monarch butterflies face several dangers. Because they must fly about 50 miles a day during the long journey, they suffer from fatigue. Winter storms and predation by birds kill a large number of monarchs. Cars on the expressways crush hundreds of monarchs. The danger of strong winds is still a threat to the survival of monarch butterflies, even after they reach their winter homes.

3   When they arrive at their winter homes, monarch butterflies cluster together to resist bad weather. About 100,000 monarchs can cluster on a single tree like a massive bundle of grapes. With its wings open, each monarch hangs over another monarch beneath it. While a butterfly weighs less than a gram, about 100,000 butterflies weigh a lot. The weight of the cluster defends the butterflies from rain and generates heat. It also keeps them from being blown away. They remain in their winter homes until March, when they start to fly north to their summer homes.

8. The word "chill" in paragraph 4 is closest in meaning to
   (A) variability
   (B) coldness
   (C) climate
   (D) shortage

9. All of the following are mentioned as environmental conditions for which the monarchs migrate to overwintering places EXCEPT
   (A) longer days
   (B) fewer quantities of sunlight
   (C) colder temperature
   (D) food scarcity

4   Why do monarch butterflies migrate? The simplest answer to the question is the cold weather and food shortage which occur when the temperature falls. In autumn, they feel the chill in the air. They sense the changing amount of light and the variability of day and nighttime temperatures. When the season changes from autumn to winter, days are getting shorter, nights longer, and nighttime temperatures colder. In addition, cold weather stops the growth of northern plants and causes a food shortage. Then, monarch butterflies must migrate south to warmer places in Mexico and California, looking for food.

CHAPTER 07
Inference(추론) 문제

1 이 문제가 요구하는 것

　Inference 문제는 지문에 명백히 드러나 있지 않지만 지문에 나타나 있는 사실을 바탕으로 추론 가능한 것을 찾는 유형입니다. 즉, 이 유형은 본문에서 그대로 적혀있지는 않지만 논리적인 사고로 저자의 의도를 파악할 수 있는지를 평가하는 문제입니다. Inference 문제도 Fact 문제와 마찬가지로 추론할 수 있는 근거가 되는 문장이 대부분 지문 안에 포함되어 있습니다. 그러므로 문제에서 key word를 찾고 문제 출제자가 출제하고자 하는 문장을 찾아 접근해야 합니다. 이 문제들을 해결하기 위해서는 정확한 해석 능력이 요구됩니다. Inference 문제는 보통 한 지문당 1~2개가 출제되고 있습니다.

2 어떻게 이 문제를 확인하나?

　특정 단락에 관한 문제일 때 이를 나타내는 단락 번호가 문제에 포함되고 화면에 관련 단락이 [➡]로 표시됩니다. Inference 질문 유형은 다음과 같습니다.

> It can be inferred from paragraph X that ~ ?
> Which of the following can be inferred from paragraph X?
> The author implies that ~
> Paragraph X suggests which of the following ~?

3 본문 어디를 읽어야 하나?

　Inference 문제를 풀기 위해서는 우선 주제 문장을 참고해야 합니다. 주제 문장에 바로 답이 나오는 경우도 있으니까요. Inference 문제에 대한 답은 주로 본문에서 key word가 있는 문장이나 그 앞 문장에 있습니다.

Strategy 01 주제 문장을 참고하여 답을 찾으세요.

지연: 선생님, 추론 문제도 주제 문장만 보면 답이 나오나요?

선생님: (웃으며) 예. Fact 문제, Not/Except 문제, Purpose 문제 전략에서도 다뤘듯이, 영어에서는 주제를 첫 문장에 제시하기 때문에 첫 문장만 읽어도 단락 전체의 내용이 보입니다. 그래서, 첫 문장을 읽으면 추론 문제의 답도 유추해낼 수 있습니다. 신기하죠.^^

1. Which of the following can be inferred from the passage about insects?
   (A) Beetles can become pregnant quickly.
   (B) Male insects are usually smaller than female insects.
   (C) Insects are larger than mammals.
   (D) Female beetles exceed the males in size.

   Unlike mammals, most of the female insects are larger and stronger than the males. This rule happens because the size and strength of the females help them become pregnant as soon as possible and carry numerous eggs. However, there are exceptions to this rule. Some male insects, such as beetles, are larger and stronger than the females. Their size and power are helpful for the males which fight for the possession of the females.

어휘) mammal(포유류), female insect(암컷 곤충), pregnant(임신하고 있는), as soon as possible(가능한 한 빨리), numerous(수많은), beetle(딱정벌레), possession(소유, 제어, 통제)

분석) 주제 문장을 보면 곤충들의 일반적인 특성을 알 수 있습니다. 즉, '대부분의 암컷 곤충들이 수컷들보다 더 크고 강하다' 이죠. 바꿔 말하면, 대부분의 수컷 곤충들은 암컷들보다 작고 약하다는 것이죠. 이 내용을 반영하는 보기는 (B)네요.

정답) (B)

Key Words) 첫 문장(S1): larger and stronger. 둘째 문장(S2): help them become pregnant, carry numerous eggs. 셋째 문장(S3): exceptions to this rule. 넷째 문장(S4): larger and stronger. 다섯째 문장(S5): helpful for the males.

문장과 문장의 연결) S1←S2: '왜 더 크고 더 강한가?'의 답. S2←S3: 앞 문장과 대조. '예외가 있다'는 내용. S3←S4: '예외는 무엇인가?'의 답. S4←S5: '왜 수컷이 더 크고 더 강한가?'의 답.

해석) 포유류들과 달리, 대부분의 암컷 곤충들은 수컷들보다 더 크고 더 강하다. 이 규칙은 발생한다 / 암컷들의 크기와 강함이 돕기 때문에 / 그들이 가능한 한 빨리 임신하고 수 많은 알들을 운반하는 것을. 하지만, 이 규칙에 예외들이 있다. 몇몇 수컷 곤충들은, / 딱정벌레들과 같은, / 암컷들보다 더 크고 더 강하다. 그들의 크기와 힘이 수컷들에게 도움이 된다 / 그 암컷들의 소유를 위해 싸우는.

CHAPTER 07 – Inference(추론) 문제

Strategy 02 질문에 나온 시간의 대조를 이용하여 답을 찾으세요.

영구: 선생님, 질문에 나온 시간의 대조는 무슨 뜻인가요?

선생님: 질문에 시간 관련 표현이 나올 때 본문에 나온 것과 반대로 제시되는 경우가 많습니다. 예를 들면, 본문에는 '19세기 중반 이전'이라고 나오는데 질문에는 '19세기 후반'이라고 나옵니다. 또한, 본문에는 '산업 혁명 이후로 줄곧'이라고 나오는데 질문에는 '산업 혁명 이전'에 대해 묻습니다. 이런 경우에 답은 본문과 반대 내용입니다.

초롱: 선생님, 혹시 시험에 잘 나오는 시간 관련 표현이 따로 있나요?

선생님: 좋은 질문입니다. 시험에 잘 나오는 시간 관련 표현은 주로 before / after, since, until, prior to, previous / new, early / now 등입니다.

---

2. What can be inferred from the passage about most movies which were made after 1927?
   (A) They were really quiet.
   (B) They were accompanied by live music by the pianist.
   (C) They included the sound of the actors' voices.
   (D) They eliminated musical compositions.

Although we usually speak of the films which were made before 1927 as silent films, they have never been silent. They were constantly accompanied by live music, which began at the first public screening of films by the Lumiere Brothers in Paris in 1895. From the beginning, music was regarded as indispensable because it contributed to the mood and provided the audience with important emotional signals.

어휘 speak of A as B(A를 B라고 말하다), silent film(무성 영화), constantly(계속해서, 자주), accompany(동반하다), screening(상영), indispensable(필수적인, 꼭 필요한), contribute(기여하다, 공헌하다)

분석 질문에 나온 'after 1927'은 본문에 제시된 'before 1927'의 반대입니다. 그러므로 이 질문의 답은 본문의 내용과 반대 의미입니다. 질문은 '1927년 이후에 만들어진 대부분의 영화들'에 대해 추론하는 것입니다. 본문의 내용은 '1927년 이전에 만들어진 영화들은 무성 영화들'이라는 겁니다. 바꿔 말하면, 1927년 이후에 만들어진 대부분의 영화는 유성 영화라는 거네요. '유성 영화'를 나타내는 보기가 정답이네요. 정답은 (C)네요. 왜냐하면 '배우의 목소리들을 포함하는 영화'는 유성 영화이니까요.

정답 (C)

Key Words 첫 문장(S1): never silent. 둘째 문장(S2): accompanied with live music. 셋째 문장(S3): regarded as indispensable.

문장과 문장의 연결 S1←S2: '왜 조용한 적이 없는가?' 의 답. S2←S3: '왜 생음악이 동반됐는가' 의 답.

해석) 비록 우리는 보통 그 영화들을 말하지만 / 1927년 이전에 만들어진 / 무성 영화들이라고, / 그것들은 결코 조용해 본 적이 없다. 그것들은 자주 생음악에 의해 동반됐다, / 그 생음악은 시작됐다 / 루미에르 형제들에 의한 영화들의 첫 공개 상영에서 / 1895년 파리에서. 시작에서부터, 음악은 필수적인 것으로 간주됐다 / 왜냐하면 그것은 분위기에 기여했고 청중에게 중요한 감정적인 신호들을 제시했으므로.

Strategy 03   however, unlike, 비교급 등의 반대 의미를 이용하여 답을 찾아 보세요.

영구: 선생님, 반대 의미를 어떻게 이용하라는 뜻인지요?

선생님: 본문에 however 등의 접속부사가 나올 때 앞 뒤에 대조적인 내용이 나오고, unlike와 비교급이 나올 때 같은 문장에 대조적인 내용이 나옵니다. 이 대조적인 내용을 이용하여 추론 문제에 답하면 됩니다.

3. It can be inferred from the passage that Washington and Adams both
   (A) preferred to hold parties
   (B) ever wore ordinary clothes in the Presidential Palace
   (C) dressed in a formal way
   (D) liked sophisticated events

   Thomas Jefferson, the third president of the United States, did not hold a lot of formal parties in the Presidential Palace. He did not like not only elaborate events but also formal fashion. Wearing an everyday dress and slippers, Jefferson once appeared for a critical convention. However, former presidents, George Washington and John Adams, would never have worn clothes so casually in official meetings.

어휘) Presidential Palace(대통령 궁), elaborate(복잡한, 정교한), formal fashion(의례적인 패션), critical(비판적인, 중대한, 결정적인), convention(대회, 협의회, 관습, 관례), casually(격식을 차리지 않고)

분석) 질문에 나온 'Washington and Adams'는 본문의 마지막 문장에서 'However'와 함께 쓰이고 있습니다. 이런 경우에 However 앞의 내용과 그 다음 내용은 대조적입니다. However 앞의 내용은 'Jefferson은 평상복과 슬리퍼를 신고 중요 회의에 나타난 적이 있다'이고, However 다음 내용은 'Washington과 Adams는 공식적인 회의에서 그런 평상복을 입은 적이 없다'는 것입니다. 즉, Washington과 Adams는 정장을 입었다는 것입니다. 그래서 정답은 (C)네요.

정답) (C)

Key Words) 첫 문장(S1): not offer a lot of formal parties. 둘째 문장(S2): not like not only elaborate events but also a formal fashion. 셋째 문장(S3): once appeared for a critical convention. 넷째 문장(S4): never have worn clothes so casually.

CHAPTER 07 - Inference(추론) 문제

문장과 문장의 연결 S1←S2: '왜 제퍼슨은 파티를 열지 않는가?'의 답. S2←S3: '어느 정도로 정장을 싫어했는가?'의 답. S3←S4: 앞 문장과 대조. '전임 대통령들은 정장을 입었다'의 내용.

해석 Thomas Jefferson은, / 미국의 3대 대통령인, / 많은 공식적인 파티를 열지 않았다 / 대통령 궁에서. 그는 복잡한 행사들을 좋아하지 않을 뿐만 아니라 또한 의례적인 패션을 좋아하지 않았다. 평상복과 슬리퍼를 신은, 제퍼슨은 이전에 중요한 협의회에 나타난 적이 있다. 하지만 이전 대통령들인 George Washington and John Adams는 결코 그렇게 격식 없이 옷들을 입어 본적이 없다 / 공식적인 회의들에서

---

4. What can be inferred from the passage about the French revolution?
(A) It did not lead to a total change.
(B) It kept the old social and political framework.
(C) It was rapid and intense.
(D) It brought about considerable evolution instead of absolute change.

The Independence War of America was not a complete transformation. Unlike the French revolution, it was a slow and moderate development of the political and social structure. There appeared considerable changes, but they were not tremendous. During the fighting, people continued to work and play as usual.

어휘 transformation(변화, 전환), revolution(혁명), moderate(온건한, 적당한), considerable(상당한), tremendous(무시무시한, 엄청나게 큰), as usual(평소대로, 늘 변함없이)

분석 질문에 나온 'the French revolution'은 본문의 둘째 문장에서 Unlike와 함께 쓰이고 있습니다. 이 경우에 'the French revolution'은 주어 'it = The Independence War of America'와 대조적인 내용을 나타냅니다. 이 대조적인 내용이 질문의 답입니다. '미국 독립 전쟁은 정치 사회적 구조가 느리고 적당하게 발전한 반면, 프랑스 혁명은 정치 사회적 구조가 빠르고 격렬하게 발전했다'는 것을 내포하고 있습니다. 이런 내용을 포함하는 보기는 (C)네요.

정답 (C)

Key Words 첫 문장(S1): not a complete transformation. 둘째 문장(S2): slow and moderate development. 셋째 문장(S3): considerable changes, not tremendous. 넷째 문장(S4): work and play as usual.

문장과 문장의 연결 S1←S2: '어느 정도의 변화인가?'의 답. S1←S3: '어느 정도의 변화인가?'의 둘째 답. S3←S4: '엄청나게 큰 변화가 아니라면 어느 정도인가?'의 답.

해석 미국 독립 전쟁은 완전한 변화가 아니었다. 프랑스 혁명과는 달리, 그것은 느리고 적당한 발전이었다 / 정치적 사회적 구조의. 상당한 변화들이 나타났지만, 그것들은 엄청나게 크지는 않았다. 그 싸움 동안에, 사람들은 일하고 노는 것을 계속했다 / 평소대로.

5. What can be inferred from the passage about light surfaces?
  (A) They transfer excess heat to the building itself.
  (B) They can be much cooler than black ones.
  (C) They raise the temperature of urban heat islands.
  (D) They increase the need for cooling.

Governments make efforts to reduce the temperatures of urban heat islands. This can be achieved by replacing dark surfaces to light surfaces. Dark surfaces, like black roofs on buildings, absorb much more sunlight than light surfaces, which reflect it. When the buildings absorb sunlight, they convert the sunlight to heat energy, and emit it back out as heat. Black surfaces have about 70°F (21°C) higher temperature than light surfaces.

어휘) reduce(줄이다), urban heat island(도시 열섬), replace(바꾸다), absorb(흡수하다), reflect(반사하다), convert(변형시키다), emit(내뿜다, 방출하다), transfer(옮기다, 바꾸다)

분석) 질문에 나온 'light surfaces'는 본문의 셋째 문장에서 more ~ than과 함께 쓰이고 있습니다. 이 경우에 'light surface'는 주어인 'Dark surfaces'와 대조적인 내용을 나타냅니다. 이 대조적인 내용이 질문의 답입니다. '검은 표면들은 훨씬 더 많은 열을 흡수해서 뜨거운 반면, 하얀 표면들은 햇볕을 반사해서 뜨겁지 않다'는 뜻을 내포하고 있습니다. 이런 내용을 포함하는 보기는 (B)네요.

정답) (B)

Key Words) 첫 문장(S1): reduce the temperatures. 둘째 문장(S2): replacing dark surfaces to light surfaces. 셋째 문장(S3): absorb much more sunlight. 넷째 문장(S4): convert the sunlight to heat energy, emit it back out. 다섯째 문장(S5): about 70°F (21°C) higher temperature.

문장과 문장의 연결) S1←S2: '어떻게 온도를 줄이는가?'의 답. S2←S3: '왜 검은 표면이 문제인가?'의 답. S3←S4: '그래서?'의 답. S4←S5: '어느 정도로 더운가?'의 답.

해석) 정부들은 노력들을 하고 있다 / 도시 열섬의 온도들을 낮추기 위해. 이것은 실행될 수 있다 / 어두운 표면들을 밝은 표면들로 바꿈으로써. 어두운 표면들은, / 건물들 위의 검은 지붕들과 같은, / 훨씬 더 많은 햇볕을 흡수한다 / 밝은 표면들보다 / 그것을 반사하는. 그 건물들이 햇볕을 흡수할 때, 그것들은 그 햇볕을 열 에너지로 바꾸고, 그것을 열로 밖으로 방출한다. 검은 표면들은 약 70°F(21°C) 더 높은 온도를 가진다 / 밝은 표면들보다.

CHAPTER 07 - Inference(추론) 문제

Strategy 04 본문 내용에서 내포된 의미의 보기를 찾아 답하세요.

지연: 선생님, 내포된 의미란 어떤 것입니까?

선생님: 내포된 의미란 본문에 명백히 드러나 있지 않지만 본문 내용에 나타나 있는 사실을 바탕으로 추론하는 것을 말합니다. 예를 들면, '식민지 미국에서, 그 조각품은 영국에서 수입되었다.' 는 내용이 본문에 나와 있다면 요구되는 답은 '그 조각품은 식민지 미국에서 부족하거나 아예 없었다' 는 것입니다.

---

6. It can be inferred from the passage that why are companies run by women small?
(A) Women cannot easily borrow money from banks due to men's prejudice.
(B) Women do not have the ability to operate large companies.
(C) Women often have difficulty in managing money.
(D) Many women do not try to run large companies.

Many women who begin their own business still face difficulties in the business world. Women's abilities have not been easily recognized by men. For example, they have trouble obtaining bank loans. Men control the banking and finance world. Most businesses which are operated by women are incredibly undersized.

어휘 face(직면하다), recognize(인식하다), trouble(곤란, 어려움), obtain(얻다), loan(대출, 빚), banking(은행업), finance(재정), businesses(사업체들), operate(운영하다), incredibly(믿을 수 없을 만큼, 엄청나게), undersized(작은 크기의, 소형의), prejudice(편견, 선입견)

분석 질문에 나온 'companies run by women small'은 본문의 마지막 문장에 나오고 있습니다. '여성들이 운영하는 회사가 작은' 이유는 명확하게 나오고 있지 않으므로 내포된 의미를 찾아야 합니다. 첫째 힌트는 주제 문장에서 '사업 세계에서 많은 어려움들에 직면해 있다' 는 것이고, 둘째 힌트는 다음 문장에서 '여성들의 은행 대출들의 어려움' 이 있었다는 것입니다. 셋째 힌트는 '남자들이 은행업과 재정 분야를 지배한다' 는 것입니다. 이런 힌트들을 종합해 볼 때 금융업과 재정을 담당하는 남자들이 여성들의 능력을 못 믿어 돈을 잘 빌려주지 않는다는 것을 유추할 수 있습니다. 이런 내용을 포함하는 보기는 (A).

정답 (A)

Key Words 첫 문장(S1): face difficulties in the business world. 둘째 문장(S2): not easily recognized by men. 셋째 문장(S3): troubles in getting a loan of money. 넷째 문장(S4): control the banking and finance world. 다섯째 문장(S5): incredibly undersized.

문장과 문장의 연결 S1←S2: '왜 어려움을 겪는가?' 의 답. S2←S3: '여성 능력들이 인식되지 않는다는 것' 의 예. S3←S4: '왜 대출 받기 어려운가?' 의 답. S4←S5: '그래서?' 의 답.

해석 많은 여성들은 / 그들 자신의 사업을 시작하는 / 여전히 어려움들에 직면하고 있다 / 기업 세계에서. 여성들의 능력들은 남자들에 의해 쉽게 인식되지 않아 왔다. 예를 들면, 그들은 어려움을 겪는다 / 은행 대출들을 얻는데. 남자들이 은행업과 재정 세계를 지배하고 있다. 대부분의 사업체들은 / 여성에 의해 운영되는 / 엄청나게 작은 크기이다.

Strategy 05   특정적인 동식물 / 사물에 대한 질문의 답은 앞 문장에서 찾으세요.

초롱: 선생님, 특정적인 것을 질문할 때 왜 앞 문장에서 답을 찾아야 하나요?

선생님: 좋은 질문입니다. 특정적인 것이 앞에 나온 내용을 보충 설명하기 때문입니다. 즉, 앞에 언급된 내용이 너무 일반적인 얘기라서 그 문장 자체만으로는 이해하기 어려울 때 그 다음 문장에서 좀 더 특정적인 것을 언급해서 앞 문장의 내용을 이해하기 쉽게 할 수 있습니다. 예를 들면, '고대 로마 제국은 유목민 부족들의 침입으로 위기를 맞았다. 서기 267년에, 고트족은 로마 제국을 공격했다'라는 두 문장에서 '고트족'은 '유목민 부족들'의 한 종류라는 것을 알 수 있습니다.

---

7. It can be inferred from the passage that aquatic slugs are
   (A) a kind of climatic change
   (B) a form of sea life
   (C) a species of land animals
   (D) a type of sea temperature

Ocean-living creatures are just as sensitive to climatic changes in their environment as land animals. Certain aquatic slugs are so susceptible to temperature changes that their existence can be regarded as an indicator of sea temperature.

어휘) ocean-living(바다에 사는), creature(생물), aquatic slug(수생 달팽이), susceptible(민감한, 영향 받기 쉬운), indicator(표지, 척도)

분석) 질문에 나온 'aquatic slugs'는 '수생 달팽이'라는 뜻으로 동물을 나타냅니다. 'aquatic slugs'는 본문에서 두 번째 문장에 나오고 있습니다. 이 특정적인 동물이 쓰이는 이유는 그 앞 문장에 나온 'Ocean-living creatures'의 일반적 의미를 좀 더 구체적으로 설명하기 위해서 입니다. 즉, 'aquatic slugs'는 'Ocean-living creatures'의 한 종류로 쓰이고 있습니다. 이런 내용을 포함하는 보기는 (B).

정답) (B)

Key Words) 첫 문장(S1): as sensitive to climatic changes. 둘째 문장(S2): so susceptible to temperature, an indicator of sea temperature.

문장과 문장의 연결) S1←S2: '기후 변화에 민감한 해양 생물의 예' 제시.

해석) 해양 생물들은 바로 그 만큼 민감하다 / 그들의 환경에서의 기후 변화들에 / 육상 동물들 만큼이나. 어떤 수생 달팽이들은 온도 변화들에 너무 민감해서 그들의 존재는 바다 온도의 척도로서 간주될 수 있다.

CHAPTER 07 – Inference(추론) 문제

8. What can be inferred about mulberries from the passage?
   (A) They are a kind of cactus.
   (B) They are common in deserts.
   (C) They are true trees.
   (D) They get water deep in the soil.

Cacti have long roots to get water deep in the soil so that they can grow well to tree size in deserts. However, true trees are rare in deserts because they need more moisture than the desert environments can provide. Mulberries can sometimes be found close to streambeds. Though the streams are dry, water flows there and is usually obtainable quite close to the surface.

어휘) cacti(cactus의 복수형. cactus는 선인장), soil(토양, 흙), desert(사막), rare(드문), moisture(습기), mulberry(뽕나무), streambed(개울 바닥), surface(표면)

분석) 주제 문장은 'However'가 있는 두 번째 문장입니다. 질문에 나온 'mulberries'는 '뽕나무'라는 뜻으로 식물을 나타냅니다. 'Mulberries'는 본문에서 세 번째 문장에 나오고 있습니다. 이 특정적인 식물이 쓰이는 이유는 그 앞 문장에 나온 'true trees'의 일반적 의미를 좀 더 구체적으로 설명하기 위해서 입니다. 즉, 'Mulberries'는 'true trees'의 한 종류로 쓰이고 있습니다. 이런 내용을 포함하는 보기는 (C)입니다.

정답) (C)

Key Words) 첫 문장(S1): long roots, grow well to tree size in deserts. 둘째 문장(S2): rare in deserts, more moisture. 셋째 문장(S3): found close to streambeds. 넷째 문장(S4): obtainable quite close to the surface.

문장과 문장의 연결) S1↔S2: 대조적인 내용. '나무가 사막에서 드문 이유' 제시. S2←S3: '사막에 사는 나무의 예' 제시. S3←S4: '왜 뽕나무가 사막에 살 수 있는가?'의 답.

해석) 선인장들은 긴 뿌리들을 가지고 있어서 / 땅 속 깊은 곳에 있는 물을 얻을 수 있는 / 그들은 나무 크기까지 잘 자랄 수 있다 / 사막들에서. 하지만 진짜 나무들은 사막들에서 드물다 / 왜냐하면 그들은 더 많은 습기를 필요로 하니까 / 사막 환경들이 제공할 수 있는 것보다. 뽕나무들은 가끔씩 발견될 수 있다 / 개울 바닥들 가까이에서. 비록 그 개울들은 건조하지만, 물은 거기에서 흐른다 / 그리고 보통 얻어질 수 있다 / 표면 아주 가까이에서.

Warming-up

1. It can be inferred from the passage that scientists in Mexico City predicted the eruption accurately by measuring
   (A) high-level earthquake activities
   (B) shapes of a volcano
   (C) patterns of magma movement
   (D) shakes of the ground

   The first indication of an upcoming volcanic eruption is generally a series of earthquakes. Magma moves upwards within the crust, so the ground shakes. When the earthquake activity increases from a low level to a high level, it may be a strong signal of a volcanic eruption. Using research into increasing long-period tremors, scientists at a research center in Mexico City predicted a volcanic eruption in December, 2000. The volcano erupted 48 hours after it was predicted.

2. It can be inferred from the passage that the Vandals were a
   (A) tribe which the Romans attacked
   (B) compassionate ethnic group
   (C) nomadic tribe
   (D) collaborator of the Roman Empire

   The crisis in the third century of the Roman Empire resulted from the threat of invasion by various nomadic tribes to the north and east. When Roman soldiers were busy fighting each other due to recurring civil wars, the foreign enemies used the situation to attack the empire. The Roman Empire was attacked by tribes such as the Goths and the Vandals. They began to invade the empire, first in small groups, and then in larger masses.

CHAPTER 07 – Inference(추론) 문제

3. It can be inferred in the passage that the railroad industry preferred steel to iron because steel was
   (A) stronger and more durable
   (B) faster and easier to process
   (C) cheaper and more abundant
   (D) lighter and easier to make

If it had not been for steel, the railroad industry could not have developed significantly. Made of iron, the first rails were too weak to hold up heavy trains which ran at high speeds. So, railroad senior managers wanted to substitute steel rails for iron rails. However, before the 1870's steel was so expensive that it could not be widely used. It was produced by a slow and costly process of heating and blending iron ore.

4. It can be inferred from the passage that prior to the Lewis and Clark expedition, the size of the continent had been
   (A) little interested
   (B) known to native inhabitants of the West
   (C) undervalued
   (D) known to most Americans

The Lewis Clark expedition is probably the most celebrated and useful tale of adventure in United States history. The expedition set out in May 1804 and turned up in September 1806, to everyone's great surprise. President Jefferson and the people had long given up hope of ever seeing them again. Lewis and Clark brought much new information, including the knowledge that the United States continent was wider than it was originally assumed. More particularly, they learned a large amount about river drainages and mountain barriers.

5. Which of the following can be inferred in the passage about the strong winds?
   (A) They accumulate urban heat.
   (B) They cool off the heat stored in city areas.
   (C) They happen during rough, cloudy mornings.
   (D) They blow faster in rural areas than in cities.

The urban heat island occurs when the temperature within a city is greater than the simultaneous temperature of the surrounding rural areas. Usually, the temperature in an urban heat island is 20°F(11°C) higher than that of rural areas surrounding the city. In a calm, clear evening, differences between urban and rural temperatures are largest. Cities keep much of the heat which is accumulated in buildings and roads, while rural areas cool off fast. In contrast, the temperature differences are smallest when strong winds blow.

6. What can be inferred from the passage about animal newborns other than human infants?
   (A) They can see as soon as they are born.
   (B) At birth, their eyes are closed.
   (C) Their eyes grow slowly.
   (D) Their eyes essentially stop growing during the adolescent years.

Unlike other newborns of animals, human infants are born with their eyes wide open and able to see. When they are born, their eyes are about 70 percent as large as those of adults. Their eyes grow most quickly during the first year, and then grow slowly until adolescent years. For adolescent years, their eyes essentially become as large as those of adults.

7. It may be inferred from the passage that, in the early twentieth century, it was very unusual for girls to
   (A) dress in skirts
   (B) play with guns
   (C) move from city to city
   (D) have an interest in sports

In the early 1900's, Susie's parents raised their young active daughter in a particular way. Her father gave Susie footballs and guns, while her mother shocked the community by dressing the girl in gym suits instead of skirts. Her father's job caused the family to move from town to town, and her interest in rough sports and shooting mice surprised people wherever she went.

8. It can be inferred in the passage that there are no cows in the Hawaiian Islands because
   (A) they were too large to make the long distance journey
   (B) they did not try the trip
   (C) they are disharmonized
   (D) they had predators

Many species of large animals that are found on the continents are not found in Hawaii. They had barriers to overcome: a long distance to cross over and adaptation to the islands. Large mammals did not survive the trip to the islands. Disharmony is the term for missing species of plants and animals. Cows, goats, sheep, bears, and wild boars are examples of the disharmony.

Exercise

1. The word "radically" in the passage is closest in meaning to
   (A) somewhat
   (B) fundamentally
   (C) apparently
   (D) elaborately

2. The word "it" in the passage refers to
   (A) iridium
   (B) earth
   (C) crust
   (D) metal

3. What can be inferred from the passage about the metal iridium that the Alvarez team discovered?
   (A) They discovered it in the Earth's core.
   (B) They thought that it came out of the asteroid which had collision with the Earth.
   (C) They found so little iridium in the Earth's crust.
   (D) Other scientists thought that it was plentiful in the Earth's crust.

4. The word "collided with" in the passage is closest in meaning to
   (A) dealt with
   (B) accounted for
   (C) broke up
   (D) hit against

Dinosaur Extinction

There were significant controversies about why dinosaurs became extinct at the end of the Cretaceous Period, approximately 65 million years ago. There came a theory which radically changed the debate in 1980. A team of scientists at the University of California at Berkeley led by Luis Alvarez discovered a high concentration of the rare metal iridium (often found in asteroids) in the sediment in the Earth's crust where the dinosaurs became extinct. The discovery was important because at that time, other scientists had differently thought of iridium. They believed that iridium was extremely rare in the Earth's crust because it was very dense, and therefore most of it sank into the Earth's core while the Earth was still molten. The Alvarez team claimed that an asteroid which was about 10 km in diameter collided with the Earth 65 million years ago.

CHAPTER 07 – Inference(추론) 문제

5. The word "It" in the passage refers to
   (A) Danger
   (B) Behavior
   (C) Predation
   (D) Territory

6. The word "clusters" in the passage is closest in meaning to
   (A) territories
   (B) kinds
   (C) groups
   (D) disorders

7. Which of the following can be inferred about birds' flocking from the passage?
   (A) It prevents territoriality.
   (B) It increases the danger from predation.
   (C) It hinders predators from focusing on each bird.
   (D) It makes it difficult for predators to discover the birds.

Territoriality

In order to decrease the danger from predation, birds try to place apart their nests quite uniformly throughout their territory. This behavior is called territoriality. It keeps them from appearing in flocks or clusters during the breeding season. This behavior pattern helps the birds avoid predation. That is because predators tend to search for the same kind of prey after they discover one or a few members of the prey. Flocking can make easier the search by predators and thus decrease the safety of each individual prey.

8. It can be inferred in paragraph 1 that why can foxes be more active than mice?
   (A) Foxes have to keep warmer than mice.
   (B) Foxes must save more energy by being active than mice.
   (C) Foxes lose heat more slowly than mice.
   (D) Foxes have to hibernate less than mice.

9. It can be inferred in the passage that mice differ from chipmunks in the fact that
   (A) mice sleep all over the winter but chipmunks awaken sometimes
   (B) mice are small animals but chipmunks are large ones
   (C) mice remain inactive during the winter but chipmunks are active
   (D) mice consume more oxygen than chipmunks

10. According to paragraph 2, like hibernators, animals experience all of the following in the state of torpidity EXCEPT
    (A) They undergo a drop in metabolism.
    (B) They breathe slowly.
    (C) They sleep to adapt to the emvironment around them.
    (D) They are usually small animals.

Hibernation and Torpidity

Hibernation is a way that small animals overcome coldness and food shortage in winter by sleeping. Small animals lose more energy than large ones because they lose heat more quickly. So, they hibernate in order to save energy. When they sleep, their body temperature goes down, and their breathing and heartbeat slow down. They use very little energy. For example, mice make nests underground during the winter and sleep there through cold weather. In contrast, larger animals like foxes can stay active throughout the winter.

Many animals also sleep in cold winter, but not in the same way that true hibernators do. They may become torpid, which means that they are very sleepy and do not move very much. Torpidity is a restricted decrease of body metabolism, which shows low oxygen consumption rates, body temperatures, heartbeat, and breathing. There are plenty of animals which experience the torpidity during the cold winter. For instance, chipmunks sleep for most of the winter, but wake up sometimes to eat. Some bears wake in winter to go out and find food or to give birth to their young.

Theory of Natural Selection

1   In 1859, Charles Darwin proposed the concept of natural selection which was simple but convincing: organisms which are well adjusted to their environments are more expected to survive and produce young. Moths living in English industrial cities were a prime example of natural selection. They had varieties that differed from light to dark in body coloration. Lighter-colored moths were widespread in England prior to the industrial revolution(1750-1830). They were difficult to find against the light-colored bark of many trees common in England. But after the industrial revolution resulted in soot-stained buildings and trees, the lighter-colored moths were easier targets for birds. In contrast, darker-colored moths survived more easily because they mixed together with the darkened environment. In 1895, the darker-colored moths made up more than 90% of the moths near English cities.

2   However, Charles Darwin overlooked an important point about natural selection: as environmental conditions return to normal, so does the balance of the population. Darwin claimed that evolutionary change was gradual and slow, taking place over millions of years, but several other scientists observed that the change occurred over hundreds of years, or even a few years. Since the 1950's, Clean Air laws have cleaned blackened buildings and trees in English cities. When the pollution started to fade, the population of darker-colored moths gradually decreased over time and the lighter-colored moths increased. Eventually, the moth population returned to its normal state.

3   Peter and Rosemary Grant, both biologists at Princeton University, observed that evolutionary change occurred over a few years, as opposed to Darwin's claim. In 1977, they found that beak size of finches in the Galápagos Islands started to enlarge due to a severe drought which caused small seeds to reduce. Only the birds with unusually large beaks could break open the large, hard seeds and survive. A large number of normal birds with small beaks died. Yet, when the drought ended, the population returned to normal-beaked birds. Peter and Rosemary Grant were surprised at how quickly the evolutionary change had taken place.

4   Why does the balance of species return to normal as natural conditions do? It is because species are genetically stable. Since natural selection chooses the best among existing varieties, it serves to build up minor advantageous genetic changes. For example, if a member of a species gets a functional advantage, it genetically passes the advantage on to its offspring. The genetic advantage enables the member to compete better in the wild than the disadvantaged members of the same species. The example of the moths reveals that darker-colored moths had a genetic advantage in body coloration during the pollution period.

1. According to paragraph 1, all of the following are true about lighter-colored moths and darker-colored moths EXCEPT
   (A) Darker-colored moths were a more difficult target for birds.
   (B) Lighter-colored moths found it more difficult to survive.
   (C) Lighter-colored moths were more suited to pollution.
   (D) Darker-colored moths made up most of the moth population in polluted cities.

2. The word "soot-stained" in paragraph 1 is closest in meaning to
   (A) industrial
   (B) darkened
   (C) blended
   (D) suited

3. The following sentence can be added to paragraph 1.

   As a result, the lighter-colored moths decreased, but the darker-colored moths increased over a period of decades.

   Where would the sentence best fit?

Theory of Natural Selection

1   In 1859, Charles Darwin proposed the concept of natural selection which was simple but convincing: organisms which are well adjusted to their environments are more expected to survive and produce young. Moths living in English industrial cities were a prime example of natural selection. They had varieties that differed from light to dark in body coloration. **A** Lighter-colored moths were widespread in England prior to the industrial revolution(1750-1830). **B** They were difficult to find against the light-colored bark of many trees common in England. But after the industrial revolution resulted in soot-stained buildings and trees, the lighter-colored moths were easier targets for birds. **C** In contrast, darker-colored moths survived more easily because they mixed together with the darkened environment. **D** In 1895, the darker-colored moths made up more than 90% of the moths near English cities.

4. In paragraph 2, what is the author's main purpose in the discussion of the theory of natural selection?
   (A) To argue that natural conditions have nothing to do with the population of species
   (B) To indicate that when natural conditions return to normal, so does the population of a species
   (C) To explain that the population of a species can be stable, regardless of natural conditions
   (D) To demonstrate that normal species struggle and diminish under unusual conditions

5. The word "fade" in paragraph 2 is closest in meaning to
   (A) darken
   (B) take place
   (C) cease
   (D) decline

6. According to paragraph 2, which of the following is true of moths?
   (A) The evolutionary change in body coloration was slow.
   (B) After the pollution period, the primary moth population was light-colored.
   (C) During the pollution period, lighter-colored moths could well blend into their environment.
   (D) Clean Air laws helped darker-colored moths avoid their enemies.

2   However, Charles Darwin overlooked an important point about natural selection: as environmental conditions return to normal, so does the balance of the population. Darwin claimed that evolutionary change was gradual and slow, taking place over millions of years, but several other scientists observed that the change occurred over hundreds of years, or even a few years. Since the 1950's, Clean Air laws have cleaned blackened buildings and trees in English cities. When the pollution started to fade, the population of darker-colored moths gradually decreased over time and the lighter-colored moths increased. Eventually, the moth population returned to its normal state.

7. It can be inferred from the discussion in paragraph 3 that dry conditions
   (A) cause normal-beaked birds to break open the large seeds with more trouble
   (B) make all the food unavailable
   (C) make it more difficult for large-beaked birds to find food
   (D) bring birds back to normal conditions

8. According to paragraph 3, why were Peter and Rosemary Grant surprised?
   (A) Beak size increased due to a drought.
   (B) Birds with small beaks did not adapt to the dry period.
   (C) The change in beak size had rapidly occurred.
   (D) The evolutionary change occurred as Darwin claimed.

9. What can be inferred in paragraph 4 about natural selection?
   (A) It does not always need varieties of a species.
   (B) It does not cause organisms to compete for resources.
   (C) It does not let organisms pass an advantage to their offspring.
   (D) It does not enable disadvantaged organisms to be alive over time.

3   Peter and Rosemary Grant, both biologists at Princeton University, observed that evolutionary change occurred over a few years, as opposed to Darwin's claim. In 1977, they found that beak size of finches in the Galápagos Islands started to enlarge due to a severe drought which caused small seeds to reduce. Only the birds with unusually large beaks could break open the large, hard seeds and survive. A large number of normal birds with small beaks died. Yet, when the drought ended, the population returned to normal-beaked birds. Peter and Rosemary Grant were surprised at how quickly the evolutionary change had taken place.

4   Why does the balance of species return to normal as natural conditions do? It is because species are genetically stable. Since natural selection chooses the best among existing varieties, it serves to build up minor advantageous genetic changes. For example, if a member of a species gets a functional advantage, it genetically passes the advantage on to its offspring. The genetic advantage enables the member to compete better in the wild than the disadvantaged members of the same species. The example of the moths reveals that darker-colored moths had a genetic advantage in body coloration during the pollution period.

CHAPTER 08
Sentence Simplication(문장 간결화) 문제

1 이 문제가 요구하는 것

    Sentence Simplification 문제는 글자 그대로 복잡한 문장을 알기 쉽게 단순화된 보기를 찾으라는 것입니다. 여기서 Simplification이란 한 문장에서 부가적인 정보는 빼고 핵심 정보만을 뽑아 간결하게 바꾸어 쓰기(paraphrase) 한 것을 말합니다. Sentence Simplification 문제는 iBT에서 새롭게 등장한 문제 유형으로서 보통 한 지문당 1개의 문제가 출제 됩니다.

2 어떻게 이 문제를 확인하나?

    Sentence Simplification 질문 유형은 다음과 같습니다. 가급적이면 이 질문 유형을 암기하세요. 시험장에서 이 질문을 읽지 않아도 좋을 정도로요. 시험칠 때 이 문제를 읽어야 할 만큼 시간 여유가 없기 때문입니다.

> **Which of the sentences below best expresses the essential information in the highlighted sentence in the passage?** *Incorrect* **choices change the meaning in important ways or leave out essential information.**

3 본문 어디를 읽어야 하나?

    본문에 한 문장이 음영 처리(highlighted) 되어 있습니다. 이 부분을 읽으면 됩니다.

> Strategy 01 두 개의 내용이 어떻게 연결되는지 확인하기 위해 접속사/접속부사/전치사 (예: although, despite)를 확인하세요.

영구: 선생님, 두 개의 내용이란 어떤 것인가요?

선생님: 한 문장 안에 보통 두 개의 절이 주어집니다. 이 두 개의 절을 연결하는 접속사를 우선 확인해 보세요. 아래 문장에서 접속사는 Before입니다.

(a) **Before** he attended the university, Harry spent the two years following his graduation from high school in many jobs.

지연: 선생님, 두 개의 절이 아니라 하나의 절만 나오면 어떻게 해요?

선생님: 절 대신에 전치사구가 나오면 전치사구와 주절로 나누면 되고, 전치사구 없이 하나의 절만 나오면 주어 부분과 술어 부분으로 나누면 됩니다. 보기에서 문장 구조가 바뀌거나 (예를 들면, despite → although), 주절과 종속절의 순서가 바뀌는 경우가 많습니다.

1. Which of the sentences below best expresses the essential information in the highlighted sentence in the passage?
   (A) In order to compete with the established companies, advertising helps the new company.
   (B) The established companies advertise so much that the new company cannot compete with them.
   (C) The new company cannot compete with the established companies, despite a large advertising campaign.
   (D) Due to new advertising campaign, the company cannot compete with the established companies.

   A new company has weaknesses, compared with established companies. For example, the new company does not have the ability to use large advertising and marketing campaigns whereas the established companies can take on them. **Although it advertises a lot, the new company cannot compete with the established companies.** It does not have the national name that flows out of national advertising.

CHAPTER 08 — Sentence Simplification(문장 간결화) 문제

어휘 weakness(약점), established(확립된), take on(고용하다, 떠맡다, 갖게 되다)

분석 본문에서 밑줄 그어진 문장의 연결 어구는 Although입니다. Although는 '~에도 불구하고'라는 뜻을 나타내므로 절의 내용이 서로 반대입니다. 이를 확인하기로 하죠. '비록 새 회사가 많이 광고함에도 불구하고, 그 새 회사는 확립된 회사들과 경쟁할 수 없다'에서 '많이 광고한다'는 긍정이고 '경쟁할 수 없다'는 부정이므로 두 내용이 서로 반대입니다. 이와 비슷한 보기를 찾아야 합니다. 우선, 보기에서 반대를 나타내는 접속사 / 접속부사 / 전치사를 찾으세요. in order to, so ~ that, because는 같은 방향을 나타내는 반면에 despite는 반대를 나타냅니다. despite를 포함하고 있는 (C)의 내용이 맞는지 확인하겠습니다. 즉, '그 새로운 회사는 확립된 회사들과 경쟁할 수 없다 / 대대적인 광고 캠페인에도 불구하고'라는 뜻이므로 정답이네요.

정답 (C)

Key Words 첫 문장(S1): weaknesses. 둘째 문장(S2): not have the ability to use large advertising and marketing campaigns. 셋째 문장(S3): cannot compete with the established companies. 넷째 문장(S4): not have the national name.

문장과 문장의 연결 S1←S2: '약점들의 한 예' 제시. S2←S3: '그래서'의 답. S3←S4: '왜 경쟁할 수 없는가?'의 답.

해석 새로운 회사는 약점들을 가지고 있다 / 기존의 회사들과 비교했을 때, 예를 들면, 그 새로운 회사는 능력을 가지고 있지 않다 / 대대적인 광고와 마케팅 캠페인들을 사용할 / 반면에 기존의 회사들은 그것들을 취할 수 있다. 비록 새 회사가 많이 광고함에도 불구하고, 그 새로운 회사는 경쟁할 수 없다 / 기존의 회사들과. 그것은 전국적인 이름을 가지고 있지 않다 / 전국적인 광고로부터 나오는.

Strategy 02 두 개의 내용 중 어느 하나만 언급되는 것은 오답이므로 두 내용 모두 포함하고 있는 보기를 찾으세요.

영구: 선생님, 두 개의 내용들 중 하나만 언급된다는 것은 어떤 뜻인가요?

선생님: 전체 내용이 나와야 하는데 일부분만 언급된다는 뜻입니다. 이런 경우는 모두 오답이 됩니다. 예를 들면, 다음 문장 (b)에서 오답들은 어떻게 만들어질까요?

(b) <u>The greatest changes in the earth's surface other than those caused by volcanoes</u> are <u>those produced by huge masses of ice called glaciers</u>.

화산들에 의해 야기된 것들과 다른 지구 표면에서의 큰 변화들은 / 빙하들이라 불리는 거대 얼음 덩어리들에 의해 생성된 것들이다.

초롱: 주어 부분만 언급되거나 술어 부분만 언급되는 경우입니다.

선생님: (만족스럽게 바라보며) 그렇죠. '지구 표면에서의 큰 변화들은 화산들에 의해 야기된 것들과 다르다'라는 문장이나 '지구 표면에서의 큰 변화들은 빙하들이라 불리는 거대 얼음 덩어리들에 의해 생성된 것들이다'라는 문장은 오답이 됩니다.

2. Which of the sentences below best expresses the essential information in the highlighted sentence in the passage?
   (A) Insurance costs are confusing because insurance companies operate in each state.
   (B) Since every state has its own regulations, they make the cost of insurance different.
   (C) Different kinds of insurance are presented by insurance companies.
   (D) There is misunderstanding about insurance fees in each of the fifty states.

When they look for health insurance, many people feel confused and frustrated. Insurance fees are puzzling because each of the fifty states regulates insurance companies in a different way. In order to choose a reasonable health insurance, people need to know its benefits and risks.

어휘 look for(찾다), insurance(보험), confused(혼란스런, 당황한), frustrate(좌절시키다), insurance rate(보험 요금), puzzling(당황케 하는, 혼란스런), regulate(규제하다), resonable(합당한, 비싸지 않은), benefit(이익), risk(위험)

분석 본문에서 밑줄 그어진 문장의 연결어구는 because입니다. Because는 이유를 나타내므로 두 절의 내용이 서로 같은 방향입니다. 이를 확인하기로 하죠. '보험 요금들은 혼란스럽다 / 왜냐하면 50개 주들의 각각은 보험 회사들을 다른 방식으로 규제하기 때문에'에서 because 앞 내용은 결과를 나타내고, because 다음 내용은 원인을 나타냅니다. 이 두 내용을 반영하는 보기를 찾아야 합니다.

(A) '보험 비용들은 혼란스럽다 / 왜냐하면 보험회사들은 각각의 주에서 운영되므로' 라는 뜻으로 '규제된다' 는 내용이 빠졌습니다. (B) '모든 주는 그 자신의 규제들을 가지고 있기 때문에, 그것들은 보험 비용을 다르게 만든다' 라는 뜻으로 '규제된다' 는 뜻과 '보험료가 다르다' 는 뜻을 나타내므로 정답입니다. (C) '보험의 다른 종류들이 보험회사들에 의해 제시된다' 라는 뜻으로 '규제' 에 대한 언급이 빠졌습니다. (D) '보험료들에 대한 오해가 있다 / 50개 주들의 각각에서' 라는 뜻으로 '규제' 에 대한 언급이 없습니다.

정답 (B)

Key Words 첫 문장(S1): feel confused and frustrated. 둘째 문장(S2): puzzling, regulates insurance companies in a different way. 셋째 문장(S3): know its benefits and risks.

문장과 문장의 연결 S1←S2: '왜 당황하고 좌절하는가?' 의 답. S2←S3: '그래서' 의 답.

해석 그들이 건강 보험을 찾을 때, 많은 사람들은 당황스럽고 좌절스러움을 느낀다. 보험 요금들은 혼란스럽다 / 왜냐하면 50개 주들의 각각은 보험 회사들을 다른 방식으로 규제하기 때문에. 합당한 건강 보험을 고르기 위해서, 사람들은 그것의 이익들과 위험들을 알 필요가 있다.

CHAPTER 08 - Sentence Simplication(문장 간결화) 문제

Strategy 03 동사의 의미와 시제가 맞게 쓰였는지 확인하세요.

영구: 선생님, 동사의 시제가 틀리게 제시되기도 하나요?

선생님: (웃으며) 그럼요. 본문에 제시된 시제는 과거인데 보기는 현재나 미래시제가 나오면 오답이 됩니다. 또한, 동사의 의미를 틀리게 바꾼 보기도 오답이 됩니다. 다음 문장 (c)에서 오답들은 어떻게 만들어질까요?

(c) Medical authorities have been reluctant to support the findings of some nutritionists that vitamin C given in large doses can prevent the common cold.
의료 당국자들은 몇몇 영양학자들의 발견들을 지원하기 꺼린다 / 많은 양으로 주어진 비타민 C는 보통의 감기를 예방할 수 있다는.

지연: '과거에 꺼렸다' 와 '예방했다' 라는 과거 시제, '예방할 것이다' 라는 미래 시제도 모두 오답일 것 같은데요.

선생님: 그렇죠. 또한, '의료 당국자들이 영양학자들을 지원한다/했다' 라는 긍정적 의미는 오답이 됩니다. 보기에서 동사의 태가 수동태에서 능동태로 바뀌거나 능동태에서 수동태로 바뀌는 경우가 많으므로 유의하시기 바랍니다.

3. Which of the sentences below best expresses the essential information in the highlighted sentence in the passage?
   (A) The early filmmakers demonstrated great development potential which has now been taken on educational movies.
   (B) Many potentially great discoveries result from the use of education movies by the pioneers of the movie industry.
   (C) Pioneers of the film industry recognized the many educational potentials offered by their new means.
   (D) Education movies must be appreciated most by the pioneers in their development.

The great possibilities of the movie in education were appreciated by many of the early filmmakers in the development of the motion picture. In the peak of the 16mm educational film, from the mid 1930's through the mid 1980's, many companies and independent producers made a lot of films for classroom use. ETRI Films was one of the largest producers of educational films in the 1930's.

어휘 appreciate(높게 평가하다), filmmaker(영화제작자), motion picture(영화), peak(절정, 전성기), lack(부족하다, 결핍하다),

분석 본문에서 밑줄 그어진 내용은 연결어구 없이 주어 부분과 술어 부분으로만 이루어진 문장입니다. 이런 경우에는 주어 부분의 내용과 술어 부분의 내용을 나눈 다음 두 부분의 관계를 따지면 됩니다. 이렇게 연결어구 없이 이루어진 문장에서는 동사의 의미와 시제가 중요합니다. 본문에서 밑줄 그어진 내용 '교육 영화의 거대한 가능성들은 높게 평가되었다 / 영화 발전에서 많은 초기 영화 제작자들에 의해'는 수동태이므로 이것을 능동태로 바꾸면 이해하기 쉽습니다. 즉, '많은 초기 영화 제작자들은 교육 영화의 거대한 가능성들을 높게 평가했다.' 동사의 의미는 '높게 평가했다'이고, 시제는 과거입니다. 이런 내용을 반영하는 보기를 찾아야 합니다.

(A) 동사 demonstrated(증명했다)의 시제는 맞지만 의미가 맞지 않습니다. 또 다른 동사 has been taken(반영되어 왔다)의 시제와 의미가 맞지 않습니다. (B) 동사 result의 의미와 시제가 맞지 않습니다. (C) 동사 recognized(인식했다)의 의미와 시제가 맞습니다. '영화 산업의 개척자들은 많은 교육적 잠재력들을 인식했다 / 그들의 새로운 수단(= 영화)에 의해 제시된'의 의미는 본문 내용과 같으므로 정답입니다. (D) must be appreciated는 시제가 맞지 않습니다.

정답 (C)

Key Words 첫 문장(S1): appreciated by many of the early filmmakers. 둘째 문장(S2): made a lot of films for classroom use. 셋째 문장(S3): one of the largest producers.

문장과 문장의 연결 S1←S2: '그래서?'의 답. S2←S3: '많은 제작자들의 한 예' 제시.

해석 교육 영화의 거대한 가능성들은 높게 평가되었다 / 영화 발전에서 많은 초기 영화 제작자들에 의해. 16mm 교육 영화의 전성기에, 1930년대 중반부터 1980년대 중반까지, 많은 회사들과 독립적인 제작자들은 교실 용도를 위한 많은 영화들을 만들었다. ETRI Films는 가장 거대한 제작자들 중 하나였다 / 1930년대의 교육 영화들의.

4. Which of the sentences below best expresses the essential information in the highlighted sentence in the passage?
    (A) When new towers and roadways were built after the War, they did not satisfy urban residents.
    (B) New towers and roads have not persuaded urban people since they were built after the War.
    (C) Although buildings were built quickly enough after the War, urban architects' solutions eventually will not succeed.
    (D) The towering buildings are too tall for urban residents to live in.

Although there are several good examples of urban architecture in older cities in Europe, solutions to current problems of the physical decay of cities in the United States have come slowly. The first reaction after the Second World War was to build beautiful new towers and well-organized roadways, but these solutions did not respond to people.

CHAPTER 08 — Sentence Simplication(문장 간결화) 문제

어휘 current(현재의), decay(부패, 썩음), reaction(반응, 대응), tower(탑), well-organized(잘 조직된), respond(응답하다, 부합하다)

분석 본문에서 밑줄 그어진 문장의 연결어구는 but이므로 그 앞 뒤의 내용은 정반대입니다. 이를 확인하기로 하죠. '2차 세계 대전 이후의 첫 대응은 아름다운 새로운 탑들과 잘 조직된 도로들을 짓는 것이었다. 하지만 이 해결책들은 사람들에게 부합하지 못했다'에서 동사 was와 did not respond의 시제는 과거입니다. 내용은 '첫 해결책으로서 탑들과 도로들을 짓는 것' 이었지만 '이것은 사람들을 만족시키지 못했다'는 것입니다. 답을 찾기 위해 우선 동사의 시제를 확인한 후 맞는 내용을 찾기 바랍니다.

(A) 동사의 시제는 과거로서 맞고 내용도 일치하므로 정답입니다. 즉, '새로운 탑들과 도로들이 그 전쟁 이후에 지어졌을 때, 그것들은 도시 주민들을 만족시키지 못했다.' (B) 인과 관계가 맞지 않습니다. 즉, 새로운 탑들과 도로들이 지어졌기 때문에 그것들이 도시 사람들을 설득하지 못한 것이 아니죠. 만일 탑들과 도로들을 짓고 또한 사람들이 원하는 것을 했다면 그들은 설득 당했을 겁니다. (C) 주절에서 동사 will not succeed의 시제가 미래이므로 맞지 않습니다. (D) 동사 are의 시제가 현재이므로 맞지 않습니다.

정답 (A)

Key Words 첫 문장(S1): solutions to current problems, come slowly. 둘째 문장(S2): to build towers and roadways, not respond to people.

문장과 문장의 연결 S1←S2: '왜 해결책들은 늦게 나오고 있는가?'의 답.

해석 도시 건축의 여러 가지 좋은 예들이 있음에도 불구하고 / 유럽의 더 오랜 도시들의, 현재 문제들에 대한 해결책들은 / 미국 도시들의 물리적인 부패의 / 느리게 나타나고 있다. 2차 세계 대전 이후의 첫 대응은 아름다운 새로운 탑들과 잘 조직된 도로들을 짓는 것이었다 / 하지만 이 해결책들은 사람들에게 부합하지 못했다.

Strategy 04 인과관계, 비교, 대조가 맞게 쓰였는지 확인하세요.

영구: 선생님, 인과관계, 비교, 대조가 맞게 쓰였는지 확인하는 방법은 무엇입니까?

선생님: 좋은 질문입니다. 확인 방법은 동사 이후 어구에 초점을 맞추는 것입니다. 다음 문장 (d)에서 오답들은 어떻게 만들어질까요?

(d) The shock waves that followed a series of explosions may have played an important part in galaxy formation.
    일련의 폭발들 후에 나타난 그 충격파들은 은하 형성에 중요한 역할을 했었을 것이다.

초롱: 술어 부분과 주어 부분이 바뀌는 경우입니다. 즉, '은하 형성이 그 충격파들을 일으켰다.'는 오답이 됩니다.

선생님: 그렇죠. 술어 부분과 주어 부분이 바뀐 내용인 '은하 형성이 그 충격파들을 일으켰다.'는 오답이 됩니다. 또 하나의 오답은 '일련의 폭발들이 은하 형성에 중요한 역할을 했었을 것이다.'라는 것입니다. 이것이 오답인 이유는 '일련의 폭발들'은 은하 형성의 요인이 아니라 '충격파들'을 일으킨 요인이기 때문입니다. 다음 문장 (e)에서 오답들은 어떻게 만들어질까요?

(e) Today, only Stockholm has more Scandinavians than Minneapolis.
오늘날, 오로지 스톡홀름만이 미니아폴리스보다 더 많은 스칸디나비아 사람들을 가지고 있다.

지연: 비교 대상의 순서가 바뀌거나 비교 내용이 틀린 경우입니다.

선생님: 그렇죠. 비교 대상의 순서가 바뀌어 '미니아폴리스가 스톡홀름보다 더 많은 스칸디나비아 사람들을 가지고 있다'는 뜻이 되거나 비교 내용이 틀려 '스톡홀름은 미니아폴리스 만큼 많은 스칸디나비아 사람들을 가지고 있다'가 되면 오답입니다.

5. Which of the sentences below best expresses the essential information in the highlighted sentence in the passage?
   (A) The primary reason that the tiger population has reduced is the fact that human beings are living and working in its natural habitat.
   (B) Reduced human occupation and activities largely caused the loss of natural habitat for the tiger population.
   (C) Like the tiger population, the human population is going to decline due to man's job and actions.
   (D) Primarily, human beings are living and working in an increasing natural habitat because of the decrease in the tiger population.

The number of tigers can be an indicator of biodiversity because they are at the top of the food chain. It means that when there are plenty of tigers in the world, there are much more preys that support them. Unfortunately, world tiger numbers have reduced from more than 100,000 a century ago to around 4,000 today. The reduction of the tiger population mainly occurs because of the loss of a natural habitat which results from human occupation and activities.

어휘) reduce(감소하다), habitat(서식지), occupation(직업), indicator(척도), biodiversity(생물의 다양성), food chain(먹이 사슬), conservation(보호), include(포함하다), preservation(보존), prey(먹이, 희생자)

분석) 본문에서 밑줄 그어진 내용은 접속사 없이 주어 부분과 술어 부분으로만 이루어진 문장입니다. 이런 경우에는 주어 부분의 내용과 술어 부분의 내용을 나눈 다음 두 부분의 관계를 따지면 됩니다. 동사 occurs 다음에 because of 가 나오고 있으므로 주어 부분은 결과를 나타내고 동사 이후 부분은 원인을 나타냅니다. 즉, '호랑이 인구의 감소는 주로 발생한다 / 자연 서식지의 손실 때문에 / 인간의 직업과 활동들로부터 결과하는'에서 원인을 중심으로 다시 정리하면 '인간의 직업과 활동들'이 '호랑이의 자연 서식지를 잃게' 했고 이것은 '호랑이 인구 감소'를 야기했다는 것입니다. 이런 내용을 반영하는 보기를 찾아야 합니다.

(A) '호랑이 인구가 감소한 이유는 사람들이 호랑이 자연 서식지에 살면서 일하고 있다는 사실이다'라는 내용은 본

CHAPTER 08 - Sentence Simplification(문장 간결화) 문제

문 내용과 일치하므로 정답입니다. (B) 인과 관계가 맞지 않을 뿐만 아니라 '감소된 인간의 직업과 활동'이라는 말은 맞지 않습니다. (C) '인간의 인구도 감소하고 있다'는 것은 맞지 않습니다. (D) '호랑이 인구 감소 때문에'라는 말은 맞지 않습니다.

정답 (A)

Key Words 첫 문장(S1): an indicator of biodiversity, at the top of the food chain. 둘째 문장(S2): plenty of tigers, much more preys. 셋째 문장(S3): reduced. 넷째 문장(S4): occurs because of the loss of a natural habitat.

문장과 문장의 연결 S1←S2: '그게 뭐지?'의 답. S2←S3: '호랑이 숫자는 얼마인가?'의 답. S3←S4: '왜 감소했는가?'의 답.

해석 호랑이들의 숫자는 생물 다양성의 척도가 될 수 있다 / 왜냐하면 그들은 먹이 사슬의 위 부분에 있기 때문에. 그것은 의미한다 / 세상에 많은 호랑이들이 있을 때, 훨씬 더 많은 먹이들이 있다는 것을 / 그들을 부양하는. 불행하게도, 전 세계 호랑이 숫자들은 감소해왔다 / 100년 전 10만 마리 이상에서 오늘날 약 4천 마리로, 호랑이 인구의 감소는 주로 발생한다 / 자연 서식지의 손실 때문에 / 인간의 직업과 활동들로부터 결과하는.

---

6. Which of the sentences below best expresses the essential information in the highlighted sentence in the passage?
   (A) The human body requires physical stress when it needs vitamins.
   (B) More vitamins are required when the pressure on the human body is high.
   (C) When it feels physical stress, the human body needs as many vitamins as usual.
   (D) When humans do not feel physical stress, their bodies need fewer vitamins than usual.

The human body reacts to physical stress by stimulating the nervous system and particular hormones. When the body reacts to stress, its heart rate, breathing rate, and metabolism goes up. All of these physical changes help to respond quickly and effectively to control the pressure of the moment. During the periods of physical stress, the human body uses up more vitamins than it usually does.

어휘 react(반응하다), physical(신체적인), stimulate(자극하다), nervous system(신경조직), heart rate(심장 박동수), breathing rate(호흡 비율), metabolism(신진대사), response(반응하다), moment(순간), use up(소모하다)

분석 본문에서 밑줄 그어진 내용은 비교급 more ~ than으로 이루어진 문장입니다. 비교급에서는 비교 대상과 비교 내용이 중요합니다. 밑줄 그어진 내용에서 비교 대상은 '스트레스 받을 때'와 '그렇지 않은 때'이고 비교 내용은 '비타민의 소비'입니다. 스트레스 받을 때 비타민 소비의 양은 더 많아진다는 뜻입니다. 이런 내용을 반영하는 보기를 찾아 볼까요?

(A) '사람의 몸은 신체적인 스트레스를 요구한다 / 그것이 비타민을 필요로 할 때'는 맞지 않습니다. 내용이 거꾸로 되어 있고, 비교 대상도 없습니다. (B) '더 많은 비타민들이 요구된다 / 인간의 몸에 대한 압력이 높을 때'라는

내용은 본문의 내용과 일치하므로 정답입니다. the pressure on the human body = physical stress입니다. 비교 대상은 내포되어 있습니다. (C) as many ~ as usual이라는 원급 비교는 비교 내용이 맞지 않습니다. (D) 내용이 반대로 되어 있고, 비교 내용이 맞지 않습니다. 즉, '스트레스를 느끼지 않으면 평소보다 더 적은 비타민을 필요로' 하는 것이 아니라 평소만큼 필요로 하겠죠!!!

정답 (B)

Key Words 첫 문장(S1): by stimulating the nervous system and particular hormones. 둘째 문장(S2): its heart rate, breathing rate, and metabolism goes up. 셋째 문장(S3): help to respond quickly and effectively. 넷째 문장(S4): uses up more vitamins.

문장과 문장의 연결 S1←S2: '신경 체계가 어떻게 작용하는가?' 의 답. S2←S3: '어떻게 도움이 되는가?' 의 답. S1←S4: '호르몬 반응의 예' 제시.

해석 인간의 몸은 신체적인 스트레스에 반응한다 / 신경계와 특별한 호르몬들을 자극함으로써. 몸이 스트레스에 반응할 때, 그것의 심장 박동수, 호흡 비율, 그리고 신진대사는 올라간다. 이 신체적 변화들의 모든 것은 빠르고 효율적으로 반응하도록 돕는다 / 그 순간의 압력을 억제하기 위해. 신체적 스트레스의 기간들 동안에, 인간의 몸은 더 많은 비타민을 소모한다 / 그것이 보통 때 하는 것보다.

---

7. Which of the sentences below best expresses the essential information in the highlighted sentence in the passage?
   (A) When little sunlight penetrates the thick tropical forests, the south and the north side of a tree trunk have about the same amount of moss.
   (B) The moss on the north side of a tree trunk is thicker than that on the south side, when bright sunlight comes through the dense tropical forests.
   (C) When the sun does not penetrate the thick tropical forests, we can find more moss on the northern side of a tree trunk.
   (D) When a lot of sunlight penetrates the dense tropical forests, much less moss grows on the north side of a tree trunk.

Moss can grow on any side of tree trunks. But, we find more moss on the northern side of the tree trunks. In open temperate forests where much sunlight penetrates, the north side of a tree trunk is usually more shaded and moist because the sun shines from the south. Moss grows well in the shade and needs moisture to reproduce. In contrast, in dense tropical forests where little sunlight penetrates, we can find exactly as much moss on the south side as on the north side of a tree trunk.

CHAPTER 08 Sentence Simplification(문장 간결화) 문제

어휘 moss(이끼), tree trunk(나무 원줄기), temperate forest(온대 지역의 숲), penetrate(꿰뚫다), shaded(그늘진), moist(축축한, 습기 있는), reproduce(번식하다), dense(밀집된, 촘촘한), tropical forest(열대 지역의 숲)

분석 본문에서 밑줄 그어진 내용은 원급 비교 as ~ as로 이루어진 문장입니다. 비교 구문에서는 비교 대상과 비교 내용이 중요하죠. 밑줄 그어진 내용에서 비교 대상은 '나무 원줄기의 남쪽 부분'과 '북쪽 부분'이고 비교 내용은 '이끼의 양'입니다. 즉, '햇볕이 거의 없는 밀집된 열대 숲에서, 나무 원줄기의 남쪽 부분과 북쪽 부분에는 같은 양의 이끼가 있다'는 것입니다. 이런 내용을 반영하는 보기를 찾아 볼까요?

(A) '햇볕이 거의 밀집된 열대 숲들을 뚫지 못할 때, 나무 원줄기의 남쪽 부분과 북쪽 부분은 같은 양의 이끼를 가진다'는 내용은 본문의 내용과 일치하므로 정답입니다. (B) '밝은 빛이 통과할 때'라는 말은 맞지 않고, 비교급의 내용도 맞지 않습니다. (C) '북쪽 부분에서 더 많은 이끼를 발견할 수 있다'는 비교급은 맞지 않습니다. (D) '많은 햇볕이 통과할 때'라는 말은 맞지 않고 '아주 적은 이끼가 자란다'는 말도 맞지 않습니다.

정답 (A)

Key Words 첫 문장(S1): grow on any side. 둘째 문장(S2): find more moss on the northern side. 셋째 문장(S3): more shaded and moist. 넷째 문장(S4): grows well in the shade and needs moisture. 다섯째 문장(S5): find exactly as much moss.

문장과 문장의 연결 S1←S2: 대조적인 내용. '북쪽 부분에서 더 많은 이끼를 발견한다'는 내용. S2←S3: '왜 그런가?'의 답. S3←S4: '왜 그런가?'의 답. S4←S5: 대조적인 내용. '햇볕이 없는 곳에서, 같은 양의 이끼가 존재한다'는 내용.

해석 이끼는 나무 원줄기들의 어느 쪽에서도 자랄 수 있다. 하지만, 우리는 더 많은 이끼를 발견한다 / 나무 원줄기들의 북쪽 부분에서. 탁 트인 온대 숲에서 / 많은 햇볕이 통과하는, 나무 원줄기의 북쪽 부분은 보통 더 그늘지고 축축하다 / 왜냐하면 태양은 남쪽에서 비추므로, 이끼는 그늘에서 잘 자란다 / 그리고 번식하기 위해서 습기를 필요로 한다. 대조적으로, 밀집된 열대 숲들에서 / 거의 햇볕이 통과하지 못하는, 우리는 발견할 수 있다 / 남쪽 부분에서 정확하게 그 만큼 많은 이끼를 / 나무 원줄기의 북쪽 부분 위에서 만큼.

Warming-up

1. Which of the sentences below best expresses the essential information in the highlighted sentence in the passage?
   (A) The narrowed distances will be extended across the nation because there were enormous developments in transportation and communication.
   (B) The distances between American cities and regions caused the considerable development of transportation and communication.
   (C) The distances between American cities and regions were significantly narrowed due to remarkable development in transportation and communication.
   (D) The distances between American cities and regions were very much developed by transportation and communication, although they were far away.

Between 1800 and 1840, the expansion of transportation networks stimulated economic development by cutting the travel time across the new nation, and significantly reducing the cost of transporting goods to market. At the same time, increased travel and communication within and among the states helped to bind the nation together. **Because transportation and communication tremendously developed, distances between American cities and regions were greatly cut off.**

CHAPTER 08 – Sentence Simplication(문장 간결화) 문제

2. Which of the sentences below best expresses the essential information in the highlighted sentence in the passage?
   (A) In order to produce plants, tulip seeds take about five years.
   (B) Tulips do not produce seeds until they are five years old.
   (C) Tulips grown from seeds does not flower until they have grown up for five years.
   (D) Five-year-old tulip plants are often grown not for their flowers but for their seeds.

Tulips can be reproduced through seeds. Seed-raised plants show greater variation, and seeds are most often used to raise species and subspecies or are used for the creation of new hybrids. Tulip plants that are produced by seeds often need at least five years of growth before the plants are flowering size. After they are five years old, they will usually flower.

3. Which of the sentences below best expresses the essential information in the highlighted sentence in the passage?
   (A) Unlike Tennessee Williams, Arthur Miller has been considered the most creative United States playwright since the Second World War.
   (B) Arthur Miller and Tennessee Williams were once viewed as the most important United States playwrights after the Second World War.
   (C) The post-Second World War generation of playwrights considered Arthur Miller as important as they did Tennessee Williams.
   (D) Arthur Miller and Tennessee Williams are regarded as the leading United States playwrights of the period following the Second World War.

Arthur Miller was an outstanding figure in American theater and movies, writing a lot of dramas, including plays such as *Death of a Salesman*, which has been performed worldwide. Due to his great works, Miller won numerous awards, including the Pulitzer Prize for Drama in 1962. Along with Tennessee Williams, Arthur Miller has been considered the most significant in the post-Second World War generation of United States playwrights.

CHAPTER 08 - Sentence Simplification(문장 간결화) 문제

4. Which of the sentences below best expresses the essential information in the highlighted sentence in the passage?
   (A) The older galleries of Europe have more art collections than the newer museum of New York.
   (B) Although the museum was founded about 140 years ago, its art collection is as good as those of much older European museums.
   (C) Because it was built in 1866, the museum is similar in size to older European galleries.
   (D) When founded in 1866, the museum had a collection of art which was inferior to those of older European museums.

The Metropolitan Museum of Art in New York is extremely large. With its tall columns and windows, huge stairways and water fountains, the museum looks like a palace. The number and variety of the art works on exhibition is even more remarkable. The museum, established in 1866, now holds a collection of art which ranks with those of the older galleries of Europe. Its collection includes works from all parts of the world, covering the Stone Age to the twentieth century.

5. Which of the sentences below best expresses the essential information in the highlighted sentence in the passage?
   (A) When they live in very rare and rough environments, the goats hide from their predators.
   (B) Although they are very rough, predatory animals, the goats can escape to the top of the highest mountains and be seldom seen.
   (C) The goats are infrequently seen because they are able to live on the roughest peaks safe from their enemies.
   (D) Because they are not simply observed, the goats can escape their predators easily, so they rarely hide among the rocky environments.

   White mountain goats prefer to stay close to rocky cliffs. Rarely seen, the goats are very sure-footed animals that protect themselves from their predators by living in the most rough, rocky environments. Their feet are very suitable for climbing steep, rocky slopes, sometimes with angles of 60 degrees or more. They can be found in their high-altitude habitats, which reach elevations of 4,000 meters or more. Because their predators cannot reach such a high place, they can enjoy safety easily in their habitats.

CHAPTER 08 Sentence Simplication(문장 간결화) 문제

6. Which of the sentences below best expresses the essential information in the highlighted sentence in the passage?
   (A) When jet travelers return home, they brought many new words which they obtained through communication.
   (B) Unfamiliar names have become elements of the ordinary language with jet travel and instant communication.
   (C) Owing to travel and communication, the world has been narrowed and become more familiar.
   (D) The distant sites have been common and foreign names ordinary due to modern travel and communication facilities.

Globalization is generally associated with the narrowing of our world, based on the development of transportation systems and instant communication across the globe. The expansion of transportation systems helped to connect the world. Also, the information superhighway makes the world a network of highly interconnected places. Jet travel and instant communication networks have made the remote and isolated places familiar and even commonplace, and foreign names have become part of the common language.

Exercise

1. According to the passage, which of the following roles do male bird songs play?
   (A) They please humans.
   (B) They increase the need for actual physical contact.
   (C) They send away potential enemies.
   (D) They are announcements of fighting.

2. Which of the sentences below best expresses the essential information in the highlighted sentence in the passage?
   (A) If their warning is unsuccessful, male birds will add to songs.
   (B) Male birds will attack other birds through ways other than visual warning.
   (C) When their songs fail to please people, male birds will increase territoriality.
   (D) Male birds will visually threaten, hunt up, and fight when their songs do not warn away potential invaders.

3. The following sentence can be added to the passage.

   Even with the use of recorded song, these behaviors are usually shown by the birds.

   Where would the sentence best fit?

Territoriality

To minimize the need for actual physical contact in order to defend territories, male birds have evolved songs. **A** The songs serve as "keep-out" signals to warn away potential invaders. **B** Far from being beautiful music intended to cheer up the human environment, they are announcements of ownership and threats of possible violent defense of an area. **C** If the audio warning is ineffective, the male birds will often increase their activities to include visual displays, hunts, and even combat. **D**

CHAPTER 08 Sentence Simplication(문장 간결화) 문제

4. The word "It" in the passage refers to
   (A) Article 1
   (B) the United States Constitution
   (C) the basic organization
   (D) the legislature

5. Which of the sentences below best expresses the essential information in the highlighted sentence in the passage?
   (A) The population of a state cannot decide the number of senators which it shall have.
   (B) The number of senators that a state is given is controlled by its population.
   (C) The Constitution declared that two senators came from one of the states, regardless of its population.
   (D) Regardless of its size, every state is provided to have two senators by the Constitution.

6. According to the passage, which of the following is true about Congress?
   (A) It is composed of one house.
   (B) A census should be taken every 10 years to determine the number of a state's senators.
   (C) Each state is required to have a minimum of one representative.
   (D) Senators are given to each state in accordance to its population.

United States Congress

Article 1 of the United States Constitution describes the basic organization of the legislature. **It** establishes Congress, which is composed of two houses; the upper house is called the Senate and the lower house the House of Representatives. Members of the Senate, known as senators, are elected every two years. **The Constitution requires that each state shall have two senators, regardless of its population.** Members of the House of Representatives, known as representatives, are given to each state in accordance to its population. The Constitution provides that a census should be taken in each state every 10 years to determine its number of representatives. Representatives are elected every two years. Each state must have at least one representative, regardless of its population.

7. Which of the sentences below best expresses the essential information in the highlighted sentence in the passage?
   (A) Isadora Duncan's dance attracted the popular imagination so that American dance was revived.
   (B) Although the dance had been ignored in America, Isadora Duncan paid much attention to her dancing.
   (C) Due to Isadora Duncan's creative work, American dance was reformed after it had been ignored for a long time.
   (D) Because the traditional dance focused on technical method, it had long been neglected.

8. According to the passage, Duncan intended to develop a dance that would do all of the following EXCEPT
   (A) avoid classical ballet techniques
   (B) revive an earlier established vocabulary
   (C) draw on internal sources of human expressiveness
   (D) get rid of standard technical talent

9. The author implies that Duncan depended on music in her performances in order to
   (A) interpret musical works
   (B) visualize it
   (C) inspire the expression of inner feeling
   (D) confirm the public belief

Isadora Duncan's Dance

Long ignored in America, the art of dancing suddenly started a new inventive life with the work of Isadora Duncan. In the early 1900s, Isadora Duncan began to resist against the rigid restrictions of Classical Ballet. She wished to get rid of the traditional methods and established vocabularies of Classical Ballet. She focused on creative self-expression rather than on technical talent. Isadora Duncan's dance is a relaxed and free style of dance in which choreographers use emotions and moods to create their own movement. In her performances, Duncan danced to the music of Beethoven, Wagner, and Gluck, but, contrary to popular belief, she made no attempt to interpret the music; rather, she simply relied on it to provide the inspiration for expressing inner feelings through movement.

CHAPTER 08 – Sentence Simplification(문장 간결화) 문제

Review Test

The Inca Empire

1   The Incas were warriors with a strong and powerful army. They built a wealthy and complex civilization that ruled between 5 million and 11 million people. The Inca Empire lasted about 100 years, from 1438 AD until the coming of the Spaniards in 1532. The Inca lands were about 350,000 square miles(906,500 sq km). The territory of the empire concentrated on the mountaintops of the Andes, and extended to several regions of present-day Ecuador, Bolivia, Chile, and Argentina. Its political center was in present-day Peru.

2   Despite the lack of both a written language and the concept of the wheel, the Incas accomplished feats of engineering that were equal to the Roman Empire. They built cities mostly on highlands and on the steep slopes of the Andes Mountains. The cities, supported with stone steps, contained stone houses and religious buildings. The architecture of the cities was so wonderful that most scientists are still surprised at it. The stone blocks are situated together so closely that even a razor blade cannot be put between them. The Incas also had a remarkable road system. For example, one road was nearly as long as the whole distance of the South American Pacific coast. Because they must be built on highlands of the Andes Mountains, the roads required great engineering and architectural skill. They were constructed to withstand severe wind, floods, and ice.

3   Due to their sophisticated road system, the Incas could easily establish communication throughout the huge, complex empire. The main form of communication between cities was the chasqui, young men who had been trained in their boyhood to relay messages. The runners traveled on foot because there were no vehicles. They carried official messages, working in relays to cover up to 250 miles (400 km) per day. One chasqui would start from the chasqui post and run about a kilometer to relay the messages on an oral basis to another chasqui, waiting outside another post.

4   The Incas confronted tough conditions for agriculture. Mountainous environments restricted the farming lands and water was sometimes scarce. To compensate, the Incas used the terracing methods devised by pre-Inca civilizations. They constructed stone walls to make elevated, flat lands. These lands formed step-like patterns along the sides of hills that were too steep to irrigate or plough in their natural state. Terraces produced more farmland and kept the topsoil from washing away in heavy rains.

1. What can be inferred in paragraph 1 about the Inca Empire?
   (A) Because of the fierceness of its army, the Inca became the largest Native American society.
   (B) The Inca was a tiny kingdom in the Andes Mountains of South America.
   (C) The Incas used peaceful assimilation methods rather than conquest war, to corporate a large portion of western South America.
   (D) The Inca system of government was among the simplest political organizations of any Native American people.

2. The word "Its" in paragraph 1 refers to
   (A) Territory
   (B) The empire
   (C) The Andes
   (D) Several regions

The Inca Empire

1   The Incas were warriors with a strong and powerful army. They built a wealthy and complex civilization that ruled between 5 million and 11 million people. The Inca Empire lasted about 100 years, from 1438 AD until the coming of the Spaniards in 1532. The Inca lands were about 350,000 square miles(906,500 sq km). The territory of the empire concentrated on the mountaintops of the Andes, and extended to several regions of present-day Ecuador, Bolivia, Chile, and Argentina. Its political center was in present-day Peru.

CHAPTER 08 - Sentence Simplification(문장 간결화) 문제

3. Which of the sentences below best expresses the essential information in the highlighted sentence in paragraph 2? Incorrect choices change the meaning in important ways or leave out essential information.
   (A) The Incas attained more sophisticated engineering than the Romans, even though they did not have the wheel and written language.
   (B) As the Romans had done, the Incas made accomplishments of engineering due to their access to the wheel and written language.
   (C) Like the Romans, the Incas founded their empire on the achievements of engineering, although they lacked the wheel and written language.
   (D) Because they lacked the wheel and written language, the Incas could make accomplishments of engineering no more than the Romans.

4. Why does the author mention "a razor blade" in paragraph 2?
   (A) To indicate the architecture of the cities were confusing
   (B) To show that the Incas had great engineering skill
   (C) To explain that the Incas paved their highland roads with flat stones
   (D) To prove that building materials were very durable

5. The word "withstand" in paragraph 2 is closest in meaning to
   (A) diminish
   (B) flourish
   (C) confuse
   (D) resist

2   Despite the lack of both a written language and the concept of the wheel, the Incas accomplished feats of engineering that were equal to the Roman Empire. They built cities mostly on highlands and on the steep slopes of the Andes Mountains. The cities, supported with stone steps, contained stone houses and religious buildings. The architecture of the cities was so wonderful that most scientists are still surprised at it. The stone blocks are situated together so closely that even a razor blade cannot be put between them. The Incas also had a remarkable road system. For example, one road was nearly as long as the whole distance of the South American Pacific coast. Because they must be built on highlands of the Andes Mountains, the roads required great engineering and architectural skill. They were constructed to withstand severe wind, floods, and ice.

6. What can be inferred from paragraph 3 about chasqui?
   (A) The roads were too rough for them to travel.
   (B) Hundreds of chasqui were needed to relay messages.
   (C) The official messages were written on documents.
   (D) They quickly made trip on horse.

7. The word "scarce" in paragraph 4 is closest in meaning to
   (A) rare
   (B) complicated
   (C) ample
   (D) barren

8. All of the following are mentioned in paragraph 4 as a reason why the Incas built stone walls EXCEPT
   (A) To make the lands more cultivatable
   (B) To plough the lands more easily
   (C) To store drinkable water in reservoirs
   (D) To protect the topsoil from heavy rains

3   Due to their sophisticated road system, the Incas could easily establish communication throughout the huge, complex empire. The main form of communication between cities was the chasqui, young men who had been trained in their boyhood to relay messages. The runners traveled on foot because there were no vehicles. They carried official messages, working in relays to cover up to 250 miles(400 km) per day. One chasqui would start from the chasqui post and run about a kilometer to relay the messages on an oral basis to another chasqui, waiting outside another post.

4   The Incas confronted tough conditions for agriculture. Mountainous environments restricted the farming lands and water was sometimes scarce. To compensate, the Incas used the terracing methods devised by pre-Inca civilizations. They constructed stone walls to make elevated, flat lands. These lands formed step-like patterns along the sides of hills that were too steep to irrigate or plough in their natural state. Terraces produced more farmland and kept the topsoil from washing away in heavy rains.

CHAPTER 09
Summary(요약) 문제

1 이 문제가 요구하는 것

　Summary 문제는 6개의 보기들 중에서 지문의 주요한 내용을 언급하고 있는 것을 골라 지문 요약을 완성시키는 유형입니다. 여기서 Summary(요약)이란 글의 중심 내용을 추려내어 간략히 표현하는 것을 말합니다. Summary 문제는 iBT에서 새롭게 등장한 문제 유형으로서 각 지문의 마지막 문제로 제시됩니다. Summary 문제가 출제되지 않을 때에는 Table 문제가 제시됩니다.

2 어떻게 이 문제를 확인하나?

　Directions(지시사항)과 introductory sentence가 주어지고 그 아래에 지문 요약을 위한 요약표와 6개의 보기들이 제시됩니다. 6개의 보기들 중 요약을 완성시키기에 적절한 3개를 클릭하여 요약표에 넣어야 합니다. 2점짜리 문제로서 하나 틀려도 부분 점수를 받을 수 있습니다(즉, 3개 모두 제대로 답하면 2점, 2개 맞으면 1점, 1개 맞으면 0점).
　Summary 질문 유형은 다음과 같습니다.

Directions: An introductory sentence for a brief summary of the passage is provided below. Complete the summary by selecting the THREE answer choices that express the most important ideas in the passage. Some answer choices do not belong in the summary because they express ideas that are not presented in the passage or are minor ideas in the passage. ***This question is worth 2 points.***

An introductory sentence

-
-
-

Answer Choices

Drag your answer choices to the spaces where they belong. To remove an answer choice, click on it. To review the passage, click on View Text.

❸ 본문 어디를 읽어야 하나?

　본문 전체 내용을 요약하는 문제라서 본문의 특정적인 부분을 읽고 답할 수 없습니다. 시간이 부족하기 때문에 단락의 주제들을 다시 읽고 요약할 시간도 없습니다. 본문을 또 다시 읽지 않고 답하는 특별한 요령이 필요합니다.

CHAPTER 09 - Summary(요약) 문제

③ 이 문제 유형은 수험생들의 어떤 면을 측정하고자 하나?

지연: 선생님, 이 Summary 문제 유형이 새롭게 생겨난 이유는 무엇인가요?

선생님: 좋은 질문입니다. 이 문제 유형은 독립형 GRE writing의 글의 구조를 수험생들이 알고 있는지 여부를 측정하고자 하는 것입니다.

지연: 독립형 GRE writing의 글의 구조를 측정한다는 것은 무슨 뜻입니까?

선생님: 독립형 GRE writing에서는 주제를 제시한 후 보통 5개의 단락으로 글을 쓰라고 합니다. 서론 1단락, 본론 3단락, 결론 1단락이요. 이 Summary 문제 유형은 GRE writing의 본론 3단락 구성 요령을 묻고자 하는 것이죠. 예를 들면, GRE writing에서 "생체 리듬은 매일의 삶에 강력한 영향을 미친다"는 주제로 글을 쓰라고 하면 본론 3단락을 구성할 때 이 주제에 맞는 세 단락의 주제를 구상해야만 합니다. 이런 방식이 Summary 문제 유형 방식과 같다는 뜻입니다.

지연: 선생님 말씀은 이 유형의 문제에서 Introductory sentence는 독립형 GRE writing에서 제시하는 주제와 같은 것이고, 보기 6개 중 3개를 고르는 것은 본론 세 단락 주제를 선택하는 것과 같다는 뜻인가요?

선생님: (웃으며) 예, 맞습니다. 우리는 GRE 수험생처럼 Introductory sentence를 보고 본문 3단락의 주제를 무엇으로 하면 좋을 지 고민하면 됩니다.

영구: 고민한다고 답이 나오나요?

선생님: (웃으며) 물론이죠. 고민하는 방법은 Introductory sentence를 이용하는 것입니다. 자세한 방법은 아래에서 논의하기로 하죠.

> **Strategy 01** Introductory sentence에서 key words를 가려냈을 때, 이 단어들을 포함하는 문장들은 정답이 되고 이 단어들을 포함하지 않는 문장들은 오답이 됩니다.

영구: 선생님, Introductory sentence는 어떤 것인가요?

선생님: Introductory sentence는 완성될 Summary의 주제 문장으로 제시되는 것을 말합니다. Directions(지시 사항) 바로 아래 주어집니다.

영구: 선생님, key words는 어떻게 가려내나요?

선생님: 주어에서 핵심적인 것과 술어에서 핵심적인 것을 고르면 됩니다. 예를 들면, 다음 문장이 Introductory sentence로 주어질 때 key words는 무엇일까요?

A collision between the Earth and a giant asteroid brought up a wide variety of phenomena to the Earth's surface.

지연: A collision between the Earth and a giant asteroid와 a wide variety of phenomena가 key words입니다.

선생님: 그렇죠. 이 두 개의 어구들과 맞는 내용을 포함하는 문장들은 정답이고 그렇지 않은 문장들은 오답이 됩니다.

CHAPTER 09 - Summary(요약) 문제

1. **Directions:** An introductory sentence for a brief summary of the passage is provided below. Complete the summary by selecting the THREE answer choices that express the most important ideas in the passage.

   A collision between the Earth and a giant asteroid brought up a wide variety of phenomena to the Earth surface.

   -
   -
   -

   Answer Choices

   (A) Until 1980, most geologists believed that dinosaur extinction occurred gradually over a long time.
   (B) The metal iridium had been brought to the Earth's surface after an asteroid hit the Earth.
   (C) When a huge asteroid impacted the Earth, an enormous dust cloud would block sunlight and prevent photosynthesis for several years.
   (D) Some paleontologists did not accept that the asteroid impact caused dinosaur extinction.
   (E) Global firestorms may have resulted as burnable fragments from the explosion fell back to the Earth.
   (F) The discovery of Chicxulub buried in the Yucatan Peninsula of Mexico has supported the asteroid collision theory.

어휘) collision(충돌), giant(거인, 거대한), asteroid(소행성), bring up(가져오다, 야기하다), a wide variety of(광범위한), dinosaur(공룡), impact(충돌, 충돌하다), enormous(거대한), dust(먼지), block(막다, 방해하다), photosynthesis(광합성), paleontologist(고생물학자), extinction(멸종), firestorm(불 폭풍), fragment(조각), explosion(폭발), fall back to(~에 떨어지다), peninsular(반도)

분석) Introductory sentence에서 주어 부분의 핵심 어구는 'A collision between the Earth and a giant asteroid'이고, 술부의 핵심어구는 'a wide variety of phenomena'입니다. 이 두 개의 어구들과 맞는 내용을 포함하는 문장들은 정답이고 그렇지 않은 문장들은 오답이 됩니다. 보기들을 하나씩 살펴보기로 하죠.

   (A) 핵심어구는 dinosaur extinction입니다. Introductory sentence의 핵심어구를 포함하고 있지 않으므로 오답입니다.
   (B) 핵심어구는 The metal iridium, an asteroid hit the Earth입니다. Introductory sentence의 핵심어구를 포함하고 있으므로 정답입니다.
   (C) 핵심어구는 a huge asteroid impacted the Earth, enormous dust cloud입니다. Introductory sentence의 핵심어구를 포함하고 있으므로 정답입니다.

(D) 핵심어구는 Some paleontologists did not accept입니다. Introductory sentence의 핵심어구를 포함하고 있지 않으므로 오답입니다.

(E) 핵심어구는 Global firestorms, the explosion입니다. Introductory sentence의 핵심어구를 포함하고 있으므로 정답입니다.

(F) 핵심어구는 The discovery of Chicxulub입니다. Chicxulub라는 고유명사로 인해 이 문장은 단락의 주제가 아니라 보충 설명을 위한 문장이 되므로 오답입니다.

정답 (B), (C), (E)

Strategy 02 Introductory sentence의 두 개의 key words들 중 주어 부분의 key words만 제시되고 술어 부분의 key words가 제시되지 않은 보기도 정답이 될 수 있습니다.

지연: 선생님, 왜 주어 부분의 key words만 제시된 보기도 정답이 될 수 있나요?

선생님: 주어 부분에 새로운 정보가 제시되면 우선 그 정보를 설명해야 됩니다. 이 정보만으로도 하나의 단락을 구성할 수 있으므로 정답이 될 수 있습니다. 예를 들면, "Circadian rhythms have a powerful effect on daily life on Earth.(생체 리듬들은 매일의 삶에 강력한 영향을 미친다)"라는 문장이 Introductory sentence로 제시됐을 때, 어떤 내용을 먼저 설명해야 할까요?

지연: 생체 리듬들의 특성을 먼저 설명해야 할 것 같습니다.

선생님: 그렇죠. 생체 리듬들의 특성을 먼저 설명하지 않고 생체 리듬들이 어떻게 매일의 삶에 강력한 영향을 미치는가를 설명하면 생체 리듬들이 왜 강력한가에 대해 이해하기 쉽지 않습니다. 그래서 다음과 같이 생체 리듬들의 특성만 언급해도 답이 될 수 있습니다.

→ Circadian rhythms use light to match themselves with the Earth's cycle

선생님: 다음 문장이 introductory sentence로 제시될 때 어떤 내용을 먼저 설명해야 할까요?

Black holes attract us because of the effect which they have on space and time.
블랙 홀들은 우리를 매료시킨다 / 그것들이 우주 공간과 시간에 미치는 영향 때문에.

초롱: 블랙 홀의 특성이 먼저 설명되어야 할 것 같습니다.

선생님: 그렇죠. 블랙 홀이란 어떤 것이고 어떻게 형성되는 지를 설명한 후에 그 다음에 우주 공간과 시간에 미치는 영향이 무엇인지를 설명하겠죠. 그래서 다음 문장은 블랙 홀의 형성 시기만 언급하고 있지만 정답이 될 수 있습니다.

→ Black holes form when a large star collapses inward on itself to a point of infinite density and zero volume.

CHAPTER 09 - Summary(요약) 문제

선생님: 인과관계를 이루는 문장에서 원인만 제시되고 결과는 언급되지 않아도 정답이 됩니다. 왜냐하면 원인이 제시되면 결과는 언급되지 않아도 내포되기 때문입니다. 예를 들면, 다음 문장에서 원인은 무엇이고 결과는 무엇인가요?

In the first half of the nineteenth century, transportation improvements made possible the growth of the United States economy

초롱: 원인은 transportation improvements이고, 결과는 the growth of the United States economy입니다.

선생님: 맞습니다. 이 두 개의 어구들 중 transportation improvements만 언급되고 the growth of the United States economy가 언급되지 않아도 정답이 됩니다. 왜냐하면 '교통 향상'이 언급되면 '미국 경제의 성장'은 내포되어 있기 때문입니다.

---

2. Directions: An introductory sentence for a brief summary of the passage is provided below. Complete the summary by selecting the THREE answer choices that express the most important ideas in the passage.

In the first half of the nineteenth century, transportation improvements made possible the growth of the United States economy.

-
-
-

Answer Choices

(A) The ocean was the only connection to sources of supplies for the early settlers of North America.
(B) Railroads significantly decreased the cost of transporting goods to market.
(C) Unfortunately, rafts, flatboats, and keelboats could not make a return trip.
(D) The success of the Erie Canal, opened in 1825, initiated a canal-building passion through the nation.
(E) Before 1800, North American settlers had to be self-sufficient with little contact with the outside world.
(F) Steamboats rapidly replaced rafts, flatboats, and keelboats as the main means of water transportation.

어휘) **transportation**(교통), **improvement**(개선, 향상), **supply**(공급, 보급, 식량), **railroad**(철도), **significantly**(상당히, 현저하게), **transport**(운반하다), **raft**(뗏목), **flatboat**(너벅선, 평평한 짐배), **keelboat**(대형 평저선), **canal**(운하), **initiate**(시작하다), **self-sufficient**(자급 자족할 수 있는), **steamboat**(증기선)

분석) Introductory sentence에서 주어의 핵심 어구는 'transportation improvements'이고, 술부의 핵심어구는 'the growth of the United States economy'입니다. 이 두 개의 어구들 중 transportation improvements만 언급되고 the growth of the United States economy가 언급되지 않아도 정답이 됩니다. 왜냐하면 '교통 향상'이 언급되면 '미국 경제의 성장'은 내포되어 있기 때문입니다. 보기들을 하나씩 살펴보기로 하죠.
 (A) 핵심어구는 the ocean, their only connection입니다. 이것은 transportation improvements의 한 종류가 아니므로 오답입니다.
 (B) 핵심어구는 Railroads입니다. 이것은 transportation improvements의 한 종류이므로 정답입니다.
 (C) 핵심어구는 rafts, flatboats, and keelboats입니다. 이것들은 transportation improvements의 한 종류가 아니므로 오답입니다.
 (D) 핵심어구는 The success of the Erie Canal입니다. 이것은 transportation improvements의 한 종류이므로 정답입니다.
 (E) 핵심어구는 settlements tended to be self-sufficient입니다. 이것은 transportation improvements가 아니므로 오답입니다.
 (F) 핵심어구는 Steamboats입니다. 이것은 transportation improvements의 한 종류이므로 정답입니다.

정답) (B), (D), (F)

Strategy 03 오답 유형은 4가지인데, 오답의 첫째 유형은 '주제 문장이 긍정인데 보기는 부정적인 내용' 또는 '주제 문장은 부정인데 보기는 긍정적인 내용'입니다.

선생님: Introductory sentence가 답을 찾는데 도움이 안될 때가 있습니다. 그런 경우에는 보기들의 내용이나 관계를 이용하는 것이 좋습니다. 보기들에는 4가지 오류 유형이 있습니다.

지연: 선생님, Introductory sentence가 도움이 안 되는 경우도 있나요?

선생님: 예. 있습니다. Introductory sentence가 다음과 같이 용어 설명에 가까운 일반적인 의미를 나타내는 경우가 있습니다. 이런 경우에 도움이 안됩니다.

The Sioux groundwater layer is a large underground water foundation in the north central United States.

영구: 선생님, 왜 주제 문장이 긍정일 때 보기가 부정이면 오답인가요?

선생님: 왜냐하면 전체 주제가 긍정일 때, 각 단락의 주제가 되어야 할 보기도 긍정이라야 하기 때문입니다. 예를 들면, 다음 Introductory sentence로 주어진 문장은 긍정일까요 부정일까요?

In the first half of the nineteenth century, transportation improvements made possible the growth of the United States economy.

CHAPTER 09 - Summary(요약) 문제

영구: 긍정입니다.

선생님: 그렇죠. 그 아래 제시된 보기들 중에서 부정적인 내용들은 모두 오답이 됩니다.

---

3. Directions: An introductory sentence for a brief summary of the passage is provided below. Complete the summary by selecting the THREE answer choices that express the most important ideas in the passage.

In the first half of the nineteenth century, transportation improvements made possible the growth of the United States economy.

-
-
-

Answer Choices

(A) There were few connections among the different railroads, which worked against creation of a uniform rail system.
(B) Railroads significantly decreased the cost of transporting goods to market.
(C) Unfortunately, rafts, flatboats, and keelboats could not make a return trip.
(D) The success of the Erie Canal, opened in 1825, initiated a canal-building passion through the nation.
(E) Before 1800, westerners remained relatively isolated from eastern markets because of poor transportation systems.
(F) Steamboats rapidly replaced rafts, flatboats, and keelboats as the main means of water transportation.

분석) Introductory sentence에서 주어의 핵심 어구는 'transportation improvements' 이고, 술부의 핵심어구는 'the growth of the United States economy' 입니다. 이 두 개의 어구들은 긍정적인 내용이므로 부정적인 내용의 보기는 오답입니다.

(A) 이것은 부정적인 내용이므로 오답입니다.
(B) 핵심어구는 Railroads입니다. 이것은 transportation improvements의 한 종류이므로 정답입니다.
(C) 이것은 부정적인 내용이므로 오답입니다.
(D) 핵심어구는 The success of the Erie Canal입니다. 이것은 transportation improvements의 한 종류이므로 정답입니다.
(E) 핵심어구는 isolated입니다. 이것은 부정적인 내용이므로 오답입니다.
(F) 핵심어구는 Steamboats입니다. 이것은 transportation improvements의 한 종류이므로 정답입니다.

정답) (B), (D), (F)

Strategy 04 오답의 둘째 유형은 '용어 설명'입니다. 즉, 한 단어의 의미를 설명하는 보기는 오답입니다.

영구: 선생님, 왜 용어를 설명하는 보기는 오답인가요?

선생님: 왜냐하면 용어 설명은 저자의 주장이 들어있는 내용이 아니기 때문에 단락의 주제가 될 수 없습니다. 예를 들면, 다음 문장은 정답이 될 수 있을까요?

A biological rhythm is a biological event or function that is repeated through time in the same order and with the same interval.

지연: 오답입니다.

선생님: 그렇죠. 위 문장은 생체 리듬에 대한 용어 설명이므로 오답이 됩니다. 〈주어 is 보어.〉라는 문장에서 보어가 명사일 때 주어와 보어는 동격이 되므로 용어 설명의 가능성이 높습니다.

---

4. **Directions:** An introductory sentence for a brief summary of the passage is provided below. Complete the summary by selecting the THREE answer choices that express the most important ideas in the passage.

   Organisms depend on biological clocks because they dramatically benefit from them.

   -
   -
   -

   Answer Choices

   (A) Most animals are able to adjust their physiology, behavior, and life cycle to upcoming conditions thanks to body clocks.
   (B) Melatonin is a hormone which is useful as a remedy for sleep disorders.
   (C) A circadian rhythm is an approximately 24-hour cycle in the physiological procedures of animals and plants.
   (D) Biological clocks serve as automatic internal clocks for living things, even when there are no evident external cues.
   (E) Jet lag is a physiological condition which results from changes of circadian rhythms.
   (F) Biological clocks have beneficial effects on people's health in both the short term and the long term.

CHAPTER 09 - Summary(요약) 문제

어휘 organism(유기체, 생물), biological clock(생체 시계), dramatically(극적으로, 상당히), benefit from(이익을 얻다), adjust(조정하다), physiology(생리), upcoming(다가오는), thanks to(덕분에, 때문에), remedy(치료), sleep disorder(수면 장애), circadian rhythm(24시간 주기 리듬), internal clock(내부 시계), external cue(외부 신호), jet lag(시차), beneficial(유익한, 이로운), short term(단기), long term(장기)

분석 Introductory sentence에서 주절에서 주어의 핵심 어구는 'Organisms'이고, 술부의 핵심어구는 'biological clocks'입니다. 종속절에서 주어의 핵심 어구는 'they'이고, 술부의 핵심어구는 'benefit from them'입니다. 이 핵심 어구들과 맞는 내용을 포함하는 문장들은 정답이고 그렇지 않은 문장들은 오답이 됩니다. 특히 〈명사 is 명사〉의 문장은 용어 설명의 가능성이 높으므로 유의하시기 바랍니다. 보기들을 하나씩 살펴보기로 하죠.

(A) 핵심어구는 Most animals, body clocks입니다. 이것은 Introductory sentence의 핵심어구를 포함하고 있으므로 정답입니다.
(B) 〈명사 is 명사〉로서 용어 설명이므로 오답입니다.
(C) 〈명사 is 명사〉로서 용어 설명이므로 오답입니다.
(D) 핵심어구는 Biological clocks, automatic internal clocks for organisms입니다. 이것은 Introductory sentence의 핵심어구를 포함하고 있으므로 정답입니다.
(E) 〈명사 is 명사〉로서 용어 설명이므로 오답입니다.
(F) 핵심어구는 Biological clocks, beneficial effects on people's health입니다. 이것은 Introductory sentence의 핵심어구를 포함하고 있으므로 정답입니다

정답 (A), (D), (F)

Strategy 05 오답의 셋째 유형은 '구체적인 사람/동식물/사물을 포함하는 보기' 입니다.

초롱: 선생님, 왜 구체적인 사람/동식물/사물을 포함하는 보기는 오답인가요?

선생님: 고유명사처럼 구체적인 사람/동식물/사물을 포함하는 보기는 단락의 주제를 뒷받침하는 문장으로 쓰일 수 있지만 단락의 주제로 쓰일 수는 없습니다. 예를 들면, 다음 문장이 Introductory sentence로 주어질 때 오답은 어떤 것들일까요?

Organisms depend on biological clocks because they dramatically benefit from them.

학생들: ???

선생님: Organisms의 예들이나 biological clocks의 기능을 가능케 하는 호르몬이나 기관의 예들을 포함하는 보기들은 단락의 주제가 될 수 없으므로 오답입니다.

5. Directions: An introductory sentence for a brief summary of the passage is provided below. Complete the summary by selecting the THREE answer choices that express the most important ideas in the passage.

Organisms depend on biological clocks because they dramatically benefit from them.

-
-
-

Answer Choices

(A) Most animals are able to adjust their physiology, behavior, and life cycle to upcoming conditions thanks to body clocks.
(B) A melon fly's mating and wing vibration happen at a certain time during its daily rhythm.
(C) Because it cannot sense light, the pineal gland receives light information from the eye.
(D) Biological clocks serve as automatic internal clocks for living things, even when there are no evident external cues.
(E) Owls begin to stir in the late afternoon and evening, awaiting the emergence of preys.
(F) Biological clocks have beneficial effects on people's health in both the short term and the long term.

분석 Introductory sentence에서 주절에서 주어의 핵심 어구는 'Organisms'이고, 술부의 핵심어구는 'biological clocks'입니다. 종속절에서 주어의 핵심 어구는 'they'이고, 술부의 핵심어구는 'benefit from them'입니다. 이 핵심 어구들과 맞는 내용을 포함하는 문장들은 정답이고 그렇지 않은 문장들은 오답이 됩니다. 특히, 구체적인 사람, 동물, 식물이 나오면 보충 설명 문장이 되므로 오답이 됩니다. 보기들을 하나씩 살펴보기로 하죠.

(A) 핵심어구는 Most animals, body clocks입니다. 이것은 Introductory sentence의 핵심어구를 포함하고 있으므로 정답입니다.
(B) A melon fly(참외 파리)는 특정적인 동물을 나타내므로 오답입니다.
(C) the pineal gland(솔방울 모양의 분비선)은 특정적인 사물을 나타내므로 오답입니다.
(D) 핵심어구는 Biological clocks, automatic internal clocks for living things입니다. 이것은 Introductory sentence의 핵심어구를 포함하고 있으므로 정답입니다.
(E) Owls(올빼미)는 특정적인 동물을 나타내므로 오답입니다.
(F) 핵심어구는 Biological clocks, beneficial effects on people's health입니다. 이것은 Introductory sentence의 핵심어구를 포함하고 있으므로 정답입니다.

정답 (A), (D), (F)

CHAPTER 09 – Summary(요약) 문제

Strategy 06 오답의 넷째 유형을 살펴보면, 두 개의 보기 내용이 비슷한 내용일 때 큰 개념은 정답이고 작은 개념은 오답입니다.

지연: 선생님, 왜 그런가요? 이해가 안 되는데요?

선생님: 두 개의 보기 내용이 비슷할 때 두 내용 모두 정답이 될 수 없습니다. 왜냐하면 두 보기는 하나의 단락 내용으로 쓰여야 하기 때문입니다. 비슷한 두 개의 내용은 한 단락으로 구성될 때 큰 개념이 단락의 주제가 되고, 작은 개념은 뒷받침 문장으로 쓰입니다. 예를 들면, 다음 문장이 Introductory sentence로 주어질 때,

In the first half of the nineteenth century, transportation improvements made possible the growth of the United States economy.

transportation improvements의 내용 중 비슷한 두 개의 내용이 나오면 작은 개념을 오답으로 처리하면 됩니다.

---

6. Directions: An introductory sentence for a brief summary of the passage is provided below. Complete the summary by selecting the THREE answer choices that express the most important ideas in the passage.

In the first half of the nineteenth century, transportation improvements made possible the growth of the United States economy.

-
-
-

Answer Choices

(A) There were few connections among the different railroads, which worked against creation of a uniform rail system.
(B) Railroads significantly decreased the cost of transporting goods to market.
(C) Completed in 1834, the Pennsylvania canal carried considerable traffic but never rivaled the Erie Canal in terms of economic impact.
(D) The success of the Erie Canal, opened in 1825, initiated a canal-building passion throughout the nation.
(E) Unlike flatboats, keelboats could make the return journey upstream, but progress was extremely slow.
(F) Steamboats rapidly replaced rafts, flatboats, and keelboats as the main means of water transportation.

분석) Introductory sentence에서 주어의 핵심 어구는 'transportation improvements'이고, 술부의 핵심어구는 'the growth of the United States economy'입니다. 이 두 개의 어구들 중 transportation improvements만 언급되고 the growth of the United States economy가 언급되지 않아도 정답이 됩니다. 두 개의 보기들의 내용이 비슷할 때 큰 개념이 정답이고 작은 개념은 오답이 됩니다.

(A) & (B) 두 보기의 내용은 railroad에 관한 것입니다. (B)가 큰 개념이므로 정답이고, (A)는 작은 개념이라서 오답입니다.

(C) & (D) 두 보기의 내용은 canal에 관한 것입니다. (D)가 큰 개념이므로 정답이고, (C)는 작은 개념이라서 오답입니다.

(E) & (F) 두 보기의 내용은 boat에 관한 것입니다. (F)가 큰 개념이므로 정답이고, (E)는 작은 개념이라서 오답입니다.

정답) (B), (D), (F)

CHAPTER 09 - Summary(요약) 문제

Warming-up

1. Directions: An introductory sentence for a brief summary of the passage is provided below. Complete the summary by selecting the THREE answer choices that express the most important ideas in the passage. Some answer choices do not belong in the summary because they express ideas that are not presented in the passage or are minor ideas in the passage. ***This question is worth 2 points.***

Scientists have become increasingly skilled at finding warning signs of a volcano eruption.

-
-
-

Answer Choices

(A) Often, moving magma does not result in an eruption.
(B) Gases released near a volcano can be a sign of an upcoming event.
(C) Radar satellites can detect as little as a one-millimeter increase in a volcano's size.
(D) Volcanoes steadily inflate to an eruption because of the inflow of magma.
(E) Researchers record earthquakes to detect signs of impending volcano activity.
(F) In 1993, Mount Galeras erupted while a group of volcano experts were on its top.

2. **Directions:** An introductory sentence for a brief summary of the passage is provided below. Complete the summary by selecting the THREE answer choices that express the most important ideas in the passage. Some answer choices do not belong in the summary because they express ideas that are not presented in the passage or are minor ideas in the passage. ***This question is worth 2 points.***

   This passage discusses the territorial behaviors by which many birds attempt to exclude other birds from their territory.

   -
   -
   -

   Answer Choices

   (A) Some birds protect the area which they occupy.
   (B) Many predators focus on one kind of prey.
   (C) Territoriality keeps birds from flocking while they are breeding.
   (D) Birds sing songs to warn away other birds.
   (E) The San Francisco birds need to defend a much smaller region.
   (F) Flocking can lessen the safety of each individual bird.

CHAPTER 09 - Summary(요약) 문제

3. **Directions:** An introductory sentence for a brief summary of the passage is provided below. Complete the summary by selecting the THREE answer choices that express the most important ideas in the passage. Some answer choices do not belong in the summary because they express ideas that are not presented in the passage or are minor ideas in the passage. **This question is worth 2 points.**

This passage discusses the causes and consequences of desertification.

-
-
-

Answer Choices

(A) Domestic animal pressure on grasslands has accelerated desertification.
(B) South Africa is losing a lot of topsoil every year.
(C) Overpopulation in developing countries leads to the removal of forests, large scale erosion, and desertification.
(D) About one third of the world's land surface is arid or semi-arid.
(E) To stop desertification, the number of animals on the grassland must be decreased, allowing plants to grow again.
(F) Desertification causes soil erosion which is accelerated by wind and water.

4. **Directions:** An introductory sentence for a brief summary of the passage is provided below. Complete the summary by selecting the THREE answer choices that express the most important ideas in the passage. Some answer choices do not belong in the summary because they express ideas that are not presented in the passage or are minor ideas in the passage. *This question is worth 2 points.*

The Industrial Revolution first occurred in Britain because the nation had ideal conditions.

-
-
-

Answer Choices

(A) George Stevenson invented the first commercially successful steam ship in 1825.
(B) Britain possessed lots of crucial resources which led to the Industrial Revolution.
(C) In the early eighteenth century, the vast majority of Britain's population lived in the countryside, completely isolated.
(D) New inventions such as ships and trains had greatly improved the transportation system.
(E) The British agricultural revolution caused a huge increase in agricultural productivity and thus a food surplus.
(F) The Industrial Revolution started in Britain and later spread to Europe, America and other regions of the world.

CHAPTER 09 - Summary(요약) 문제

5. **Directions:** An introductory sentence for a brief summary of the passage is provided below. Complete the summary by selecting the THREE answer choices that express the most important ideas in the passage. Some answer choices do not belong in the summary because they express ideas that are not presented in the passage or are minor ideas in the passage. ***This question is worth 2 points.***

Animals which live in the arctic have developed a lot of adaptations for surviving extreme cold.

-
-
-

Answer Choices

(A) Chorus frogs, gray tree frogs, and wood frogs tolerate and regulate a frozen state.
(B) Keeping warm is no easy task in extremely cold regions such as the arctic tundra.
(C) To deal with freezing temperatures, cold-blooded animals have to avoid freezing or tolerate it.
(D) Animals have the ability to lower their heart rates, respiration, and body temperatures in a state of hibernation.
(E) Bears wake in winter to go out and find food or to give birth to their young.
(F) Mammals have coats that trap warm air close to their bodies.

Exercise

1. The word "skeptical" in paragraph 1 is closest in meaning to
   (A) adequate
   (B) doubtful
   (C) dramatic
   (D) curious

2. According to paragraph 1, which of the following is true about earthquake prediction based on animal behavior?
   (A) It had originated in China and Japan.
   (B) It has not been controversial.
   (C) It has been around for more than 2300 years.
   (D) United States scientists believe that it is informative.

3. The word "rupture" in paragraph 2 is closest in meaning to
   (A) density
   (B) instance
   (C) landscape
   (D) break

4. According to paragraph 2, all of the following is true about earthquake waves EXCEPT
   (A) The P-wave is faster than the S-wave.
   (B) The S-wave is more harmful than the P-wave.
   (C) When animals detect the S-wave, they escape to a safe place.
   (D) The P-wave is too small for people to detect.

Earthquake Prediction: Animal Behavior

1   Many people have long believed that animals can predict earthquakes. In 373 B.C., rats, snakes and weasels were reported to have abandoned the Greek city of Helice several days before an earthquake destroyed the city. In recent years, earthquake prediction based on warning behavior in animals has been attempted in China and Japan, but scientists in the United States remain skeptical.

2   Some scientists claim that humans cannot sense the P-wave(primary earthquake wave) produced by a huge underground eruption or the rupture of an earthquake because it is too small, but animals can detect it. The P-wave moves faster than the S-wave (secondary earthquake wave) that shakes the ground most violently and results in the most destruction. When an earthquake occurs, animals can sense the approaching P-wave and then behave nervously. Soon, the animals move to a safe place before the S-wave arrives.

5. The word valid in paragraph 3 is closest in meaning to
   (A) suitable
   (B) typical
   (C) obscure
   (D) eccentric

6. The following sentence can be added to paragraph 3.

   Such movement occurs in break lines before earthquakes.

   Where would the sentence best fit?

7. Why does the author mention "the chief conservator" in paragraph 4?
   (A) To challenge that animals can detect an earthquake
   (B) To provide an example of people who ran away from the killer tsunami
   (C) To emphasize that even people can sense an earthquake
   (D) To give an example of people who observed flight of animals immediately before an earthquake

3   Other scientists suggest that the animal behavior is just their reaction to an increase in low-frequency electromagnetic signals. **A** The University of Colorado has shown that electromagnetic movement can be produced by the crack of crystalline rock. **B** In a recent experiment, electromagnetic sensors produced statistically valid results in earthquake prediction based on animal behaviors. **C**

4   Some people claim that animals can detect an approaching earthquake because they are naturally more sensitive to slight changes in the environment. **D** In support of this claim, examples are cited when people have witnessed escape of animals just before an earthquake occurs. For instance, the chief conservator of forests for the Indian state of Tamil Nadu observed 500 blackbucks which rushed away to a safe mountaintop, about an hour before the killer tsunami waves produced by an earthquake struck the Indian coastline in 2004.

8. **Directions:** An introductory sentence for a brief summary of the passage is provided below. Complete the summary by selecting the THREE answer choices that express the most important ideas in the passage.

With regard to earthquake prediction, people have tried to associate an approaching earthquake with animal behavior.

-
-
-

Answer Choices

(A) In ancient Greece, rats, snakes, and weasels moved to safety several days before a devastating earthquake.
(B) When they sense the P-wave which travels faster than the destructive S-wave, animals can notice the incoming earthquake.
(C) The electromagnetic field is a physical field which is generated by electrically charged things.
(D) The S-wave most strongly shakes the ground and causes the most damage.
(E) Changes in electromagnetic fields which can be detected by animals are linked to an earthquake escape behavioral system.
(F) Animals are aware of an incoming earthquake because they are naturally more sensitive to environmental changes than humans.

Review Test

Maya Civilization

1   With their fully developed written language, sophisticated concepts of astronomy and mathematics, and extraordinary architecture, the Maya were undoubtedly among the great ancient civilizations of Mesoamerica. Originating in the Yucatan around 2600 B.C., they rose to prominence around A.D. 300 in present-day southern Mexico, Guatemala, northern Belize and western Honduras. The Mayans, regarded as the most excellent brains of ancient Mexico, invented a complicated style of hieroglyphic writing that has not been completely interpreted until now. They improved the accurate sciences which were taught from other pre-Hispanic cultures. Using their knowledge of astronomy and mathematics, the Mayans calculated the lunar cycle, accurately predicted heavenly occurrences, and created a sophisticated calendar system. Without metal tools, they constructed advanced and highly adorned ceremonial buildings, such as palaces and temples.

2   The Mayan civilization developed into highly structured kingdoms ruled by kings and nobles during the Classic period, A.D. 300-900. There may be several reasons why the Maya moved away from the small farming communities ruled by local officials to the complex hierarchical kingdoms of the Classic period. Finding ways to collect rainwater and creating more arable land for agriculture caused these changes. A large labor force was organized in order to build and maintain the waterworks such as reservoirs and tend the cornfields. Thus, the Mayans created a surplus that led to better trade with neighboring states, and later population growth.

3   The Maya were never a true urban culture. Almost all the urban centers were built in tropical rain forests. Maya cities were not designed in an orderly network, and appear to have developed in an unplanned fashion, with temples and palaces torn down and rebuilt over and over through the centuries. Because of this seemingly irregular, scattered pattern of settlement, the boundaries of Maya cities are often hard to determine. The urban centers were almost entirely used as religious centers for the rural population surrounding them. The decline of the urban centers after 900 AD did not involve enormous social change so much as religious change because the abandonment of the cities was primarily due to religious change from the north.

4   Forced to cultivate tropical rain forests, the Mayans used slash and burn farming techniques to make lands for agriculture. In the forests, plants grew so quickly that they very rapidly used up the nutrients supplied by dead plants and animal dung. In addition, heavy rains caused the tropical rain forests to become extremely infertile for agriculture. So, in the lowlands the Mayans would cut down a section of forest, burn trees and plants, and then cultivate the section. They grew corn, beans, squash, and tobacco. In the highland, on the contrary, they made mountainside terraces for agriculture. After they used a new field for two years, they let it lay uncultivated for ten years before reusing it.

1. The word "prominence" in paragraph 1 is closest in meaning to
   (A) fame
   (B) vagueness
   (C) awareness
   (D) insignificance

2. In paragraph 1, which of the following is true about achievements which the Maya accomplished?
   (A) Their hieroglyphic writing is well interpreted.
   (B) Their calendar system was not accurate.
   (C) They had a high level of science.
   (D) Their ceremonial centers were unsophisticated and undecorated.

Maya Civilization

1   With their fully developed written language, sophisticated concepts of astronomy and mathematics, and extraordinary architecture, the Maya were undoubtedly among the great ancient civilizations of Mesoamerica. Originating in the Yucatan around 2600 B.C., they rose to prominence around A.D. 300 in present-day southern Mexico, Guatemala, northern Belize and western Honduras. The Mayans, regarded as the most excellent brains of ancient Mexico, invented a complicated style of hieroglyphic writing that has not been completely interpreted until now. They improved the accurate sciences which were taught from other pre-Hispanic cultures. Using their knowledge of astronomy and mathematics, the Mayans calculated the lunar cycle, accurately predicted heavenly occurrences, and created a sophisticated calendar system. Without metal tools, they constructed advanced and highly adorned ceremonial buildings, such as palaces and temples.

CHAPTER 09 - Summary(요약) 문제

3. Which of the following is NOT mentioned in paragraph 2 as a reason why the Maya adopted a hierarchical system of government with rule by kings and nobles?
   (A) Organizing a lot of workers
   (B) Controlling population growth
   (C) Acquiring more cultivatable land
   (D) Building reservoirs to collect rainwater

4. The word "tend" in paragraph 2 is closest in meaning to
   (A) improve
   (B) obstruct
   (C) devastate
   (D) cultivate

5. The following sentence can be added to paragraph 2.

   These innovations set the stage for increased food production.

   Where would the sentence best fit?

2   The Mayan civilization developed into highly structured kingdoms ruled by kings and nobles during the Classic period, A.D. 300-900. There may be several reasons why the Maya moved away from the small farming communities ruled by local officials to the complex hierarchical kingdoms of the Classic period. **A** Finding ways to collect rainwater and creating more arable land for agriculture caused these changes. **B** A large labor force was organized in order to build and maintain the waterworks such as reservoirs and tend the cornfields. **C** Thus, the Mayans created a surplus that led to better trade with neighboring states, and later population growth. **D**

6. What can be inferred in the passage about urban centers?
   (A) Their success had a huge impact on social change.
   (B) They could support large human populations.
   (C) They were built systematically.
   (D) Very few of the Mayans lived there.

7. Which of the sentences below best expresses the essential information in the highlighted sentence in paragraph 3? *Incorrect* choices change the meaning in important ways or leave out essential information.
   (A) After 900 AD, the Maya's numerous urban centers had been abandoned owing to religious causes, so their decline resulted in religious change as well as huge social change.
   (B) Because the cities were abandoned thanks to religious problems, their degeneration after 900 AD influenced religious change more than social change.
   (C) After 900 AD, due to religious conversion from the north, the urban centers were abandoned, causing enormous social change.
   (D) After 900 AD, the religious change was not involved in the decline of the cities more than social change because it resulted in their abandonment.

3   The Maya were never a true urban culture. Almost all the urban centers were built in tropical rain forests. Maya cities were not designed in an orderly network, and appear to have developed in an unplanned fashion, with temples and palaces torn down and rebuilt over and over through the centuries. Because of this seemingly irregular, scattered pattern of settlement, the boundaries of Maya cities are often hard to determine. The urban centers were almost entirely used as religious centers for the rural population surrounding them. The decline of the urban centers after 900 AD did not involve enormous social change so much as religious change because the abandonment of the cities was primarily due to religious change from the north.

8. Why does the author mention "the nutrients supplied by dead plants and animal dung" in paragraph 4?
   (A) To describe that the Mayans planted crops in tropical rain forests
   (B) To explain why the Mayans practiced slash and burn agriculture
   (C) To show that growth is so slow in tropical forests
   (D) To demonstrate that tropical forests are suitable for agriculture

9. What can be inferred from the passage about Mayan agriculture?
   (A) The Mayans were unskilled farmers.
   (B) Mayan agricultural land was suitable for cultivation.
   (C) The Mayans planted crops which endured heavy rains.
   (D) In the highlands, the Mayans practiced slash and burn agriculture.

4   Forced to cultivate tropical rain forests, the Mayans used slash and burn farming techniques to make lands for agriculture. In the forests, plants grew so quickly that they very rapidly used up the nutrients supplied by dead plants and animal dung. In addition, heavy rains caused the tropical rain forests to become extremely infertile for agriculture. So, in the lowlands the Mayans would cut down a section of forest, burn trees and plants, and then cultivate the section. They grew corn, beans, squash, and tobacco. In the highland, on the contrary, they made mountainside terraces for agriculture. After they used a new field for two years, they let it lay uncultivated for ten years before reusing it.

10. **Directions:** An introductory sentence for a brief summary of the passage is provided below. Complete the summary by selecting the THREE answer choices that express the most important ideas in the passage. Some answer choices do not belong in the summary because they express ideas that are not presented in the passage or are minor ideas in the passage. *This question is worth 2 points.*

The Maya civilization was an ancient Native American culture that characterized one of the most highly developed civilizations in the world.

-
-
-

Answer Choices

(A) As a farming people, the early Maya depended on agricultural gods, such as the rain god.
(B) The Maya made up the high civilizations, producing remarkable architecture, science, and writing system.
(C) The Maya grew to be a hierarchical kingdom ruled by nobles and kings.
(D) Mayan temples and palaces were destroyed and rebuilt over and over.
(E) The Maya created arable land by using a slash-and-burn technique to clear tropical rain forests.
(F) The Maya writing system is regarded as the most advanced system by archaeologists.

CHAPTER 10
Table(표 완성) 문제

1 이 문제가 요구하는 것

Table을 채우는 문제는 지문에서 대조되고 있는 중요한 정보들을 분류표(classification table)에 제시된 두 개 또는 세 개의 범주에 맞게 분류하여 각 범주에 집어넣는 유형입니다. Table 문제는 iBT에서 새롭게 등장한 문제 유형으로서 각 지문의 마지막 문제로 제시됩니다. Table 문제가 출제되지 않을 때에는 Summary 문제가 제시됩니다.

2 어떻게 이 문제를 확인하나?

Directions(지시사항), 분류표(classification table), 보기들이 제시됩니다. 분류표는 다시 두 개 또는 세 개의 범주가 주어집니다. 보기들은 범주에 정답으로 들어갈 수 있는 개수보다 2개 더 주어집니다. 3점 또는 4점짜리 문제로서 하나 또는 두 개 틀려도 부분 점수를 받을 수 있습니다. 아래 표를 참고하세요.

정답 개수	맞은 개수	점수
5개 일 때	5	3
	4	2
	3	1
	2~0	0
7개 일 때	7	4
	6	3
	5	2
	4	1
	3~0	0

Table 질문 유형은 다음과 같습니다.

Directions: Complete the table below by matching the phrases on the left with the headings on the right. Select the appropriate answer choices and match them. Two of the answer choices will NOT be used. This question is worth 3 points.

Approach to Understanding Aggression	Associated Claims
Biological Approach	→
Psychodynamic Approach	→ →
Cognitive Approach	→ →

Answer Choices

Drag your answer choices to the spaces where they belong. To remove an answer choice, click on it. To review the passage, click on View Text.

---

③ 본문 어디를 읽어야 하나?

시간이 부족하기 때문에 전체 내용을 다시 읽으면서 대조적인 두 가지(또는 세 가지) 것들의 특징들을 확인할 수 없습니다. 본문의 일부만 읽고 답하는 특별한 요령이 필요합니다.

본문 전체 내용 중 대조적인 두 가지(또는 세 가지) 특징들을 요약하는 문제이기 때문에 본문에서 두 가지 개념을 설명하는 부분만 다시 확인하고 보기들을 읽으면서 그 개념에 맞는지 확인하세요. 예를 들면, 위에 제시된 '공격을 이해하는 접근 방법들' 로 제시된 3가지 즉, '생물학적 접근', '심리적 접근', '인지적 접근' 의 개념 설명을 본문에서 읽은 후 보기들과 대조하면서 문제 풀면 됩니다.

CHAPTER 10 — Table(표 완성) 문제

Strategy 01 본문에 대조적인 특징들을 제시할 때 정반대의 특징들을 종이에 써보세요.

영구: 선생님, 종이에 쓰는 것이 도움이 되나요?

선생님: (웃으며) 그럼요. 머리로 정리하기 벅찰 정도로 여러 가지 특징들이 제시됩니다. 시험장에서 주는 종이와 연필을 이용해서 아래와 같이 표를 그려서 정리해보세요. 복잡한 것들이 간략하게 정리되고 문제 푸는 데 도움이 될 것입니다.

본문에 제시된 대조적 특징들

Plants make their own food. This makes them a primary food source for many other life forms. In contrast, animals cannot produce their own food. Animals have to feed on a different life form to survive. This can be anything from the herbivores that feed on plant life to the carnivores that feed on other animals. .... Cell walls make plants different from animal life. The cell walls make a plant rigid. They also make plants remarkably strong. On the contrary, animal cells lack the cell walls that characterize plant cells. .... Animals are able to move, while plants remain stationary. .... Animals have a complex nervous system that can perform many tasks, while plants lack a brain for the nervous system. .... Plants take in carbon dioxide to help create plant material and give off oxygen as a byproduct, whereas animals take in oxygen and give off carbon dioxide as a byproduct.

Plants	Animals
→ →	→ → →

Answer Choices

(A) They have to depend on another life to survive.
(B) They have nervous tissues and take their carbon dioxide from the air.
(C) They have a tough, cellulose wall.
(D) They have evolved very little since the Earth was formed.
(E) They respond quickly to external stimuli because they possess nerves and muscles.
(F) They use the energy from the sun to convert atmospheric carbon dioxide into simple sugar to build its body.
(G) They do not have organs of movement.

분석: 식물들과 동물들의 특징들을 아래와 같이 표로 정리하면 문제를 푸는데 아주 도움이 됩니다.

Plants	Animals
식물은 자신의 음식을 만든다. 세포 벽은 식물을 단단하게 만든다. 식물은 움직일 수 없다. 식물은 이산화탄소를 취하고 산소를 배출한다.	동물은 자신은 음식을 만들지 못한다. 동물 세포는 세포벽이 없다. 동물은 움직일 수 있다. 동물은 복잡한 신경 체계를 가지고 있다. 동물은 산소를 취하고 이산화탄소를 배출한다.

정답: Plants: (C), (G)   Animals: (A), (E), (F)

Strategy 02 두 가지 대조적 특징들에 포함되지 않는 보기이거나 상식에 어긋나는 내용은 오답입니다.

초롱: 선생님, 두 가지 대조적 특징들에 포함되지 않는 보기는 어떻게 가려내나요?

선생님: 그러니까 종이에 정리할 필요가 있는 것입니다. 대조적 특징들이 분리되어 언급되는데 어느 쪽에도 끼지 못하는 내용이 나오면 오답이 되는 것입니다.

영구: 선생님, 상식에 어긋나는 내용을 알려면 풍부한 상식이 필요한가요?

선생님: (웃으며) 그렇지 않습니다. 어느 정도의 상식을 갖고 있다면 오답을 가려낼 수 있습니다.

(a) Animals/Plants have nervous tissues and take their carbon dioxide from the air. 〈틀림〉

→ 동물들은 '신경 조직들'을 가지고 있지만 '이산화탄소를 공기'에서 취하는 것이 아니라 다른 동물이나 식물에서 취합니다. 반면에, 식물들은 신경 조직들을 가지고 있지 않습니다. 따라서 이 보기는 동물들이나 식물들의 특징이 아니므로 오답입니다.

(b) Animals/Plants manufacture the food which they need, and often they feed on other organisms. 〈틀림〉

→ 식물들은 음식을 만들어낼 수 있지만 다른 생물을 먹지 않습니다. 반면에, 동물들은 다른 생물들을 먹지만 스스로 음식을 만들어낼 수 없습니다. 그러므로 이 보기는 동물들이나 식물들의 특징이 아니므로 오답입니다.

(c) Animals/Plants have the ability to survive on another planet. 〈틀림〉

→ 동물들이나 식물들이 또 다른 행성에서 생존하려면 물, 온도 등 여러 가지 여건이 맞아야 합니다. 동식물의 능력만으로 가능한 것은 아니죠. 또한, 특정적인 동물이나 식물이면 이런 특별한 능력을 가질 수도 있습니다. 하지만 일반적인 동식물이 모두 그럴 수는 없으므로 오답입니다.

(d) Animals/Plants have evolved very little since the Earth was formed. 〈틀림〉

→ 동물들이나 식물들이 수 십억 년 동안 진화해 왔다는 것이 상식입니다. 그래서 이 보기는 오답입니다.

CHAPTER 10 - Table(표 완성) 문제

Warming-up

1. Directions: Complete the table below by matching the phrases on the left with the headings on the right. Select the appropriate answer choices and match them. TWO of the answer choices will NOT be used.

Ancient Greece	Ancient Rome
→	→
→	→
→	→
	→

Answer Choices

(A) It had expanded from one original settlement.
(B) The goal of its sculptors was to produce an ideal artistic form.
(C) Its main concern lay in territorial expansion by invasion.
(D) Its economy was usually based on manufacturing.
(E) The goal of its artists was to produce realistic portraits for decoration.
(F) Its cities were separated from each other by hilly countryside and all were near the Mediterranean.
(G) Its key to success lay in its high-powered ships and strong army.
(H) Its women were considered citizens.
(I) Its civilization had an innovative quality.

본문에 제시된 대조적 특징들

Both ancient Greece and ancient Rome were Mediterranean countries, but the terrain of the two was very different. Whereas Greece had grown from <u>scattered cities</u>, Rome grew from <u>one single organism</u>. While the Greek world had expanded along <u>the Mediterranean sea lanes</u>, the Roman world was assembled by <u>territorial conquest</u>. ... Rome was <u>the imitator</u> of Greece on a larger scale. ... Greek civilization had quality; Rome had only <u>quantity</u>. Greece was original; Rome was <u>derivative</u>. Greece was the inventor; Rome was the research and development division. ... Greek women were <u>not citizens</u>; Roman women were <u>citizens</u>.

2. **Directions:** Complete the table below by matching the phrases on the left with the headings on the right. Select the appropriate answer choices and match them. TWO of the answer choices will NOT be used.

Athenian Women	Spartan Women
→ → →	→ →

Answer Choices

(A) They were the dominant figures in the household.
(B) They were confined to their homes.
(C) They could participate in the government.
(D) They were trained in physical fitness and took part in athletic events such as running and wrestling.
(E) They were expected to be obedient under the protection of her father or husband.
(F) They were controlled by men during childhood, but later lived a free life.
(G) They were not permitted to inherit assets.

본문에 제시된 대조적 특징들

Athenian women were forced to <u>stay indoors</u>. They were <u>controlled by their fathers</u> through childhood and <u>by their husbands</u> after marriage. They were only allowed to leave the house to attend certain religious festivals. ... In contrast, Spartan women led <u>a free life</u> and were allowed to <u>leave their houses</u>. Unlike their Athenian counterparts, they were permitted to <u>inherit property</u>. ... They were required by state policy to have an <u>academic and physical education</u>. ... With most men away from home on a regular basis due to training for wars, Spartan women would become <u>the principal figures</u>.

CHAPTER 10 - Table(표 완성) 문제

Exercise

1. The word "nocturnal" in paragraph 1 is closest in meaning to
   (A) conscious
   (B) afternoon
   (C) invisible
   (D) night

2. The word "fine" in paragraph 2 is closest in meaning to
   (A) direct
   (B) thin
   (C) flat
   (D) superior

3. According to paragraph 2, why do moths have large scales on their wings?
   (A) To reflect solar energy during the day
   (B) To have strong and hairy bodies
   (C) To avoid overheating during the day
   (D) To keep heat during the night

4. According to paragraph 2, moths usually have dull colors because
   (A) they make moths rest comfortably
   (B) they hide moths from predators during the day
   (C) they absorb light during the day
   (D) they help moths avoid enemies during the night

Butterflies and Moths

1   Although butterflies and moths are very similar, they have largely two differences: behavioral differences and structural differences. Most butterflies fly during the day while most moths are nocturnal. Butterflies rest with their wings closed. They frequently fold their wings above their backs when they sit on their roost. In contrast, moths usually rest with their wings spread out to their sides.

2   The most noticeable difference is in the antennae. Butterflies have long, thin antennae, whereas moths often have shorter, feathery antennae. Butterflies have slender and smooth abdomens, while moths tend to have strong and hairy bodies. Butterflies have fine scales, whereas moths have large scales on their wings. Why does this difference occur? Butterflies can absorb solar radiation during the days, whereas moths need to retain heat during the cold nights. Butterflies have wings which are brightly colored. In contrast, nocturnal moths have obscuring colors, such as brown or black, which help camouflage them as they have a rest during the day.

5. **Directions:** Complete the table below by matching the phrases on the left with the headings on the right. Select the appropriate answer choices and match them to butterflies or moths. TWO of the answer choices will NOT be used.

Butterflies	Moths
→ → →	→ →

Answer Choices

(A) They usually have a rest with their wings closed.
(B) They usually have dull colors on their wings.
(C) They generally gather food during the day and night.
(D) They have thin slender antennae which are club-shaped at the end.
(E) They have a thicker and more hairy body.
(F) Their wings are covered by thousands of tiny and huge scales that create colorful wing patterns.
(G) They can absorb sunlight since they have thin scales.

CHAPTER 10 - Table(표 완성) 문제

Review Test

Comets and Asteroids

1   Most people mistakenly think that comets and asteroids are interchangeable as they are all bits of rocks or ice. Actually, they are very different. The main difference between comets and asteroids is what they are made of. The basic elements of comets are ice and dust. The nucleus of a comet is a ball of ice and dust particles. When comets get close enough to the sun, its heat vaporizes the ice on the nucleus and then sends out gas and dust particles into space. The gas and dust particles form the comet's atmosphere, called a coma. On the other hand, the elements of asteroids are metals and rocky material. Called a minor planet, an asteroid is a rock which orbits the sun like a planet. The term asteroid usually refers to various small objects that orbit around the sun.

2   The second difference between comets and asteroids is where they were formed. Comets formed farther from the sun where ices would not melt. They are believed to be in long elliptical orbits that take them from beyond the orbit of Uranus to around the sun. These objects are found in the Kuiper Belt between Uranus and Neptune, and the Oort Cloud beyond Pluto. On the contrary, asteroids formed much closer to the sun, where they could remain solid. They are thought to have formed from the solar nebula about 4.55 to 5 billion years ago, generally in the area between Mars and Jupiter.

3   The third difference between comets and asteroids is their size. Comets are tremendous bodies of burning gas and ice, which are usually larger than asteroids. There are more than 100 billion comets which have long orbits around the sun, approximately 20 billion kilometers long. The most famous is Halley's Comet, which approaches the Earth once every 77 years. Generally, a large comet's nucleus is as large as the size of the Earth, but that of Halley's Comet is only about 6 miles(10 km) in diameter. In contrast, asteroids have relatively small sizes and diverse figures. Ceres, the largest asteroid, is 580 miles(930 km) across, but the smallest asteroids are only one-tenth of that size. Some asteroids, such as Mathilde, are only loosely held together by their weak gravity.

1. The word "interchangeable" in paragraph 1 is closest in meaning to
   (A) profound
   (B) deliberate
   (C) chaotic
   (D) equivalent

2. According to paragraph 1, which of the following is NOT true about comets and asteroids?
   (A) Comets are ice-rich bodies that evaporate in the heat of the sun.
   (B) Comets can form next to the sun.
   (C) Asteroids orbit the sun as do planets.
   (D) Asteroids are small rocky celestial bodies.

Comets and Asteroids

1   Most people mistakenly think that comets and asteroids are interchangeable as they are all bits of rocks or ice. Actually, they are very different. The main difference between comets and asteroids is what they are made of. The basic elements of comets are ice and dust. The nucleus of a comet is a ball of ice and dust particles. When comets get close enough to the sun, its heat vaporizes the ice on the nucleus and then sends out gas and dust particles into space. The gas and dust particles form the comet's atmosphere, called a coma. On the other hand, the elements of asteroids are metals and rocky material. Called a minor planet, an asteroid is a rock which orbits the sun like a planet. The term asteroid usually refers to various small objects that orbit around the sun.

CHAPTER 10 - Table(표 완성) 문제

3. What can be inferred in paragraph 2 from the information that comets are "in long elliptical orbits"?
   (A) They are loose collections of ice, dust, and small rocky particles.
   (B) They cross the Earth's orbit twice every year and are therefore potentially dangerous to us.
   (C) They take a long time to approach the sun.
   (D) They have very regular orbits that take them between Mercury and Venus.

4. The phrase "These objects" in paragraph 2 refers to
   (A) Orbits
   (B) Comets
   (C) Ices
   (D) Asteroids

5. According to paragraph 2, why do not comets form closely to the sun?
   (A) When they approach the sun, their ice cores melt.
   (B) The tails of comets always point away from the sun.
   (C) The sun is too hot for rocks to remain solid.
   (D) They need a long time to get close to the sun.

2   The second difference between comets and asteroids is where they were formed. Comets formed farther from the sun where ices would not melt. They are believed to be in long elliptical orbits that take them from beyond the orbit of Uranus to around the sun. These objects are found in the Kuiper Belt between Uranus and Neptune, and the Oort Cloud beyond Pluto. On the contrary, asteroids formed much closer to the sun, where they could remain solid. They are thought to have formed from the solar nebula about 4.55 to 5 billion years ago, generally in the area between Mars and Jupiter.

6. The word "tremendous" in paragraph 3 is closest in meaning to
   (A) potent
   (B) huge
   (C) minute
   (D) durable

7. What can be inferred from paragraph 3 about Halley's Comet?
   (A) It is smaller than an average asteroid.
   (B) It moves in short orbits around the sun.
   (C) It is loosely held together.
   (D) It is as large as the size of the Earth.

8. The following sentence can be added to paragraph 3.

   Other asteroids, like Kleopatra, are metallic in nature and are solid rock.

   Where would the sentence best fit?

3   The third difference between comets and asteroids is their size. Comets are tremendous bodies of burning gas and ice, which are usually larger than asteroids. There are more than 100 billion comets which have long orbits around the sun, approximately 20 billion kilometers long. The most famous is Halley's Comet, which approaches the Earth once every 77 years. Generally, a large comet's nucleus is as large as the size of the Earth, but that of Halley's Comet is only about 6 miles(10 km) in diameter. [A] In contrast, asteroids have relatively small sizes and diverse figures. [B] Ceres, the largest asteroid, is 580 miles(930 km) across, but the smallest asteroids are only one-tenth of that size. [C] Some asteroids, such as Mathilde, are only loosely held together by their weak gravity. [D]

CHAPTER 10 - Table(표 완성) 문제

9. **Directions:** Complete the table below by matching the phrases on the left with the headings on the right. Select the appropriate answer choices and match them to the characteristic properties to which they refer. TWO of the answer choices will NOT be used. ***This question is worth 3 points.***

Comets	Asteroids
→ →	→ → →

Answer Choices

(A) They are characterized by dust and gas tails when they are close to the sun.
(B) They formed much closer to the sun because they were rigid enough to remain solid.
(C) They formed in a place far from the sun, in which ices would melt.
(D) They are rocks orbiting the sun, like planets.
(E) They are believed to have formed in the cold outer solar system.
(F) Most of them are found in an orbit between Mars and Jupiter.
(G) They are relatively small bodies, composed of ice and dust, which are orbiting the sun.

THE iBT TOEFL SERIES
READING

READING **PART III**

토플리딩
필수단어 600

필수단어 리스트 1

Entry	Synonym	Meaning
abandon [əbǽndən]	desert, give up	버리다, 포기하다
abnormally [æbnɔ́ːrməli]	exceptionally	비정상의, 변칙의
abruptly [əbrʌ́ptli]	suddenly	갑자기
absorb [əbsɔ́ːrb]	take in ↔ reflect	흡수하다 ↔ 반사하다
abundant [əbʌ́ndənt]	plentiful; ample	많은, 풍부한
abuse [əbjúːz]	wrong	악용, 남용; 학대; 욕, 독설
accessible [æksésəbəl]	① available ② reachable	① 사용하기 쉬운 ② 접근하기 쉬운
accidentally [æksədentəli]	by chance	우연히, 우발적으로
accompany [əkʌ́mpəni]	join; travel with	동반하다, 동행하다
accomplished [əkʌ́mpliʃt]	① achieved, ② skilled	① 일이 성취된 ② 숙달된, 노련한
accordingly [əkɔ́ːrdiŋli]	consequently	따라서, 그러므로
account for	① explain ② make up	① 설명하다 ② 비율을 차지하다
accumulate [əkjúːmjəlèit]	build up, collect, gather	모으다, 축적하다
accurate [ǽkjərit]	exact	정확한
accustomed to	used to	익숙한, 습관이 된
acknowledge [əknɑ́lidʒ]	recognize	인정하다, 시인하다, 감사하다
acquire [əkwáiər]	obtain	얻다, 취득하다, 획득하다
actually [ǽktʃuəli]	in fact; really	실제로, 정말로
adaptable [ədǽptəbəl]	flexible	적응[적합, 응용, 순응]할 수 있는
adequate [ǽdikwit]	suitable	충족시키는, (어떤 경우에) 알맞은
adhere [ædhíər]	stick together	들러붙다, 부착하다
advent [ǽdvent]	arrival, coming	출현, 도래
affluent [ǽflu(ː)ənt]	plentiful; wealthy	풍부한, 풍족한; 부유한
aggregate [ǽgrigèit]	collect	모으다, 합계 ~이 되다
aim [eim]	n. goal v. attempt	n. 표적; 목적 v. 노리다, 노력하다
allocate [ǽləkèit]	① provide ② designate	① 위치를 정하다 ② 배치하다
alter [ɔ́ːltər]	change, modify	바꾸다, 고치다
alternative [ɔːltə́ːrnətiv]	① substitute ② rotation	① 양자택일 ② 교대
altogether [ɔ̀ːltəgéðər]	completely	모두, 완벽하게
ambiguous [æmbígjuəs]	unclear	애매한, 모호한, 분명하지 않은

02 필수단어 리스트 2

Entry	Synonym	Meaning
ample [ǽmpl]	① plentiful ② large	① 풍부한, 충분한 ② 상당한 크기의
ancestor [ǽnsestər]	predecessor	조상, 선조(→조부모보다 위쪽)
ancient [éinʃənt]	early, old	옛날의, 태고적부터; 아주 오래된
annual [ǽnjuəl]	yearly	매년, 해마다
anticipate [æntísəpèit]	expect	기대하다, 〈어떤 행위, 생각에〉 앞서다
anxious [ǽŋkʃəs]	worried	걱정하는, 근심하는; 갈망하는, 바라는
apparent [əpǽrənt]	① clear, evident ② seeming	① 확실히 보이는, 명백한 ② 표면상의
appreciate [əpríːʃièit]	understand	정당하게 평가하다, 이해하다, 분간하다
approach [əpróutʃ]	method	(학문 등의) 접근법, 길잡이, 방법
appropriate [əpróuprièit]	suitable	적합한, 어울리는, 타당한
approximately [əpráksəmitli]	about	대체로, 대략
article [áːrtikl]	object	기사, 논문; 물건, 물품
artificial [àːrtəfíʃəl]	synthetic	인공의, 인조의(↔ natural)
artisans [áːrtəzən]	craftspeople	장인, 기능공
as a result	therefore	결과적으로
assist with	help with	돕다, 도와주다
associate [əsóuʃièit]	connect	연결 지어 생각하다; 결합시키다
assume [əsúːm]	① suppose ② take on	① 가정하다 ② 〈책임, 임무 등을〉 떠맡다
assure [əʃúər]	guarantee	확실하게 하다
attach [ətǽtʃ]	fasten, stick to	붙이다; 달라붙게 하다(↔ detach)
attain [ətéin]	reach; achieve	달성하다; (노력,에 따라) 도달하다
attract [ətrǽkt]	appeal	끌다, 매혹하다
attribute [ətríbjuːt]	characteristic	특질, 특성, 속성
attribute A to B	ascribe	A를 B탓이라고 여기다; A를 B에 귀속시키다
autonomous [ɔːtánəməs]	independent	자치권[제]의, 자치의, 자율적인
available [əvéiləbəl]	① useful ② obtainable	① 이용할 수 있는, 쓸모 있는 ② 얻을 수 있는
awaken [əwéikən]	arouse	(기억, 감정 등을) 일깨우다, 불러일으키다
balance [bǽləns]	equilibrium	균형, 평형, 조화
ban [bæn]	forbid, prohibit	금지하다
barely [béərli]	scarcely	간신히, 겨우, 가까스로

03 필수단어 리스트 3

Entry	Synonym	Meaning
barren [bǽrən]	infertile	불임의; 〈땅이〉 불모의, 내용이 빈약한
barrier [bǽriər]	obstacle	(통행, 출입을 막는) 목책, 장애물
beneficial [bènəfíʃəl]	advantageous	이익이 되는, 유익한; 도움이 되는
bias [báiəs]	prejudice	선입관; (~에 대한) 편견
biography [baiɑ̀grəfi]	account of people's life	전기, 일대기
blend [blend]	combine, mix	(골고루) 잘 섞다; 혼합하다
blossom [blɑ́səm]	flourish	〈꽃이〉 피다; 번영하다
bold [bould]	daring, brave	대담한, 용감한
breakdown [bréikdàun]	collapse	(기계 등의) 고장, 파손; (건강 등의) 쇠약
breakthrough [bréikθrù:]	sudden advance	비약적 발전; 그 발명, 타개
bring about	cause, create	야기하다, 초래하다, 낳다
burden [bə́:rdn]	① cargo ② responsibility	① 짐, 화물 ② 책임
bury [béri]	cover	묻다, 감추다
by chance	accidentally	우연히
calm [kɑ:m]	silent	조용한, 침착한; 고요한
capacity [kəpǽsəti]	ability	재능, 역량
cautious [kɔ́:ʃəs]	careful	조심하는, 주의하는, 신중한
cease [si:s]	stop, halt	그치다, 그만두다
celebrated [séləbrèitid]	famous	유명한
certain [sə́:rtən]	particular, specific	정해진, 일정한
characteristic [kæ̀riktərístik]	quality	특성, 특질, 특징
chief [tʃi:f]	major	최고위의, 주요한, 제1의
chronic [krɑ́nik]	permanent, persistent	끊임없는, 〈병이〉 만성인
circumstance [sə́:rkəmstæ̀ns]	condition	주위의 사정, 상황, 사건, 조건
collaborate [kəlǽbərèit]	cooperate with, work together	(남과) 공동으로 하다; 협력하다
collectively [kəléktivli]	together	집합적으로; 일괄하여, 하나로 묶어서
commonly [kɑ́mənli]	generally	보통으로, 일반적으로
community [kəmjú:nəti]	settlement, society	지역 공동체[사회]
comparable [kɑ́mpərəbəl]	similar, equivalent	비교할 수 있는, (~과) 닮은, 유사한
complement [kɑ́mpləmənt]	supplement	보충하다; 보완물

04 필수단어 리스트 4

Entry	Synonym	Meaning
complete [kəmplíːt]	entire	전부 갖추어져 있는, 완전한
complex [kəmpléks]	complicated, elaborate	복잡한, 뒤얽힌
component [kəmpóunənt]	element, part	성분; (기계 등의) 구성 요소
comprise [kəmpráiz]	consist of, make up, contain	~으로 이루어지다; ~을 포함하다, 구성하다
conceal [kənsíːl]	hide	감추다, 숨기다
conceive [kənsíːv]	imagine	마음에 품다; 〈계획 등을〉 생각해내다
concentrate on	focus on	집중하다
concern [kənsə́ːrn]	v. worry n. interest	v. 걱정하다, 염려하다 n. 관심, 이해관계
conclude [kənklúːd]	make a final judgment	결말을 짓다, 결론을 내리다
condense [kəndéns]	compress	압축하다, 농축시키다; 간략화하다
confidence [kánfidəns]	trust; certainty	신용, 신뢰, 신임; 확신
confine [kənfáin]	limit	가두다, 한정하다, 제한하다
confirm [kənfə́ːrm]	ascertain	확증하다, 확인하다, 승인하다
confront [kənfrʌ́nt]	challenge, face	직면하다, 맞서다
congregate [káŋgrigèit]	gather	〈사람, 물건이〉 모이다, 집합하다
conquer [káŋkər]	defeat	정복하다, 이기다, 무찌르다
consciously [kánʃəsli]	purposely	의식하여, 자각하여, 의식적으로
consensus [kənsénsəs]	agreement	(의견 등의) 일치, 합의, 여론
consent [kənsént]	agree	동의하다, 승낙하다, 허가하다
consequence [kánsikwèns]	① result ② importance	① 결과, 결론 ② 중요성
conserve [kənsə́ːrv]	retain	보존하다, 계속 유지하다
considerable [kənsídərəbəl]	① substantial ② important	① (수량 등이) 상당한 ② 중요한
considerably [kənsídərəbli]	greatly	상당히, 매우, 꽤
consist of	be made up of	이루어지다, 구성되다
consistent [kənsístənt]	steady, unchanging	변함없는, 일관된
constant [kánstənt]	steady, continuous	변함없는, 불변의, 일정한
constitute [kánstətjùːt]	consist of, make up	구성하다, 조성하다
consume [kənsúːm]	use up, eat	소비[소모]하다, 다 써버리다
contain [kəntéin]	involve	포함하다, 수용할 수 있다
contemporary [kəntémpərèri]	① current ② modern	① 동시대에 일어난 ② 현대의

05 필수단어 리스트 5

Entry	Synonym	Meaning
contrary [kántreri]	opposite	정반대의, 불리한
contribute [kəntríbjut]	donate	(~에) 기부하다; 기여하다, 공헌하다
controversy [kántrəvə̀ːrsi]	contention, disagreement	(사회, 도덕, 정치상의) 논쟁, 싸움
conventional [kənvénʃənəl]	typical, traditional	재래[종래]의, 관습의; 평범한
convert [kənvə́ːrt]	change, transform	변환하다, 개조하다, 개종[전향]시키다
convince [kənvíns]	persuade	(논의, 증명에 의하여) 납득[확신]시키다
cooperate [kouápərèit]	assist	(일, 행위에 있어서) 협력[협동]하다
cope with	deal with	대처하다
costly [kɔ́ːstli]	expensive	비용이 드는, 값비싼
counterpart [káuntərpàːrt]	equivalent	사본, 등본; (쌍을 이루는) 한쪽
creative [kriːéitiv]	inventive	창조력 있는, 창작력 있는, 창조적인
credible [krédəbəl]	believable	믿을 수 있는, 신용할 수 있는; 확실한
critical [krítikəl]	important, significant, essential	중대한, 결정적인
crucial [krúːʃəl]	significant, decisive	결정적인, 중대한
crude [kruːd]	primitive	천연 그대로의; 날것의; 미숙한
cultivate [kʌ́ltəvèit]	grow	경작하다(till); 〈식물 등을〉 재배하다
curious [kjúəriəs]	inquisitive	알고 싶어하는, 호기심이 강한
current [kə́ːrənt]	present	현재의, 지금의, 최선의
customarily [kʌ̀stəmérəli]	usually, habitually	관례적으로, 보통
decline [dikláin]	① refuse, reject ② decrease	① (정중히) 거절[사퇴]하다 ② 쇠퇴하다
deficient [difíʃənt]	lacking	부족한, 모자라는(↔ sufficient)
definite [défənit]	exact; specific	명확한, 정확한; 확실한
deliberate [dilíbərèit]	① intentional ② careful	① 의도적[계획적]인, 고의의 ② 신중한
demonstration [dèmənstéiʃən]	proof	논증, 증명; (감정 등의) 표출, 표명
denote [dinóut]	signify	표시하다; ~을 나타내다
dense [dens]	thick; crowded	농후한, 짙은; 밀집한
depict [dipíkt]	portray, represent	묘사하다, 그리다
deposit [dipázit]	① save ② lay down	① 퇴적시키다, 예금하다 ② 놓다, 두다
derive [diráiv]	① originate ② obtain	① 이끌어내다 ② (본원이 되는 것에서) 얻다
designate [dézignèit]	specify	지적하다, 명시하다; ~을 나타내다

06 필수단어 리스트 6

Entry	Synonym	Meaning
detect [ditékt]	recognize, discover	찾아내다, 간파하다, 탐지하다
devastation [dèvəstéiʃən]	destruction	황폐화; 황폐 (상태)
devise [diváiz]	create	고안하다, 만들다
diffuse [difjú:z]	distribute	흩뜨리다, 퍼뜨리다, 유포시키다
diminish [dəmíniʃ]	decrease, reduce	줄이다, 작게[적게] 하다
discern [disə́:rn]	distinguish	차이[특징]를 식별[판별, 분간]하다
disclose [disklóuz]	reveal	드러내다, 폭로하다
discriminate [diskrímənèit]	distinguish	분간하다, 식별[판별]하다
dismiss [dismís]	reject	해산시키다, 해고하다, 〈제안 등을〉 퇴짜 놓다
disperse [dispə́:rs]	scatter, spread out	흩어지게 하다, 뿔뿔이 헤어지게 하다
display [displéi]	show	전시하다, 나타내다
dispute [dispjú:t]	disagreement	논쟁, 언쟁, 말다툼
disregard [dìsrigá:rd]	ignore	무시하다, 소홀히 하다
disrupt [disrʌ́pt]	upset	붕괴시키다; 〈교통망 등을〉 두절시키다
disseminate [disémənèit]	disperse, distribute	살포하다; 〈학설을〉유포하다, 퍼뜨리다
dissent from	disagree with	의견이 다르다, 따르지 않다
dissimilar [dissímələr]	different	닮지 않은, 다른
distant [dístənt]	faraway	〈거리가〉 먼, 멀리 있는
distinct [distíŋkt]	① definite ② separate	① 독특한 ② 별개의
distribute [distríbju:t]	spread, scatter	살포하다, 뿌리다
disturb [distə́:rb]	upset	교란시키다, 혼란케 하다
diversity [divə́:rsəti]	variety	변화, 다양(성)
divert [divə́:rt]	distract	〈주의를〉 딴 데로 돌리다, 기분을 전환시키다
domestic [douméstik]	home	가정의; 국내의, 국산의
dominant [dámənənt]	leading	(우세한) 우세한, 뛰어난
dramatically [drəmǽtikəli]	greatly	극적으로; 엄청나게, 상당히
drought [draut]	dry period	가뭄
duplicate [djú:pləkit]	copy, imitate	복제하다, 복사하다
durable [djúərəbəl]	long lasting	오래 가는, 튼튼한; 영속성이 있는
eager [í:gər]	enthusiastic	갈망[열망]하는; 열렬한, 열광적인

필수단어 리스트 7

Entry	Synonym	Meaning
eccentric [ikséntrik]	unconventional	정도를 벗어난, 비정상적인, 엉뚱한
elaborate [ilǽbərèit]	① complicated ② deliberate	① 복잡한, 정교한 ② 정성들인
eliminate [ilímənèit]	remove	없애다, 제거하다
elucidate [ilúːsədèit]	clarify	〈일, 뜻 등을〉 밝히다, 해명[설명]하다
emerge [imə́ːrdʒ]	appear	나타나다
eminently [émənəntli]	exceptionally	훌륭하게, 탁월하게, 뛰어나게
emit [imít]	release, send out	방출하다
emphasize [émfəsàiz]	stress	강조하다, 중요시하다
employ [emplɔ́i]	use	고용하다; 이용하다, 사용하다
enable [enéibəl]	allow	〈사물이 사람을〉 할 수 있게 하다, 허용하다
encourage [enkə́ːridʒ]	motivate, promote	용기[기운]를 북돋우다; 격려하다
endangered [endéindʒərd]	threatened	위태로운, 절멸 직전의
endure [endjúər]	survive	견디어내다
enhance [enhǽns]	improve	높이다; 가치를 높이다
enlarge [enláːrdʒ]	expand	크게 하다, 확대[확장]하다
enormous [inɔ́ːrməs]	huge, vast	거대한
enrich [enrítʃ]	enhance	(가치를) 높이다, 질적으로 향상시키다
ensure [enʃúər]	guarantee	확실하게 하다, 보증하다
enthusiastic [enθúːziǽstik]	eager	열심인
entire [entáiər]	whole, complete	전체의
equilibrium [ìːkwəlíbriəm]	balance	균형, 평형; (마음의) 평정, 침착
equivocally [ikwívəkəli]	ambiguously	애매모호하게
era [íərə]	period	시기, 시대
essential [isénʃəl]	crucial, vital, important	극히 중요한, 주요한
evaporate [ivǽpərèit]	disappear	증발하다, 〈희망, 열 등이〉 사라지다
eventually [ivéntʃuəli]	ultimately, finally	결국(은); 언젠가는
evident [évidənt]	apparent, obvious	명백한
evoke [ivóuk]	stimulate	〈기억, 감정 등을〉 불러일으키다
evolve [iválv]	develop	발전[전개]시키다; 진화시키다
exact [igzǽkt]	precise	정확한

08 필수단어 리스트 8

Entry	Synonym	Meaning
excavate [ékskəvèit]	dig, unearth	파다, 파서 뚫다; 발굴하다
exceed [iksí:d]	go beyond; surpass	능가하다, 한계 넘다, 더 낫다
exceptionally [iksépʃənəli]	unusually	예외로서, 이례적으로
excessive [iksésiv]	extreme	과도한, 지나친, 극단적인
exhausted [igzɔ́:stid]	used up; tired	다 써버린; 소모된, 기진 맥진한
exhibit [igzíbit]	show, present	나타내다, 보여주다
expend [ikspénd]	spend	소비하다, 다 소모하다
explicit [iksplísit]	obvious, clear	분명한, 명쾌한
explore [iksplɔ́:r]	investigate	탐험[답사]하다; 연구[조사]하다
expose [ikspóuz]	uncover	드러내다, 노출하다
extant [ekstǽnt]	existing, surviving	지금도 남아 있는, 현존하는
extend [iksténd]	lengthen, prolong	잡아 늘이다, 연장하다
extinct [ikstíŋkt]	died out	단절된; 소멸된
extraordinary [ikstrɔ́:rdənèri]	exceptional, unusual	비상한, 보통이 아닌, 이례적인
extreme [ikstrí:m]	great	지나친, 과도한
faithful [féiθfəl]	loyal	충실한, 성실한; 신의가 두터운
familiar [fəmíljər]	well-known	(사람에게) 잘 알려져 있는, 잘 아는
feature [fí:tʃər]	characteristic	특색; 특징을 이루다
flexible [fléksəbəl]	adaptable	구부리기 쉬운, 유연한, 적응성 있는
flourish [flɔ́:riʃ]	prosper; thrive	번창[성공]하고 있다, 꽃피우다
focus on	concentrate on	〈주의, 관심 등을〉 (~에) 집중시키다
for instance	for example	예를 들면
forecast [fɔ́:rkæ̀st]	predict	예상[예측]하다
foresee [fɔ:rsí:]	predict	예감[예견]하다, 미리 알다, 내다보다
former [fɔ́:rmər]	previous	앞, 이전의
fragile [frǽdʒəl]	easily broken; delicate	부서지기[부러지기] 쉬운, 연약한
fragment [frǽgmənt]	break up; piece, part	산산조각이 되다; (물건의) 파편, 조각
from time to time	occasionally	때때로, 가끔
fulfill [fulfíl]	accomplish, achieve	〈계획, 약속 등을〉 실행하다
fundamental [fʌ̀ndəméntl]	① basic, radical ② essential	① 기초적인, 토대를 이루는 ② 중요한

09 필수단어 리스트 9

Entry	Synonym	Meaning
furthermore [fə́:rðərmɔ̀:r]	in addition, additionally	게다가, 더구나
generally [dʒénərəli]	largely	일반적으로
generate [dʒénərèit]	produce, create	일으키다, 초래하다, 발생시키다
genuinely [dʒénjuinəli]	truly, actually	진실로, 진짜로
get rid of	eliminate	~에서 벗어나다; ~을 없애다,
give up	abandon	포기하다
gradually [grǽdʒuəli]	slowly; little by little	점차로
grasp [græsp]	① catch ② understand	① 잡다, 쥐다 ② 이해하다
guard [gɑ:rd]	protect	지키다, 보호하다
guess [ges]	conjecture	(충분한 근거 없이) 추측하다
habitat [hǽbətæt]	① environment ② home	① (동식물의) 서식지 ② 거주 장소
hamper [hǽmpər]	① hinder, impede ② restrict	① 저지하다, 방해하다 ②제한하다
harsh [hɑ:rʃ]	severe	엄한, 가혹한
harvest [hɑ́:rvist]	gather	수확하다, 거둬들이다
has nothing to do with~	is not related to ~	아무 관계없다
hastily [héistili]	hurriedly	서둘러, 급히; 허둥지둥
hazardous [hǽzərdəs]	dangerous, risky	(사람에게) 위험한, 모험적인
heighten [háitn]	increase, intensify	높이다, 〈가치를〉 증가시키다
hence [hens]	consequently	그러므로, 따라서
heritage [héritidʒ]	inheritance; tradition	세습[상속] 재산; 유산; 전통
hidden [hídn]	concealed	숨겨진, 숨은; 비밀의(secret)
highlight [háilàit]	emphasize	~을 강조하다; ~을 눈에 띄게 하다
hinder [híndər]	interfere with	방해하다; 〈남의〉 (일 등을) 훼방 놓다
hobby [hɑ́bi]	pastime	취미, 도락
hostile [hɑ́stil]	unfriendly	적대적인
huge [hju:dʒ]	mammoth, tremendous	매우 큰, 막대한
ideal [aidí:əl]	perfect	이상적인, 완벽한
identical [aidéntikəl]	same ↔ different	똑같은, 동일한; 〈2개의 것이〉 꼭 일치한
illuminate [ilú:mənèit]	clarify	비추다[조명하다], 분명히 하다
illustrate [íləstrèit]	verify	(실례, 비교 등으로) 설명하다, 예증하다

10 필수단어 리스트 10

Entry	Synonym	Meaning
imaginative [imǽdʒənətiv]	creative	창작력이 풍부한
imitate [ímitèit]	copy	모방하다, 흉내 내다
immediate [imíːdiit]	① nearest ② instant	① 아주 가까운 ② 당장의, 즉시의
immense [iméns]	large	매우 큰, 거대한; 헤아릴 수 없는
immoral [imɔ́(ː)rəl]	improper	부도덕한; 품행이 나쁜, 음란한
impact [ímpækt]	influence	영향, 효과
impede [impíːd]	interrupt, prevent	〈운동, 진행 등을〉 지체시키다, 방해하다
implement [ímpləmənt]	tool; machinery	n. 도구, 기구; v. 이행하다, 실행하다
implication [ìmpləkéiʃən]	suggestion	포함, 함축; 암시; 밀접한 관계
imply [implái]	indicate	내포하다, 암시하다
impressive [imprésiv]	remarkable, striking	인상적인, 눈에 띄는
improve [imprúːv]	get better	개량하다; ~을 향상시키다
in earnest	seriously	진정으로, 진지하게
in fact	actually	사실에 있어서, 사실상
in place of	instead of	~대신에
in principle	theoretically	원칙적으로, 대체로
inadequate [inǽdikwit]	insufficient, deficient	부적당한, 불충분한
incentive [inséntiv]	motivation	유인, 자극, 동기
inclination [ìnklənéiʃən]	tendency; preference	경향; 성향
incorporate [inkɔ́ːrpərèit]	① include ② integrate	① 포함하다 ② 통합시키다
incredible [inkrédəbəl]	unbelievable, remarkable	믿을 수 없을 정도의, 엄청난
indeed [indíːd]	in fact	참으로, 실제로
indefinitely [indéfənitli]	uncertainly	불명확하게, 막연히
indifferent [indífərənt]	uninterested	무관심한, 개의치 않는
indigenous [indídʒənəs]	native	토착의, 고유한
indispensable [ìndispénsəbəl]	essential, necessary	절대 필요한, 필수의, 없어서는 안될
induce [indjúːs]	generate, bring about	유발하다, 야기하다
inevitable [inévitəbəl]	unavoidable; certain	피할 수 없는; 반드시 일어나는
infamous [ínfəməs]	notorious	매우 평판이 나쁜, 악명 높은
infinite [ínfənit]	limitless, unlimited	무한한; 완전한; 끝없는

11 필수단어 리스트 11

Entry	Synonym	Meaning
influential [ìnfluénʃəl]	important; powerful	유력한, 영향력 있는
ingenious [indʒíːnjəs]	clever, innovative	영리한
inhabit [inhǽbit]	live in	거주하다
inherent [inhíərənt]	inborn, innate	타고난, 선천적으로 가지고 있는
inhibit [inhíbit]	restrict; hinder	억제하다, 억누르다; 방해하다
initially [iníʃəli]	at first; originally	처음에, 첫머리에
initiate [iníʃièit]	start, begin, originate	〈사업, 계획 등을〉 시작하다, 개시하다
innate [inéit]	inborn, inherent, natural	타고난, 선천적인, 고유의, 본질적인
innovative [ínouvèitiv]	original	기발한, 혁신적인
insight [ínsàit]	understanding	통찰, 간파; 통찰력, 식견
insignificant [ìnsignífikənt]	trivial	〈사물이〉 중요하지 않은, 시시한
inspect [inspékt]	examine	점검하다, 검사[정밀 조사]하다
inspire [inspáiər]	motivate	고무하여 (~할) 마음이 내키게 하다
instance [ínstəns]	case	경우, 사실; 실례, 예증
instead of	in place of, rather than	대신에
insufficient [ìnsəfíʃənt]	inadequate	불충분한, 부족한
intensify [inténsəfài]	strengthen	증대하다; (한층 더) 강하게 하다
intentionally [inténʃənəli]	deliberately	의도적으로, 고의로
invade [invéid]	move into	침략하다, 침입하다, 침투하다
invaluable [invǽljuəbəl]	precious, priceless	헤아릴 수 없을 만큼 귀중한
invariably [invɛ́əriəbli]	always, without exception	언제나, 반드시; 예외없이
invent [invént]	devise	고안하다, 발명하다
involve [inválv]	include	열중시키다, 포함하다
irregularly [irégjələri]	unevenly	불규칙적으로, 부정기로; 일정하지 않게
jeopardy [dʒépərdi]	danger	(상실, 죽음 등의) 위험
junction [dʒʌ́ŋkʃən]	connection	접합, 결합; 교차점; (강의) 합류점
justify [dʒʌ́stəfài]	support	옳다고 하다, 정당화하다
key [kiː]	substantial, significant, important	〈지위, 역할 등이〉 중요한, 중대한
lacking [lǽkiŋ]	without, missing	~이 없어, 부족하여
landscape [lǽndskèip]	scenery	(한눈에 바라보이는) 경관, 풍경

12 필수단어 리스트 12

Entry	Synonym	Meaning
largely [láːrdʒli]	generally, mainly	대부분은, 크게; 주로
later [léitər]	afterward, subsequently	그 후에, 나중에, 추후(에)
launch [lɔːntʃ]	① set afloat ② start, begin	① 〈배를〉 진수시키다 ② 시작하다
lead to	cause	(어떤 상태에) 이르게 하다
leading [líːdiŋ]	dominant	선도(先導)하는; 지도적인
lessen [lésn]	reduce	적어지다, 작아지다, 줄다
likelihood [láiklihùd]	probability	있을 법한 상태, 가능성
link [liŋk]	connect	잇다, 연결하다
location [loukéiʃən]	site	(건물 등이 있는) 장소, 위치
magnify [mǽgnəfài]	amplify, intensify	크게 하다, 확대하다
mainly [méinli]	generally	주로; 대부분은, 대개는
major [méidʒər]	principal	큰 쪽의; 중요한 쪽의(↔ minor); 주요한
make up	constitute	~을 구성하다
manifest [mǽnəfèst]	obvious, clear	(눈, 마음에) 명백한, 분명한
manipulate [mənípjəlèit]	manage, handle	다루다
manner [mǽnər]	fashion	방법, 방식
manufacture [mæ̀njəfǽktʃər]	make	제조하다, 만들다
marked [maːrkt]	distinct, pronounced	두드러진, 현저한
massive [mǽsiv]	enormous, huge	크고 무거운, 〈머리, 체격 등이〉 큰
maturity [mətʃúərəti]	adulthood	성숙(기), 원숙(기), 완성(기)
mean [miːn]	signify	의미하다, ~을 가리켜 말하다
means [miːnz]	method	(~하는) 수단, 방법
merely [míərli]	simply; only	오직, 단지
migrate [máigreit]	move from one place to another	이동하다
milestone [máilstòun]	significant development	마일 표석; (역사 등의) 획기적인 사건
mimic [mímik]	imitate, copy	흉내 내다
minute [mínit]	small, tiny	미세한; 작은; 상세한
misconception [mìskənsépʃən]	wrong belief	잘못된 생각; 오해
modest [mádist]	limited; small	많지 않은, 적절한
moreover [mɔːróuvər]	additionally	게다가, 더욱이, 더구나

13 필수단어 리스트 13

Entry	Synonym	Meaning
motion [móuʃən]	movement	움직임, 운동; 이동
nature [néitʃər]	characteristic	본질
notable [nóutəbəl]	remarkable, important	주목할 만한; 훌륭한, 유명한
noticeably [nóutisəbli]	visibly	남의 눈에 띌 만큼, 뚜렷하게
notion [nóuʃən]	idea, opinion	개념(conception); 의견, 견해
novel [návəl]	new, original, innovative	새로운 종류의, 신기한
numerous [njú:mərəs]	very many	매우 많은, 엄청난
object [ábdʒikt]	article; goal, aim	물건; 대상, 목표, 목적
objective [əbdʒéktiv]	purpose	목적, 목표; 목적어; 객관적인
objective [əbdʒéktiv]	unbiased	목적의; 객관적인, 편견 없는
obscure [əbskjúər]	uncertain, unclear	불명료한, 애매한
obstacle [ábstəkəl]	impediment	장애(물), 방해
obtain [əbtéin]	acquire	획득하다, 손에 넣다
obvious [ábviəs]	evident, apparent, clear	분명한, 명백한
occasional [əkéiʒənəl]	infrequent	때때로, 가끔
on the contrary	conversely	(앞에 언급한 것을 부정하여) 이와 반대로
on the other hand	however, conversely	또 한편으로는, 반대로
on the whole	generally	전체로 보아서, 대체로
ordinarily [ɔ̀:rdənérəli]	usually	보통, 일상적으로
originate [ərídʒənèit]	initiate	시작하다, 일으키다, 유래하다
ornament [ɔ́:rnəmənt]	decorate	장식하다
outcome [áutkʌm]	result	결과, 성과
output [áutpùt]	production	생산, 산출, 생산고, 산출량
outstanding [àutstǽndiŋ]	remarkable	두드러진, (~으로) 현저한
overall [óuvərɔ̀:l]	total; general	전체에 걸친, 종합적인, 전반적인
overcome [òuvərkʌ́m]	defeat	압도하다, ~에 이기다; 극복하다
oversee [òuvərsí:]	supervise	감독하다
overwhelming [òuvərhwélmiŋ]	powerful	압도적인, 대항할 수 없는
paradox [pǽrədàks]	contradiction	역설, 패러독스; 모순된 말
paramount [pǽrəmàunt]	primary; supreme	최고의, 가장 중요한, 주요한

14 필수단어 리스트 14

Entry	Synonym	Meaning
partially [pá:rʃəli]	incompletely	부분적으로; 불충분하게
particularly [pərtíkjələrli]	especially, notably	특히, 그 중에서도
peak [pi:k]	height; mountaintop	산꼭대기, 봉우리(summit); 정점
penetrate [pénətrèit]	① pierce ② enter	① 꿰뚫다, 관통하다 ② ~에 파고들다
perceptibly [pərséptəbəli]	noticeably, appreciably	지각할 수 있을 만큼, 꽤 많이,
perform [pərfɔ́:rm]	carry out	행하다, 수행하다
periodically [pìəriádikəli]	① regularly ② from time to time	① 정기적으로 ② 때때로, 가끔
permanent [pá:rmənənt]	lasting	영구한, 불변의
persist [pərsíst]	continue, endure; remain	지속하다, 존속하다; 살아 남다
persistent [pərsístənt]	continuous	끝까지 해내는, 끈덕진, 영속적인
perspective [pərspéktiv]	viewpoint	시각, 전망; (물건을) 보는 법; 예상
pertinent [pá:rtənənt]	relevant	〈사물, 언동이〉 적절한, 타당한
pervasive [pərvéisiv]	widespread	보급하는, 퍼지는
phenomenal [finámənəl]	extraordinary	현상의, 뛰어난, 굉장한
phenomenon [finámənàn]	occurrence	현상, 사건
pioneer [pàiəníər]	initiate	〈미개지, 신분야 등을〉 개척하다
plausible [plɔ́:zəbəl]	believable; possible	그럴듯한, 정말 같은
plentiful [pléntifəl]	abundant	넉넉한, 풍부한, 충분한
point out	indicate	〈물건, 사람을〉 가리키다, 지적하다
potential [pouténʃəl]	possible	가능성 있는, 가능한, 잠재적인
practical [prǽktikəl]	realistic	실제의; 실용적인
precede [pri:sí:d]	come before	선행하다, 앞서다
precious [préʃəs]	valuable	귀중한, 값어치 있는
precise [prisáis]	accurate, exact	〈치수 등이〉 정확한, 명확한
predecessor [prédisèsər]	ancestor	전임자, 선배; 조상
predominantly [pridámənəntli]	primarily	주요하게
preeminent [priémənənt]	foremost, outstanding	현저한; (~에) 탁월한, 출중한
prehistoric [prì:histɔ́:rik]	ancient	선사 시대의, 역사 이전의
preserve [prizá:rv]	maintain, sustain	보존하다; 유지하다; 지속하다
press [pres]	newspaper	출판물, (특히) 신문, 잡지

15 필수단어 리스트 15

Entry	Synonym	Meaning
prevalent [prévələnt]	widespread; most common	널리 퍼진, 유행하는
prey [prei]	victim	(육식 동물의) 먹이; 희생자
priceless [práislis]	precious	아주 값비싼; 아주 귀중한
primary [práimèri]	① fundamental ② principal	① 근본적인, 근원의 ② 주요한
primitive [prímətiv]	early	원시(시대)의, 초기의
principal [prínsəpəl]	main, major, chief	주요한, 주된, 중요한
principle [prínsəpəl]	original method, rule	원리, 원칙, 법칙
prior [práiər]	previous, past	(시간, 순서가) 이전의, 먼저의
probable [prábəbl]	likely	(현실로) 있음직한, 일어남직한
profitable [práfitəbəl]	advantageous, gainful	이익이 되는, 유익한
profound [prəfáund]	deep, significant	깊은, 격심한, 의미심장한
progressive [prəgrésiv]	increasing	진보적인, 전진하는
prohibit [prouhíbit]	ban	금지하다
prolonged [prəlɔ́:ŋd]	extended, lengthy	연장[연기] 된, 늘어난
prominent [prámənənt]	outstanding; noticeable	주요한; 유명한; 탁월한
promote [prəmóut]	further	조장하다, 촉진하다, 진척시키다
pronounced [prənáunst]	① distinct, obvious ② decided	① 뚜렷한, 현저한 ② 단호한
propel [prəpél]	drive forward, push, force out	나아가게 하다, 몰아대다, 재촉하다
proper [prápər]	suitable	적합한, 알맞은
property [prápərti]	characteristic, quality	부동산, 소유지; (사물의) 특성, 속성
prospect [práspekt]	① outlook ② expectation	① (장래에 대한) 전망 ② 예상, 기대
prosper [práspər]	① flourish, thrive ② succeed	① 번영하다, 번창하다 ② 성공하다
provoke [prəvóuk]	incite	성나게 하다, 자극하여 ~하게 하다
pursue [pərsú:]	follow	뒤쫓다, 추적하다; 계속 추구하다
quantity [kwántəti]	amount	(특정의, 불특정의, 상당한) 양
questionable [kwéstʃənəbəl]	doubtful	의문의 여지가 있는, 불확실한
quit [kwit]	give up	단념하다, 포기하다
radical [rǽdikəl]	① fundamental ② extreme	① 근본적인 ② 급진적인, 과격한
random [rǽndəm]	unsystematic, arbitrary	비체계적인, 제멋대로
range [reindʒ]	scope, extent	(지식, 능력, 등의) 범위, 한계

16 필수단어 리스트 16

Entry	Synonym	Meaning
rapidly [rǽpidli]	quickly	빨리, 급속히
rarely [rέərli]	scarcely	드물게; 좀처럼 ~않다
rather than	instead of	~보다 오히려
readily [rédəli]	easily	곧, 즉시; 쉽사리
reasonable [ríːzənəbəl]	sensible	이치에 맞는, 합당한; 분별 있는
reduce [ridjúːs]	decrease	줄이다, 감소시키다
refine [rifáin]	improve	정제하다, 갈고 닦다, 개량하다,
reflect [riflékt]	indicate	반사하다, 심사숙고하다, 나타내다
reform [rifɔ́ːrm]	betterment	(사회, 제도 등의) 개량, 개선, 개혁
regardless of	in spite of	~에 개의치 않고, 관계없이
region [ríːdʒən]	area	지방, 지역; (활동, 연구의) 영역, 분야
regularly [régjələrli]	routinely	정규적으로, 규칙적으로
regulate [régjəlèit]	control	규제하다, 통제하다
reinforce [rìːinfɔ́ːrs]	strengthen	강화하다, 한층 강력하게 하다
reject [ridʒékt]	refuse	거절하다
related [riléitid]	connected	관계가 있는, 관련된
relatively [rélətivli]	comparatively	다른 것에 비하여, 비교적
release [rilíːs]	set free	(속박으로부터) 풀어 주다; 자유롭게 하다
relevant [réləvənt]	related, appropriate	적절한, 타당한
reliable [riláiəbəl]	dependable	신뢰할 수 있는, 믿음직한
reluctant [rilʌ́ktənt]	unwilling, hesitant	마음이 내키지 않는, 꺼리는
rely on [riláli]	depend on	믿다, 의지하다
remains [riméinz]	remnants	나머지, 잔여물, 유물, 유적
remarkable [rimɑ́ːrkəbəl]	① extraordinary ② notable	① 범상치 않은 ② 주목할 만한,
remove [rimúːv]	eliminate	이동시키다, 제거하다, 치우다
represent [rèprizént]	① mean, symbol ② portray	① 나타내다, 상징하다 ② 표현하다
representative [rèprizentèitiv]	typical	전형적인, 대표적인
reproduce [rìːprədjúːs]	copy	복사[복제]하다, 모사하다
reserve [rizə́ːrv]	① save ② restrict	① 따로 두다, 저장해 두다 ② 제한하다
respond [rispánd]	react	(자극 등에) 반응하다

17 필수단어 리스트 17

Entry	Synonym	Meaning
restrict [ristríkt]	limit	제한하다, 한정하다
result in	cause	(~으로) 끝나다, ~을 결과하다
retain [ritéin]	keep	보유하다, 유지하다
reveal [rivíːl]	① show ② uncover, expose	① 밝히다 ② 드러내다, 폭로하다
revise [riváiz]	change	개정하다; 고치다, 변경하다
revolution [rèvəlúːʃən]	dramatic changing	혁명; (~에 있어서의) 큰 변혁
risky [ríski]	dangerous	위험한; 무모한, 모험적인
rival [ráivəl]	compete with	경쟁하다
role [roul]	function	역할, 임무, 구실
roughly [rʌ́fli]	approximately	대략, 개략적으로
routinely [ruːtíːnli]	regularly	일상적으로, 정기적으로
rudimentary [rùːdəméntəri]	basic	기본의, 초보의
ruinous [rúːinəs]	destructive	파괴적인; 재해[파멸]를 가져오는
scale [skeil]	extent	단계, 등급, 계급; 규모, 정도
scarce [skɛərz]	rare, limited	모자라는, 불충분한; 드문
scatter [skǽtər]	distribute, disperse, spread out	뿌리다, 흩뜨리다
scope [skoup]	extent, range	(능력, 이해, 응용 등의) 범위, 한계
scrutiny [skrúːtəni]	examination	정밀조사
secure [sikjúər]	safe	안전한, 위험이 없는
sediment [sédəmənt]	remains	침전물; [지질] 퇴적물
seemingly [síːmiŋli]	apparently	겉보기에는, 겉보기로 판단하면
segment [ségmənt]	sector	부분, 단편
sequence [síːkwəns]	① series, succession ② order	① 연속 ② (연속적으로 일어나는) 순서
settlement [sétlmənt]	community	개척지; (종교적 단체 등의) 공동사회
severely [səvíərli]	seriously	심하게, 격렬하게
shift [ʃift]	change; move	옮기다, 장소를 바꾸다; 변화하다
shortcoming [ʃɔ́ːrtkʌ̀miŋ]	disadvantage	결점, 단점; 불충분한 점
shy [ʃai]	timid	수줍어하는; 겁 많은
significant [signífikənt]	① important, ② remarkable	① 중요한; 뜻 깊은 ② 상당한; 현저한
simultaneously [sàiməltéiniəsli]	at the same time	동시에

18 필수단어 리스트 18

Entry	Synonym	Meaning
skilled [skild]	expert, very able	숙련된, 능숙한
slight [slait]	minor, small	얼마 안 되는, 조금의, 사소한
so far	until now	지금까지로는, 여태까지는
sole [soul]	only	유일한, 단 한 사람의
solitary [sάlitèri]	lone	혼자뿐인, 고독한
somewhat [sʌ́mhwʌ̀t]	to some degree; rather	약간, 다소, 어느 정도
sophisticated [səfístəkèitid]	① complex ② refined	① 복잡한, 정교한 ② 세련된, 도시적인
sort [sɔːrt]	type	종류
source [sɔːrs]	origin	근원, 근본, 원인
spectacular [spektǽkjələr]	dramatic, striking, impressive	극적인, 인상 깊은
spectator [spékteitər]	viewer	(스포츠, 쇼 등의) 관객; 구경꾼
spread [spred]	distribute	퍼뜨리다, 살포하다, 뿌리다
standard [stǽndərd]	usual	보통의, 관례적인
standpoint [stǽndpɔ̀int]	perspective	관점
steady [stédi]	stable, continuous	안정된; 한결같은, 규칙적인
stick to	cling to, adhere to	붙다, 붙어 있다
stimulate [stímjəlèit]	encourage; promote	자극하다, 격려하다
store [stɔːr]	preserve	(~에 대비하여) 비축[저장]하다
stress [stres]	emphasize; accent	강조하다, 역설하다
strictly [stríktli]	only	엄밀히, 정확하게; 단연, 전적으로
strikingly [stráikiŋli]	remarkably	현저하게, 주목할 만하게
subjective [səbdʒéktiv]	personal	주관적인; 개인적인
submit [səbmít]	present	복종시키다; 제출하다
subsequently [sʌ́bsikwəntli]	later, afterwards	그 후에, 그 다음에
subsist [səbsíst]	① endure ② survive	① 존재하다, 존속하다 ② (~으로) 생존하다
subsistence [səbsístəns]	survival	존재, 생존; 부양
substantial [səbstǽnʃəl]	considerable, significant	상당한
substitute [sʌ́bstitjùːt]	replace, exchange	대신하다, 대체하다
subtle [sʌ́tl]	slight	미묘한, 희박한
sufficient [səfíʃənt]	enough, adequate	충분한

19 필수단어 리스트 19

Entry	Synonym	Meaning
suggest [səgdʒést]	imply, indicate	넌지시 나타내다, 암시하다
suitable [súːtəbəl]	appropriate	적합한, 알맞은
superficial [sùːpərfíʃəl]	unimportant	표면상의, 하찮은
supervise [súːpərvàiz]	direct	감독[관리, 지시]하다
supplement [sʌ́plmənt]	add to	보충하다
support [səpɔ́ːrt]	maintain; uphold	지속[지탱]시키다, 유지하다
suppress [səprés]	check	억제하다; 억누르다
surpass [sərpǽs]	exceed	~보다 낫다, ~을 능가하다
surplus [sə́ːrplʌs]	remainder, excess	나머지, 잉여, 잔여
survival [sərváivəl]	existence	살아남기, 잔존, 존속
suspect [səspékt]	guess	~일 것 같다고 생각하다, 짐작하다
sustain [səstéin]	maintain, support	유지하다, 지속하다, 떠받치다
take advantage of	make use of	〈기회 등을〉 이용하다
temporary [témpərèri]	transitory ↔ permanent	일시적인 ↔ 영원한
tend to	be likely to	~하기 쉽다, (~하는) 경향이 있다
tendency [téndənsi]	inclination	경향
terrestrial [təréstriəl]	land	지구의, 육지의; 이 세상의
territory [térətɔ̀ːri]	land	넓은 토지, 지방; 영역, 분야
thanks to	on account of, because of	~덕택에, ~때문에
thoroughly [θə́ːrouli]	completely	완전히, 철저히
thrive [θraiv]	flourish, prosper	번성하다, 번영하다
thus [ðʌs]	consequently	그러므로, 따라서
timid [tímid]	shy	겁이 많은, 소심한
tiny [táini]	little	아주 작은, 조그마한
tolerate [tάlərèit]	endure	~을 참다, 견디다
traditionally [trədíʃənəli]	typically	전통적으로, 관례적으로; 보통
transfer [trænsfə́ːr]	move	옮기다, 전학시키다
transform [trænsfɔ́ːrm]	change; convert; alter	바꾸다
transport [trænspɔ́ːrt]	carry	〈사람, 물건을〉 나르다, 운송하다
trend [trend]	tendency	(여론, 사태 등의) 동향, 대세, 추세

20 필수단어 리스트 20

Entry	Synonym	Meaning
typically [típikəli]	usually, commonly, ordinarily	전형적으로, 일반적으로
ultimately [ʌ́ltəmitli]	eventually, in the end	최후로, 마침내, 결국
uncover [ʌ̀nkʌ́vər]	reveal	〈비밀 등을〉 폭로하다; ~을 털어놓다
undergo [ʌ̀ndərgóu]	experience	경험하다, 겪다
undertake [ʌ̀ndərtéik]	attempt	착수하다, 나서다
undoubtedly [ʌ̀ndáutidli]	surely	의심할 여지없이, 틀림없이
uneasy [ʌ̀ní:zi]	unstable	〈몸이〉 편하지 않은, 불안한,
uniform [jú:nəfɔ̀:rm]	consistent, without variation	일정한, 한결같은, 언제나 변함없는
unique [ju:ní:k]	distinct, particular	오직 하나뿐인, 특유한, 독특한
universally [jù:nəvə́:rsəli]	everywhere	보편적으로; 도처에, 널리
unquestionable [ʌ̀nkwéstʃənəbəl]	definite	의심할 바 없는, 명백한
unstable [ʌ̀nstéibəl]	inconstant	안정성 없는
unusual [ʌ̀njú:ʒuəl]	uncommon	보통 아닌; 흔치않은
upset [ʌpsét]	disturb	완전히 어지럽히다, 마음을 뒤집어놓다
urge [ə:rdʒ]	encourage	조장하다, (~하도록) 촉구하다
utilize [jú:təlàiz]	employ	이용하다, 활용하다
vacant [véikənt]	empty	텅 빈
vague [veig]	unclear	모호한, 불명확한
valuable [vǽlju:əbəl]	very useful, precious	가치 있는
variation [vɛ̀əriéiʃən]	difference	변화, 변동; 변화의 정도
various [vɛ́əriəs]	different	여러 가지의, 가지각색의, 다양한
vast [væst,]	enormous, huge, immense	엄청나게 큰, 거대한
vital [váitl]	important; essential	아주 중요한
weak [wi:k]	feeble, infirm	(체력에서) 약한, 허약한
whereas [hwɛ́əræz]	while	~에 비하여, ~이지만, ~ 반면에
whole [houl]	entire	전부의, 모든
widely [wáidli]	extensively	널리, 광범위하게, 현저하게
widespread [wáidspréd]	common, prevalent	광범하게 퍼진; 널리 받아들여진
withstand [wiðstǽnd]	① resist ② endure	① 〈적, 공격 등에〉 저항하다 ② 잘 견디다
witness [wítnis]	observe	목격하다, 눈앞에[직접] 보다

READING Appendix

토플 리딩을 위한 필수구문 30

1. 명사류의 구조(1~3)
2. 형용사류의 구조(4~10)
3. 부사류의 구조(11~17)
4. 병렬 구조(18~19)
5. 비교구문의 구조(20~23)
6. 도치구문(24~28)
7. 문장부호의 구조(29~30)

토플리딩을 위한 필수구문 30

문장 구조: 표로 정리하기

> 예문
> 역설적이게도, 크산티페는 만들었다 소크라테스를 위대하도록
> **Paradoxically, Xhantippe made Socrates great.**
> 부사어(부사) 주어(명사) 술어동사(동사) 목적어(명사) 보어(형용사)

부사어	주어	술어동사	목적어	보어	
부사류	명사류		명사류	명사류	형용사(구)
• 부사 • 부사구 ① 전치사구 ② 부정사구 ③ 분사구문 • 부사절 ① 종속접속사절 　when절 　because절 　if절 　although절 ② 관계부사절 　where절 　when절	• 명사/대명사 • 명사구 ① 부정사구 ② 동명사구 • 명사절 ① that절 ② whether절 ③ what절 ④ 관계부사절 　where절 　when절 　why절 　how절 ⑤ 의문사절 　who절 　which절 　what절 　where절 　when절 　why절 　how절	동사	• 명사/대명사 • 명사구 ① 부정사구 ② 동명사구 • 명사절 ① that절 ② whether절 ③ what절 ④ 관계부사절 　where절 　when절 　why절 　how절 ⑤ 의문사절 　who절 　which절 　what절 　where절 　when절 　why절 　how절	• 명사/대명사 • 명사구 ① 부정사구 ② 동명사구 • 명사절 ① that절 ② whether절 ③ what절 ④ 관계부사절 　where절 　when절 　why절 　how절 ⑤ 의문사절 　who절 　which절 　what절 　where절 　when절 　why절 　how절	• 형용사 • 형용사구 ① 전치사구 ② 부정사구 ③ 분사구

1 부사어의 구조

> ▭▭▭▭, 주어 + 동사 + 목적어/보어
> ⇧
> **부사류:** 부사, 부사구, 부사절
>
> **부사어 해석** 〈~위해, ~일 때, ~이기 때문에, 비록 ~이지만, ~라면〉 등 다양. 절 전체 수식.

예문 ▭▭▭▭, she studied very hard.
⇧
(a) For final exams (기말고사를 위하여) 〈전치사구〉
(b) To get a Ph.D. (박사학위를 받기 위해) 〈부정사구〉
(c) Entering Harvard University (하버드 대학에 들어갔을 때) 〈분사구문〉
(d) After she failed the entrance exam (그녀가 입학 시험에 떨어진 후에) 〈부사절〉

2 주어의 구조

> ▭▭▭▭ + 술어동사 + 목적어/보어
> ⇧
> **명사류:** 명사, 명사구, 명사절
>
> **주어 해석** 〈~은/는, ~이, ~가〉를 붙여 해석.

예문 ▭▭▭▭ is important.
⇧
(a) The experiment (그 실험은) 〈명사어구〉
(b) To choose good friends (좋은 친구들을 고르는 것은) 〈부정사구〉
(c) Keeping your promise (너의 약속을 지키는 것은) 〈동명사구〉
(d) That we should know ourselves (우리가 우리 자신을 알아야 하는 것은) 〈that절〉
(e) How we begin (어떻게 우리가 시작하느냐 하는 것은) 〈관계부사절〉

3 목적어의 구조

> (부사어), 주어 + 타동사 + ☐
> ⇧
> **명사류:** 명사, 명사구, 명사절
>
> **목적어 해석** 〈~을, ~를〉을 붙여 해석.

예문 I remember ☐
⇧

(a) <u>her phone number</u> (그녀의 전화번호를) 〈명사어구〉
(b) <u>him</u> as a playboy (그를 바람둥이로서) 〈대명사〉
(c) <u>to see you tomorrow</u> (너를 내일 만날 것을) 〈부정사구〉
(d) <u>seeing you before</u> (전에 너를 만난 것을) 〈동명사구〉
(e) <u>that she said it</u> (그녀가 그것을 말한 것을) 〈접속사 that절〉
(f) <u>what she said</u> (그녀가 말한 것을) 〈관계대명사 what절〉
(g) <u>how I solved the problem</u> (내가 그 문제를 푼 방법을) 〈관계부사 how절〉

4 보어의 구조

> (부사어), 주어 + 타동사 + ☐
> ⇧
> **명사류 / 형용사(구)**
>
> **보어 해석** 명사가 보어이면 주어와 동격, 형용사가 보어이면 주어의 상태나 성질을 설명

예문 Our problem is ☐
⇧

(a) <u>lack</u> of money (돈의 부족) 〈명사〉
(b) <u>knowing what we should do</u> (우리가 해야 하는 것을 아는 것) 〈동명사구〉
(c) <u>that we have little time</u> (우리가 약간의 시간을 가지고 있다는 것) 〈that절〉

예문 She is ▭
            ⇧
    (d) <u>graceful</u> (우아한)   〈형용사〉
    (e) <u>of great ability</u> (큰 능력 있는)   〈전치사구; 형용사구〉
         (참고: of ability = able)
    (f) <u>to see me today</u> (오늘 나를 볼 예정인)   〈부정사구; 형용사구〉

1 명사류의 구조

선생님: 명사류에는 명사, 대명사, 명사구, 명사절이 있습니다. 명사구에는 부정사구와 동명사구가 있고, 명사절에는 that절, whether/if절, what절, 관계부사절, 의문사절이 있습니다. that절, whether절, what절, 관계부사절, 의문사절이 명사절로 쓰이는 이유는 그 의미 때문입니다. that절과 what절은 '~라는 것', whether절은 '~인지 어떤지', 관계부사절은 '장소, 시간, 이유, 방법', 의문사절은 '누구, 어느 것, 무엇, 어디, 언제, 왜, 어떻게' 라는 의미로 쓰이기 때문에 명사처럼 주어, 목적어, 보어로 쓰일 수 있습니다.

지연: 그러면 부정사구와 동명사구도 의미 때문에 명사구로 쓰이나요?

선생님: 그렇죠. 부정사구와 동명사구는 that절을 축약한 것이기 때문에 그 의미가 각각 '~할 것, ~할 수 있는 것', '~하는 것, ~한 것' 입니다

명사류	종류(의미)	예문
명사	가산 / 불가산 명사	(a) **Motivation** is **a primary factor** in learning. (동기는 학습에서 기본 요소이다)
대명사	인칭/지시/부정 대명사	(b) Old soldiers never die; **they** just fade away. (노병은 죽지 않는다; 다만 사라질 뿐이다 – 맥아더 장군)
명사구	1. 부정사구(~할 것, ~할 수 있는 것) 2. 동명사구(~하는 것, ~한 것)	(c) A newspaper's primary function is **to inform**. (신문의 기본적인 기능은 정보를 알리는 것이다) (d) Marshall began **practicing law in 1933**. (마샬은 1933년에 변호사업을 시작했다)
명사절	1. that절(~것) 2. whether절(~인지) 3. what절(~것) 4. 관계부사절(장소, 시간, 이유, 방법) 5. 의문사절(누구, 어느 것, 무엇, 어디, 언제, 왜, 어떻게)	(e) We agree **that she is a wise mother and good wife.** (우리는 동의한다/그녀가 현모양처라는 것을) (f) I doubt **whether our team will win the game.** (나는 의심한다/우리의 팀이 그 경기를 이길 것인지를) (g) **What we are witnessing** is the complete breakdown of morality. (우리가 목격하는 것은 도덕의 완전 붕괴이다) (h) Please tell me **when the last plane arrives.** (나에게 말해주세요/마지막 비행기가 언제 도착하는지를)

구문 01 명사절의 해석 방법

> 명사절이란 2개 이상의 단어가 모여 주부와 술부를 형성하고 절 전체가 하나의 명사와 같은 역할을 하는 것을 말합니다. 명사절은 명사처럼 주어, 목적어, 보어가 될 수 있습니다. 명사절을 이끄는 다음 어구들의 의미에 유의하시기 바랍니다.
> 1. 접속사 that (~인 것)
> 2. 접속사 whether (~인지) 또는 If (~인지)
> 3. 관계대명사 what (~인 것/사람)
> 4. 관계부사 where (장소), when (시간), why (이유), how (방법)
> 5. 의문대명사 who(누구), which(어느 것), what(무엇), 의문형용사 whose(누구의), which(어느 것의), what(무슨), 의문부사 where(어디), when(언제), why(왜), how(어떻게)

1 접속사 that, whether, 관계대명사 what이 명사절 이끌 때

선생님: 접속사 that과 관계대명사 what은 '~인 것'이라는 뜻으로 의미가 같습니다. 차이점은 that이 접속사이므로 그 뒤에 완전한 절이 나오고, what이 관계대명사이므로 그 뒤에 주어나 목적어가 없는 불완전한 절이 나온다는 것입니다. 관계대명사는 명칭에서 알 수 있듯이 〈접속사 + 대명사〉로 쓰입니다. '관계'는 두 절을 연결시킨다는 뜻입니다. 관계대명사는 그 뒤 절에서 대명사로서 주어나 목적어로 쓰입니다.

(a) I know **that** you did it last summer. (나는 알고 있다 / 네가 그것을 했다는 것을)
   분석) that 다음에 〈주어 + 타동사 + 목적어〉인 완전한 절이 나오고 있습니다.

(b) I know **what** you did last summer. (나는 알고 있다 / 네가 한 것을)
   분석) what 다음에 did의 목적어가 빠진 불완전한 절이 나오고 있습니다.

(c) I want to know **what** happened to Mary. 〈주격 관계대명사〉
   (나는 알고 싶다 / 메리에게 무슨 일이 발생했는지를)

(d) This is **what** she said. 〈목적격 관계대명사〉
   (이것이 그녀가 말한 것이다)

선생님: 접속사 if가 '만일 ~라면'이라는 뜻으로 쓰이면 부사절을 이끌게 되지만 whether와 같은 의미인 '~인지 어떤지'라는 뜻으로 쓰이면 명사절을 이끌게 됩니다. Whether / if 뒤에는 완전한 절이 나옵니다.

(e) **Whether she likes the present** is not clear to me.
(그녀가 그 선물을 좋아하는지 어떤지는 나에게 불분명하다)

(f) He doubted **if he would learn anything new from the graduate school**.
(그는 의심했다 / 그가 대학원으로부터 새로운 어떤 것을 배울 수 있는지 어떤지를)

2 관계부사가 명사절을 이끌 때

선생님: 관계부사는 장소, 시간, 이유, 방법의 의미를 나타내기 때문에 명사절을 이끌 수 있습니다. 관계대명사는 그 뒤 절에서 대명사로 쓰이기 때문에 주어, 목적어, 보어 중 하나가 빠진 불완전한 절이 나오지만 관계부사는 그 뒤 절에서 부사로 쓰이기 때문에 주어, 동사, 목적어/보어가 있는 완전한 절이 나와야 합니다. 왜냐하면 관계부사는 주어, 목적어, 보어로 쓰일 수 없기 때문입니다.

(a) This is **where** I was born.
(이 곳은 장소이다 / 내가 태어난)

(b) It makes me think of **when** I was a boy.
(그것은 내게 생각나게 만든다 / 내가 소년이었을 때에 대해)

(c) This is **why** she never laughed.
(이것이 그 이유이다 / 그녀가 결코 웃지 않았던)

(d) I like **how** you express yourself.
(나는 좋아한다 / 너 자신을 표현하는 그 방법을)

구문 02 강조 구문과 가주어 구문의 차이

〈It is/was ~ that ~〉 구문은 강조 구문과 가주어 구문의 형태입니다. 두 구문을 구별하는 방법은 'It is/was'와 'that'을 생략했을 때 남은 어구들이 완전한 하나의 문장을 이루는가의 여부입니다. 생략한 후 남은 어구들이 완전한 문장을 이루면 그것은 강조 구문이고, 그렇지 않으면 가주어 구문입니다.

영구: 선생님, 왜 강조 구문에서 'It is/was'와 'that'을 생략했을 때 남은 어구들이 완전한 하나의 문장을 이루어야 하나요?

선생님: 좋은 질문입니다. 완전한 문장이 주어져 있을 때 이것을 강조 구문으로 만드는 방법이 It is/was ~ that을 추가하는 것입니다. 'It is/was'와 'that'을 생략하면 원래의 완전한 문장이 남겠죠.

(a) It was **your son** that broke the window. 〈주어 강조〉
(당신 아들이었다 / 그 유리창을 깬 것은)

> 분석 It was ~ that을 생략하면 'Your son broke the window'라는 완전한 절이 되므로 (a)는 강조 구문입니다.

(b) It was **in 1912** that the Titanic sank. 〈부사어 강조〉
(1912년에였다 / 타이타닉호가 침몰한 것은)

> 분석 It was ~ that을 생략하면 'In 1912 the Titanic sank'라는 완전한 절이 되므로 (b)는 강조 구문입니다.

영구: 선생님, 왜 가주어 구문에서 'It is/was'와 'that'을 생략했을 때 남은 어구들이 불완전한 문장이 되나요?

선생님: 가주어 구문에서 that은 명사절을 이끄는 접속사입니다. that절 전체가 진주어이고, It이 가주어(즉, 거짓 주어)입니다. It is/was와 that이 빠지면 명사절을 이끄는 접속사 that이 빠진 것이므로 이상한 구문(즉, 불완전한 구문)이 되는 것입니다.

(c) It is **believed** that too much caffeine causes sleeplessness.
(그것은 믿어진다 / 너무 많은 카페인은 / 불면증을 야기한다는 것)

> 분석 It is ~ that을 생략하면 'Believed too much caffeine causes sleeplessness'라는 불완전한 절이 되어 강조구문이 아닙니다. 가주어-진주어 구문이죠.

구문 03 부정사구와 동명사구의 의미 차이 구별

부정사: '~할 것', '~할 수 있는 것' 이라는 미래/가능의 의미
동명사: '~한 것', '~하는 것' 이라는 과거/현재의 의미

선생님: 부정사는 '정해지지 않다'는 의미이고, 동명사는 '동사의 속성을 가지면서 동시에 명사의 기능을 수행한다'는 뜻입니다. 부정사는 '아직 발생하지 않은 일'을 나타내고, 동명사는 '이미 발생한 일'을 나타냅니다.

초롱: 왜 부정사구와 동명사구가 명사구로 쓰이게 된 겁니까?

선생님: 아주 좋은 질문입니다. 명사구로 쓰이는 부정사구와 동명사구는 that절을 축약한 형태입니다. 그래서 부정사구와 동명사구의 의미가 '~것'이 되는 것입니다.

(a) I hope that I will succeed.
 →I hope **to succeed**. (나는 희망한다 / 성공할 것을)
 →I hope **succeeding**. 〈틀림〉 (나는 희망한다 / 성공하고 있는 것을)

(b) He admits that he makes a mistake.
 →He admits **making a mistake**. (그는 인정한다 / 실수한 것을)
 →He admits **to make a mistake**. 〈틀림〉 (그는 인정한다 / 실수할 것을)

선생님: (a)에서 'hope (희망하다)'는 미래 지향적 타동사이므로 〈미래 실현〉을 나타내는 to부정사를 목적어로 취할 수 있습니다. (b)에서 'admit(인정하다)'는 현재 지향적 타동사이므로 〈현재/과거의 사건〉을 나타내는 동명사를 목적어로 취하고 있습니다. 이와 같이 '미래적 개념의 타동사'는 부정사를 목적어로 취하고, '현재적 개념의 타동사'는 동명사를 목적어로 취합니다.

부정사를 목적어로 취하는 타동사	동명사를 목적어로 취하는 타동사
미래 지향적 의미의 타동사	**현재 지향적 의미의 타동사**
desire(바라다), expect(기대하다), hope(희망하다), decide(결정하다), plan(계획하다), promise(약속하다), propose(제안하다), refuse(거절하다), seek(추구하다) 등	admit(인정하다), avoid(피하다), celebrate(축하하다), deny(부인하다), finish(끝내다), give up(포기하다), quit(그만두다, 포기하다) 등

2 형용사류의 구조

선생님: 형용사류에는 형용사, 형용사구, 형용사절이 있습니다. 형용사구에는 전치사구, 부정사구, 분사구가 있고 형용사절에는 관계대명사절, 관계형용사절, 관계부사절이 있습니다. 왜 관계사절은 형용사절로 쓰일까요?

지연: 그 앞에 나온 선행사(명사)를 수식하기 때문입니다.

선생님: 그렇죠. 형용사구로 쓰이는 부정사구와 분사구는 어디에서 온 것일까요?

학생들: ???

선생님: 부정사구와 분사구는 관계대명사절을 축약한 것입니다. 부정사구는 '~할, ~할 수 있는' 이라는 뜻으로 쓰이고, 분사구는 '~하는, ~한 / ~되는, ~된' 이라는 뜻으로 쓰입니다. 형용사는 명사 앞에서 수식하는데 형용사구와 형용사절은 명사 뒤에서 수식하는 이유는 무엇일까요?

초롱: 형용사구와 형용사절은 길기 때문에 명사 뒤에서 수식해야 합니다.

선생님: 그렇죠.

형용사류	종류(의미)	예문
형용사		(a) In 1940, Churchill made a **historic** speech. (1940년에, 처칠은 역사에 남는 연설을 했다)
형용사구	1. 전치사구 2. 부정사구 　(~할, ~할 수 있는) 3. 분사구 　(~하는, ~한/~되는, ~된) 4. 〈형용사+전치사구〉 　(~인, ~한, ~있는)	(b) There is no car **like this**. (이와 같은 차는 없다) (c) There is no car which can be made well like this. → There is no car **to be made well like this**. (d) There is no car which can be made well like this. → There is no car **made well like this**. (e) There is no car which is available here at this time. → There is no car **available here at this time**.
형용사절	1. 관계대명사절 2. 관계형용사절 3. 관계부사절	(f) This is the house **which I live in.** (g) This is the house **whose roof is destroyed.** (h) This is the house **where I live in.**

지연: 관계대명사, 관계형용사, 관계부사는 왜 쓰이는 것입니까?

선생님: 아, 좋은 질문입니다. **관계사는 앞에 나온 명사의 의미가 막연할 때 그 의미를 구체적으로 나타내기 위해 쓰입니다.** 이를 다른 방향에서 접근하기로 하죠. 다음 (a)의 의미는 무엇일까요?

(a) He is **an oil man**. (그는 기름 남자이다?)

선생님: oil man의 의미는 명확하지 않아서 여러 가지로 해석 가능합니다. 기름을 파는 사람? 기름 배달하는 사람? 기름 생산하는 사람? 등등. oil을 man 앞에서 수식하게 하는 대신에 관계대명사를 이용하여 man을 뒤에서 수식하면 이 문제를 해결할 수 있습니다.

(b) He is a man **who sells / delivers / produces / investigates oil**.

선생님: 영국의 작가인 써머셋 모옴(Sermerset Maugham; 1874-1965)의 책 광고 문구를 통해 이 용법을 살펴보겠습니다. 모옴은 다음과 같은 내용을 신문 광고로 냈습니다. 이 광고는 대박을 터뜨렸다고 합니다.
"저는 30대 초반의 백만장자입니다. 저는 최근 써머셋 모옴이 쓴 소설의 여주인공과 비슷한 어떤 여성을 찾습니다."

(c) I am looking for **a woman who** is similar to the heroine of **a novel** recently **written** by S. Maugham.

선생님: a woman과 a novel은 너무나 막연합니다. 이 막연한 의미를 구체화 시키기 위해 관계대명사 절과 분사구를 쓸 필요가 있습니다. 다음 (d)는 맞는 표현일까요?

(d) My husband who is living in Suwon often calls me.

학생들: (이구동성으로) 예!!!

선생님: 아닙니다. 틀린 문장입니다.

학생들: 왜요?

선생님: 'My husband'를 'who is living in Suwon'으로 제한하면 '내 남편이 한 명이 아니라 여러 명 있다'는 것을 의미합니다. 내 남편이 한 명이라는 것을 나타내기 위해 그 다음에 comma를 써야 합니다. ⟨My husband, who is living in Suwon, often calls me.(내 남편은, / 수원에 살고 있는데, / 나에게 자주 전화한다)⟩ 이와 같이, 고유명사는 하나 밖에 없는 것이기 때문에 그 뒤에 반드시 comma가 쓰여야 합니다.

구문 04 관계대명사 해석 방법

> 〈관계대명사 = 연결사 + 대명사〉로서 앞 절과 뒤 절을 연결시키고, 뒤 절에서 대명사 역할을 합니다. 관계대명사는 선행사를 가리키는 대명사이므로 which이면 '그것'으로 해석하고 who이면 '그 사람'으로 해석하면 됩니다.

(a) I met a girl **who** was beautiful.
= I met a girl + The girl was beautiful (나는 한 소녀를 만났다 / 그 소녀는 아름답다)

> **분석** 관계대명사 다음에 주어나 목적어가 없는 불완전한 절이 나옵니다. 즉, who 뒤에는 동사가 나오고 whom 뒤에는 〈주어 + 타동사〉가 나옵니다.

(b1) I saw there **a girl** from the province **whom** I like.
(나는 거기서 한 소녀를 만났다 / 그 지방에서 온 / 그 소녀를 나는 좋아한다)

(b2) I saw there a girl from **the province which** I like
(나는 거기서 한 소녀를 만났다 / 그 지방에서 온 / 그 지방을 나는 좋아한다)

> **분석** (b1)에서 whom의 선행사는 a girl이므로 like의 목적어는 a girl이고, (b2)에서 which의 선행사는 the province이므로 like의 목적어는 the province입니다.

(c1) I have two children **who** study abroad. 〈who = 접속사 + they〉
(나는 두 자녀를 두고 있다 / 그들은 외국에서 공부한다)

(c2) I have two children, **who** study abroad. 〈, who = and + they〉
(나는 두 자녀를 두고 있는데 / 그들은 외국에서 공부하고 있다)

> **분석** (c1)은 '외국에서 공부하는 두 자녀'만을 언급하고 있는데, 이는 '외국에서 공부하지 않는 자녀'도 있다는 뜻을 내포합니다. 즉, 자녀들이 2명 이상이라는 뜻이죠. 반면에 (c2)는 총 자녀수가 둘뿐이라는 사실을 의미합니다.

(d1) This is the village **in which I was born**.
(이것이 그 마을이다 / 그 마을에서 나는 태어났다)

(d2) He had two daughters, **one of whom** married a doctor.
(그는 두 딸을 뒀다 / 두 딸들 중 한 명은 / 의사와 결혼했다)

> **분석** (d1)에서 in which 뒤에는 완전한 절이 나옵니다. 이 때, which는 대명사로서 in의 목적어로 쓰이고 있습니다. of which 이나 of whom에서 of 앞에는 명사나 대명사가 나오는데 이것이 주어로 쓰이기 때문에 of which 이나 of whom 뒤에는 주어가 빠진 불완전한 절이 나옵니다. (d2)에서 married의 주어는 one (daughter)입니다.

구문 05 관계사가 생략됐을 때의 해석 방법

> 목적격 관계대명사와 관계부사가 생략됐을 때 문장 중간에 선행사인 명사와 관계절의 주어인 (대)명사가 겹쳐 쓰이게 됩니다. 즉, ⟨… + a/the 명사 + (대)명사 + 동사 + …⟩. ⟨a/the 명사⟩ 뒤에 나오는 절이 ⟨a/the 명사⟩를 수식하는 것으로 해석하면 됩니다. 즉, ⟨~한 사람⟩ 또는 ⟨~한 사물⟩.

선생님: 주격 관계대명사는 생략될 수 없지만 목적격 관계대명사와 관계부사는 생략될 수 있습니다. 왜냐하면 주격 관계대명사가 생략되면 혼동을 야기하고, 목적격 관계대명사나 관계부사가 생략되면 혼동을 야기하지 않기 때문입니다.

(a) I know the man (　　) likes you. ⟨주격 who 생략; 틀림⟩
(나는 안다 / 그 남자가 너를 좋아한다는 것을)
> **분석**) know와 the man 사이에 접속사 that이 생략됐다고 간주할 수 있기 때문에 who가 빠지면 혼동의 여지가 있습니다.

(b) I know the man (　　) you like. ⟨목적격 whom 생략; 맞음⟩
(나는 그 남자를 안다 / 네가 좋아하는)
> **분석**) know와 the man 사이에 접속사 that이 생략됐다고 간주할 수 없습니다. 왜냐하면 the man you like의 어순이 어색하기 때문입니다.

(c) I don't understand the things (　　) you are talking about. ⟨목적격 which 생략; 맞음⟩
(나는 이해 못하겠어 / 그것들을 / 네가 말하고 있는)
> **분석**) 관계없는 the things와 you가 겹쳐 쓰인 곳에 관계대명사 which가 생략됐습니다. 생략된 which는 전치사 about의 목적어로 쓰이고 있습니다.

(d) That is the reason (　　) she doesn't like you. ⟨why 생략; 맞음⟩
(그것이 그 이유이다 / 그녀가 너를 좋아하지 않는)
> **분석**) 관계없는 the reason과 she가 겹쳐 쓰인 곳에 관계부사 why가 생략됐습니다.

문장 중간에 ⟨a/the + 명사⟩와 ⟨대명사⟩ 또는 ⟨a/the + 명사⟩와 ⟨a/the + 명사⟩가 겹쳐 쓰였다면 그 사이에 목적격 관계대명사나 관계부사가 생략됐습니다.

구문 06   부정사구와 분사구의 의미 차이 구별

> **부정사구:** '~할', '~할 수 있는' 이라는 미래/가능의 의미
> **분사구:** '~한', '~된' 이라는 과거 의미와 '~하는', '~되는' 이라는 현재 의미

선생님: 부정사란 무슨 뜻인가요?

지연: '정해지지 않다' 라는 의미입니다.

선생님: 그렇죠. 명사구로 쓰일 때 부정사구의 의미는 무엇이었죠?

지연: '~할 것' 이라는 미래, '~할 수 있는 것' 이라는 가능성을 나타냅니다.

선생님: 그렇죠. 마찬가지로, 부정사구가 형용사구로 쓰일 때 '~할' 이라는 미래, '~할 수 있는' 이라는 가능성을 나타냅니다. 분사란 무슨 뜻일까요?

학생들: ???

선생님: 분사는 한자로 分詞입니다. 分詞는 역할이 두 가지로 나뉘는 말이라는 뜻입니다. 즉, 분사란 동사와 형용사, 두 가지 역할을 한다는 뜻입니다. 분사는 완료형(have + 과거분사), 진행형(be동사 + 현재분사), 수동형(be동사 + 과거분사)에 쓰여 동사의 복합시제(compound tense)를 만듭니다. 이 경우에 분사는 동사입니다. 또한, 분사는 분사구로 쓰일 때 형용사 역할을 합니다.

초롱: 선생님, 부정사구와 동명사구가 명사절인 that절에서 나온 것처럼 부정사구와 분사구도 형용사절에서 나왔나요?

선생님: (기분이 좋은 듯 미소 지으며) 맞습니다. 형용사구로 쓰이는 부정사구와 분사구는 관계대명사절을 축약한 형태입니다. 부정사 앞에 있는 명사는 관계대명사의 선행사가 됩니다. 이 명사는 관계대명사의 격이 주격일 때 관계절의 주어가 되고, 목적격일 때 관계절의 목적어가 됩니다.

(a) I have no **friend** who will advise me. 〈주격 관계〉
= I have no **friend** to advise me. (나는 친구가 없다 / 나에게 충고해 줄)
   분석 관계대명사절에서 friend는 advise의 주어가 되므로 friend는 to advise와 주격 관계가 됩니다.

(b) I have many **things** which I should do. 〈목적격 관계〉
= I have many **things** to do. (많은 일들을 가지고 있다 / 내가 해야 할)
   분석 관계대명사절에서 things는 do의 목적어가 되므로 things는 to do와 목적격 관계가 됩니다.

(c) There are several **alternatives which we can choose from**.
〈전치사 목적격 관계〉
= There are several **alternatives to choose from**.
(여러 대안들이 있다 / 우리가 선택할 수 있는)

> 분석) 관계대명사절에서 alternatives는 from의 목적어가 되므로 alternatives는 to choose from과 목적격 관계가 됩니다.

선생님: 분사구(分詞句)는 관계대명사절의 축약된 형태로서 주로 〈관계대명사 + be동사〉가 생략되어 나타나는 형태로서 형용사구의 역할을 합니다. 분사구에서 현재분사나 과거분사는 원래의 관계대명사절 안에서 동사였습니다. 현재분사는 원래의 절에서 능동태 동사였고, 과거분사는 수동태 동사였습니다.

(d) The person **who was painting** Mary's portrait was Piccasso.
= The person **painting** Mary's portrait was Piccasso.
(그 사람은 / 메리의 초상화를 그리고 있던 / 피카소였다)

> 분석) 'painting'은 원래의 절에서 타동사이고 능동형이므로 그 뒤에 목적어 'Mary's portrait'를 동반하고 있습니다.

(e) The person **who was painted by Piccasso** was Mary.
= The person **painted by Piccasso** was Mary.
(그 사람은 / 피카소에 의해 그려진 / 메리였다)

> 분석) 'painted'는 원래의 절에서 수동형이므로 그 뒤에 전치사구를 동반하고 있습니다.

Tip

과거형 ~ed와 과거분사형 ~ed의 구별 방법

동사 원형이 타동사일 때, 〈동사원형ed + 목적어〉이면 동사원형ed는 과거형 동사이므로 '~을 했다'라고 해석되고, 〈동사원형ed + 전치사〉이면 동사원형ed는 과거분사로서 분사 형용사이므로 '~된'으로 해석됩니다.

(f) The space shuttles **used** special engines. 〈과거형=동사〉
(그 우주선들은 사용했다 / 특별한 엔진들을)

(g) Engines **used in the space shuttles** were strong. 〈과거분사형=형용사〉
(엔진들 / 사용된 / 그 우주선들에서 / 강력했다)

구문 07   문장 맨 앞에 분사구가 올 때의 해석 방법

> 문장 맨 앞에 나온 분사구는 주절의 주어를 수식하여 '~하는, ~한', '~되는, ~된'이라는 의미를 나타냅니다.

선생님: 문장 맨 앞에 나온 분사구는 주절의 주어를 수식하여 현재분사가 이끄는 분사구는 '~하는, ~한'이라는 뜻으로 해석되고, 과거분사가 이끄는 분사구는 '~되는, ~된'이라는 뜻으로 해석됩니다.

지연: 선생님, 분사구는 관계대명사절에서 〈관계대명사 + be동사〉가 생략되어 나타나는 형태이기 때문에 명사 뒤에서 명사를 수식해야 되는 것 아닙니까?

선생님: 좋은 지적입니다. 분사구가 문장 맨 앞에 나오는 용법을 다루기 위해서는 분사구의 비제한적 용법이라는 개념이 필요합니다. 제한적 용법은 comma 없이 쓰이고, 비제한적 용법은 comma와 함께 쓰입니다.

(a) The person **who was painting** Mary's portrait was Piccasso
→ The person **painting** Mary's portrait was Piccasso. 〈제한적 분사구〉
(그 사람은 / 메리의 초상화를 그리고 있는 / 피카소였다)

(b) Pines, **which are discovered in all regions**, are common trees in Korea
→ Pines, **discovered** in all regions, are common trees in Korea.
〈비제한적 분사구〉
(소나무들은, / 모든 지역들에서 발견되는, / 한국에서 흔한 나무들이다)

(c) The driver, **wearing dark glasses**, did not see the obstacle
= **Wearing dark glasses**, **the driver** did not see the obstacle
(검은 안경을 끼고 있던, 그 운전사는 그 장애물을 보지 못했다)

(d) Pluto, **visible through large telescopes**, has a yellowish color
= **Visible through large telescopes**, **Pluto** has a yellowish color
(큰 망원경들을 통해 눈에 보이는, 명왕성은 노란색을 가지고 있다)

구문 08 전치사구가 명사를 수식할 때의 해석 방법

문장 맨 앞에 나온 분사구는 주절의 주어를 수식하여 '~하는, ~한', '~되는, ~된' 이라는 의미를 나타냅니다.

선생님: 〈전치사 + 명사어구〉는 형용사구로서 앞에 나온 명사를 수식할 수 있습니다.

(a) She received **a letter from** her mother.
   (그녀는 받았다 / 그녀 엄마로부터의 편지를)

(b) **A man without a wife** is **a house without a roof**.
   (아내 없는 남자는 지붕 없는 집이다)

(c) Motion pictures present **spectacular scenes such as storms**.
   (영화들은 제공한다 / 폭풍우들과 같은 볼만한 장면들을)

선생님: 문장 중간에서 주어를 수식하는 〈of + 복수명사〉는 문장 맨 앞으로 나가 주어를 수식할 수 있습니다. 즉, 〈Of 복수명사, 주어 + 동사 + 보어 / 목적어〉.

(d) **Five of the thirty students** were absent
   = **Of the thirty students**, five were absent. 〈형용사구〉
   (30명의 학생들 중 5명이 결석했다)

(e) **Of mammals**, only humans and some animals enjoy color vision. 〈형용사구〉
   (포유류들 중에, 단지 인간들과 몇몇 동물들이 색채 시력을 즐긴다)

구문 09 〈전치사 + 명사절〉이 명사를 수식할 때의 해석 방법

> 〈전치사 + 명사절〉은 〈전치사 + 명사〉처럼 앞에 나온 명사어구를 수식할 수 있습니다. 전치사 다음에 나올 수 있는 명사절로는 whether절, what절, 관계부사절, 의문사절이 있습니다. that절 앞에 전치사를 쓰지 않는다는 점에 유의하시기 바랍니다.

(a) This may create **a doubt** about whether he was honest. 〈전치사+whether절〉
   (이것은 의문을 자아낼 수 있다 / 그가 정직한가에 대한)

(b) I have no **idea** of what she does for a living. 〈전치사+what절〉
   (나는 아무 생각도 가지고 있지 않다 / 그녀가 생계를 위해 무엇을 하는지에 대한)

(c) I do not have **the least idea** of why they separated. 〈전치사+관계부사절〉
   (나는 조금도 알지 못한다 / 왜 그들이 헤어졌는지에 대한)

(d) I could make **vague guesses** at who they were. 〈전치사+의문대명사절〉
   (나는 막연한 추측들을 만들 수 있었다 / 그들이 누구인지에 대한)

(e) He had no **idea** of how much she had loved him. 〈전치사+의문부사절〉
   (그는 아무 생각도 없었다 / 얼마나 많이 그녀가 그를 사랑해왔는지에 대한)

영구: 선생님, 왜 that절 앞에 전치사가 쓰일 수 없습니까?

선생님: 고대영어 이래로 전치사가 접속사나 관계사 앞에 위치하면 어색한 것으로 간주했습니다. 이런 관습이 that절에 적용되고 있습니다. that절 앞에 전치사를 쓰면 어색한 것으로 간주하고 있습니다. 하지만, that 이외의 접속사 / 관계사의 경우에 의미가 분명할 때 전치사를 생략할 수도 있고 쓸 수도 있습니다.

(f) He was released on **the ground** of that he was insane. 〈틀림〉
   → He was released on **the ground** that he was insane. 〈동격절〉
   (그는 그 근거로 풀려났다 / 그가 정신 이상이라는)

(g) There remains **the question (of)** whether we should do it all together.
   (의문이 남아 있다 / 우리가 모두 함께 그것을 해야 하는가에 대한)

(h) He has **no notion (of)** what I mean.
   (그는 개념 없다 / 내가 의도하는 것에 대한)

구문 10   형용사가 뒤에서 명사를 수식할 때의 해석 방법

> 형용사가 뒤에서 명사를 수식할 때 즉, 〈명사 + 형용사 + …〉 구문 해석은 '~한 사람/사물' 이 됩니다.

선생님: 원래, 형용사는 명사 앞에서 명사를 수식합니다. 하지만, 때때로 형용사가 명사 뒤에서 수식할 수 있습니다. 형용사가 명사 뒤에서 수식할 때 명사와 형용사 사이에 무엇이 생략 됐을까요?

지연: 〈관계대명사 + be동사〉가 생략된 것으로 알고 있습니다.

선생님: (웃으며) 그렇죠.

(a) I would like to hear **something new**.
    (나는 새로운 어떤 것을 듣고 싶다)
    = I would like to hear **something which is new**.

(b) There is **a meal ready for you**. (음식이 있다 / 당신을 위해 준비된)
    = There is **a meal which is ready for you**.

(c) In order to escape, they tried **all means imaginable**. (상상할 수 있는 수단들)
    = In order to escape, they tried **all means which were imaginable**.

(d) **An experience as private as consciousness** is not easy to investigate
    = **An experience which is as private as consciousness** is not easy to investigate.
    (하나의 경험은 / 의식만큼이나 개인적인 / 조사하기 쉽지 않다)

(e) She asked me to investigate **a woman involved with her husband**.
    = She asked me to investigate **a woman who was involved with her husband**.
    (그녀는 나에게 한 여성을 조사해달라고 부탁했다 / 그녀 남편과 관계 맺은)

3 부사류의 구조

선생님: 우선, 문장 전체를 수식하는 부사류의 개념부터 점검하겠습니다. 부사류에는 어떤 것들이 있나요?
영구: 부사, 부사구, 부사절이 있습니다.
선생님: 그렇죠. 부사구에는 어떤 것들이 있죠.
초롱: 전부분, 즉 전치사구, 부정사구, 분사구문이 있습니다.
선생님: 그렇죠. 부사절을 이끄는 것에는 어떤 것들이 있을까요?
지연: 종속접속사가 이끄는 절과 관계부사 where와 when이 이끄는 절이 있습니다.
선생님: 그렇죠. 종속접속사 because, when, if, although 등은 접속사인데다 그 의미 때문에 부사절을 이끕니다. where와 when은 부사절을 이끄는데 why와 how는 부사절을 이끌지 못합니다. 그 이유는 의미 때문입니다. 이에 대해서는 아래에서 살펴보겠습니다.

부사류	종류(의미)	예문
부사	문장부사	(a) **Usually** Tom gets up early. (보통, 탐은 일찍 일어난다)
부사구	1. 전치사구 (~로, ~처럼, ~때문에 ...) 2. 부정사구 (~하기 위하여) 3. 분사구문 (~해서, ~돼서)	(b) Tom, **like his father**, is very tall. (탐은, 그의 아버지처럼, 아주 키가 크다) (c) Jane studies very hard **to pass the exam**. (제인은 열심히 공부한다 / 그 시험에 합격하기 위하여) (d) **Deceived by him**, I couldn't trust Bill. (그에 의해 속임을 당해서, 나는 빌을 믿을 수 없다)
부사절	1. 종속접속사절 (~때문에, ~때, ~라면, ~이지만 ...) 2. 관계부사 where절, when절 (~장소에, ~시간에)	(e) Jane stayed at home **because she had a bad cold**. (제인은 집에 머물렀다 / 왜냐하면 독감에 걸렸기 때문에) (f) **Where there is a will**, there is a way. (뜻이 있는 곳에 길이 있다)

구문 11   부사절의 구조 및 해석 방법

> 부사절을 이끄는 종속접속사 when은 '~ 때', if는 '~라면', although는 '비록 ~이지만', because는 '~ 때문에' 라고 해석하면 되고, 부사절을 이끄는 관계부사 where는 '~라는 장소에서', when은 '~라는 시간에' 라고 해석하면 됩니다.

(a) **When men are employed**, they are most satisfied.
(사람들이 고용될 때, 그들은 가장 만족스러워 한다)

(b) **If you do not walk today**, you will have to run tomorrow.
(만일 오늘 걷지 않으면, 내일 뛰어야 하리)

(c) **Although my car is very old**, it still runs very well.
(비록 내 차는 아주 오래된 것이지만 그것은 여전히 아주 잘 달린다)

선생님: 관계부사 where, when은 각각 '~장소에', '~시간에' 라는 의미를 나타낼 수 있어서 부사절을 이끌 수 있습니다.

(d) We camped **where we could get water**.
(우리는 야영을 했다 / 우리가 물을 얻을 수 있는 장소에서)

(e) The fire happened **when they were away**.
(그 화재는 발생했다 / 그들이 없는 시간에)

선생님: 관계부사 why는 '왜 ~인가', '~이유' 라는 뜻을 나타낼 수 있지만 '~이유 때문에' 라는 뜻을 나타낼 수 없으므로 부사절을 이끌 수 없고, how는 '어떻게 ~인가', '방법' 이라는 뜻을 나타낼 수 있지만 '~방법으로' 라는 뜻을 나타낼 수 없으므로 부사절을 이끌 수 없습니다.

(f) Mary likes Tom **why Jane hates him**. 〈틀림〉
(메리는 톰을 좋아한다 / 왜 제인이 그를 싫어하는가를(?))

(g) We did it **how you did it**. 〈틀림〉
(우리는 그것을 했다 / 어떻게 네가 그것을 했는가의 방법(?))

구문 12 　접속사 for와 in that의 용법과 해석 방법

> for가 접속사로 쓰일 때 '그 이유는 ~이기 때문에'라는 뜻입니다. for는 인과관계 나타낸다기 보다는 말하는 사람의 발언의 근거(왜 그런 말을 하게 되었는가)를 설명하기 위해 쓰입니다. in that은 '~라는, 면에서, ~이기 때문에'라는 뜻으로 쓰입니다.

선생님 : for가 '그 이유는 ~이기 때문에'라는 의미의 접속사로 쓰일 때 문장 맨 앞에 쓰일 수 없습니다. 왜냐하면 접속사 for는 이미 말한 것에 대한 이유를 나중에 생각난 듯이 첨가할 때 쓰이기 때문입니다. 반면에, for가 '~쪽에, ~을 위하여'라는 전치사로 쓰일 때 문장 맨 앞, 문장 중간 어디에나 위치할 수 있습니다. 또한, for 뒤에 절이 나오면 for는 접속사이고, for 뒤에 명사가 나오면 for는 전치사입니다.

(a) It is morning, **for birds are singing**. 〈접속사〉
　　(아침이다, 그 이유는 새들이 지저귀고 있으니까)

(b) **For** information about class schedules, press '1'. 〈전치사〉
　　(정보를 위해서 / 수업 일정들에 대한, / 1번을 누르세요)

선생님 : that이 접속사나 관계대명사로 쓰일 때 그 앞에 전치사가 쓰이지 않습니다. 접속사 that 앞에 전치사를 쓰지 않는 이유는 생략 가능하기 때문입니다. 관계대명사 that 앞에 전치사를 쓰지 않는 이유는 지시대명사 that과 혼동되기 때문입니다.

(c) He **insisted (on) that** he was not there at the time
　　(그는 주장했다 / 그는 거기에 없었다고 / 그 시간에)
　　　분석) on이 생략 가능한 이유는 that절이 insisted의 목적어가 될 수 있기 때문입니다.

선생님 : that이 접속사나 관계대명사로 쓰일 때 그 앞에 전치사가 쓰이지 않습니다. 그런데, in that 구문이 가능한 이유는 that절 앞에 동격어구인 〈the fact〉가 생략됐기 때문입니다.

(d) Men differ from brutes **in (the fact) that** they can think and speak
　　(인간들은 짐승들과는 다르다 / 생각하고 말할 수 있다는 점에서)

구문 13   종속접속사와 접속부사의 차이 구별

> 접속부사와 종속접속사는 '접속'이라는 어구 때문에 혼동을 일으킵니다. 본질적인 차이점은 품사입니다. 접속부사의 품사는 부사이고, 종속접속사의 품사는 접속사입니다.

선생님: 접속부사에서 '접속'의 의미는 두 개의 문장의 의미를 연결한다는 뜻이고, '부사'는 절 전체를 수식한다는 것을 의미합니다.

(a) **Although** Mary loves John, she doesn't want to marry him
    (메리는 비록 존을 사랑하지만, 그녀는 원치 않는다 / 그와 결혼하기를)

> **분석** Although는 접속사로서 2개의 절을 연결합니다. Although가 이끄는 절은 부사절로서 뒤에 나오는 절 전체를 수식하고 있습니다.

(b) Mary loves John. **However**, she doesn't want to marry him
    (메리는 존을 사랑한다. 하지만, 그녀는 원치 않는다 / 그와 결혼하기를)

> **분석** However는 접속부사로서 앞에 나온 문장과 그 뒤에 나오는 절의 의미를 연결하고, 부사로서 뒤에 나오는 절 전체를 수식하고 있습니다.

선생님: 접속부사는 부사로서 절 전체를 수식하기 때문에 문장 맨 앞, 문장 중간, 문장 맨 뒤에 쓰일 수 있습니다. 접속부사들을 의미에 따라 분류하면 아래와 같습니다.

(b2) Mary loves John. She doesn't, **however**, want to marry him.
(b3) Mary loves John. She doesn't want to marry him, **however**.

> - **양보:** however, nevertheless, nonetheless, yet, still(그럼에도 불구하고) 등
> - **결과:** accordingly, consequently, hence, so, therefore, then, thus, as a consequence, as a result 등
> - **부가적 설명:** further, furthermore, moreover, above all, in addition 등
> - **화제의 전환:** meantime, meanwhile, by the way 등

선생님: 결과를 나타내는 접속부사 so는 등위접속사 and와 함께 쓰일 수 있습니다. and가 생략되면 so는 접속사 역할을 합니다. 접속부사 so는 '그렇게, 그래서'로 해석되고, 접속사 so는 '그러므로, 그래서'로 해석됩니다.

(c) Last night I had a headache. **So**, I went to bed early. 〈접속부사〉
→ Last night I had a headache, **(and) so** I went to bed early. 〈접속사〉
(지난 밤에 나는 두통이 났다 / 그래서 나는 일찍 잠자리에 들었다)

(d) He fired, **and thus** wounded one of the gangsters.
→ He fired, **thus wounding one of the gangsters**.
(그는 총을 쏘았다, 그래서 상처를 입히면서 / 악당들 중의 한 명에게)

1. 일반부사 / 접속부사 still 해석 방법

still은 '아직도, 여전히'라는 의미일 때 일반부사로서 동사 앞에 위치하고, '그럼에도 불구하고'라는 의미일 때 접속부사로서 문장 맨 앞에 위치합니다.

(e) The interview went well enough, but they're **still** interviewing other candidates.
(인터뷰는 충분히 잘 됐다, / 그러나 그들은 여전히 인터뷰하고 있다 / 다른 후보자들을)
(f) The interview went well enough. **Still**, they're interviewing other candidates.
(인터뷰는 충분히 잘 됐다. / 그럼에도 불구하고, / 그들은 여전히 인터뷰하고 있다 / 다른 후보자들을)

2. 일반부사 / 접속부사 rather 해석 방법

부사 rather는 형용사 앞에 쓰일 때 '다소(= somewhat)'라는 의미이고, 문장 맨 앞에서 절 전체를 수식하는 접속부사로 쓰일 때 '오히려(= instead)'라는 의미입니다.

(g) She has a **rather** good figure.
(그녀는 다소 괜찮은 몸매를 가지고 있다)
(h) The weather is not cooler today; **rather**, it is hotter.
(날씨는 오늘 시원해지기는커녕 오히려 더 덥다)

구문 14   부정사구와 분사구문의 의미 차이

> 부정사구: '~하기 위하여' 라는 '미래' 개념
> 분사구문: '~한다' 라는 현재 또는 '~했다' 라는 과거의 실제적인 일.

선생님: 부정사란 무슨 뜻이었나요?
지연: 부정사는 '정해지지 않다' 라는 의미입니다.
선생님: 그렇죠. 명사구로 쓰일 때 부정사구의 의미는 무엇이었죠?
지연: '~할 것' 이라는 미래, '~할 수 있는 것' 이라는 가능성을 나타냅니다.
선생님: 그렇죠. 형용사구로 쓰일 때 부정사구의 의미는 무엇이었죠?
영구: '~할' 이라는 미래, '~할 수 있는' 이라는 가능성을 나타냅니다.
선생님: 그렇죠. 마찬가지로, 부정사구가 부사구로 쓰일 때 '~하기 위하여' 라는 미래의 일을 나타냅니다. 분사란 무슨 뜻이었나요?
지연: 분사란 동사와 형용사, 두 가지 역할을 한다는 뜻입니다.
선생님: 그렇죠. 분사구문이란 무슨 뜻일까요?
영구: 글자 그대로 '분사로 이루어진 구문' 이라는 뜻 아닙니까?
선생님: (웃으며) 그렇죠. 분사는 보통 형용사로 쓰이는데 분사구문은 부사구로 쓰이는 게 문제입니다. 이에 대해서는 잠시 후에 언급하겠습니다. 분사구문은 '~한다', '~했다', '~된다', '~됐다' 라는 현재나 과거에 실제로 발생한 일을 나타냅니다.
영구: 선생님, 부정사구와 분사구문은 부사절에서 나왔나요?
선생님: 예. 맞아요. 부정사구와 분사구문은 부사절을 축약한 형태입니다. 이것은 명사구로 쓰이는 부정사구와 동명사구가 명사절인 that절에서 나온 것과 같은 원리이고, 형용사구로 쓰이는 부정사구와 분사구가 형용사절인 관계대명사절에서 나온 것과 같은 원리입니다. 부사구로 쓰이는 부정사구는 어떤 부사절을 축약한 것일까요?
초록: 부정사구는 부사절 so that ~을 축약한 것입니다.
선생님: 그렇죠. 부정사구가 '~하기 위하여' 라는 '목적' 의 의미로 쓰일 때 이것은 부사절 so that ~ (~할 수 있도록 하기 위하여)라는 구문을 부사구로 축약한 형태입니다.

(a) She studies very hard **so that she can pass the exam**.〈부사절〉
　→ She studies very hard **to pass the exam**. 〈문장 맨 끝 위치〉
　→ **To pass the exam**, she studies very hard. 〈문장 맨 앞 위치〉
　　(그 시험에 합격하기 위하여 그녀는 아주 열심히 공부한다)

　분석) 부정사구는 부사구이기 때문에 문장 맨 뒤에 배치될 수도 있고 문장 맨 앞에서 절 전체를 수식할 수도 있습니다.

분사구문은 문장을 단순화하기 위하여 부사절을 부사구로 축약시킨 구문입니다. 부사절을 부사구로 바꾸기 위해 다음과 같이 접속사와 주어를 없애고 동사를 현재분사로 바꿉니다.

(b) **Because she was deceived by him**, Jane couldn't trust Bill.
　→ **Being deceived by him**, Jane couldn't trust Bill
　→ **Deceived by him**, Jane couldn't trust Bill. 〈분사구문 / 분사구〉
　　(그에 의해 속임 당해서 / 그에 의해 속임 당한, 제인은 빌을 믿을 수 없었다)

　분석) deceived가 분사 형용사로서 Being이 없어도 Jane을 수식할 수 있기 때문에 Being은 생략될 수 있습니다.

　　주절 다음에 쓰인 분사구문의 해석 방법

주절 다음에 쓰인 분사구문이 현재분사로 시작되는 분사구문이면 '~하면서'로 해석하고, 과거분사로 시작되는 분사구문이면 '~된 채'로 해석합니다.

(c) I fell, **striking** my head against the door. (나는 쓰러졌다, 내 머리를 문에 부딪히면서)
(d) He came back, **exhausted** from the long journey. (그는 돌아왔다, 긴 여행으로부터 지친 채)

구문 15 ⟨too ~ to부정사⟩와 ⟨enough ~ to부정사⟩ 용법과 해석 방법

> ⟨too ~ to부정사⟩는 '너무 ~해서 ~할 수 없다' 라는 부정적 의미를 나타내고, ⟨enough ~ to부정사⟩는 '~하기에 충분히 ~하다' 라는 긍정적 의미를 나타냅니다.

선생님 ⟨too ~ to부정사⟩를 직역하면 '~하기에는 너무 ~하다' 라는 뜻입니다. 이를 풀어 쓰면 '너무 ~해서 ~할 수 없다' 가 됩니다. ⟨too ~ to부정사⟩ 구문은 ⟨too ~ for 명사⟩ 구문으로 표현될 수도 있습니다.

(a) He is **too small to play** volleyball.
 = He is **too small for volleyball**.
(그는 너무나 작다 / 배구하기에는 = 그는 너무나 작다 / 배구 쪽에는)

> **분석** 부정사가 too와 함께 쓰이는 이유는 '너무나' 의 기준을 제시하기 위해서입니다. 즉, '너무나 작은' 이라고 말할 때 '무엇에?, 무엇 하기에?' 라는 내용이 뒤따라야 하는데 '무엇 하기에?' 를 나타내는 것이 부정사이고, '무엇에?' 를 나타내는 것이 ⟨for + 명사⟩입니다.

선생님 ⟨enough ~ to부정사⟩ 구문에서 enough가 부사로서 '충분히' 라는 의미로 쓰일 때 ⟨형용사 + enough + to부정사⟩ 형태가 되고, 형용사로서 '충분한' 이라는 뜻으로 쓰일 때 ⟨enough + 명사 + to부정사⟩ 형태가 됩니다. 부정사가 enough와 함께 쓰이는 이유는 '충분한, 충분하게' 의 '무엇 하기에?' 라는 기준을 제시하기 위해서입니다.

(b1) She is **kind enough to show me the way**.
(그녀는 충분히 친절하다 / 나에게 길을 가리켜 줄 만큼)
(b2) She is **very kind**. (그녀는 아주 친절하다)

> **분석** 부사가 형용사를 수식할 때 (b2)처럼 부사는 형용사 앞에 놓입니다. 그러나, 부사 enough는 부정사를 동반하여 긴 어구가 되기 때문에 형용사를 수식할 때 형용사 뒤에 놓이는 것입니다.

(c) I have **enough money to buy** a house
(나는 충분한 돈을 가지고 있다 / 집을 사기에)

구문 16   독립 분사구문의 용법 및 해석 방법

> 분사구문의 의미상 주어와 주절의 주어가 다를 때, 그 분사구문은 독립 분사구문이라 합니다. 두 개의 주어가 서로 '독립적'이라는 뜻이죠. 독립 분사구문이 주절보다 뒤에 나오면서 주절에 나온 명사를 보충 설명할 때 독립 분사구문은 '~한 채'라고 해석하면 됩니다.

(a) If the weather is fine, we will go hiking
 → **The weather being fine**, we will go hiking. 〈독립 분사구문〉
 (날씨가 좋으면, 우리는 도보여행 할 것이다)

 분석) If절의 주어 the weather와 주절의 주어 we가 서로 다릅니다. 즉, 독립적이지요. If절을 분사구문으로 만들면 독립 분사구문이 되는 겁니다.

(b) After the sun had set, I gave up looking for my dog.
 = **The sun having set**, I gave up looking for my dog. 〈독립 분사구문〉
 (해가 진 후에, / 나는 찾는 것을 포기했다 / 내 개를)

 분석) After절의 주어 the sun과 주절의 주어 I가 서로 다릅니다. 즉, 독립적이지요. After절을 분사구문으로 만들면 독립 분사구문이 되는 겁니다.

선생님: 독립 분사구문은 앞에 나온 명사가 막연한 의미를 나타낼 때 이를 구체적으로 설명할 때 쓰이기도 합니다. 이 경우 〈… 막연한 의미의 명사 …, one/each/some + (being) + 전치사/명사/형용사〉 형태를 가집니다.

(c) **Two people** died in the discotheque fire, **one (being) a high school student and the other (being) unidentified**.
 (두 사람이 죽었다 / 그 디스코텍 화재에서, 한 사람은 고등학생이고 다른 사람은 신원 불명인 채)

 분석) 원래의 one was a high school student and the other was unidentified를 분사구문으로 바꾸면 위에서처럼 독립분사구문이 됩니다.

(d) There are **several alternatives** to choose from, **each (being) with unique advantages and disadvantages**.
 (여러 대안들이 있다 / 선택할 수 있는, 각각은 / 독특한 장점들과 단점들을 가진 채)

 분석) 원래의 each is with unique advantages and disadvantages를 분사구문으로 바꾸면 위에서처럼 독립분사구문이 됩니다.

구문 17 〈접속사 + 분사구문〉의 용법 및 해석 방법

> 분사구문의 형태 그 자체는 일정한 부사적 의미를 내포하지 않기 때문에 부사적 의미를 확실하게 나타낼 방법이 필요하게 되어 분사구문 앞에 접속사를 삽입하는 비문법적인 형태가 생겨나게 됐습니다. 그래서 종속접속사 다음에 현재분사, 과거분사, 형용사, 명사어구가 나올 수 있습니다. 해석 방법은 원래의 부사절처럼 해석하는 겁니다.

(a) I often make mistakes **when I speak in English**
= I often make mistakes **speaking in English**
→ I often make mistakes **when speaking in English**.
(나는 종종 실수들을 한다 / 영어로 말할 때)

분석) when 대신에 because, if, although 등을 넣어 해석해도 의미가 통하게 됩니다. 이런 문제를 해결하기 위해 16세기 말에 분사구문 앞에 접속사를 삽입하는 용법이 생겨났다고 합니다.

(b) **If it is caught young**, a wild animal can be tamed
= **(Being) caught young**, a wild animal can be tamed
→ **If caught young**, a wild animal can be tamed.
(만일 어려서 잡힌다면 / 야생동물은 길들여질 수 있다)

분석) Being은 생략될 수 있습니다. 왜냐하면 'caught'가 분사 형용사로 해석되어도 무방하기 때문입니다.

(c) **When they are young**, chimpanzees are easily trained
= **(Being) young**, chimpanzees are easily trained
→ **When young**, chimpanzees are easily trained.
(어린 때 침팬지들은 쉽게 훈련된다)

분석) Being이 생략될 수 있는 이유는 young이 주어를 수식하는 형용사로 보아도 무방하기 때문입니다.

(d) **Although it was a southern state**, Maryland remained loyal to the Union
= **(Being) a southern state**, Maryland remained loyal to the Union
→ **Although a southern state**, Maryland remained loyal to the Union
(비록 남부 주였지만, / 매릴랜드는 남아 있었다 / 충실한 채 / 연방에)

분석) Being이 생략될 수 있는 이유는 a southern state가 동격어구로 해석돼도 무방하기 때문입니다.

4 병렬 구조

선생님: 병렬 구조(竝列構造)란 비슷한 형태의 단어와 단어, 구와 구, 또는 절과 절들이 등위접속사 and, or, but으로 연결된 것을 말합니다. 병렬(竝列)이란 '나란히 열 짓다'는 뜻인데 and, or, but 앞과 뒤의 구조는 나란히 열 지어 있는 모습이라서 병렬 구조라고 불립니다.

구문 18 and, or, but 연결 관계 파악하는 방법

> And/or/but의 연결 관계를 쉽게 파악하는 방법은 and/or/but 바로 뒤의 단어를 확인하는 겁니다. 예를 들면, and/or/but 뒤의 단어가 부정사이면 그 앞에 있는 부정사와 연결되는 겁니다.

선생님: 등위접속사를 이해하기 위한 첫걸음은 다음 2가지 질문에 답하는 것입니다.

1 등위접속사는 종속접속사와는 달리 왜 구와구, 단어와 단어를 연결할 수 있는가?

우리말의 〈동물과 식물〉을 〈동식물〉, 〈두 번 또는 세 번〉을 〈두세번〉으로 나타낼 수 있는 것처럼 등위접속사는 역할이 같은 어구들을 연결할 때 중복되는 어구는 생략될 수 있습니다. 이러한 사실로 인해 등위접속사는 접속사인데도 불구하고 구와 구, 단어와 단어를 연결할 수 있는 것입니다.

(a) **They left** and **we remained**. 〈절과 절 연결〉
 (그들은 떠났고 우리는 남았다)

(b) Tom works **by day** and (Tom works) **by night**. 〈구와 구 연결〉
 (톰은 낮에도 일하고 밤에도 일한다)

(c) Designers try to make products **attractive** and (designers try to make products) **efficient**. 〈단어와 단어 연결〉
 (디자이너들은 노력한다 / 제품들을 매력적이고 효율적으로 만들도록)

2 등위접속사는 왜 같은 종류의 어구들만 연결하는가?

그 이유는 생략된 공통 어구와 남아있는 어구들이 긴밀한 관계를 맺기 때문입니다.

(a) I asked her **to come this evening**, or **(to) call us tonight**.
 (나는 그녀에게 요청했다 / 오늘 저녁에 오거나 오늘 밤 우리에게 전화하라고)

(b) Bill is fond of **studying at night** and **getting up late in the morning**.
 (빌은 좋아한다 / 밤에 공부하고 아침 늦게 일어나는 것을)

구문 19 병렬 구조에서 공통관계 파악하는 방법

> 중복되는 어구들 중 남아있는 어구를 공통 어구라 하고, 이 공통 어구가 and/or 앞과 뒤에서 하는 역할을 공통 관계라고 합니다. 공통 관계를 쉽게 파악하는 방법은 and/or 바로 뒤에 나온 어구를 확인한 후 생략된 어구를 파악하는 겁니다.

선생님: 공통 관계를 수학적(?)으로 설명해 보겠습니다. 공통 어구를 X, Y라 하고, 접속 요소를 a, b라고 하고, and를 +라고 하면 공통 관계는 다음과 같이 3가지 '인수분해' 형태가 됩니다. 즉, 1) Xa+Xb = X(a+b) 2) aX+bX = (a+b)X 3) XaY+XbY = X(a+b)Y. 다음 문장들을 인수분해 형태로 표시해보세요.

(a) **Your son and daughter** look so much alike. 〈공통 소유격〉
 (자네 아들과 딸은 아주 많이 비슷해 보이네)

(b) There are **an ink, fountain pen, and book** on the table. 〈공통 관사〉
 (잉크, 만년필, 책이 있다 / 책상 위에는)

(c) He **washes and irons his shirts** everyday. 〈공통 목적어〉
 (그는 빨고 다림질한다 / 그의 셔츠를 / 매일마다)

지연: (a)는 X(a + b)의 형태입니다. X = Your, a = son, b = daughter입니다.

선생님: 그렇죠. (b)를 인수분해 형태로 표시해보세요.

초롱: (b)는 X(a + b + c)의 형태입니다. X = an, a = ink, b = fountain pen, c = book이고요.

선생님: 그렇죠. (c)를 인수분해 형태로 표시하면 어떻게 될까요?

영구: (a + b)X의 형태입니다. a = washes, b = irons, X = his shirts입니다.

5 비교 구문의 구조

구문 20 원급 비교 〈as ~ as〉구문의 해석 방법

〈as ~ as〉 구문에서 앞 as는 "그 만큼"이라는 지시부사이고, 뒤 as는 '만큼' 이라는 접속사입니다. 그래서 〈as ~ as〉는 '~만큼 그 만큼 ~한' 이라는 동등 비교의 개념을 나타냅니다.

선생님: 앞 as가 지시부사이기 때문에 그 바로 뒤에는 수식 받는 형용사나 부사가 나올 수 있습니다. 뒤 as는 접속사이기 때문에 절이 나와야 하는데 비교절에서 중복되는 단어들은 생략이 가능하기 때문에 주어, 동사, 목적어/보어 중 일부만 나올 수 있습니다.

(a) Bone loss occurs **not as early** in men **as in women**.
(뼈 손실은 발생한다 / 그 만큼 이르지 않게 / 남자들에게서 / 여자들에게 만큼)
분석) 둘째 as뒤에 'bone loss occurs early' 가 생략됐습니다.

(b) The average person loses **as many as** one hundred hairs per day.
(보통 사람은 잃는다 / 그 만큼 많은 것들을 / 100개의 머리털만큼 / 하루에)
분석) 둘째 as뒤에 'the average person loses' 가 생략됐습니다.

(c) **As early as** the eleventh century, the Pueblo people lived in large cities.
(그 만큼 일찍이 / 11세기만큼, 그 Pueblo 사람들은 살았다 / 큰 도시들에)
분석) 위 문장은 The Pueblo people lived in large cities as early as the eleventh century의 변형으로 보시면 됩니다. 둘째 as 뒤에 The Pueblo ~ large cities가 생략됐습니다.

선생님: 원급 비교 형태와 비교급 비교 형태로 배수 비교를 나타낼 수 있습니다. 배수 비교는 '그 회사는 우리 회사보다 10배만큼 크다' 처럼 몇 배수임을 나타낼 때 쓰입니다.

(d) I paid **three times as** much money for the meal **as** they did.
(나는 세배만큼 많은 것을 지불했다 / 그 음식에 / 그들이 했던 것에 비해)

(e) I paid **three times more** money for the meal **than** they did.

구문 21 비교급 〈more ~ than〉구문의 해석 방법

> 비교급 비교는 'A는 B보다 더 ~하다' 라는 뜻으로 두 가지를 비교합니다. 우등 비교를 나타낼 때 〈-er than〉 또는 〈more ~ than〉이고, 열등 비교를 나타낼 때 〈less ~ than〉입니다. 형용사나 부사의 음절이 3음절 이상이면 〈more ~ than〉을 쓰고 1음절이면 〈-er than〉을 씁니다. 2음절일 때 어느 것을 써도 무방합니다. 여기서 음절이란 발음 기호에 모음(a, e, i, o, u)에 해당하는 기호가 한 개면 1음절, 두 개면 2음절입니다.

(a) Bad reading is **more dangerous than** bad social communication
   (나쁜 독서는 나쁜 교제보다도 더 위험하다)

(b) Blood is **thicker than** water.
   (피는 물보다 더 진하다)

(c) Divorce is becoming **more common** nowadays than before.
   = Divorce is becoming **commoner** nowadays than before.

선생님: 비교 구문이 갖는 가장 두드러진 특징은 보통 주절과 종속절의 구조가 같다는 점입니다. 그래서 as나 than 뒤에 중복이 되는 단어들은 대동사 do로 표시되거나 생략될 수 있습니다. 비교절에서 너무 많이 생략해서 혼동의 여지가 발생하면 틀린 문장이 됩니다. 혼동의 여지가 없다면 간결한 문장을 위해 모두 생략하는 게 좋습니다. 비교절에서의 생략이 합당한지 여부는 생략된 것들을 모두 복원시켜 보면 압니다. 다음 문장들의 비교절에서 생략된 어구들을 모두 복원시켜 보세요.

(d) Tom **enjoys movies** more than **Jane enjoys movies**.
   = Tom enjoys movies more than **Jane (does)**.
   (톰은 영화들을 즐긴다 / 더 많이 / 제인보다)

   분석 주절의 주어 'Tom'과 than절의 주어 'Jane'만 다를 뿐 그 나머지 요소들은 서로 동일합니다. than절에는 주어만 남고 나머지 요소들은 생략될 수 있습니다.

(e) She likes Kim **as much as Lee**. 〈틀림〉
   →(e1) She likes Kim **as much as she does Lee**.
      (그녀는 김을 좋아한다 / 그만큼 많이 / 그녀가 리를 좋아하는 만큼)
   →(e2) She likes Kim **as much as Lee does**.
      (그녀는 김을 좋아한다 / 그만큼 많이 / 리가 김을 좋아하는 만큼)

   분석 (e)에서 Lee는 주어인지, 아니면 목적어인지 불분명합니다. Lee가 목적어이면 (e1)으로 나타내야 합니다. (e1)에서 as 뒤에 나온 she는 생략될 수 없습니다. 왜냐하면 she가 생략되면 does의 주어는 도치된 Lee가 될 수 있기 때문입니다. Lee가 주어이면 (e2)로 나타내야 합니다.

(f) You have made fewer mistakes than last year. 〈맞음〉
(너는 더 적은 실수들을 해왔다 / 작년보다)

= You have made fewer mistakes **(this year)** than **(you had made mistakes)** last year.

> 분석) 비교절에서 생략된 부분을 복원시켜보면 (f)는 맞는 문장이라는 것을 알 수 있습니다. (f)에서의 비교 내용은 '올해 현재까지 해온 실수들의 숫자들과 작년 저지른 실수들의 숫자들' 입니다.

선생님: 〈A rather than B〉는 'B보다는 오히려 A' 라는 뜻입니다. rather(오히려)는 부사이고, than은 접속사입니다. A와 B는 비교 대상이기 때문에 같은 품사이어야 합니다. B는 비교절에서 생략되어지지 않고 유일하게 남은 요소입니다.

(g) Mr. Lee is **a writer rather than a professor**. 〈명사어구 비교〉
(이씨는 작가이다 / 교수라기보다는)

> 분석) 명사어구인 a writer와 a professor의 비교. than 뒤에 Mr. Lee is 생략.

(h) Hillary is **intelligent rather than beautiful**. 〈형용사 비교〉
(힐러리는 이지적이다 / 아름답기보다는)

> 분석) 형용사인 intelligent와 beautiful 비교. than 뒤에 Hillary is 생략.

(i) It **rained rather than snowed**. 〈동사 비교〉
(비가 왔다 / 눈이 왔다기보다는)

> 분석) 동사인 rained와 snowed 비교. than 뒤에 It 생략.

(j) We know our friends **by their defects rather than by their merits**. 〈부사구 비교〉
(우리의 친구들을 안다 / 그들의 단점들에 의해서 / 그들의 장점들에 의해서보다는)

> 분석) 부사구인 by their defects와 by their merits 비교. than 뒤에 we know our friends 생략.

구문 22   이중 비교 구문의 해석 방법

> 이중(二重) 비교란 비교급이 두 개 있는 것으로서 형태는 〈The + 비교급 + 주어 + 동사, the + 비교급 + 주어 + 동사〉입니다. 의미는 '~하면 할수록, 더욱 더 ~하다' 입니다. 이중 비교는 다음과 같은 특징들이 있습니다.
>
> 1. 2개의 절의 어순이 같다.
> 2. 〈the + 비교급〉이 문장 맨 앞에 배치된다.
> 3. '비교급' 의 원래 위치는 동사 뒤이다.

(a) **The greater** the demand is, **the higher** the price is
    (수요가 더 클수록, 가격은 그 만큼 더욱 더 높다)

영구: 선생님, 이중 비교 구문에서 왜 2개의 절의 어순이 똑 같나요?

선생님: 두 개의 절이 서로 연관을 맺기 때문입니다. 이것을 '조건 비교' 라고 합니다. 앞 절이 조건절로서 '만일 수요가 더 크다면' 이라는 뜻이고, 뒤 절이 주절로서 '가격은 더욱 더 높아진다' 라는 뜻이 됩니다.

지연: 선생님, 이중 비교 구문에서 왜 〈the 비교급〉이 문장 맨 앞에 나오나요?

선생님: 관심을 끌기 위해서입니다. 문장 맨 앞 자리는 관심을 끄는 곳이므로 '주제의 자리' 라고 합니다. 〈the + 비교급〉에서 '비교급' 의 원래 위치는 동사 뒤입니다. '비교급' 의 품사는 무엇일까요?

초롱: 형용사나 부사입니다.

선생님: 그렇죠. (a)에서 비교급 greater는 형용사로서 원래 위치는 동사 is 뒤이고, 비교급 higher노 형용사로서 원래 위치는 동사 is 뒤입니다. 이중 비교 구문에서 be동사는 생략될 수 있습니다. 이 때 이중 비교의 형태는 〈The + 비교급 + 명사어구, the + 비교급 + 명사어구〉입니다.

(b) The greater the demand, the higher the price.
(c) The **more precise** a writer's words, the **more effective** the communication
    (작가의 단어들이 더 정확할수록, 그 의사소통은 더 효과적이다)

영구: 왜 be동사가 생략될 수 있습니까?

선생님: 생략되어도 혼동의 여지가 없기 때문입니다. (a)에서 비교급 greater, higher의 품사는 형용사입니다. 이것들의 원래 위치는 생략된 동사 다음이고, 역할은 보어입니다. 그렇다면 생략된 동사는 greater, higher를 보어로 취하는 불완전 자동사라야 합니다. be동사는 '~이다' 라는 특별한 의미를 가진 불완전 자동사가 아니므로 생략되어도 혼동의 여지가 없습니다.

구문 23 · 최상급 비교 구문의 해석 방법

> 최상급 비교는 '…에서 가장 ~한'이라는 뜻으로 3가지 이상 중에서 최상의 것을 나타냅니다. 우등 비교를 나타낼 때 〈the -est〉 또는 〈the most ~〉, 열등 비교를 나타낼 때 〈the least ~ 〉입니다. 형용사나 부사의 음절이 3음절 이상이면 〈the most ~〉를 쓰고 1음절이면 〈the -est〉를 씁니다. 2음절일 때 어느 것을 써도 무방합니다.

(a) Jane is **the smartest** student *in her class*
   (제인은 그녀의 반에서 가장 똑똑한 학생이다)

(b) Jane is **the most intelligent** *of the students*
   (제인은 그 학생들 중에서 가장 총명한 학생이다)

선생님: 그렇죠. 최상급은 '3가지 이상 중에서' 최상의 것을 나타내기 때문에 두 가지를 비교하는 than절을 쓸 수 없습니다. '3가지 이상 중에서'라는 것을 나타내는 제한적 의미의 어구는 주로 〈in the 명사〉나 〈of the 명사〉로 주어집니다. 〈of the 명사〉 대신에 관계대명사절이나 to 부정사구가 쓰일 수 있습니다.

(c) Jane is **the most intelligent** student *that I have ever known*.
   (제인은 가장 총명한 학생이다 / 내가 지금까지 아는 학생들 중에서)

(d) Jane is **the most intelligent** student *for me to have taught*.
   (제인은 가장 총명한 학생이다 / 내가 가르친 학생들 중에서)

선생님: 왜 최상급 비교에서 the가 쓰이는 것일까요?
학생들: ???
선생님: 답은 아주 간단합니다. 명사어구를 만들기 위해서죠.

6 어순 도치의 구조

선생님: 어순(語順; word order)이란 글자 그대로 '언어의 주어진 규칙에 따라 낱말을 순서대로 배열하는 것'을 말합니다. 어순 도치(語順倒置; Inversion)는 정상 어순인 〈주어 + 술부〉의 형태가 〈술부 + 주어〉 어순이거나 〈조동사 + 주어 + 술부〉 어순이 되는 것을 말합니다.

구문 24 강조 어구 또는 긴 어구가 뒤에 배치되는 용법

강조어구나 긴 어구는 뒤에 배치될 수 있습니다. 해석할 때, 이 어구들이 원래 어디에 연결되는 것인지 확인하여야 합니다.

선생님: 말하는 사람의 생각은 술부에서 비로소 분명해지므로 보통 문장의 뒷자리가 문장의 앞자리보다 더 중요하게 다루어집니다. 특히, 문장의 맨 끝은 정보 비중이 가장 높습니다. 예를 들면, '상기하라, 6.25!', '사랑해요, LG!' 에서 강조되는 것은 각각 '6.25', 'LG' 입니다. 이와 같이 중요한 요소를 뒷부분에 배열하는 원칙을 'end-focus' 원칙이라 합니다.

(a) First comes **the music**.
   (먼저 나온다. 그 음악이)
   분석) 원래의 어순은 The music comes first.인데 주어인 The music을 강조하기 위해 뒤에 배치했습니다.

선생님: 상대적으로 긴 어구는 문장의 균형을 맞추기 위해 뒤에 배치됩니다. 이러한 원칙을 'end-weight' 원칙이라 합니다.

(b) She visited on the day **an elderly and much beloved friend**.
   (그녀는 그 날에 방문했다 / 나이 들고 아주 사랑스런 친구를)
   분석) an elderly and much beloved friend는 타동사 visited의 목적어인데 너무 길어서 맨 뒤에 배치됐습니다.

(c) Stories arose **which explained the mysteries of the rituals**.
   (이야기들이 나타났다 / 설명하는 / 그 의식들의 신비로움들을)
   분석) which explained the mysteries of the rituals는 선행사인 Stories 바로 뒤에 배치되어야 하는데 동사 arose에 비해 너무 길어서 맨 뒤에 배치됐습니다.

구문 25 자동사 구문의 도치에서 해석 방법

> 형용사나 전치사구가 be동사보다 앞에 있을 때 주어는 be동사/자동사 보다 뒤에 나옵니다. 이 때 해석 방법은 '~이다 / ~는' 입니다.

선생님: 자동사 구문에서 어순 도치는 주어와 보어를 바꾸는 것입니다. 즉, 〈보어 + 자동사 + 주어〉.
초롱: 왜 어순을 바꾸는 것입니까?
선생님: 보어와 주어를 바꾸는 이유는 두 가지입니다. 첫째는 주어 강조이고 둘째는 주어가 길기 때문입니다. 자동사 구문에서 보어로 쓰일 수 있는 어구는 어떤 것들이죠?
지연: 명사, 형용사, 전치사구입니다.
선생님: 그렇죠. 보어가 형용사나 전치사구일 때 도치 구문은 가능하지만 보어가 명사일 때 도치 구문은 가능하지 않습니다.
지연: 왜요?
선생님: 명사가 보어이면 도치 구문에서 혼동이 발생하기 때문입니다.

(a) Tom is a student. → **A student** is Tom. 〈도치구문 아님〉

   분석) A student is Tom.에서 주어는 A student가 됩니다. 즉, 도치구문이 아니라는 얘기입니다.

(b) Tom is smart. → **Smart** is Tom. 〈도치구문〉

   분석) Smart is Tom.에서 Smart는 형용사이기 때문에 주어가 될 수 없습니다. 이렇게 is 앞에 형용사가 있을 때 자동사 구문의 도치임을 명심하기 바랍니다.

(c) Tom is in the classroom. → **In the classroom** is Tom. 〈도치구문〉

   분석) In the classroom is Tom.에서 In the classroom은 전치사구이기 때문에 주어가 될 수 없습니다. 이렇게 is 앞에 전치사구가 있을 때 자동사 구문의 도치임을 명심하기 바랍니다.

구문 26 부정 어구가 문장 맨 앞에서 동사를 수식할 때의 해석 방법

> 부정 부사어구나 only가 문장 맨 앞에서 동사를 수식할 때 조동사 / be동사와 주어의 도치가 발생합니다. 이 때 어순은 〈부정어구/only+조동사/be+주어+동사…〉가 됩니다. 순서대로 해석하면 됩니다. 예를 들면, '결코 나는 ~이다' 또는 '좀처럼 나는 ~이다'.

영구: 선생님, 왜 부정 부사어구나 only가 문장 맨 앞에 배치되는 겁니까?

선생님: 문장 맨 앞에 배치하는 것이 읽는 사람이나 듣는 사람의 관심을 강하게 끌 수 있기 때문입니다.

영구: 그러면, 왜 조동사나 be동사가 주어보다 앞서는 것이니까?

선생님: 동사를 강조하기 위해서입니다. 조동사나 be동사를 주어보다 앞세우면 정상 어순에 익숙한 읽는 사람이나 듣는 사람의 귀를 편치 않게 하므로 그 만큼 강조됩니다. 〈You have money.〉를 의문문으로 나타내면 〈Do you have money?〉가 되어 동사 have가 강조되는 원리와 같습니다.

(a) I have **never** felt better. → **Never have I** felt better.
(결코 나는 더 기분 좋아진 적이 없다)

(b) **Seldom have I** seen such a strange creature.
(좀처럼 나는 본 적이 없다 / 그런 이상한 동물을)

(c) **Not until** an infant bird opens its eyes **does it** leave its nest.
(어린 새가 눈들을 뜰 때까지는 그것은 둥지를 떠나지 않는다)

선생님: 제한적 부사어구 only가 문장 맨 앞에 쓰여 동사를 수식할 때 그 문장은 부정적인 내용이 되므로 주어와 조동사의 어순 도치가 발생합니다.

(d) **Only in Paris can you** buy shoes like that.
(파리에서만 너는 그와 같은 신발을 살 수 있어)

(e) **Not only did the company** lose profits, but it also had to dismiss workers.
(그 회사는 이익들을 잃었을 뿐만 아니라 또한 노동자들을 해고 해야 했다)

구문 27 접속사 as 뒤 절에서 생략, 도치될 때의 해석 방법

> as가 접속사로서 '~처럼, ~대로'라는 뜻으로 쓰일 때 주절과 as절에서 똑 같은 단어들이 나타납니다. 이 경우에 as절에서 똑 같은 단어들은 생략 가능하고 as절의 주어는 동사 뒤에 배치될 수 있습니다. as절을 해석할 때는 생략된 어구들과 도치된 어구를 고려하여야 합니다.

선생님: as절에서 도치시키는 이유는 첫째는 강조이고 둘째는 길기 때문입니다.

(a) Americans depended on water routes for transportation **as in colonial times**.
(미국인들은 수로들에 의존했다 / 운송을 위해 / 식민지 시대에 그랬던 것처럼)
= Americans depended on water routes for transportation **as they did in colonial times**.

분석) as절에서 생략된 어구들은 Americans ~ transportation입니다.

(b) Individualism is weakly developed in folk cultures, **as are social classes**.
(개인주의는 약하게 발전됐다 / 민속문화들에서, / 사회 계급들이 그런 것처럼)
= Individualism is weakly developed in folk cultures, **as are social classes weakly developed in folk cultures**.

분석) as절에서 주어는 social classes이고, 생략된 어구들은 weakly ~ folk cultures입니다.

선생님: as의 주요 용법들을 정리하겠습니다. as는 전치사와 접속사로 쓰입니다. 전치사로 쓰일 때 '~로서'라는 뜻이고, 접속사로 쓰일 때 '~이기 때문에', '~일 때, ~동안', '~처럼, ~대로'라는 뜻입니다.

(c) He was famous **as** an educator. 〈전치사〉
(그는 유명했다 / 교육자로서)

(d) **As** he often lies, I don't like him. 〈접속사; As = Because〉
(그가 자주 거짓말을 하니까, 나는 그를 좋아하지 않는다)

(e) **As** he was speaking, there was a big earthquake. 〈접속사; As = When〉
(그가 이야기하고 있을 때 큰 지진이 일어났다)

(f) In Rome, do **as** the Romans do. 〈접속사; ~처럼, ~대로〉
(로마에서는 하라 / 로마 사람들이 하는 대로)

구문 28 비교절에서 도치될 때의 해석 방법

> 비교접속사 as나 than 뒤에서 주어가 be동사나 대동사인 do보다 뒤에 나올 수 있음에 유의해야 합니다. 이 때, than 이하의 절은 '~인 것보다/~이' 또는 '~한 것보다/~이'로 해석되고, as이하의 절은 '~인 것만큼/~이' 또는 '~한 것만큼/~이'로 해석됩니다.

선생님: 비교절에서 도치가 발생하는 이유는 두 가지입니다. 첫째는 비교 대상인 주어를 강조할 때이고, 둘째는 주어가 상대적으로 너무 길어 문장의 균형을 맞추려 할 때입니다.

(a) I spend less **than do my friends**. 〈주어 강조〉
(나는 덜 쓴다 / 하는 것보다 / 내 친구들이)
= I spend less than **my friends do**.

(b) I spend less **than do nine out of ten people in my position**. 〈주어가 길 때〉
(나는 덜 쓴다 / 하는 것보다 / 10명들 중 9명보다도 / 내 지위에 있는)
= I spend less than **nine out of ten people in my position do**.

(c) Neptune is about **thirty times as far** from the Sun **as is the Earth**.
〈주어 강조〉

7 문장 부호의 구조

구문 29 comma의 용법

> comma는 크게 2가지 경우에 쓰일 수 있습니다. 첫째, 혼동의 여지가 있을 때, 둘째, 간단한 절이나 단어를 강조하고자 할 때.

1 혼동을 피하고자 할 때

선생님: comma는 해석상의 애매 모호함이나 혼동의 여지를 피하기 위하여 함께 속하지 않는 문장 요소들을 분리하기 위해 쓰입니다.

(a) I don't care for money isn't everything.
 →I don't care, **for** money isn't everything.
 (나는 신경 쓰지 않아. 왜냐하면 돈이 가장 중요한 것은 아니니까)

분석) comma를 씀으로써 'for'가 전치사가 아니라 접속사임을 분명히 알 수 있습니다.

(b) He is, if not the best one of the best athletes.
 →He is, **if not** the best, **one** of the best athletes.
 (그는, 최고가 아니라면, 최고의 운동 선수들 중 한 명이다)

분석) comma를 씀으로써 'best'가 'one'을 수식하는 형용사가 아니라는 것이 명백해집니다.

선생님: 주요소인 주어, 술어 동사, 목적어, 보어는 서로 밀접한 관계를 가지므로 comma에 의해 분리될 수 없습니다. 그러나 혼동의 우려가 있다면 주요소들 사이에도 comma를 쓸 수 있습니다.

(c) **The man in the corner, is** obviously drunk. 〈틀림〉

(d) **I know, that he is a liar.** 〈틀림〉

(e) **What is, is** right. 〈맞음〉 (존재하는 것은 의미가 있다)

분석) comma를 씀으로써 앞 'is'와 뒤 'is'의 역할이 다르다는 사실이 명백해집니다.

선생님: 〈전치사구〉나 〈부사절〉이 문장 맨 앞에 쓰일 때 혼동을 일으키는 경우와 그렇지 않은 경우가 있습니다. 혼동을 일으키는 경우에는 comma를 써야 하고, 그렇지 않은 경우에는 comma를 생략할 수 있습니다.

(f1) After **dark(,) I** walked around the park. 〈comma 생략 가능〉

(f2) After **dark, men** walked around the park. 〈comma 생략 불가〉
(어둔 후에 / 남자들은 걸었다 / 공원 주위를)

> 분석 'dark'는 명사로서 '어둠'이라는 뜻을 나타내고, 형용사로서 '(피부가) 거무스름한'이라는 뜻을 나타냅니다. (f1)에서 'dark'는 'I'를 수식할 수 없기 때문에 comma 생략 가능하고, (f2)에서 'dark'는 'men'을 수식할 수 있기 때문에 dark가 명사임을 나타내기 위해 comma를 써야 합니다.

(g1) If you try **hard(,) you** will succeed. 〈comma 생략 가능〉
(만일 네가 열심히 노력한다면 너는 성공할 것이다)

(g2) If she should **phone, tell** her I am out. 〈comma 생략 불가〉
(만일 그녀가 전화한다면, 그녀에게 말해줘 / 나는 외출했다고)

> 분석 (g1)에서 부사 'hard'는 대명사 'you'를 수식할 수 없으므로 comma를 쓰지 않아도 됩니다. (g2)에서 comma를 생략하면 'tell'의 주어가 'phone'으로 착각될 수 있습니다.

1. 부정사구의 부사 용법과 명사 용법의 구별 방법

부정사가 문장 맨 앞에 있을 때, 부정사 뒤에 comma가 있으면 부사 용법으로서 '~하기 위하여'라는 뜻을 나타내고, 부정사 뒤에 comma가 없으면 명사 용법으로서 '~하는 것'이라는 뜻을 나타냅니다.

(h1) **To know ourselves**, we should study ourselves. 〈부사 용법〉
(우리 자신을 알기 위해서, 우리는 우리 자신을 연구해야 한다)

(h2) **To know ourselves** is not easy. 〈명사 용법〉
(우리 자신을 아는 것은 쉽지 않다)

2. 분사구/분사구문과 동명사구의 방법

~ing 구문이 문장 맨 앞에 있을 때, ~ing 구문 뒤에 comma가 있으면 분사구로서 '~하는', 분사구문으로서 '~하면서'라는 뜻을 나타내고, ~ing 구문 뒤에 comma가 없으면 동명사구로서 '~하는 것'이라는 뜻을 나타냅니다.

(i1) **Collecting shells, the girl** got a lot of pleasure. 〈분사구/분사구문〉
(조개 껍질들을 줍는, 그 소녀는 많은 즐거움을 얻었다) 〈분사구〉
(조개 껍질들을 주으면서, 그 소녀는 많은 즐거움을 얻었다) 〈분사구문〉

(i2) **Collecting shells** was the girl's hobby. 〈동명사구〉
(조개 껍질들을 줍는 것은 / 그 소녀의 취미였다)

2 간단한 절이나 단어를 강조하고자 할 때

선생님: comma는 간단한 절이나 단어를 강조하고자 할 때 쓰입니다. 절이 3개이고 간단한 것들일 때, 또한 단어들이 and 없이 comma로만 연결될 때 뒤에 쓰인 절이나 단어의 의미가 강조됩니다. and가 있다고 생각하고 해석하면 됩니다. 특히, 2개의 형용사들이 comma와 함께 쓰이는 형태는 아주 빈번하게 쓰이고 있습니다. comma 앞 뒤에 형용사가 나오고 있는 것에 유의하여 해석해야 됩니다.

(a) I must, I can, **I will**.
　　(나는 해야 하고, 할 수 있고, 할 것이다)

(b) I came, I saw, **I conquered**. 〈Caesar〉
　　(왔노라, 보았노라, 이겼노라)

 구어체나 연설문에서 마지막 절에 and를 생략함으로써 마지막 절에 액센트를 넣을 수 있습니다.

TIP

1. 〈관사+형용사, 형용사+명사〉의 용법

2개 이상의 형용사가 명사를 수식하는 이유는 명사의 범위를 좁히기 위해서이고, 형용사 사이에 comma를 넣는 이유는 comma 뒤의 형용사를 강조하기 위해서입니다.

(c) Meg Ryan is a **beautiful, tall, white, American** woman.
　　(맥 라이언은 예쁜, 키 큰, 백인, 미국 여성이다)
　　〈분석〉: 각 형용사들 사이에 쉬어야 하기 때문에 beautiful〈tall〈white〈American 순으로 강조되고 있습니다.

2. 〈B, not A〉의 용법

상관 등위접속사로 연결된 어구인 〈not A but B(A가 아니라 B이다)〉는 comma를 이용하여 〈B, not A(B이다, A가 아니라)〉로 나타낼 수 있습니다. 〈B, not A〉에서 A가 강조되고 있습니다. 이때, A와 B는 같은 형태라야 합니다.

(d) He is not a socialist but a social reformer.
　　= He is a social reformer, **not a socialist**.
　　(그는 사회개혁가이다, 사회주의자가 아니라)

(e) Women are made not to be understood but to be loved. 〈셰익스피어〉
　　= Women are made to be loved, **not to be understood**.
　　(여성들은 태어났다 / 사랑 받기 위해서, / 이해받기 위해서가 아니라)

구문 30 콜론(:), 세미콜론(;), 대쉬(-)의 용법 차이

> colon은 주로 앞 문장에 나온 어구를 보충 설명하는데 쓰이고, semicolon은 두 개의 독립된 문장들을 연결할 때 쓰입니다. dash는 문장 중간이나 끝에서 앞에 나온 내용을 보충 설명할 때 쓰입니다.

1 colon(:)의 용법

선생님: colon의 기본적인 개념은 '즉, 말하자면, 예를 들면, ~라고' 입니다. 그래서 colon은 앞 문장에 나온 어구와 관련된 ① 동격, ② 자세한 설명, ③ 열거, ④ 소제목, ⑤ 인용어구를 나타낼 때 쓰입니다.

(a) She had only one thing in mind: **to pass the test**. 〈동격〉
(그녀는 오직 하나의 것을 가지고 있다 / 마음 속에: 그 시험에 합격하는 것)

(b) He had drunken heavily: **this explained his unsteady walk**. 〈자세한 설명〉
(그 남자는 심하게 술 마셔 왔다: 이것은 그의 불안정한 걸음을 설명했다)

(c) I am taking four courses in this term: **English, Psychology, Mathematics, and Statistics**. 〈열거〉
(나는 4과목을 수강하고 있다 / 이번 학기에: 영어, 심리학, 수학, 통계학)

2 semicolon(;)의 용법

선생님: semicolon의 기본적인 개념은 '그래서, 왜냐하면, 반면에' 입니다. semicolon은 and / but처럼 두 개의 독립된 문장들을 연결하고 그 뒤에 나오는 공통어구를 생략할 수 있습니다. 그래서 semicolon을 등위접속사의 한 종류라고 생각해도 좋습니다.

(a) The shops were closed; **I couldn't buy anything**. 〈결과〉
(그 상점들이 닫혀 있었다; 그래서 나는 아무 것도 살 수 없었다)

(b) Come and see me on Monday; **I have something to tell you.** 〈이유〉
(나 보러 와 / 월요일에; 왜냐하면 뭔가 있으니까 / 너에게 말할)

(c) Some people like meat; **others (like) fish.** 〈대조〉
(몇몇 사람들은 고기를 좋아한다; 반면에, 다른 사람들은 생선을 좋아한다)

colon과 semicolon의 차이점

colon은 '즉, 말하자면, 예를 들면, ~라고' 라는 어구의 의미이고 semicolon은 and / but의 접속사 개념입니다. 차이점은 크게 3가지입니다. 첫째, colon은 '즉, 말하자면' 이라는 동격의 개념을 가지는데 반해 semicolon은 동격의 개념이 없습니다. 그래서 semicolon이 동격을 나타내려면 that is, namely, in other words 등을 동반해야 합니다.

(d1) We are unhappy people: lonely, depressed, destructive people.
(d2) We are unhappy people; that is, lonely, depressed, destructive people.
　　(우리는 불행한 사람들이다; 즉, 외롭고, 낙담한, 파괴적인 사람들)

colon과 semicolon의 두 번째 차이점은 colon이 '예를 들면' 이라는 열거의 개념을 가지는데 반해 semicolon은 열거의 개념이 없다는 것입니다. 그래서 semicolon이 열거를 나타내려면 for example을 동반해야 합니다.

(e1) Jane prefers high risk activities: rafting and skydiving.
(e2) Jane prefers high risk activities; for example, rafting and skydiving.
　　(제인은 위험이 높은 활동들을 선호한다; 예를 들면, 래프팅과 스카이다이빙)

colon과 semicolon의 세 번째 차이점은 semicolon은 but (반면에) 라는 의미를 가지기 때문에 대조적인 내용의 두 개의 절을 연결할 수 있는데 반해 colon은 그럴 수 없다는 것입니다.

(f1) Powerful people are considered right: weak people, wrong. 〈틀림〉
(f2) Powerful people are considered right; weak people, wrong. 〈맞음〉

3　dash(-)의 용법

선생님: dash는 문장 중간이나 끝에서 앞에 나온 내용을 보충 설명할 때 쓰입니다. 또한, 문장 앞 부분에 나열된 것들을 정리할 때 all, these 등과 함께 쓰입니다.

(a) His plan was related to **an old dream – Columbus' dream**.
　　(그의 계획은 오랜 꿈과 관련돼 있었다 – 콜럼버스의 꿈)

(b) **Everything** that we produce and trade – **food, manufactured goods, labor, and services** has a money value.
　　(모든 것은 / 우리가 생산하고 교역하는 – 음식, 제조 물건들, 노동, 용역들 – 돈 가치를 가지고 있다)

(c) **Apples, oranges, and bananas – all these** are the fruits that I like very much.
　　(사과들, 오렌지들, 바나나들 – 모든 이런 것들은 과일들이다 / 내가 아주 많이 좋아하는)

(d) To be, or not to be – **that** is the question. 〈햄릿〉
　　(존재해야 하는 것이냐 아니면 존재하지 말아야 하는 것이냐 – 그것이 문제로다)

박정토플

The iBT TOEFL Series

iBT TOEFL 해설집

Reading

Basic

THE iBT TOEFL SERIES
READING

READING Part I, II 해설집

CONTENTS

Part I 빠른 독해 비법 3

    Chapter 1. 핵심어구 읽기 3
    Chapter 2. 예상하며 읽기 10

Part II 문제 유형 분석 14

    Chapter 1. Vocabulary(단어) 문제 14
    Chapter 2. Reference(지시어) 문제 18
    Chapter 3. Fact(언급된 사실) 문제 22
    Chapter 4. Not/Except(언급되지 않은 것) 문제 28
    Chapter 5. Purpose(목적) 문제 34
    Chapter 6. Insertion(삽입) 문제 40
    Chapter 7. Inference(추론) 문제 47
    Chapter 8. Sentence Simplification(문장 간결화) 문제 53
    Chapter 9. Summary(요약) 문제 60
    Chapter 10. Table(표 완성) 문제 67

Part I 빠른 독해 비법

Chapter 01 핵심어구 읽기

Warming-up 1 p. 25

어휘 ▶ affect(영향을 미치다), coastal(해안의), conversely(거꾸로, 반대로), heavy rainfall(폭우), act on(작용하다), favorably(호의적으로, 유리하게), laboratory(실험의), conduct(행동하다, 수행하다), significantly(상당히), twice a day(하루에 두 번), gene activation(유전자 활성화), stimulate(자극하다)

분석 ▶ 무시될 수 있는 부사는 greatly, favorably, clearly, significantly, twice, directly이고 무시될 수 없는 부사는 negatively, Conversely, Also, Moreover, However, hardly, not입니다. greatly, favorably, clearly, significantly, twice, directly는 긍정적 의미를 갖는 부사들로서 동사를 수식하고 있기 때문에 무시될 수 있죠. 반면에, negatively(부정적으로), hardly(거의 ~않다)와 not은 부정 의미의 부사로서 동사를 수식하고 있으므로 무시되면 문장 내용이 긍정으로 바뀌기 때문에 무시될 수 없습니다. Conversely(역으로, 반대로), Also, Moreover(더욱이), However는 접속부사이기 때문에 무시될 수 없습니다.

해석 ▶ 환경 압력들은 / 바람, 비, 그리고 심지어 인간의 접촉과 같은 / 식물들에게 크게 영향을 미칠 수 있다. 예를 들면, 강한 바람들은 부정적으로 해안 나무들에 영향을 미친다, 그것들을 더 작게 하면서. 반대로, 폭우는 그 나무들에 유리하게 작용해서 그것은 그들을 더 강하게 만든다. 스탠포드 대학교에서 수행된 한 실험 연구는 분명하게 보였다 / 식물 성장 패턴들은 상당히 변할 수 있다는 것을 / 식물들을 하루에 두 번 접촉함으로써. 더욱이, 그 연구자들은 발견했다 / 이 성장 변화들은 유전자 활성화로부터 결과했다는 것을. 하지만, 이 유전자 활성화는 거의 일어나지 않았다 / 만일 그 식물들이 직접적으로 자극 받지 않으면.

Warming-up 2 p. 29

어휘 ▶ urban heat island(도시 열섬), affect(영향을 미치다), inhabitant(거주자), compared with(~와 비교될 때), region(지역), undergo(~을 겪다), rate(비율), intensify(~을 증대하다, 강하게 하다), severe(심각한), physiological(생리적인), disruption(파열, 파괴), vulnerable(상하기 쉬운, 약한), elderly(나이 많은), excessive(과도한, 지나친), potentially(잠재적으로, 가능성으로서), enlarge(확대하다), scale(규모), length(길이), heat wave(열 파동), significantly(중요하게, 상당히)

분석 ▶ 무시될 수 있는 부사와 부사구를 표시하면 부사 directly, 부사구 Compared with rural regions, 부사 especially, 부사구 in vulnerable populations, 부사구 In the United States, 부사구 every year, 부사구 due to excessive heat, 부사 potentially, 부사구 According to research, 부사 significantly, 부사구 during the heat wave입니다. 반면에, 무시될 수 없는 부사구는 둘째 문장에 있는 전치사구 in physiological disruption and death입니다. 이 전치사구는 자동사 result의 보충어구이므로 이를 무시하면 의미가 어색해집니다. 참고로, 셋째 문장의 전치사구 such as the elderly people은 부사구가 아니라 형용사구입니다. 왜냐하면 이 전치사구는 앞에 나온 명사어구 vulnerable populations를 꾸미고 있기 때문입니다.

해석 ▶ 도시 열섬들은 직접적으로 영향 미칠 수 있다 / 도시 거주민들의 건강과 복지에. 시골 지역들과 비교했을 때, 도시들은 더 높은 비율의 열 관련 질병과 죽음을 겪는다. 열섬들은 심각한 뜨거운 날씨 사건들을 강화시킬 수 있다, / 그 사건들은 생리적인 파괴와 죽음을 일으킬 수 있다 – 특히 나이든 사람들과 같은 허약한 주민들에게. 미국에서, 1000명이 지나친 열 때문에 매년 죽는다. 도시 열섬들은 더 높은 온도를 야기하기 때문에, 그것들은 열 파동들의 규모와 길이를 잠재적으로 확대할 수 있다. 연구에 따르면, 사망률은 열 파동 동안에 상당히 증가한다.

Warming-up 3 p. 32

어휘 ▶ erupt(폭발하다, 분출하다), volcano(화산), shallow(얕은, 깊지 않은), release(풀다, 배출하다), sulphur dioxide(이산화황), generate(발생시키다, 일으키다), earthquake(지진), vibration(진동, 동요), surface(표면), slight(조금, 사소한), slope(경사면, 비탈), measure(재다, 측정하다)

분석 ▶ 무시될 수 있는 부사, 부사구, 부사절을 표시하면 부사절 Before it erupts, 부사구 into the shallow area, 부사절 As the magma is approaching the surface, 부사절 as the magma moves toward the surface, 부사구 In general, 부사구 for weeks, 부사구 months to years, 부사 perhaps입니다. 반면에, 무시될 수 없는 부사, 부사구는 into the shallow area, also, Additionally입니다. 둘째 문장에서 부사구 into the shallow area는 자동사 rises의 보충어구이므로 무시하면 의미가 어색해져서 안 됩니다. 또한, 셋째 문장에서 부사 also와 넷째 문장에서 부사 Additionally는 접속부사이기 때문에 무시하면 안 됩니다. 왜냐하면 접속부사는 앞 문장과 다음 문장의 의미를 연결하기 때문입니다. 참고로, 둘째 문장의 전치사구 beneath the volcano와 셋째 문장의 전치사구 such as sulphur dioxide는 부사구가 아니라 형용사구입니다. 왜냐하면 이 전치사구들은 각각 앞에 나온 명사어구 the shallow area와 gases를 꾸미고 있기 때문입니다.

해석 ▶ 화산이 폭발하기 전에, 그것은 몇몇 경고 신호들을 밖으로 보낸다. 마그마가 그 화산 아래에 있는 얕은 지역 안으로 올라간다. 그 마그마가 표면에 접근하고 있을 때, 그것은 이산화 황과 같은 가스들을 내보낸다. 마그마의 상승은 또한 작은 지진들과 진동들을 일으킨다. 더욱이, 그 마그마가 그 표면 쪽으로 움직일 때, 그것은 그 화산의 경사면들의 작은 변화를 야기한다. 일반적으로, 이 경고 신호들은 측정될 수 있다 / 몇 주 동안 그리고 아마도 몇 달에서 몇 년까지.

Warming-up 4 p. 38

어휘 ▶ tough(힘든, 고된), comfort(위안, 편안함), shanty(뱃노래), aboard(배 안에), lessen(줄이다), boredom(권태, 따분함), lighten(가볍게 하다), burden(부담), serve(도움이 되다), harmonize(조화시키다, 일치시키다)

분석 ▶ 무시될 수 있는 부사, 부사구, 형용사구를 표시하면 부사구 In the 1800's, 형용사구 called sea shanties, 부사구 in the simple songs, 부사구 in order to overcome their tough life, 부사구 to sailors, 부사구 helping them work as a team입니다. 반면에, 무시될 수 없는 부사, 형용사구는 of long trips, of hard work, also, of the songs, of the sailors입니다. 셋째 문장에서 전치사구 of long trips는 앞에 나온 명사 boredom과 불가분의 관계를 나타내고 of hard work는 앞에 나온 명사 burden과 불가분의 관계를 나타내므로 이 전치사구들을 무시하면 의미가 불분명해집니다. 넷째 문장에서 부사 also는 접속부사로서 앞 문장과의 연결을 나타내는 중요한 어구이므로 무시하면 안 됩니다. 마지막 문장에서 전치사구 of the songs는 앞에 나온 명사 rhythms와 불가분의 관계를 나타내고 of the sailors는 앞에 나온 명사 movements와 주격 관계를 나타내므로 이 전치사구들을 무시하면 의미가 불분명해집니다.

해석 ▶ 1800년대에, 선원들은 귀중한 노래들을 가지고 있었다 / 뱃노래들이라 불리는, / 그들이 배들 안에서 불렀던. 그들은 너무 힘든 삶을 가져서 그들은 드문 위안을 발견하려고 노력했다 / 그 단순한 노래들 속에서. 뱃노래들은 오랜 여행들의 따분함을 줄였고, 힘든 일의 부담을 가볍게 했다. 그 노래들은 또한 선원들에게 유용한 친구들이었다, / 그들이 동료로서 일하도록 도우면서. 그 노래들의 리듬들은 도움이 됐다 / 선원들의 움직임들을 일치시키는데.

Warming-up 5 p. 44

어휘 ▶ canal(운하), construct(건설하다), connect(연결하다), Mediterranean(지중해), attempt(시도하다), obtain(얻다)

분석 ▶ 무시될 수 있는 부사, 부사구, 형용사구, 형용사절을 표시하면 부사구 In 1869, 형용사절 which connected the Mediterranean and Red Seas, during the 1880s,부사구 in 1914, 부사 Later, 부사구 in 1957, 부사구 in 1977입니다. 반면에, 무시될 수 없는 부사구, 형용사구, 형용사절은 by the United States, under control, of the countries, in which they are located, of the Suez Canal, over its canal입니다. 셋째 문장에서 부사구 by the United States는 수동태 다음에 쓰여 수동태 동사의 보충어구가 되고 있으므로 무시하면 안 됩니다. 넷째 문장에서 부사구 under control는 자동사의 보충어구이므로 무시하면 안 됩니다. 바로 뒤에 나온 형용사구 of the countries는 앞에 나온 명사

control과 불가분의 관계를 나타내므로 무시될 수 없습니다. 또한 형용사절 in which they are located를 무시하면 그 앞에 있는 명사 countries의 의미가 불분명해집니다. 마지막 문장에서 형용사구 of the Suez Canal는 앞에 나온 명사 control과 불가분의 관계를 나타내고 over its canal는 앞에 나온 명사 control과 불가분의 관계를 나타내므로 이 형용사구들을 무시하면 의미가 불분명해집니다.

해석 수에즈 운하와 파나마 운하는 비슷한 역사적 배경을 가지고 있다. 1869년에, Ferdinand de Lesseps는, / 프랑스 운하 개발자, / 수에즈 운하를 건설하고 관리했다, / 그것은 지중해와 홍해를 연결했다. 그는 파나마 운하를 건설하려고 시도했다 / 1880년대 동안에, / 하지만 그 계획은 1914년에 미국에 의해 완성됐다. 나중에, 두 운하들은 그 나라들의 관리 아래 두어졌다 / 두 운하들이 위치해 있는. 이집트는 1957년에 수에즈 운하의 감독권을 얻었고 파나마는 1977년에 그것의 운하에 대한 감독권을 얻었다.

Warming-up 6   p. 47

어휘 rainforest(우림), symbiotically(공생적으로), beneficial(이익이 되는, 유익한), one another(서로), for instance(예를 들면), tropical(열대의), stem(줄기), suitable(알맞은), ant(개미), store(저장하다), insect(곤충), look after(지켜보다, 주의를 기울이다, 돌보다), butterfly(나비), larva(유충, 애벌레), in return(대답으로서, 답례로서), honeydew(꿀, 단물)

분석 무시될 수 있는 부사, 부사구, 형용사구, 형용사절, 동격어구를 표시하면 부사구 In rainforests, 부사구 for one another, 부사구 for food, 부사구 in their stems, 형용사절 which are suitable for ants to live in, 부사구 inside some, 형용사구 of the tunnels, 부사 then, 부사구 for food, 형용사절 which lives inside the ant plant and eats its leaves, 부사구 In return, 동격어구 the ants' food입니다. 반면에, 무시될 수 없는 부사, 부사구, 형용사구는 symbiotically, For instance, on tropical trees, on certain ants, also, of a butterfly larva입니다. 첫째 문장에서 부사 symbiotically는 자동사 live 다음에 쓰이고 있으므로 무시하면 안 됩니다. 둘째 문장에서 부사구 For instance는 접속부사구로서 앞 뒤 문장의 의미를 연결하므로 무시하면 안 됩니다. 또한, 부사구 on tropical trees와 on certain ants는 각각 자동사 live와 depend 다음에 쓰이고 있으므로 무시하면 안 됩니다. 다섯째 문장에서 부사 also는 접속부사로서 앞 뒤 내용을 연결하는 중요한 어구이므로 무시하면 안 됩니다. 또한, 다섯째 문장에서 형용사구 of a butterfly larva는 앞에 나온 명사와 불가분의 관계를 맺으므로 무시하면 안 됩니다. 즉, 명사 a butterfly larva는 숙어 take care of의 목적어입니다.

해석 우림들에서, 많은 식물들과 동물들은 공생하며 살고 서로에게 이익이 된다. 예를 들면, 개미 식물들은 열대 나무들 위에 살고 음식을 위해 어떤 개미들에 의존한다. 그 식물들은 그들의 줄기들 안에 터널들을 가지고 있다 / 개미들이 그 안에 살기에 적합한. 그 개미들은 그 터널들의 몇몇 안에 죽은 곤충들을 저장하고, 그 다음에 그 개미 식물들은 음식을 위해 그것들을 이용한다. 그 개미들은 또한 나비 애벌레를 돌본다 / 그 개미 식물 안에 살고 그 식물의 잎사귀들을 먹는. 그 답례로서, 그 나비 애벌레는 꿀을 만든다 / 그 개미들이 먹는.

Warming-up 7   p. 51

어휘 termite(흰개미), nest(둥지), ant(개미), insect(곤충), superficial(외관상의, 피상적인, 하찮은), related(관계 있는), cockroach(바퀴벌레), organization(조직), bee(벌), social order(사회적인 순위), interdependent(서로 의존적인), colony(거주지, 서식지, 거주민)

분석 무시될 수 있는 부사, 부사구, 형용사구를 표시하면 형용사구 sometimes incorrectly called "white ants,", 부사 more, 부사 closely, 부사구 As truly social animals, 부사구 like the ants and some bees, 부사구 in groups, 부사구 in a termite nest, 형용사구 including kings and queens, the soldiers, and the workers, supporting each other for survival of the colony입니다. 반면에, 무시될 수 없는 부사, 부사구, 형용사구는 to cockroaches, of social organization, together, of different social orders입니다. 셋째 문장에서 부사구 to cockroaches는 수동태 동사 related 다음에 쓰이고 있으므로 무시하면 안됩니다. 넷째 문장에서 형용사구 of social organization가 빠지면 앞에 나온 명사 level의 의미가 모호하게 되므로 무시하면 안 됩니다. 다섯째 문장에서 부사 together 는 자동사 다음에 쓰이고 있으므로 무시하면 안 됩니다. 여섯째 문장에서 형용사구 of different social orders가 빠지면 앞에 나온 명사 members의 의미가 모호하게 되므로 무시하면 안 됩니다.

흰개미들은, / 때로 틀리게 '흰 개미들'이라고 불리는, / 사회적인 곤충들의 한 집단이다. 개미들과 그들의 유사함은 피상적이다 / 왜냐하면 그들은 바퀴벌레들과 더 밀접하게 관련되어 있으므로. 진짜 사회적인 동물들로서, 그들은 사회 조직의 최고 수준을 가지고 있다 / 개미들과 몇몇 벌들처럼. 그들은 집단들 속에서 함께 일하고 산다. 흰개미 둥지 안에 다른 사회적 순위들의 구성원들이 있다. 그들은 왕들과 여왕들, 군인들, 그리고 일꾼들을 포함한다. 모든 구성원들은 서로에게 상호 의존적이다 / 그 거주민의 생존을 위해.

Warming-up 8 p. 54

어휘 huge(거대한), surplus(잉여, 잉여 농산물), result in(결과를 일으키다, 야기하다), landowner(토지 소유자, 지주), profit(이익), transport(운송하다, 운송), supply(공급, 공급량, 보급품), available(이용할 수 있는, 얻을 수 있는), open-field system(열린 농토 시스템), cultivation(경작), give way to(~에 길을 내주다, ~로 바뀌다), enclosed field(닫힌 농토), factory(공장)

분석 무시될 수 있는 부사, 부사구, 형용사구, 형용사절, 동격어구를 표시하면 부사구 Between 1760 and 1830, 형용사절 which helped drive the Industrial Revolution, 형용사구 meaning the social and economic changes, 부사구 In this period, 형용사절 which resulted in low food prices, 형용사구 such as canals, 부사구 in the period, 부사절 when the open-field system of cultivation was transformed into an enclosure system, 형용사절 where they became workers for the factories, 동격어구 one that compressed farms and enclosed fields입니다. 반면에, 무시될 수 없는 부사, 부사구는 in industry, in transport improvements, also, into cities입니다. 셋째 문장에서 전치사구 in industry와 in transport improvements는 동사 invested의 목적 보어처럼 쓰이고 있으므로 무시하면 안 됩니다. 넷째 문장에서 부사 also는 접속부사로서 앞 문장과 연결하고 있으므로 무시하면 안 됩니다. 여섯째 문장에서 전치사구 into cities는 의미상 drove의 목적보어 역할을 하고 있으므로 무시하면 안 됩니다.

해석 1760년과 1830년 사이에, 영국은 농업 혁명을 경험했다 / 산업 혁명을 추진하는 것을 도왔던, 사회적 경제적 변화들을 의미하는. 이 시기에, 그 농업 혁명은 농업 생산성을 증가시켰고, 그 다음에 식량 잉여물을 증가시켰다 / 이것은 낮은 식량 가격들을 초래했다. 농부들과 토지 소유자들은 이익들을 얻고 그것들을 공업에 투자했다 / 또는 운하들과 같은 운송 개량 공사들에 투자했다. 그 농업 혁명은 또한 노동 공급량을 쉽게 얻을 수 있도록 만들었다. 영국의 농촌 지방은 이 기간에 바뀌었다, 농장들을 제한하고 농토들을 둘러쌌던 것. 이 새로운 시스템은 사람들을 도시로 내몰았다, / 거기에서 그들은 공장들을 위한 노동자들이 되었다.

Warming-up 9 p. 57

어휘 developed country(발전된 나라, 선진국), cultivate(경작하다), cash crop(환금 작물, 시장용 작물), corn(옥수수), squash(호박), on a large scale(대규모로), product(생산물, 제품), purchase(구입하다, 사다), harvest(수확하다), extra(여분의 것, 덤), reserve(남겨두다, 저장해두다), proved(제공하다), fairly(상당히, 꽤), dissimilar(다른, 비슷하지 않은)

분석 무시될 수 있는 부사, 부사구, 부사절, 형용사구를 순서대로 표시하면 형용사구 such as corn and squash, 부사구 on a large scale, 부사절 After they sell the products, 부사구 for their families, 부사구 In the past, 부사구 on a small scale, 부사절 When they harvested much more amounts of crops than they needed, 부사절 when there was no extra, 부사구 to provide them for their families입니다. 무시될 수 없는 형용사구, 형용사절은 각각 in developed countries, that crops were cultivated입니다. 첫째 문장에서 형용사구 in developed countries를 무시하면 그 앞에 나온 명사어구 Most farmers의 의미가 모호해집니다. 그래서 무시하면 안됩니다. 셋째 문장에서 형용사절 that crops were cultivated을 무시하면 그 앞에 나온 명사어구 the way의 의미가 모호해집니다. 그래서 무시하면 안 됩니다.

해석 선진국의 대부분의 농부들은 몇몇 시장용 작물들을 재배한다 / 옥수수와 호박과 같은, / 대규모로. 그들이 이 생산물들을 판 후에, 그들은 그들이 필요한 것을 구입한다 / 그들의 가족들을 위하여. 하지만, 과거에 그 작물들이 경작되는 방법은 아주 달랐다. 농부들은 다른 종류들의 작물들을 재배하곤 했다 / 소규모로. 그들이 훨씬 더 많은 양의 작물들을 수확했을 때 / 그들이 필요한 것보다, / 그들은 그 작물들의 일부를 팔았다. 하지만, 여분의 것이 없을 때, 그들은 그 작물들을 저장했다 / 그것들을 그들의 가족들에게 제공하기 위하여.

Warming-up 10   p.61

어휘▶ urban heat island(도시 열섬), affect(영향을 미치다), inhabitant(거주자), undergo(~을 겪다), rate(비율), heat-related illness(열과 관련된 질병), rural(시골의), region(지역), severe(모진, 심한), result in(결국 ~이 되다), physiological(생리적인), disruption(파열, 파괴), vulnerable(상하기 쉬운, 약한), elderly(나이 많은), potentially(잠재적으로, 가능성으로서), enlarge(확대하다), scale(규모), length(길이), heat wave(열 파동), significantly(중요하게, 상당히), excessive(과도한, 지나친)

분석▶ 무시될 수 있는 부사, 부사구, 형용사절, 대쉬 다음 어구, 콜론 다음 어구는 부사 directly, 형용사절 which can result in physiological disruption and death, 대쉬 이하 especially in vulnerable populations such as the elderly people, 부사 potentially, 콜론 다음에 나온 절 this causes death, 부사구 According to research, 부사 significantly, 부사구 during the heat wave, 세미콜론 다음에 나온 절 a thousand people die every year due to excessive heat in the United States입니다. 무시될 수 없는 형용사구, 세미콜론 뒤 절, 부사구, 형용사구는 각각 of urban inhabitants, rural regions do low rates, In addition, of heat waves입니다. 첫째 문장에서 형용사구 of urban inhabitants를 무시하면 그 앞에 나온 the health and welfare의 의미가 모호하게 됩니다. 그리고, 둘째 문장에서 세미콜론 다음에 나온 절 rural regions do low rates는 대조의 의미로 쓰이기 때문에 무시하면 안 됩니다. 넷째 문장에서 부사구 In addition은 앞 문장과 그 다음 절을 연결하는 아주 중요한 어구이므로 무시하면 안 됩니다. 또한, 형용사구 of heat waves를 무시하면 그 앞에 나온 the scale and length의 의미가 모호하게 됩니다.

해석▶ 도시 열섬들은 직접적으로 영향 미칠 수 있다 / 도시 거주민들의 건강과 복지에. 도시들은 더 높은 비율의 열과 관련된 질병과 죽음을 겪는다; 시골 지역들은 낮은 비율들을 겪는다. 열섬들은 심한 뜨거운 날씨 사건들을 증가시킬 수 있다, / 그 사건들은 생리적인 파괴와 죽음을 일으킬 수 있다 – 특히 나이든 사람들과 같은 허약한 주민들에게. 또한, 도시 열섬들은 열 파동들의 규모와 길이를 잠재적으로 확대할 수 있다: 이것은 죽음을 야기한다. 연구에 따르면, 사망률은 열 파동 동안에 상당히 증가한다; 1000명이 매년 죽는다 / 미국에서 지나친 열 때문에.

THE IBT TOEFL SERIES **READING**

Chapter 02 예상하며 읽기

Warming-up 1

|정답| 1. (B) 2. (D)

p.68 Passage 1

어휘▶ participated in(~에 참석하다), justice(정의), humanitarianism(인도주의), the former(전자), the latter(후자)

분석▶ 빈칸 바로 다음 문장에 힌트가 나오고 있네요. 즉, 'He participated in several songs for social justice and humanitarianism.' 음악가가 '사회 정의와 인도주의를 위한 노래에 참여했다'는 것은 사회적인 일에 관심이 많았고 그에 따라 행동했다는 뜻이므로 '사회적인 지도자'라고 불려도 손색이 없겠죠. 그래서 정답은 (B)입니다.

해석▶ 1961년 이래로, / 그가 11살이었을 때, / Stevie Wonder는 7000만장의 앨범들을 팔았고 25개의 그래미 상을 받았다. 하지만, 그 예술가는 단순한 음악가 이상이다. 1981년 이래로, Stevie Wonder는 사회적인 지도자이다. 그는 사회 정의와 인도주의를 위한 몇몇 노래들에 참여했다, / 'That's What Friends Are For(1982년)'와 'We are the World(1985년)'를 포함한. 전자는 에이즈 연구를 위한 노래였고 후자는 아프리카에 사는 배고픈 사람들을 위한 것이었다. 그는 평화와 화합에 관한 노래를 쓰고 부른다.

p.68 Passage 2

어휘▶ impression(인상), support(지지하다), put on(옷을 입다), in contrast(대조적으로), attend(참석하다), reveal(드러내다), decoration(장식)

분석▶ 빈칸 아래에 있는 문장들에서 힌트들이 나오고 있네요. 즉, 'influences other people's impression of us(다른 사람들의 우리에 대한 인상에 영향 미친다)', 'show that we support the group(우리가 그 집단을 지지한다는 것을 보인다)', 'show distance between ourselves and the group(우리 자신과 그 집단 사이의 거리감을 보인다).' 어떻게 옷을 입는가에 따라 지지와 거리감을 나타내므로 옷을 입는 것은 의사 소통의 방식이죠. 그래서 정답은 (D)입니다.

해석▶ 우리가 어떻게 옷을 입는가는 의사 소통의 방법이다. 우리가 옷을 입는 방법은 다른 사람들의 우리에 대한 인상에 영향을 미친다. 한 집단의 패션 스타일을 따름으로써, 우리는 보일 수 있다 / 우리가 그 집단을 지지한다는 것을. 예를 들면, 우리가 축구 경기에 갈 때, 우리는 한 팀의 유니폼을 입는다 / 우리가 응원하는. 대조적으로, 패션 스타일을 선택함으로써 / 어떤 집단의 그것과 다른, / 우리는 우리 자신과 그 집단 사이의 거리감을 표현할 수 있다. 예를 들면, 우리가 청바지를 입고서 공식적인 결혼식에 참석한다면, 우리는 좋지 않은 감정을 드러낸다 / 참석한 다른 사람들에게.

Warming-up 2

|정답| 1. (C) 2. (C)

p.73 Passage 1

어휘▶ complicated(복잡한), jungle(열대 밀림), evolution(진화), obtain(~을 얻다), vision(시력)

분석▶ 본문 첫 문장의 핵심어는 'developed in a tree environment'입니다. 그 다음에 '인간의 눈은 왜 숲 환경에서 발전했는가?' 또는 '인간의 눈은 어떻게 숲 환경에서 발전했는가?'의 답이 나오겠죠. 둘째 문장이 '왜 발전했는가?'의 이유를 제시하고, 세 번째 문장이 '어떻게 발전했는가?'의 답을 제시하고 있습니다. 둘째 문장에서 'In the thick, complicated world of a jungle'이 나온 이유는 사람들이 사는 열대 밀림이 '밀집되고 복잡하기' 때문에 시력이 발전할 수밖에 없다는 것을 나타내기 위해서입니다. 그래서 정답은 (C)입니다.

10

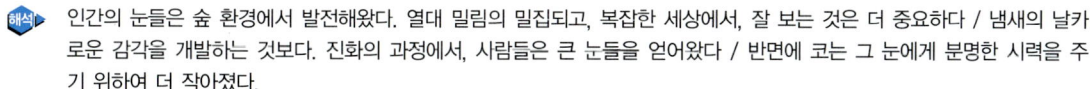

해석▶ 인간의 눈들은 숲 환경에서 발전해왔다. 열대 밀림의 밀집되고, 복잡한 세상에서, 잘 보는 것은 더 중요하다 / 냄새의 날카로운 감각을 개발하는 것보다. 진화의 과정에서, 사람들은 큰 눈들을 얻어왔다 / 반면에 코는 그 눈에게 분명한 시력을 주기 위하여 더 작아졌다.

p. 73 Passage 2

어휘▶ corn(옥수수), barometer(기압계, 지표, 바로미터), affluent(풍부한), depression(침체, 불황), region(지역), observe(관찰하다), harvest(수확하다), gradually(점차적으로), a large scale(대규모), plentiful(풍부한), scarce(부족한), critical(비판적인, 아주 중요한)

분석▶ 본문 첫 문장의 핵심어는 'regarded as the barometer of the southern economy' 입니다. 그 다음에 '왜 옥수수가 남부 경제의 지표가 됐는가?' 의 답이 나오겠죠. 만일 barometer의 의미를 모른다면 그 다음 문장을 보고 유추하면 됩니다. 다음 문장 내용은 '옥수수가 풍부할 때 그 경제는 좋았고, 옥수수가 실패하면 불황이 있었다' 이므로 옥수수는 미국 남부 경제에서 아주 중요한 작물이었겠네요. 그래서 정답은 (C)입니다.

해석▶ 19세기 말 동안에, 옥수수는 미국 남부 경제의 지표로 간주되었다. 그 생산물이 풍부했을 때, 그 경제는 좋았다; 그 생산물이 실패했을 때, 불황이 있었다. 그 지역의 사람들은 그 수확량들을 관찰했고, 그 생산물의 판매는 점차적으로 선호되는 토론 주제가 되었다.

Warming-up 3

|정답| 1. (A) 2. (D)

p. 77 Passage 1

어휘▶ infant(아이), perceptual(인식적인), stimulation(자극), emotionally(감정적으로), physically(신체적으로, 육체적으로), be in contact with(~와 접촉하다), feed(먹이다), prematurely(미숙하게, 조속하게), surroundings(환경, 주위 상황)

분석▶ 질문에 나온 'Infants whose environments have normal stimuli' 는 본문의 둘째 문장에 'Healthy babies experience this stimulation' 라고 나오고 있습니다. 이 어구들 바로 다음 내용이 질문의 답이 되겠네요. 즉, '그 아이들은 적극적이고 그들의 환경에 재미있어 한다.' 이런 내용을 반영하는 보기는 (A)입니다.

해석▶ 아이들은 감각적이고 인식적인 자극이 필요하다 / 감정적으로 그리고 신체적으로 발전하기 위해서. 건강한 아이들은 이런 자극을 경험한다 / 그들이 엄마나 다른 어른들과 접촉하고 있을 때 / 그 아이들을 먹이거나 씻기는. 그들은 적극적이고 그들의 환경들에 재미있어 할 가능성이 있다. 대조적으로, 미숙하게 태어난 아이들은 그런 자극을 경험하지 못한다 / 그들의 삶의 초기 몇 주 동안에 / 그들이 인큐베이터에서 살 때. 그래서, 그들은 피곤하게 되고 그들의 환경들에 무관심해진다.

p. 77 Passage 2

어휘▶ urban heat islands(도시 열섬), demand(수요), cooling(시원함), relatively(상대적으로, 비교적), climate(기후), refrigeration(냉장), considerable(고려할만한, 상당한), effect(결과, 영향, 효과), average temperature(평균 온도), decade(10년), estimate(추정하다, 평가하다), cost(비용이 들다, 쓰게 하다)

분석▶ 질문에 나온 'urban heat islands bring about' 은 본문의 첫 문장에 'One result of urban heat islands' 라고 나오고 있습니다. 이 어구들이 들어 있는 문장 내용이 질문의 답입니다. 즉, '도시 열섬의 한 결과는 여름의 시원함을 위한 더 높은 에너지 수요이다'. 이런 내용을 반영하는 보기는 (D)입니다.

해석▶ 도시 열섬의 한 결과는 여름의 시원함을 위한 더 높은 수요이다 / 비교적 따뜻한 기후들 속에 있는 도시들에서. 그 도시들에 있는 집들과 건물들은 햇볕을 흡수하기 때문에, 도시 열섬은 에어컨과 냉장을 위해 필요한 에너지를 증가시킬 수 있다. 예를 들면, 그것들은 로스앤젤레스 시에 상당한 영향을 미쳐왔다. 그 도시의 평균 온도는 2차 세계 대전이래로 매 10년마다 약 1°F씩 증가해왔다. 추정된다 / 도시 열섬 효과는 그 도시에 매년 약 1억 달러 비용이 들게 한다고 / 증가된 에너지 수요에서.

Warming-up 4

|정답| 1. (A) 2. (D) 3. (D)

p. 83 Passage 1

어휘 bee(벌), ant(개미), hive(벌집), drone(수벌), mated(짝짓는), honey(꿀), main(주요한), function(기능), fertilize(비옥하게 하다, 수태시키다), receptive (받아들이는, 수용적인), lack(부족하다, 결핍하다), reproductive(재생하는, 번식의), nectar(꿀, 신들의 술), pollen(꽃가루), nursing(간호, 보육), construction(건설, 건축), enemy(적)

분석
1. 질문에 나온 'social insects'는 본문의 첫 문장인 주제 문장에 나오고 있네요. 바로 다음 문장에 '왜 벌이 사회적 동물인가에 대한 이유'가 나오고 있죠. 즉, '벌들은 집단들 속에서 살고 다른 구성원들을 돕는다'고요. 이런 내용을 반영하는 보기는 (A)입니다.

2. 질문에 나온 'worker bees'는 본문의 마지막 두 문장에 나오고 있습니다. 즉, '일벌들은 생식 능력이 없는 암벌이고 꿀을 모으고, 새끼 벌들을 키우고, 벌집을 짓고, 적들로부터 벌집 입구를 지킨다' 입니다. 이런 내용을 반영하는 보기는 (D)입니다.

해석 벌은, / 개미처럼, / 사회적인 곤충이다. 벌들은 벌집에서 집단들 속에 살고, 모든 벌은 어떤 일을 한다 / 그 집단의 다른 구성원들을 돕는. 벌집 안에 세 종류의 벌들이 있다: 여왕벌, 수벌들, 그리고 일벌들. 여왕벌은 성숙하고, 짝짓는 암컷이다. 그녀는 대체로 그 벌집 안에 있는 모든 벌들의 어미이다. 수벌들은 수컷 꿀벌들이다. 그들의 주요한 기능은 수용적인 여왕벌을 수태시키는 것이다. 일벌들은 암컷 벌들이다 / 여왕벌의 완전한 번식 능력을 갖고 있지 않은. 그들은 많은 활동들을 한다 / 꿀과 꽃가루 모으기, 보육, 벌집 짓기, 그리고 적들로부터 벌집의 입구 지키는 것과 같은.

p. 83 Passage 2

어휘 instrument(도구, 악기), self-reliant(자기를 믿는, 독립적인), accompanying(동반하는, 따르는), simultaneously(동시에), various(다양한), note(메모, 중요함, 음조), dynamic(동적인, 강약법의), level(수준), versatility(다재 다능, 재능), favorite(마음에 드는, 아주 좋아하는), household(가정), adaptable(적응할 수 있는, 융통성 있는)

분석 질문에 나온 'a popular solo instrument'는 본문 첫 문장인 주제 문장에 나오고 있습니다. 바로 다음 문장들에 '왜 피아노가 가장 인기 있는 악기인가에 대한 이유들'이 나오고 있네요. 즉, '피아노는 스스로 멜로디와 화음을 만들 수 있다', '다양한 음을 만들 수 있다', '가정에서 가장 선호하는 악기이다'. 이런 내용과 맞지 않는 보기는 (D)입니다. (D)에서 'dependent → independent'로 바꾸어야 본문 내용과 맞습니다.

해석 150년 동안, 피아노는 서양 음악을 위한 가장 인기 있는 단독 악기였다. 다른 악기들과는 달리, 그것은 완전히 독립적이다, / 왜냐하면 그것은 멜로디와 그것에 따른 화음을 동시에 연주할 수 있기 때문에. 피아노는 또한 여러 가지 음들을 만들 수 있다 / 다른 강약법의 수준들에서. 그런 다양한 기능이 피아노가 가정에서 가장 선호되는 악기로 만들어왔다 / 19세기 이래로.

Warming-up 5

|정답| 1. (A) 2. (C)

p. 86 Passage 1

어휘 political party(정당), operate(운영하다), support(지지하다), faction(파벌, 당파), conflicting(충돌하는, 상반되는), Federalist(연방주의자), Anti-Federalist(반연방주의자)

분석 질문에서 key words는 당연히 밑줄 그어진 'support a faction' 입니다. 이 질문에 대한 결정적인 힌트는 'support a faction'과 같은 문장에 있는 접속 부사 'However' 입니다. 'support a faction'이 쓰인 이유는 'However' 앞에 나온

'no political parties'의 반대 의미를 나타내기 위해서이죠. 즉, '1776년에 독립했을 때는 미국에 정당이 없었지만 얼마 지나지 않아 정당들이 생겼다'는 것입니다. 이런 내용을 반영하는 보기는 (A)이죠. 여기서 주의해야 할 것은 'support a faction' 다음 문장에 나온 'two conflicting parties'를 보고 답을 (C)라고 고르면 안 된다는 것입니다. 그런데 불행하게도, 수업 시간에 (C)라고 답한 학생들은 손을 들어 보라고 하면 전체 학생들 중 거의 절반이 손을 듭니다. 다시 한 번 더 강조하고 싶습니다. '영어는 두괄식이기 때문에 앞에 중요한 것을 먼저 내세우고 그 이유나 방법을 그 아래에 쓴다'는 것입니다. 우리말과 정반대이죠. 답을 (C)라고 고르신 분은 아직도 영어를 우리말과 착각하고 있다는 것입니다. 빨리 회개(?)하고 돌아오세요.^^

해석 ▶ 1776년에, 미국이 독립하게 됐을 때, 정당들이 없었다. 하지만 오래지 않아, 다른 생각들이 / 어떻게 정부가 운영되어야 하는가에 대한 / 사람들로 하여금 파벌을 지지하게 했다. 곧, 두 개의 상반적인 정당들이 나타났다: 연방주의자들과 반연방주의자들인.

p. 86 Passage 2

어휘 ▶ power plant(발전소), thermal(열의, 온도의), pollution(오염), aquatic(물의, 수생의), ecosystem(생태계), release(풀다, 배출하다), turbine(터빈 기관), encourage(용기를 주다, 촉진하다), seaweed(해초, 해조), consequently(그 결과로서, 따라서), heated(가열된)

분석 ▶ 질문에서 key words는 Consequently, the water, heated입니다. Consequently는 '그 결과로서, 따라서'라는 '결과'의 의미이므로 그 앞 문장 내용에는 '원인'이 나와야 합니다. 또 다른 힌트는 the water입니다. the는 '그'라는 뜻이므로 그 앞 문장에는 water에 대한 언급이 있어야 합니다. 세 번째 힌트는 heated(가열된)입니다. 그 다음 문장에 '가열된 물'에 대한 언급이 있어야 합니다. 이 세 가지 힌트에 맞는 곳은 (C)이죠. (C) 앞 문장은 '차가운 물이 뜨거운 증기를 식히기 위해 필요하다'는 내용으로서 water에 대한 언급이 처음으로 등장하네요. '뜨거운 증기를 식히려면' 차가운 물이 뜨겁게 되겠죠. (C) 다음 문장은 '이 뜨거운 물이 강이나 바다에 도달할 때'라는 부분에 '가열된 물'과 비슷한 '이 뜨거운 물'이 나옵니다.

해석 ▶ 발전소들은 열 오염을 야기해서 수생 생태계들을 파괴할 수 있다. 그들은 뜨거운 수증기를 배출한다 / 그들의 가스 터빈들로부터. 차가운 물이 필요하다 / 그 뜨거운 수증기를 냉각시키기 위해. 이 뜨거운 물이 마침내 강이나 바다에 도달할 때, 그것은 그 강물/바닷물의 온도를 증가시킨다. 물 온도의 갑작스러운 증가는 물고기들과 그들의 알들을 죽일 수 있다. 게다가, 그것은 해초들의 성장을 촉진시킬 수 있다.

Part II 문제 유형 분석

Chapter 01 Vocabulary(단어) 문제

Warming-up p. 98~99

|정답| 1. (A) 2. (D) 3. (B) 4. (C) 5. (A) 6. (C) 7. (D) 8. (B)
9. (A) 10. (D) 11. (D) 12. (D) 13. (D) 14. (A) 15. (B)

1. 이 기간들에 대한 그들 자신의 지식이 보통 제한되었기 **때문에**, 미국 역사에 대한 그들의 공헌들은 <u>제한된</u> 채 남았다.
   (A) 제한된   (B) 친숙한
   (C) 인식할 수 있는   (D) 거대한

2. 아리스토텔레스의 물리학은 완전히 <u>붕괴됐다</u>, **반면에** 그의 생물학은 힘들여 재건되었다.
   (A) 건설됐다   (B) 성취됐다
   (C) 공들였다   (D) 실패했다

3. 대부분의 동물들은 동굴이나 나무 안으로 들어간다 / 그 환경의 아주 작은 <u>변화</u>를 가진. **반면에**, 둥지들은 지어진다 / 그 환경의 상당한 변화를 요구하는.
   (A) 주장   (B) 변화, 차이
   (C) 관련, 결합   (D) 모방

4. 19세기 동안에, 여성들에 대한 글의 대부분은 역사의 '위대한 여성들' 이론에 <u>일치했다</u>, / **마치** 주류 미국 역사의 많은 것이 '위대한 남자들'에 집중됐던 것처럼.
   (A) ~로부터 자유로웠다   (B) 부족했다
   (C) 따랐다   (D) 능가했다

5. 새로운 백화점이 세워질 수 있기 **전에**, 그 자리에 지금 있는 세 개의 옛 건물들은 <u>파괴되어야만</u> 할 것이다.
   (A) 파괴된   (B) 쇄신된
   (C) 구별된   (D) 축적된

6. 대부분의 건축은 나타낸다 / 취향의 광범위한 <u>차이</u>와 규칙들 적용의 자유를 / 그 책들 안에 쓰여진.
   (A) 묘사, 서술   (B) 발전
   (C) 차이   (D) 표현, 전시

7. 우리는 지원자들을 필요로 한다 / 소식지에 글을 쓸 / 정규적**이거나** <u>비정규적인</u> 방식으로.
   (A) 패턴화된   (B) 일정한, 꾸준한
   (C) 신중한, 계획적인   (D) 비체계적인

8. 미국 노동력에 점진적인 변화가 있었다 / 농업에서 **다른** 비농업적인 **분야들**로의.
   (A) 간파들, 탐지들   (B) <u>분야들</u>
   (C) 기회들   (D) 능력들

9. 수 천명의 농부들이 농장 위의 <u>불안정한</u> 삶을 **포기했다** / 도시에서의 더 안정적인 일자리들을 **위해**.
   (A) <u>불확실한</u>   (B) 변함없는
   (C) 정착된, 확립된   (D) 이익이 안 되는

10. 사람들은 보험을 산다 / 작고, 확실하고, 견딜만한 손실로 **대체하기** 위해 / 크고, 불확실하고, <u>재앙적인</u> 손실에 대해.
    (A) 거대한   (B) 참을 수 있는
    (C) 애매한   (D) <u>끔찍한, 엄청난</u>

11. 비록 그들은 게걸스러운 식욕들을 가지고 있지만, / **낮과 밤마다 먹는**, / 해삼들은 약간만 먹는 능력을 가지고 있다.
    (A) 불필요한   (B) 적당한
    (C) 정력적인   (D) <u>믿을 수 없는, 어마어마한</u>

12. **단지** 인간들과 몇몇 동물들만이 **색채 시력**을 즐긴다. 빨간 깃발은 황소에게 검다. 말들은 **단색채** 세상에 산다.
    (A) 단조로운   (B) 자외선의
    (C) 1차원의   (D) <u>단색의</u>

13. 몇몇 아이들은 / **낯선 사람들에게 말이 없는** / 그들의 **가족들**에게 이야기하기 좋아한다.
    (A) 말이 많은   (B) 편견이 있는
    (C) 붙임성이 있는   (D) <u>비사교적인</u>

14. 어떤 **자율적인** 생물들도 없다; 모든 생명체는 다른 생명체들에 의존적이다.
    (A) <u>자립할 수 있는</u> (B) 아주 작은, 미세한
    (C) 의존적인   (D) 동정심 많은

15. **대부분의 여성들**은 모든 다른 여성들을 적으로서 가진다; **대부분의 남성들**은 모든 다른 남성들을 그들의 **협력자들**로서 가진다.
    (A) 적들   (B) 동료들
    (C) 경쟁자들   (D) 후원자들

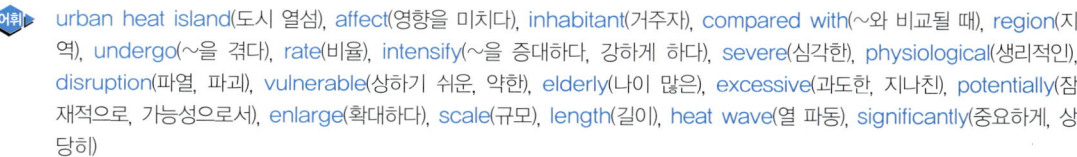

| 정답 | 1. (B) | 2. (C) | 3. (C) | 4. (D) | 5. (D) | 6. (A) | 7. (C) |

p. 100　Passage 1

어휘 urban heat island(도시 열섬), affect(영향을 미치다), inhabitant(거주자), compared with(~와 비교될 때), region(지역), undergo(~을 겪다), rate(비율), intensify(~을 증대하다, 강하게 하다), severe(심각한), physiological(생리적인), disruption(파열, 파괴), vulnerable(상하기 쉬운, 약한), elderly(나이 많은), excessive(과도한, 지나친), potentially(잠재적으로, 가능성으로서), enlarge(확대하다), scale(규모), length(길이), heat wave(열 파동), significantly(중요하게, 상당히)

해석 도시 열섬들은 직접적으로 영향 미칠 수 있다 / 도시 거주민들의 건강과 복지에. 시골 지역들과 비교했을 때, 도시들은 더 높은 비율의 열 관련 질병과 죽음을 겪는다. 열섬들은 심각한 뜨거운 날씨 사건들을 강화시킬 수 있다, / 그 사건들은 생리적인 파괴와 죽음을 일으킬 수 있다 – 특히 나이든 사람들과 같은 허약한 주민들에게. 미국에서, 1000명이 지나친 열 때문에 매년 죽는다. 도시 열섬들은 더 높은 온도를 야기하기 때문에, 그것들은 열 파동들의 규모와 길이를 잠재적으로 확대할 수 있다. 연구에 따르면, 사망률은 열 파동 동안에 상당히 증가한다.

1. intensify(~을 증대하다, 강하게 하다)
   (A) 평가하다
   (B) 증가시키다
   (C) ~을 야기하다, 유발하다
   (D) ~을 줄이다

2. disruption(파열, 파괴)
   (A) 신중함, 세심함
   (B) 장애물, 방벽
   (C) 파괴, 파손
   (D) 확대, 팽창

3. vulnerable(상하기 쉬운, 약한)
   (A) 근본적인, 극단적인
   (B) 금지의, 터무니 없는
   (C) 약한
   (D) 비참한

4. potentially(잠재적으로, 가능성으로서)
   (A) 확실히, 분명히
   (B) 강하게
   (C) 현저하게
   (D) 아마도, 혹시

p. 101 Passage 2

 sustain(떠받치다, 부양하다), canal(운하), irrigation(관개, 물 대기), crop(작물), wheat(밀), barley(보리), vital(생명의, 매우 중요한), take a risk(위험을 무릅쓰다, 모험하다), desert(사막), distant(먼, 멀리 있는), wheeled(바퀴 달린), vehicle(운송 수단, 탈 것), pottery(도기, 도기류), processed goods(가공된 제품들), diverse(다양한), raw material(가공하지 않은 물질, 원료)

 수메르 사람들을 부양했던 경제는 농업과 무역에 의존했다. 농업을 지원하기 위해, 그들은 관개를 위한 운하들과 댐들의 복잡한 체계를 사용했다. 그 관개는 밀과 보리와 같은 작물들을 이 지역에서 잘 자라게 했다. 무역은 그 경제의 또 다른 중요한 요소였다. 그것은 재물들을 도시들에 가져왔다. 그 무역업자들은 사막 여행의 모험을 했다 / 물건들을 먼 지역까지 운반하기 위하여. (수메르 사람들은 첫 바퀴 달린 차량들을 만들었다.) 배들은 강 위와 아래로 페르시아만 도처에 항해했다, / 도기와 여러 가지 가공된 제품들을 운반하고 과일들과 다양한 원료들을 가져오면서.

5. sustained(떠받쳤다, 부양했다)
   (A) 억제했다, 제한했다
   (B) 계속했다
   (C) 붙잡았다
   (D) 지지했다, 부양했다

6. vital(생명의, 필수적인, 아주 중요한)
   (A) 필수의, 극히 중요한
   (B) 살아 있는
   (C) 도움이 되는
   (D) 작은, 중요치 않은

7. distant(거리가 먼, 멀리 있는)
   (A) 근처의, 인접한
   (B) 평화로운
   (C) 먼, 아득한
   (D) 분리된, 별개의

Review Test p. 102~105

|정답| 1. (D) 2. (A) 3. (B) 4. (C) 5. (B) 6. (A) 7. (C)

어휘 industrialize(산업화하다), human resource(인적 자원), possess(소유하다), lead to(~에 이르다, 야기하다), coal(석탄), iron(철), copper(구리), expansion(확대, 팽창), result from(~로부터 유래하다), infant mortality(유아 시망률), huge(거대한), surplus(잉여, 잉여 농산물), result in(결과를 일으키다, 야기하다), landowner(토지 소유자, 지주), profit(이익), transport(운송하다, 운송), supply(공급, 공급량, 보급품), available(이용할 수 있는, 얻을 수 있는), open-field system(열린 농토 시스템), cultivation(경작), give way to(~에 길을 내주다, ~로 바뀌다), enclosed field(닫힌 농토), factory(공장), fulfill(수행하다, 충족시키다), vastly(크게, 엄청나게), enhance(향상시키다), steam ship(증기선), invent(발명하다), locomotive(기관차), railway(철도), commercial(상업적인), accomplish(수행하다, 성취하다), turnpike(고속도로, 유료 도로), curtail(단축하다, 줄이다), significantly(중요하게, 상당히)

 해석 왜 영국은 산업화 한 첫 번째 나라였는가? 산업 혁명은 발생했다 / 조건들이 영국에서 이상적이었으므로. 영국이 소유했던 천연 자원들과 인적 자원들은 산업 혁명을 야기했다. 천연 자원들은 / 석탄, 철, 구리와 수력과 같은 / 산업 발전과 팽창을 일으켰다. 영국에서 증가하는 인구는 / 더 적은 질병과 더 낮은 유아 사망률로부터 야기된 / 추가적인 노동력을 제공했다 / 생산업에서 일하는데 필요한.

1760년과 1830년 사이에, 영국은 농업 혁명을 경험했다 / 산업 혁명을 추진하는 것을 도왔던. 이 시기에, 그 농업 혁명은 농업 생산성의 거대한 증가와 그로 인해 식량 잉여물을 야기했다 / 낮은 식량 가격들을 초래했던. 농부들과 토지 소유자들은 이익을 얻고 그것들을 투자했다 / 공업이나 운하들과 같은 운송 개량 공사에. 그 농업 혁명은 또한 노동 공급량을 쉽게 얻을 수 있도록 만들었다. 1760년과 1830년 사이에, 영국의 농촌 지방은 바뀌었다 / 경작의 열린 농토 시스템이 밀집된 농장과 닫힌 농토들로 바뀌었을 때. 엔클로져의 이 새로운 시스템은 사람들을 도시들로 내몰았다 / 거기에서 그들은 산업 혁명의 공장들을 위한 노동자들이 되었다.

산업 혁명의 또 다른 원인은 교통 개선들이다. 더 나은 교통 체계는 증가하는 인구의 수요들을 충족시키기 위해 요구되었다. 그 시스템은 크게 향상되었다 / 증기선들과 열차들과 같은 새로운 발명품들로 인해. 1825년에, George Stevenson은 첫 번째 상업적으로 성공적인 증기 기관차를 발명했다. 철도들은 너무나 성공적이어서 그것들은 산업 혁명 동안 영국의 주요 운송 방법들 중 하나가 되었다. 만일 그 철도들이 없었다면, 상업적인 성장은 그렇게 빠르게 이루어지지 않았을 것이다. 고속도로들이 크게 증가되었다. 1750년에 3,000마일의 고속도로들이 있었지만 1800년 무렵에 거의 20,000마일의 고속도로들이 있었다. 그 새로운 고속도로들은 의미했다 / 여행 시간이 상당히 단축됐다는 것을.

1. expansion(확대, 팽창)
   (A) 다수, 풍부　　　　　　　(B) 집중, 농도
   (C) 분리, 분할　　　　　　　(D) 성장, 확장

2. mortality(사망, 사망률, 사망자 수)
   (A) 죽음　　　　　　　　　　(B) 상쇄, 보상, 보상
   (C) 질병　　　　　　　　　　(D) 배달, 방출, 해방, 출산

3. surplus(나머지, 잉여, 잉여 농산물)
   (A) 수하물, 짐　　　　　　　(B) 과잉, 초과량
   (C) 황폐, 파괴　　　　　　　(D) 연속, 계승

4. gave way to(~에 길을 내줬다, ~로 바뀌었다)
   (A) 저항했다, 대항했다　　　(B) 버렸다, 포기했다
   (C) ~로 바뀌었다　　　　　　(D) 둘러 쌓였다

5. vastly(크게, 엄청나게)
   (A) 바로, 아주 조금　　　　　(B) 크게
   (C) 약간, 조금　　　　　　　(D) 공정하게, 상당히, 꽤

6. locomotive(기관차)
   (A) 기관, 기관차　　　　　　(B) 진보, 발달
   (C) 기술　　　　　　　　　　(D) 구조, 건축물

7. curtailed(단축했다, 줄였다)
   (A) 향상시켰다　　　　　　　(B) 확대했다
   (C) **짧게 했다, 줄였다**　　　 (D) 다양화했다

Chapter 02 Reference(지시어) 문제

Warming-up p. 115~116

|정답| 1. (A)　2. (C)　3. (B)　4. (A)　5. (D)　6. (C)　7. (B)　8. (A)
　　　9. (C)

p.115 Passage 1

어휘▶ laughter(웃음), decrease(줄이다, 감소시키다), effect(결과, 영향, 효과), experiment(실험), generate(일으키다, 생성하다), tolerate(참다, 견디다), endorphin(엔도르핀), chemical(화학적인, 화학 제품, 화학물질), reduce(줄이다, 감소시키다)

해석▶ 발견되어 왔다 / 웃음이 고통의 효과를 줄일 수 있다는 것이. 한 실험에서, 연구자들은 학생들의 집단에 고통을 유발했다 / 다른 텔레비전 프로그램들을 시청하는. 가장 오랜 시간 동안 그 고통을 견뎠던 학생들의 집단은 재미있는 프로그램을 시청한 집단이었다. 웃음이 스트레스와 고통을 줄일 수 있는 이유는 그것이 뇌 속에 있는 엔도르핀들을 생성하는 것을 돕는다는 것이다. 이 엔도르핀들은 자연적인 화학물질들이다 / 그것들을(= 스트레스와 고통)을 줄이는.

분석▶
1. that이 가리키는 것은?
   지시대명사 that, those는 각각 '그것', '그것들' 이라는 의미 때문에 가리키는 대상은 같은 문장의 앞에 나온 명사일 가능성이 아주 높습니다. 'that'이 속한 문장에서 앞에 나온 명사들은 'group', 'students', 'pain', 'time' 입니다. 'that'이 단수이므로 복수인 'students'를 가리킬 수 없습니다. 'group', 'pain', 'time'을 'that' 자리에 넣어 의미가 통하는 것은 'group' 이므로 정답은 (A)입니다.

2. it이 가리키는 것은?
   주격 인칭대명사 'it'은 앞에 나온 주어를 가리킬 확률이 90% 이상입니다. 주어로 쓰인 명사를 'it' 자리에 넣어 의미가 통하는지 확인하세요. 앞에 나온 주어는 'The reason', 'laughter' 두 개이네요. 이 두 어구들 중에서 의미가 통하는 것은 'laughter' 이므로 정답은 (C)입니다.

3. them이 가리키는 것은?
   목적격 인칭대명사는 앞에 나온 주어 뿐만 아니라 다른 명사들도 가리킬 수 있습니다. 'them'은 복수이므로 우선 같은 문장의 복수 명사들을 them 자리에 넣어 의미가 통하는지 확인하고 답이 될 수 없으면 그 앞 문장에 있는 복수 명사들을 시도해보세요. 'them'과 같은 문장에 있는 'chemicals'는 지시 대상이 될 수 없습니다. 주어와 목적어가 동일한 것이면 themselves라야 합니다. 그 앞 문장에 나온 복수 명사들인 'stress and pain', 'endorphins' 중에 의미가 통하는 것은 'stress and pain' 이므로 정답은 (B)입니다.

p.115 Passage 2

어휘▶ encourage(용기를 북돋다, 권하다), generate(발생시키다, 일으키다), creative(창조적인), disagreement(불일치, 의견 차이), consensus(의견 일치, 합의), critically(비판적으로), analyze(분석하다), evaluate(평가하다)

해석▶ 여러 연구들은 보여준다 / 개별적인 멤버들을 창조적으로 생각하게 하는 집단들은 성공할 것이지만 그렇지 않은 집단들은 실패할 것이라고. 성공적인 집단들에서, 개개인들은 권해진다 / 창조적인 아이디어들을 생성하고 그것들을 다른 사람들과 나누도록. 성공적이지 않은 집단들에서, 개별 멤버들은 그렇게 하도록 권해지지 않는다. 대신에, 그들은 항상 요구된다 / 의

견 차이를 최소화 하고 합의에 도달하도록 / 아이디어들을 비판적으로 조사하고, 분석하고 평가하는 것 없이.

4. **those가 가리키는 것은?**
지시대명사 those는 '그것들'이라는 복수 의미이므로 같은 문장의 복수 명사들을 'those' 자리에 넣어 의미가 통하는 것을 고르세요. 같은 문장의 복수 명사들은 'studies', 'groups', 'members'입니다. 'those' 자리에 넣어 의미가 통하는 명사는 'groups'이므로 정답은 (A)입니다.

5. **them이 가리키는 것은?**
'them'과 같은 문장에 있는 복수 명사들은 'groups', 'individuals', 'ideas'입니다. 이 단어들 중 'them' 자리에 넣어 의미가 통하는 것은 'ideas'이므로 정답은 (D)입니다.

6. **they가 가리키는 것은?**
주격 'they'는 앞에 나온 주어를 가리킬 확률이 아주 높으므로 바로 이 주어부터 확인하세요. 앞에 나온 주어 'individual members'를 'they' 자리에 넣어 보면 의미가 통하므로 정답은 (C)입니다.

p.116 Passage 3

 cognitive psychology(인지 심리학), **internal**(내부의), **mental**(정신의), **revolution**(혁명, 회전), **inspire**(고무하여 ~할 마음이 내키게 하다, 불러 일으키게 하다), **utilize**(이용하다)

 인지 심리학은, / 사고력의 내부 정신적인 과정들을 연구하는, / 지난 몇 십 년간의 컴퓨터 혁명에 영향을 받아 왔다, / 그것은 정보 처리 과정으로서의 인간의 뇌에 대한 연구를 고무시켰다. 몇몇 인지 심리학자들은 컴퓨터 프로그램을 이용한다 / 인간의 사고 과정들의 모델들을 만들기 위해. 다른 인지 심리학자들은 인간의 사고 과정들에 대한 그들의 지식을 사용한다 / 컴퓨터 프로그램들을 개발하기 위하여, / 컴퓨터 체스 게임들을 위한 그런 것들과 같은.

7. **which가 가리키는 것은?**
관계대명사 'which'는 대명사이므로 앞에 나온 명사들 중 하나를 가리킵니다. 관계대명사는 주로 바로 앞에 나온 명사를 가리키는데 그 명사를 선행사라고 합니다. 'which' 바로 앞에 두 개 이상의 명사가 있을 때, 그 중에 〈a + 명사〉가 있으면 그것이 선행사가 됩니다. 그 외의 경우에는 명사들을 which 자리에 넣어 의미가 통하는 것을 찾으세요. 'which' 바로 앞에 나온 명사들은 'the computer revolution'과 'the past few decades'입니다. 이 둘 중에 의미가 통하는 것은 'the computer revolution'이므로 정답은 (B)입니다.

8. **Others가 가리키는 것은?**
부정대명사 'Others'에 밑줄이 그어져 있으면 앞 문장에서 〈some + 복수명사〉나 〈many + 복수명사〉를 확인하고 '복수명사'를 답으로 고르면 됩니다. 'Others' 바로 앞 문장에 'Some cognitive psychologists'가 나오고 있습니다. 'Others'는 'Other cognitive psychologists'의 줄임 말이므로 정답은 (A)입니다.

9. **those가 가리키는 것은?**
지시대명사 'those' 바로 앞에 including / like / such as가 있을 때 즉, 〈명사 + including / like / such as + those〉일 때, those는 including / like / such as 앞에 있는 '명사'를 가리킵니다. 본문에서 'those' 바로 앞에 'like'가 있고 그 앞에 명사 'computer programs'가 있으므로 'those'가 가리키는 것은 'computer programs'입니다. 그래서 정답은 (C)입니다.

Exercise   p. 117~118

|정답| 1. (A) 2. (C) 3. (B) 4. (D) 5. (B) 6. (A) 7. (D) 8. (A)

p.117 Passage 1

 rainforest(우림), **symbiotically**(공생적으로), **beneficial**(이익이 되는, 유익한), **one another**(서로), **for instance**(예를 들면), **tropical**(열대의), **stem**(줄기), **suitable**(알맞은), **ant**(개미), **store**(저장하다), **insect**(곤충), **look after**(지켜보다, 주의를 기울이다, 돌보다), **butterfly**(나비), **larva**(유충, 애벌레), **in return**(대답으로서, 답례로서), **honeydew**(꿀, 단물)

우림들에서, 많은 식물들과 동물들은 공생하며 살고 서로에게 이익이 된다. 예를 들면, 개미 식물들은 열대 나무들 위에 살고 음식을 위해 어떤 개미들에 의존한다. 그 식물들은 그들의 줄기들 안에 터널들을 가지고 있다 / 개미들이 그 안에 살기에 적합한. 그 개미들은 그 터널들의 몇몇 안에 죽은 곤충들을 저장하고, 그 다음에 그 개미 식물들은 음식을 위해 그것들을 이용한다. 그 개미들은 또한 나비 애벌레를 돌본다 / 그 개미 식물 안에 살고 그 식물의 잎사귀들을 먹는. 그 답례로서, 그 나비 애벌레는 꿀을 만든다 / 그 개미들이 먹는.

 1. **beneficial**(이익이 되는, 유익한)
    (A) 도움이 되는 (B) 예외적인, 아주 뛰어난
    (C) 요구되는 (D) 손상시키는

2. **which가 가리키는 것은?**
    'which' 바로 앞에 나온 명사들은 'tunnels'와 'stems' 입니다. 이 둘 중에 의미가 통하는 것은 'tunnels' 이므로 정답은 (C)입니다.

3. **them이 가리키는 것은?**
    'them' 이 있는 문장에서 앞에 나온 복수명사들은 'ants', 'dead insects', 'tunnels', 'ant plants' 입니다. 이 명사들 중에서 them 자리에 넣어 의미가 통하는 것은 'dead insects' 이므로 정답은 (B)입니다.

4. **look after**(지켜보다, 주의를 기울이다, 돌보다, 보살피다)
    (A) 무시하다, 소홀하다 (B) 먹이다
    (C) 소비하다, 먹다 (D) 유의하다, 돌보다

p. 118 Passage 2

 concept(개념), evolution(진화), support(지지하다, 뒷받침하다), state(분명히 말하다, 공표하다), a wide variety of(광범위한), creature(창조된 것, 생물), manage(이럭저럭 해내다, 잘 처리하다), reproduce(재생산하다, 번식하다, 복사하다), lack(부족하다, 결핍하다), species(종), credible(믿을 수 있는, 믿을 만한), organism(유기체, 생물), likely(있을 법한, ~할 것 같은)

 진화의 기본 개념들은 오래 전에 주장됐다 / 과학적인 연구가 있기 전에 / 그 개념들을 지지하기 위해 행해진. 몇몇 고대 철학자들은 견해를 말했다 / 자연은 광범위한 생물들을 생산하고 단지 그런 생물들만 생존한다고 / 그들 자신을 부양해내고 성공적으로 번식하는. 하지만, 그 진화 개념은 어떤 실제적인 힘을 얻을 수 없었다 / 왜냐하면 그것은 과학적 이론을 갖지 못했으므로. 과학자들은 믿고 싶었다 / 종들은 한 형태에서 다른 형태로 진화한다고,/ 하지만 그들은 진화를 일으킬만한 아무런 믿을 만한 과정을 갖지 못했다. 1859년에, Charles Darwin은 그 문제를 풀었다 / 자연 선택의 개념을 제공함으로써, / 자연 선택은 의미한다 / 그들의 환경들에 잘 적응한 생물들이 살아남을 가능성이 더 높다는 것을.

 5. **them이 가리키는 것은?**
    'them' 이 있는 문장에서 앞에 나온 복수명사는 'concepts' 하나 뿐이네요. 이것을 'them' 자리에 넣어서 의미가 통하는지 확인하면 됩니다. 의미가 통하므로 정답은 (B)입니다.

6. **it이 가리키는 것은?**
    주격 'it' 은 앞에 나온 주어를 가리킬 확률이 아주 높으므로 바로 이 주어부터 확인하세요. 앞에 나온 주어 'the evolutionary concept'를 'it' 자리에 넣어 보면 의미가 통하므로 정답은 (A)입니다.

7. **they가 가리키는 것은?**
    주격 'they'는 앞에 나온 주어를 가리킬 확률이 아주 높으므로 바로 이 주어부터 확인하세요. 앞에 나온 주어는 'Scientists'와 'species' 입니다. 이 두 단어들 중 'they' 자리에 넣어 의미가 통하는 것은 'Scientists' 이므로 정답은 (D)입니다.

8. **credible**(믿을 수 있는, 믿을 만한)
    (A) 믿을 수 있는 (B) 호의적인, 마음에 드는
    (C) 알고 싶은 (D) 불합리한

Part II 문제 유형 분석 정답과 해설

Review Test   p. 119~121

|정답| 1. (C)   2. (D)   3. (B)   4. (C)   5. (D)   6. (C)

어휘 geographically(지리적으로), conquer(정복하다), force(힘, 강요하다, 억지로 ~을 시키다), obedience(복종), democracy(민주주의), unite(하나로 하다, 결합하다), flourish(꽃피우다, 번성하다), destroy(파괴하다), oligarchy(과두 정치, 소수 독재 정치), assembly(집회, 모임), comfort(위로, 위안, 편안함), disciplined(훈련된), monarchy(군주제, 독재정치), aristocrat(귀족), by means of(~에 의해서), council(협의회, 회의), noble(고귀한, 고상한, 귀족), confront(직면하다, 맞서다), turmoil(소란, 혼란), slavery(노예 신분, 노예의 처지), borrow(~을 빌리다), civil war(내란, 내전), threaten(~을 위협하다), ruling(통치하는, 지배적인), crisis(위기), reform-minded(개혁 성향의), cancel(취소하다), debt(빚), found(건설하다, 제정하다, 세우다)

해석   스파르타와 아테네는 지리적으로 함께 가까이 위치했지만, 고대 그리스의 그 도시 국가들은 문화들과 정부들에서 크게 달랐다. 그것의 강한 군대와 함께, 스파르타는 많은 영토들을 정복했고 그것들을 복속시켰다. 반면에, 그것의 자유롭게 말하는 민주제와 함께, 아테네는 많은 더 작은 도시 국가들과 연합했다 / 강력한 정부를 형성하기 위해서. 스파르타와 아테네는 강력한 정부들로서 전성기 동안에 번성했지만 그 도시 국가들은 결국 파괴되었다.
   스파르타 정부는 과두 정치에 의해 통제되었다. 그것은 통치되었다 / 두 명의 왕들, 장로들의 모임, 그리고 30세 이상의 시민들의 모임에 의해. 자유가 없었다. 그 시민들은 그 결정들에 거의 목소리를 내지 않았다 / 정부에 의해 만들어진. 스파르타 사람들은 안락함을 포기했다 / 이웃의 라코니아인들을 통제하기 위한 더 훈련된 군사적 접근 방법을 위해. 결국, 그들의 강력한 군대는 그들을 치명적인 전쟁 기계로 만들었다.
   어두운 시대 동안에, 아테네는 군주국가였다, / 하지만 그것은 기원전 6세기에 민주 국가로 나타났다. 민주제 이전에, 아테네 귀족들은 최고의 토지를 소유했고 정치적 종교적 삶을 통제했다 / 귀족들의 협의회에 의해서. 기원전 594년에, 아테네는 심각한 경제적 문제들 때문에 정치적 혼란에 직면했다. 많은 아테네 농부들은 노예로 팔렸다 / 그들이 돈을 갚을 수 없었을 때 / 그들이 귀족들로부터 빌렸던. 내전이 귀족들과 농부들 사이에 일어날 위기에 처했다. 지배하는 아테네 귀족들은 이 위기에 대처했다 / 개혁 성향의 귀족인 솔론을 선택함으로써. 솔론은 모든 당시의 토지 부채들을 취소했고 사람들을 해방시켰다 / 빚들 때문에 노예의 처지에 빠진. 이런 변화들을 통해서, 아테네는 민주국가를 이룩했다.

분석
1. **flourished**(꽃피웠다, 번성했다)
   (A) 영향을 미쳤다   (B) 종사했다, 사로잡았다
   (C) 번성했다   (D) 헌신했다

2. **oligarchy**(과두정치, 소수 독재 정치)
   'oligarchy'는 '소수 독재 정치, 과두 정치'라는 뜻인데 그 다음 문장 내용을 보고 'oligarchy'의 의미를 유추할 수 있습니다. 즉, 'It was ruled by two kings, an assembly of elders, and an assembly of citizens over age 30.' '두 명의 왕과 나이 든 사람들의 모임, 30세 이상 시민들의 모임과 같은 소수의 그룹이 통치했다'는 뜻이므로 이런 내용을 반영하는 보기를 찾으면 (D)입니다.

3. **them**이 가리키는 것은?
   'them' 앞 문장에 나온 복수명사들은 'Spartans'과 'Laconians' 입니다. 이 두 단어들 중에서 'them' 자리에 넣어 의미가 통하는 것은 'Spartans' 이므로 정답은 (B)입니다.

4. **aristocrats**(귀족들, 귀족적인 사람들)
   (A) 시민들   (B) 하인들, 종들
   (C) 고귀한 사람들, 귀족들   (D) 평민들
   민주주의 이전에, 아테네는 군주정이었습니다. 이 때, 좋은 땅들과 정치/종교적인 지위는 aristocrats가 갖고 있었습니다. 이 사람들은 보통 사람들은 아니었겠죠. 그래서 '시민들', '종들', '평민들'이 답에서 제외됩니다. 남은 것은 (C)네요.

5. **turmoil**(소란, 혼란)
   (A) 안정   (B) 변화
   (C) 창조적 파괴, 비약적 발전   (D) 무질서, 혼란

'기원전 594년에, 아테네는 심각한 경제적 문제들 때문에 정치적인 turmoil에 직면했다'고 나옵니다. 'turmoil'은 그 다음에 'because of'와 'problems'가 나오고 있으므로 'problems'와 비슷한 부정적인 의미이겠죠. 'problems'와 비슷한 의미는 (D)네요.

6. **they가 가리키는 것은?**
   주격 'they'는 앞에 나온 주어를 가리킬 확률이 아주 높으므로 바로 이 주어부터 확인하세요. 앞에 나온 주어는 'Many Athenian farmers'와 'they'입니다. 밑줄 그어진 'they'와 그 앞에 있는 'they'는 같은 의미이죠. 'Many Athenian farmers'를 'they'에 넣어 보면 의미가 통하므로 정답은 (C)입니다.

Chapter 03 Fact(언급된 사실) 문제

Warming-up p. 128~130

|정답| 1. (B) 2. (C) 3. (C) 4. (B) 5. (D) 6. (C)

p. 128 Passage 1

어휘 cruel(잔인한), force(힘, 강제, 강요), fall in love with(~와 사랑에 빠지다), slay(죽이다, 살해하다), set free(석방하다), love affair(정사, 불륜의 연애 관계), impose(부과하다, 강요하다), release(풀다, 석방하다), security(안전), imprison(감옥에 넣다, 투옥하다)

분석 질문에 나온 'if a married Sumerian woman had a love affair with another man'은 본문의 셋째 문장에 나오고 있습니다. '법률은 그녀를 slay하고 남자를 풀어준다'고 나오고 있는데, 'slay'라는 단어를 모르면 주제 문장의 'ruled women by cruel force(잔인한 힘으로 여성들을 지배했다)' 내용을 참고하여 답하면 됩니다. '잔인한 힘'과 관련된 내용은 (D)가 아니라 (B)라는 것에 유의하시기 바랍니다.

해석 수메리아의 남자들은 잔인한 힘에 의해서 종종 여자들을 지배했다. 수메리아의 여자들은 법률 아래에서 아무런 보호도 받지 못했다. 만일 한 아내가 그녀의 남편 이외의 다른 남자와 사랑에 빠져 그와 잠을 잤다면, 그 법률은 규정했다 / 그녀는 살해되고 그 남자는 석방되어야 한다고. 그 수메리아인들은 여자들에 대한 남자들의 지배를 법률 속에 뒀다. 만일 한 여자의 남편이 죽으면, 남편의 아버지나 형제가 그녀를 통제했다.

p. 128 Passage 2

어휘 urbanization(도시화), heat island(열섬), cut down(베어 넘기다), absorb(흡수하다), majority(대다수, 대부분), solar energy(태양 에너지), input(투입, 공급 전략, 입력 에너지), rural(시골의), evaporate(증발시키다, 사라지게 하다), soil(토양)

분석 질문에 나온 'when urbanization advances'는 본문의 둘째 문장에서 'When a city develops'라고 나오고 있습니다. 그래서, 힌트는 같은 문장에 나온 'a lot of trees are cut down(많은 나무들이 베어 넘겨진다)'입니다. 이 내용을 반영하는 보기는 (C)이죠.

해석 도시화의 진행은 열섬들을 야기한다. 한 도시가 성장할 때, 많은 나무들이 잘려진다 / 건물들과 도로들을 위한 공간을 만들기 위해. 그 도시에서, 건물들을 위해 사용된 콘크리트와 도로들을 위해 사용된 아스팔트는 태양 에너지 입력의 대부분을 흡수한다. 그 다음에, 콘크리트와 아스팔트는 그 햇볕을 열 에너지로 바꾸고, 그것을 열로서 밖으로 내보낸다. 대조적으로, 시골 지역들에서, 지면 가까이에서 흡수된 태양 에너지는 나무들과 토양으로부터 나온 물을 증발시킨다.

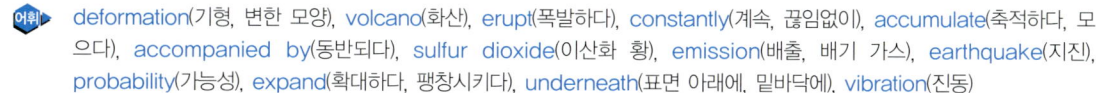

p.129 Passage 3

어휘 ▶ deformation(기형, 변한 모양), volcano(화산), erupt(폭발하다), constantly(계속, 끊임없이), accumulate(축적하다, 모으다), accompanied by(동반되다), sulfur dioxide(이산화 황), emission(배출, 배기 가스), earthquake(지진), probability(가능성), expand(확대하다, 팽창시키다), underneath(표면 아래에, 밑바닥에), vibration(진동)

분석 ▶ 질문에 나온 'the shape of Mount St. Helens alter'는 본문의 넷째 문장에 나오고 있고 'Helens 산의 모양이 바뀐 이유'는 마지막 문장에 'magma was building up underneath(마그마는 밑바닥에 쌓이고 있었다)'라고 나오고 있습니다. 또한, 주제 문장인 둘째 문장에 'magma constantly accumulates near its surface and changes its shape(마그마는 계속해서 표면 가까이에 축적되고 그것의 모양을 바꾼다)'라고 나오고 있습니다. 이런 내용을 반영하는 보기는 (C)입니다.

해석 ▶ 화산의 변형이 발생한다 / 그것이 폭발하려고 준비할 때. 그 화산이 폭발하기 전에, 마그마는 꾸준히 그것의 표면 가까이에 축적되고 그것의 모양을 바꾼다. 그 증가된 변형은, / 특히 이산화 황 배기 가스들과 지진 활동의 증가에 의해 동반된다면, / 화산 폭발의 높은 가능성의 표시이다. 예를 들면, St. Helens 산이 1980년 5월 18일에 폭발하기 전에, 그것은 변형되었다. 그 화산의 북쪽 면이 위로 팽창되고 있었다 / 마그마가 밑바닥에 쌓이고 있었기 때문에.

p.129 Passage 4

어휘 ▶ face(향하다, 직면하다), disorder(무질서, 혼란), slavery(노예 신분, 노예의 처지), borrow(~을 빌리다), aristocrat(귀족), civil war(내란, 내전), threaten(~을 위협하다), ruling(통치하는, 지배적인), crisis(위기), reform-minded(개혁 성향의), cancel(취소하다), debt(빚), found(건설하다, 제정하다, 세우다), democracy(민주주의, 민주국가), loan(대출, 융자)

분석 ▶ 질문에 나온 'Athens overcome the political crisis'는 본문의 넷째 문장에 나오고 있고 '어떻게 아테네 귀족들이 이 위기를 극복했는가'는 그 다음 문장에 'Solon canceled all current land debts and freed people'이라고 나오고 있습니다. 이런 내용을 반영하는 보기는 (B)입니다.

해석 ▶ 기원전 594년에, 아테네는 심각한 경제적 문제들 때문에 정치적 혼란에 직면했다. 많은 아테네 농부들은 노예로 팔렸다 / 그들이 돈을 갚을 수 없었을 때 / 그들이 귀족들로부터 빌렸던. 내전이 귀족들과 농부들 사이에 일어날 위기에 처했다. 지배하는 아테네 귀족들은 이 위기에 대처했다 / 개혁 성향의 귀족인 솔론을 선택함으로써. 솔론은 모든 당시의 토지 부채들을 취소했고 사람들을 해방시켰다 / 빚들 때문에 노예의 처지에 빠진. 이런 변화들을 통해서, 아테네는 민주국가를 이룩했다.

p.130 Passage 5

어휘 ▶ cold-blooded(냉혈의), regulate(통제하다, 규제하다), obtain(~을 얻다), surroundings(환경, 주위 상황), diapause(휴면기), heartbeat(심장 박동), breathing(호흡), decline(거절하다, 감소하다), body fat(체지방), consume(소비하다, 먹다), quantity(양, 수량), cease(중지하다, 그만두다, 그치다)

분석 ▶ 질문에 나온 'cold-blooded animals in the state of diapause'에 관한 내용은 본문의 셋째 문장부터 나오고 있습니다. 즉, 'slow down all their body processes almost to a stop', 'their growth and development stop', 'their heartbeat, breathing, and temperature decline', 'use up just a small amount of their body fat'.
(A): go up → go down   (B): large → small
(C): stop all → slow down all   (D): 정답. (cease = stop)

해석 ▶ 아주 추운 겨울에, 냉혈동물들은 비활동적인 채로 머물러야 한다. 그들은 체온을 통제할 수 없어서 적은 햇볕에 의존해야 한다 / 주변 환경들에서 얻어지는. 살아남기 위해서, 그들은 모든 그들의 신체적 활동들을 거의 멈출 정도로 낮춘다. 이것은 휴면기로 알려져 있다. 이 상태에서, 그들의 성장과 발전이 멈춘다. 또한, 그들의 심장 박동, 호흡, 그리고 체온은 떨어진다. 그들은 단지 작은 양의 그들의 체지방을 소모하고 몇 주들 동안 살아남을 수 있다.

p.130 Passage 6

어휘 ▶ desertification(사막화), results from(~로부터 기인하다), deforestation(벌목), decrease(서서히 줄다, 감소하다),

accelerate(가속화시키다), soil erosion(토양 침식), reduce(줄이다, 감소시키다), impact(충격, 영향), loose(느슨한), thin(얇은) clay particle(점토 입자), tiniest(가장 작은), block (막다), penetrate(꿰뚫다, 통과하다), runoff(흘러내림, 흐르는 빗물), absorb(흡수하다), vegetation(식물, 초목), nutrient(영양분), compress(압축하다), decline(거절하다, 감소하다)

질문에 나온 'natural vegetation dies'에 관한 내용은 본문의 마지막 문장에 나오고 있습니다. 즉, 'even long-lived plants do not survive because water is lost off the land instead of being absorbed in the soil.' 식물들이 죽는 이유는 '물이 토양 속으로 침투하는 대신에 땅을 벗어나 사라지기' 때문이라는 겁니다. 이런 내용을 반영하는 보기는 (C)입니다.

벌목으로 인해 야기되는 사막화는 생물을 부양할 수 있는 땅의 능력을 감소시킨다. 식물들의 손실은 바람과 물에 의한 토양 침식을 가속화한다. 식물 가리개와 토양 층이 감소될 때, 느슨한 토양에 대한 빗방울들의 충격은 얇은 토양 입자들을 가장 작은 토양 공간들 속으로 운반한다. 그 입자들이 그 공간들을 막고, 물은 그것들을 꿰뚫을 수 없고, 그래서 흘러내림은 증가한다. 이 경우에, 심지어 오래 산 식물들도 살아남지 못한다 / 왜냐하면 물이 그 땅을 벗어나 사라지기 때문이다 / 그 토양 속으로 스며드는 것 대신에.

Exercise p. 131~133

| 정답 | 1. (D) 2. (B) 3. (C) 4. (A) 5. (D) 6. (B) 7. (C) 8. (C)
9. (A) 10. (D) |

p. 131 Passage 1

contentious(논쟁을 좋아하는, 논란을 불러일으키는), evolutionary biology(진화 생물학), consensus(의견 일치, 합의, 여론), insist(주장하다), dinosaur(공룡), evolve(진화하다, 발전하다), the Mesozoic Era(중생대), a series of(일련의), bone(뼈), muscle(근육), improvement(향상), provide(제공하다, 준비하다), escape(도망치다, 피하다), predator(포식동물)

새들의 기원은 진화 생물학 안에서 논쟁을 불러일으키는 주제였다 / 여러 해 동안. 하지만, 최근에, 과학적인 의견 일치가 나타났다 / 주장하는 / 새들은 공룡들의 한 집단이라고 / 중생대 동안에 진화한, 2억 5천 1백 만년 전에서 6천 5백 만년 전까지. 공룡들로부터 새들로의 진화 과정에서, 일련의 변화들이 있었다 / 새들의 뼈, 근육, 그리고 피부 구조들의. 수 천년의 기간에 걸쳐 몇몇 공룡들의 이 대단한 향상은 그 새로운 동물들(= 새들)을 준비시켰다 / 그들의 포식동물들을 피하고 더 쉽게 먹이를 발견하도록.

1. contentious(논쟁을 좋아하는, 논란을 불러일으키는)
   (A) 닥치는 대로, 마구잡이의   (B) 기꺼이 동의하는
   (C) 논리적인   (D) 논쟁의

2. which가 가리키는 것은?
   'which' 바로 앞에 나온 명사는 'a scientific consensus' 하나 뿐입니다. 이와 같이, 관계대명사 앞에 명사가 하나만 있고 동사가 'emerge'처럼 자동사일 때 선행사인 명사와 관계대명사는 분리될 수 있습니다. 선행사와 관계대명사가 분리되는 이유는 관계대명사 다음 어구들이 너무 길기 때문입니다. 선행사 바로 다음에 관계절이 나오면 (즉, a scientific consensus which insists that birds are a group of dinosaurs that evolved during the Mesozoic Era, from 251 million years ago to 65 million years ago, has emerged) 문장 균형을 잃게 됩니다. 정답은 (B)입니다.

3. the new animals가 가리키는 것은?
   정관사 'the'는 '그'라는 뜻으로 앞에 나온 명사를 가리킵니다. 앞에 나온 동물들을 'the new animals' 자리에 넣어 의미가 통하는 것을 고르면 됩니다. 앞에 나온 명사들 중에 동물들은 'some dinosaurs', 'dinosaurs'입니다. 이들 중에 '그 새로운 동물들'은 '공룡들 중에서 새들로 변한 몇몇 공룡들'을 의미하므로 정답은 (C)입니다.

Part II 문제 유형 분석 정답과 해설

4. 질문에 나온 'the relationship between dinosaurs and birds'는 주제 문장인 둘째 문장에 'birds are a group of dinosaurs that evolved during the Mesozoic Era'라고 나오고 있습니다. 이런 내용을 반영하는 보기는 (A)입니다.

p. 132 Passage 2

어휘 overhead cover(머리 위 덮개), gravel(자갈), optimal(최적의), habitat(서식지, 거주지), exceed(초과하다, 능가하다), essential(아주 중요한, 본질적인), role(역할), shade(그늘, 그늘지게 하다), ray(광선), provide(제공하다), shelter(대피소, 거처, 집), insect(곤충), feed upon(주로 먹고 살다), remove(제거하다, 빼내다), typical(전형적인), be made up of(구성되다), primarily(처음에, 본질적으로, 주로), pebble(자갈, 조약돌), proper(적절한), spawn(알, 알을 낳다), stream(시내, 개울), assure(보증하다, 확실하게 하다), oxygenated(산소가 첨가된), a quarter(1/4), sediment(퇴적물)

해석 송어들은 보통 호수들에서 산다 / 낮은 수온, 머리 위 덮개, 그리고 자갈을 가지고 있는. 이상적인 송어 서식 환경을 위한 최적의 온도는 화씨 50도(섭씨 10도)와 화씨 65도(섭씨 18.3도) 사이이다. 그들은 압박의 신호들을 보이기 시작한다 / 화씨 70도(섭씨 21도)를 넘는 온도들에서, / 그리고 화씨 80도(섭씨 26.6도) 물 속에서 거의 십중팔구 죽을 것이다. 머리 위 덮개는 아주 중요한 역할을 한다 / 그것이 태양의 뜨거운 광선들로부터 그 호수를 그늘 지울 때 / 그리고 곤충들을 위한 거처를 제공할 때 / 송어들이 먹는. 그런 덮개가 제거될 때, 그 송어들은 떠난다. 전형적인 송어 호수 바닥은 주로 자갈이나 조약돌들로 구성된다. 그 자갈은 적절한 산란을 위해 필요하다. 송어들은 개울 자갈 속에 알들을 낳는다, / 그리고 깨끗한 자갈이 필요하다 / 그 알들 위에 산소 첨가된 물의 움직임을 확실하게 하기 위해. 송어 알들 위에 1/4 인치만큼 적은 퇴적물은 100% 죽음을 야기할 수 있다.

분석
5. 질문에 나온 'overhead cover is helpful for trout'는 본문의 넷째 문장에 'Overhead cover plays an essential role'이라고 나오고 있고, 그 이유에 대해서는 같은 문장에 'as it shades the lakes from the heating rays of the sun and provides shelter for insects which trout feed upon'이라고 나오고 있습니다. 즉, 머리 위 덮개가 송어에게 도움이 되는 이유는 그것이 '태양의 뜨거운 열을 막아줘서 그늘을 만들고 송어의 먹이인 곤충들의 거처를 제공한다'는 것입니다. 그래서 정답은 (D)입니다. (A): 'them → insects'로 고쳐야 본문 내용과 맞습니다.

6. **spawning**(알을 낳는 것)
   (A) 움직이는 것   (B) 번식하는 것
   (C) 숨는 것   (D) 피하는 것

7. 'which of the following is true of'라는 질문의 답을 찾으려면 단락 전체 내용을 이해해야 합니다. 이것은 아주 어려운 문제 유형은 아니지만 상당히 피곤하게 합니다. 단락 전체 내용을 빠르게 이해하는 방법은 주제 중심으로 읽으면서 동사 이후 핵심어에 주목하는 것이죠. 즉, '송어는 낮은 수온, 머리 위 덮개, 자갈을 필요로 한다', '수온은 섭씨 10도에서 18.3도가 적절하다', '섭씨 26.6도 이상이면 죽는다', '머리 위 덮개는 태양 열을 피하는데 좋고 먹이인 곤충들의 거처가 된다', '자갈은 알을 낳는데 필요하다', '약간의 퇴적물도 알들을 죽게 만든다' 등입니다.
   (A): hot → low   (B): shelter → spawning
   (C): 정답   (D): necessitate → do not necessitate

p. 133 Passage 3

어휘 dormant(잠자는, 휴면 중인), extremely(극단적으로, 극도로, 대단히), internal(내부의, 몸 속의), regulate(통제하다, 조절하다), deal with(다루다), freezing(영하의, 혹한의), tolerate(참다, 견디다), caterpillar(애벌레), butterfly(나비), snail(달팽이), wasp(말벌), bumblebee(호박벌), release(해방하다, 배출하다), chemical(화학 약품, 화학 물질), anti-freeze(부동액), formation(형성), metabolic(신진대사의), adjustment(조절, 조정), ensure(확실하게 하다, 보증하다), survival(살아남기, 존속)

해석 냉혈 동물들은 극도로 추운 겨울 동안에 쉬어야만 한다 / 왜냐하면 그것들은 몸 속의 통제를 가지고 있지 않으므로 / 체온을 조절하기 위한. 두 종류의 냉혈 동물들이 있다 / 혹한의 기온들을 다루는. 하나는 어는 것을 피하고 다른 것은 그것을 견딘다. 많은 애벌레들, 몇몇 나비들, 달팽이들, 여왕 벌들과 호박벌들은 어는 것을 피한다 / 그들의 몸 속에 화학 물질들을 배출함으로써. 그것들은 그들의 혈액 속에 글리세롤을 배출할 능력을 발전시켜왔다 / 그들을 어는 것으로부터 막기 위하여

25

/ 부동액이 자동차의 냉각기에서 작동하는 것과 같은 방법으로. 대조적으로, 합창 개구리들, 회색 나무 개구리들, 그리고 나무 개구리들은 언 상태를 참고 조절한다. 그것들은 몸 속에서 얼음의 실제 형성을 견딜 수 있다. 이 경우에, 그것들은 바로 0°C 아래에서 어는 것을 시작할 수 있다, / 더 높은 온도인. 이것은 그것들에게 도움이 된다 / 왜냐하면 그것들은 충분한 시간을 가질 수 있으므로 / 살아남는 것을 보장하는 신진대사 조정들을 만들 수 있다.

8. **dormant** (잠자는, 휴면 중인)
   (A) 예측할 수 없는　　　　　　(B) 작은, 중요치 않은
   (C) 활동하지 않는　　　　　　 (D) 정력적인

9. 질문에 나온 'queen wasps avoid freezing'은 본문의 넷째 문장에 'Many caterpillars, some butterflies, snails, queen wasps and bumblebees avoid freezing'이라고 나오고 있습니다, 그 방법으로는 'by releasing chemicals in their body'이라고 나오고 있습니다. 좀 더 구체적인 방법으로는 그 다음 문장에 'They have evolved the ability to produce glycerol in their blood'라고 나오고 있습니다. 즉, '이 동물들은 그들의 혈액 속에 글리세롤을 배출해서' 어는 것을 피하는 것입니다. 여기서 'glycerol'은 'chemicals'의 한 종류라는 것을 알 수 있습니다. 이런 내용을 반영하는 보기는 (A)네요.

10. 질문에 나온 'frog species'는 본문의 여섯째 문장에 'chorus frogs, gray tree frogs, and wood frogs tolerate and regulate a frozen state'라고 나오고 있습니다. '언 상태를 견디고 조절하는' 방법으로는 그 다음 문장에 'They can tolerate the actual formation of ice within the body.'라고 나오고 있습니다. 즉, '개구리들은 몸 속에 얼음을 형성해서' 이한치한(以寒治寒: 추위로 추위를 다스리는 것) 방식으로 추위를 견디는 것입니다. 이런 내용을 반영하는 보기는 (D)이죠.

Review Test　p. 134~137

|정답| 1. (B)　2. (A)　3. (C)　4. (D)　5. (B)　6. (A)　7. (C)　8. (B)
　　　　9. (A)　10. (C)

ant(개미), insect(곤충), superficial(외관상의, 피상적인, 하찮은), related(관계 있는), cockroach(바퀴벌레), organization(조직), bee(벌), social order(사회적인 순위), interdependent(서로 의존적인), colony(거주지, 서식지, 거주민), termitarium(개미탑), construct(건설하다), be made up of(~로 구성되다), mud(진흙), solid(견고한, 단단한), moist(축축한, 습기 있는), warm(따뜻한), interior(내부, 실내), preserve(보존하다, 유지하다), metabolic(신진대사의), constant(일정한), exactly(정확하게), fluctuate(동요하다, 수시로 변하다), devise(고안하다, 발명하다), dig(파다), ventilation(환기, 통풍), hole(구멍), by means of(~에 의해서), chimney(굴뚝), block(막다, 방해하다), regulate(조절하다), gallery(지하 통로), underground(지하에), enormous(거대한), radius(반지름, 반경), storage(저장), larva(유충, 애벌레), root(뿌리), decaying(썩는), mud-coated(진흙으로 입혀진), blind(눈 먼), access(접근), in that(~라는 면에서, ~이기 때문에)

흰개미들은, / 때때로 틀리게 '흰 개미들'이라고 불리는, / 사회적인 곤충들의 한 집단이다. 개미들과 그들의 유사함은 피상적이다 / 왜냐하면 그들은 바퀴벌레들과 더 밀접하게 관련되어 있으므로. 진짜 사회적인 동물들로서, 그들은 사회 조직의 최고 수준을 가지고 있다 / 개미들과 몇몇 벌들처럼. 그들은 집단들 속에서 함께 일하고 산다. 흰개미 둥지 안에 다른 사회적 순위들의 구성원들이 있다. 그들은 왕들과 여왕들, 군인들, 그리고 일꾼들을 포함한다. 모든 구성원들은 서로에게 상호 의존적이다 / 그 거주민의 생존을 위해.

그 흰개미 둥지, 또는 개미탑은, 일 흰개미들에 의해 지어진다. 그것은 진흙으로 구성된다 / 때때로 콘크리트만큼 단단하고 나무로부터 만들어진 종이 같은 물질인. 흰개미들은 부드러운 피부를 가지고 있고 쉽게 건조해지기 때문에, 그들은 둥지들 속에 산다 / 축축하고, 따뜻하고, 어둡고, 외부 환경으로부터 차단된. 그 둥지 내부의 높은 상대적 습기(90~99%)는 아마도 부분적으로 보존된다 / 개별 흰개미들의 신진대사 과정들로부터 나온 물 생산에 의해. 그 둥지 내부의 온도는 외부 환경의 그것보다 일반적으로 더 높다.

사실상, 흰개미들은 정확하게 화씨 87도(섭씨 30도)의 일정한 온도 속에서 살아야 한다 / 생존하기 위해서. 그 어려움은

외부 온도가 크게 변한다는 것이다, / 밤에 화씨 35도(섭씨 1.6도) 사이에서부터 낮 동안에 화씨 104도(섭씨 40도)까지. 그들이 고안한 그 해결책은 그 구조물의 바닥에 통풍 구멍을 파는 것이다. 그 구멍은 차가운 공기를 받는다 / 아래 젖은 진흙으로부터 만들어진 통로들에 의해서 / 그리고 그 뜨거운 공기를 위로 굴뚝을 통해 꼭대기까지 보낸다. 그들은 계속해서 그 구조물을 바꾼다, / 새로운 터널들을 열면서 / 그리고 그 열과 습기를 통제하기 위하여 다른 것들을 막으면서.

흰개미들은 지하 통로들의, 또는 터널들의, 큰 연결망들을 지하에 판다. 이 지하 통로들은 약 20~50 센티미터 깊다. 그것들은 거대할 수 있고 그 둥지 주위에서 50~100 미터의 반경에 이른다. 그것들은 음식 저장과 애벌레들을 키우기 위하여 사용된다. 이 지하 연결망들은 그 거주지에 살 수 있는 장소를 제공한다, / 그리고 그것들은 그 거주지를 직접 음식의 원천들에 연결할 수 있다, / 썩는 나무들의 뿌리들이나 어떤 사람의 집의 측면과 같은. 흰개미들은 온도, 습기, 그리고 빛에 극단적으로 민감하다. 그래서, 그들은 대부분의 곤충들과 달리 땅 위에서 움직일 수 없고, 오히려 음식의 소재지까지 진흙으로 입혀진 터널들 속에서 이동해야 한다. 그 (흙으로) 덮인 길들은 눈 멀고 햇볕에 민감한 일 흰개미들에게 음식 소재지들에 접근하는 길을 제공한다.

1. **superficial**(외관상의, 피상적인, 하찮은)
   (A) 중요한 (B) **외관상의, 표면의**
   (C) 천연 그대로의, 날것의 (D) 적합한, 알맞은

2. **They가 가리키는 것은?**
   주격 'They'는 앞에 나온 주어를 가리킬 확률이 아주 높으므로 바로 이 주어부터 확인하세요. 앞에 나온 주어 'members'를 'They' 자리에 넣어 보면 의미가 통하므로 정답은 (A)입니다.

3. 'true about termites'이라는 질문의 답을 찾으려면 단락 전체 내용을 이해해야 합니다. 단락 전체 내용을 요약하면, '흰개미들은 사회적인 곤충들이다', '흰개미들은 외관상 개미처럼 보이지만 사실은 바퀴벌레와 비슷하다', '흰개미들은 높은 수준의 사회 조직을 갖고 있다', '각 구성원들은 왕과 여왕, 군인들과 일꾼들로 나뉘는데 서로 의존적이다' 입니다.
   (A): do not have → have (B): independent → interdependent
   (C): 정답 (D): specialized ants가 틀렸습니다.

4. 질문에 나온 'termites should live in moist nests'는 본문의 셋째 문장에 'they live in nests that are moist, warm, dark, and closed from the outside environment'라고 나오고 있고, 그 이유로는 'Since termites have a soft skin and are easily dried out'이라고 나오고 있습니다. 즉, '흰개미들은 부드러운 피부를 가지고 있고 쉽게 건조해지기 때문에 축축하고, 따뜻하고, 어둡고, 외부와 차단된 곳에 산다'는 것이죠. 이 내용을 반영하는 보기는 (D)입니다.

5. **that이 가리키는 것은?**
   지시대명사 'that'은 '그것'이라는 의미 때문에 주로 같은 문장의 단수 명사를 가리킵니다. 'that' 앞에 나온 단수 명사는 'temperature'와 'nest'입니다. 이 두 단어를 'that' 자리에 넣어 의미가 통하는 것을 고르세요. 'that'이 가리키는 것은 'temperature'이므로 정답은 (B)입니다.

6. **fluctuates**(동요하다, 수시로 변하다)
   (A) **변하다, 바뀌다** (B) 포함하다, 관련시키다
   (C) 정교화하다 (D) 일치하다

7. 질문에 나온 'a ventilation hole in the nest play for termites'는 본문의 셋째 문장에 'The solution which they have devised is to dig a ventilation hole at the base of the structure'라고 나오고 있고, 그 'ventilation hole'의 기능은 그 다음 문장에 'It receives the cool air by means of halls shaped out of the wet mud below and sends the hot air up through a chimney to the top'이라고 나오고 있습니다. 즉, 일정한 온도를 유지하기 위해 '통풍 구멍은 바닥에 있는 통로를 통해 차가운 공기를 받고 위에 있는 굴뚝을 통해 뜨거운 공기를 내보낸다'는 것입니다. 이런 내용을 반영하는 보기는 (C)이죠.

8. **enormous**(큰, 거대한, 막대한)
   (A) 겸손한, 크지 않은 (B) **거대한**
   (C) 분명한, 명쾌한 (D) 최상의, 최적의

9. These underground networks(이런 지하의 연결망들)이 가리키는 것은?
'These underground networks'는 앞에 나온 복수 명사들 중 하나를 가리킵니다. 앞에 나온 복수 명사들은 'galleries(지하 통로들)', 'meters(미터들)', 'larvae(애벌레들)' 입니다. 의미가 통하는 것은 'galleries' 이므로 정답은 (A)입니다.

10. 질문에 나온 'termites differ from a number of insects'는 본문의 일곱 번째 문장에 'they cannot move over ground like most insects' 라고 나오고 있고, 흰개미와 다른 곤충들의 차이점은 그 뒤에 좀 더 구체적으로 'but must travel in mud-coated tunnels to the source of food' 라고 나오고 있습니다. 즉, '흰개미들은 대부분의 곤충들과는 달리 땅 위에서 움직일 수 없고 지하 터널에서만 움직여야 한다' 는 것입니다. 이런 내용을 반영하는 보기는 (C)입니다.

Chapter 04 Not / Except(언급되지 않은 것) 문제

Warming-up p. 143~145

|정답| 1. (C) 2. (A) 3. (C) 4. (D) 5. (D) 6. (C) 7. (A)

p. 143 Passage 1

어휘 erupt(폭발하다, 분출하다), volcano(화산), shallow(얕은, 깊지 않은), release(풀다, 배출하다), sulphur dioxide(이산화황), generate(발생시키다, 일으키다), earthquake(지진), vibration(진동, 동요), surface(표면), slight(조금, 사소한), slope(경사면, 비탈), measure(재다, 측정하다)

분석 질문에 나온 'warning signs of a volcano eruption'은 본문의 주제 문장인 첫 문장에 'a volcano sends out some warning signs' 라고 나오고 있습니다. 'warning signs'의 구체적인 예들은 그 아래 문장들에 'magma', 'gases', 'earthquakes and vibrations', 'slight change of the volcano's slopes' 가 나오고 있습니다. 그래서 정답은 (C)입니다. 그런데, 'animals'가 정답이라는 것은 주제 문장만 읽어도 알 수 있습니다. 주제 문장에서 '화산은 몇몇 경고 신호들을 내보낸다' 고 했으므로 그 아래에서 '화산이 내보내는 경고 신호들' 이 나올 거라고 예측할 수 있습니다. 즉, 동물들은 화산이 내보내는 경고 신호들이 될 수 없으므로 정답이 되겠죠.

해석 화산이 폭발하기 전에, 그것은 몇몇 경고 신호들을 밖으로 보낸다. 마그마가 그 화산 아래에 있는 얕은 지역 안으로 올라간다. 그 마그마가 표면에 접근하고 있을 때, 그것은 이산화 황과 같은 가스들을 내보낸다. 마그마의 상승은 또한 작은 지진들과 진동들을 일으킨다. 더욱이, 그 마그마가 그 표면 쪽으로 움직일 때, 그것은 그 화산의 경사면들의 작은 변화를 야기한다. 일반적으로, 이 경고 신호들은 측정될 수 있다 / 몇 주 동안 그리고 아마도 몇 달에서 몇 년까지.

p. 143 Passage 2

어휘 agricultural(농업의), deforestation(벌목, 삼림 벌채), have a negative effect(부정적인 영향을 미치다), force(강요하다, 억지로 시키다), obtain(얻다), feed(음식을 주다, 먹여 살리다), large scale(대규모), soil erosion(토양 침식), desertification(사막화), highland(고지), plateau(고원), territory(지방, 영토)

분석 질문에 나온 'increased population'은 본문의 둘째 문장에 'When population grows' 라고 나오고 있습니다. '증가된 인구'가 야기한 문제점들은 그 아래 문장들에서 구체적으로 언급되고 있습니다. 즉, 'deforestation(벌목)', 'forced to obtain much from their land(땅으로부터 많은 것을 얻어야 하는 것)', 'large scale soil erosion and total desertification(대규모 토양 침식과 완전한 사막화)' 입니다. 그래서 정답은 (A)입니다. 그런데, 'poverty'가 정답이라는 것은 주제 문장만 읽어도 알 수 있습니다. 주제 문장에서 '벌목은 토지들에 몇몇 부정적인 영향을 미친다' 는 내용이 나오고 있으므로 그 다음에는 '벌목'이 미치는 부정적인 영향들이 나오겠죠. 가난은 벌목의 결과가 아니라 이유라는 점을 유의하

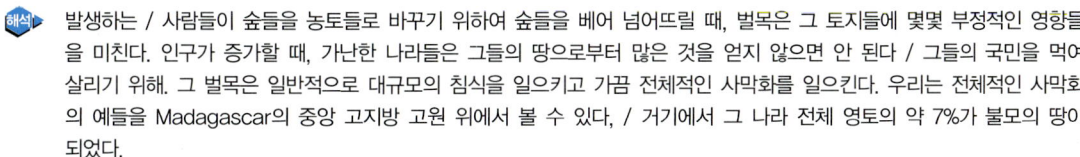

시기 바랍니다.

해설 ▶ 발생하는 / 사람들이 숲들을 농토들로 바꾸기 위하여 숲들을 베어 넘어뜨릴 때, 벌목은 그 토지들에 몇몇 부정적인 영향들을 미친다. 인구가 증가할 때, 가난한 나라들은 그들의 땅으로부터 많은 것을 얻지 않으면 안 된다 / 그들의 국민을 먹여 살리기 위해. 그 벌목은 일반적으로 대규모의 침식을 일으키고 가끔 전체적인 사막화를 일으킨다. 우리는 전체적인 사막화의 예들을 Madagascar의 중앙 고지방 고원 위에서 볼 수 있다, / 거기에서 그 나라 전체 영토의 약 7%가 불모의 땅이 되었다.

p. 144 Passage 3

어휘 ▶ urban(도시의), surrounding(둘러싸는, 주변의), rural(시골의), material(물질), take the place of(~을 대신하다), absorb(흡수하다), reflect(반사하다), contribute to (~에 공헌하다), trap(덫으로 잡다, 가두다), solar energy(태양 에너지), block(막다, 방해하다), generate(발생시키다, 일으키다), cooling(냉각)

해설 ▶ 건물들과 도로들은 도시 지역들로 하여금 더 높은 온도들을 유지하도록 야기시켜 왔다 / 주변 시골 지역들보다. 그 열섬들은 발생한다 / 도시 지역들에서 사용되는 물질들이, / 콘크리트와 아스팔트와 같은, / 식물들을 대신할 때. 그것들은 그들 주변의 열의 거의 모든 것을 흡수하고 보유한다. 그 도시 지역들에서, 열을 반사하는 물질은 거의 없다. 건물들은 여러 가지 방법으로 도시 열섬에 공헌한다. 그것들은 낮 동안에 그들 사이의 태양 에너지를 가두기 때문에, 그것들은 더 높은 온도들을 만든다. 건물들은 또한 냉각을 일으키는 바람의 흐름을 막는다. 건물들로부터 나오는 여분의 열은 또한 도시 열섬에 공헌한다.

분석 ▶ 3. 질문에 나온 'a factor that causes the urban heat island'은 본문의 주제 문장인 첫째 문장에 'Buildings and roads have caused urban areas to maintain higher temperatures'라고 나오고 있습니다. 즉, '건물들과 도로들이 도시 열섬을 일으킨다'는 것입니다. (A): structures = buildings이므로 맞고요. (B): concrete는 buildings의 재료이므로 맞습니다. Concrete는 둘째 문장에서 언급되고 있죠. (C): 정답입니다. (D): paved roads(포장된 도로들)은 roads의 한 종류이므로 맞습니다.

4. 질문에 나온 'tall buildings of cities cause'는 본문의 다섯째 문장에 'Buildings contribute to the urban heat islands in several ways'로 나오고 있습니다. 건물들이 야기하는 문제점들은 구체적으로 그 아래 문장들에 언급되고 있습니다. 즉, 'trap solar energy (태양 에너지를 가둔다)', 'block wind flow(바람 흐름을 막는다)', 'Waste heat (여분의 열)'입니다. 그래서 정답은 (D)입니다. (D)에서 'reflecting → absorbing'이라야 본문과 맞는 내용이 되죠.

p. 144 Passage 4

어휘 ▶ defend(지키다, 방어하다), territory(지역, 영토), keep out(배척하다, 안으로 들이지 않다), nest(둥지, 보금자리), territoriality(텃세권), primarily(처음에, 주로), species(종), breeding season(산란기), attempt(시도, 시도하다), define(정의하다, ~의 경계를 정하다), food supply(음식 공급), mating(교접, 짝짓기), access(접근), raise young(새끼를 기르다), serve(섬기다, 도움이 되다), predator(포식동물), provide(제공하다)

분석 ▶ 질문에 나온 'birds exclude other birds'는 본문의 주제 문장인 첫 문장에 'birds try to keep others out of their nest(새들은 다른 새들을 그들의 둥지로부터 배척하려고 시도한다)'라고 나오고 있습니다. 그 이유로는 같은 문장에 'In order to defend a territory(한 지역을 지키기 위하여)'라고 나오고 있습니다. 좀 더 구체적인 이유들은 아래 문장들에 ''food supply and mating', 'It provides the birds a place of safety from predators'라고 나오고 있습니다. 그래서 정답은 (D)입니다. '산란기를 확대하는 것'이 한 지역을 지키는 이유는 아니죠.

해설 ▶ 한 지역을 지키기 위하여, 새들은 다른 새들을 그들의 둥지로부터 배척하려고 시도한다. 이 행동은 텃세권이라고 불린다. 텃세권은 주로 같은 종의 구성원들을 향한다 / 산란기 동안에. 새들에게 있어서, 텃세권은 영역의 경계를 표시하려는 시도이다 / 음식 공급과 짝짓기를 위한. 그것은 그 새들에게 음식에 대한 특별한 접근과 새끼를 기를 수 있는 장소를 제공한다. 더욱이, 텃세권은 포식동물 방어기제로서 도움이 된다. 그것은 그 새들에게 포식동물들로부터 안전한 장소를 제공한다.

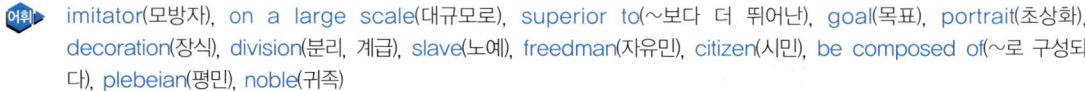

Passage 5

어휘 imitator(모방자), on a large scale(대규모로), superior to(~보다 더 뛰어난), goal(목표), portrait(초상화), decoration(장식), division(분리, 계급), slave(노예), freedman(자유민), citizen(시민), be composed of(~로 구성되다), plebeian(평민), noble(귀족)

분석 'all of the following is true about'이라는 질문의 답을 찾으려면 단락 전체 내용을 이해해야 합니다. 단락 전체 내용을 빠르게 이해하는 방법은 주제 중심으로 읽으면서 동사 이후 핵심어에 주목하는 것입니다. 전개 방법이 고대 로마와 고대 그리스를 대조시키는 방식이므로 아래와 같이 표로 정리한 후 답을 찾는 것이 좋습니다.

고대 그리스	고대 로마
이상적인 예술 형태 노예, 자유민, 시민, 여성 (여성: 평민 아님)	실질적인 초상화 노예, 자유민, 평민, 귀족 (여성: 평민)

위 분류 내용과 맞지 않는 보기를 찾으면 됩니다. (C)가 위 내용과 맞지 않네요.

해석 고대 로마는 대규모로 고대 그리스의 모방자였다. 그리스 예술은 더 뛰어나다고 간주된다 / 모방적인 로마 예술보다. 고전적인 그리스 예술가들의 목표는 이상적인 예술 형태를 만드는 것이었다, / 반면에 로마 예술가들의 목표는 장식을 위한 실질적인 초상화들을 만드는 것이었다. 고대 그리스의 기본 계급들은 노예들, 자유민들, 시민들, 그리고 여성들로 구성됐다. 그리스 여성들은 시민들이 아니었다. 고대 로마의 그것들은 노예들, 자유민들, 평민들, 그리고 귀족들로 구성됐다. 그리스의 여성들과 달리, 로마 여성들은 평민들의 일부로 간주됐다.

Passage 6

어휘 flood(홍수, 대범람), plain(평원), unique(유일한, 독특한), religious(종교적인), organize(조직하다), temple(신전, 사원), high priest(제사장), representative(대표자), authority(권위, 권한), originate(유래하다, 시작하다), majority(대다수), servant-slave(종-노예)

분석 'NOT true about the Sumerians'라는 질문의 답을 찾으려면 단락 전체 내용을 이해해야 합니다. 단락 전체 내용을 빠르게 이해하는 방법은 주제 중심으로 읽으면서 동사 이후 핵심어에 주목하는 것입니다. 즉, '수메리아인들의 사회 구조는 독특한 종교적 특성들을 가졌다', '사원 주변에 12개 도시 국가들이 있었다', '여러 신들을 믿었다', '제사장이 한 사회를 통치했다', '그의 권한은 신에게서 유래했다', '대다수 사람들은 신의 종이라고 생각했다' 등. 이런 내용과 맞지 않는 보기는 (A)입니다. (A)가 답이라는 것은 주제 문장으로부터 유추할 수 있습니다. '정치 제국이 종종 내전으로 분열됐다'라는 내용은 주제 문장의 '독특한 종교적 특징들'과 맞지 않습니다.

해석 수메리아인들의 사회 구조는, / 티그리스강과 유프라데스강의 범람하는 평야에 살았던 / 기원전 3500년 경부터 기원전 1800년까지, / 독특한 종교적 특징들을 가지고 있었다. 그 수메리아 사회들은 사원 주변에 조직된 12개 도시 국가들이었다. 수메리아인들은 많은 신들을 믿었다, / 그리고 생각했다 / 그 신들이 사원들 안에 산다고. 그 사원의 제사장은, / 신의 대표자였던, / 한 사회를 통치했고, 모든 그의 권한은 그 신으로부터 유래했다. 그 사회의 백성들의 대다수는 생각했다 / 그들은 그 신의 종-노예들이라고.

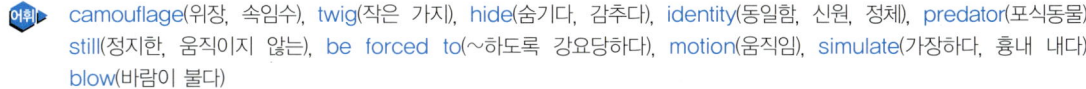

Exercise   p. 146~147

|정답| 1. (B)   2. (D)   3. (C)   4. (A)   5. (C)   6. (B)   7. (A)

p. 146 Passage 1

어휘 camouflage(위장, 속임수), twig(작은 가지), hide(숨기다, 감추다), identity(동일함, 신원, 정체), predator(포식동물), still(정지한, 움직이지 않는), be forced to(~하도록 강요당하다), motion(움직임), simulate(가장하다, 흉내 내다), blow(바람이 불다)

해석 나뭇가지 곤충들은, / 그 이름이 암시하는 바와 같이, / 나뭇가지나 작은 가지와 비슷하게 함으로써 위장을 취해왔다. 그들은 그들의 신원을 숨기는데 너무나 훌륭해서 (다른 동물들이) 실수를 하는 것은 쉽다. 그들의 몸 색깔들은 그들이 그 식물의 일부처럼 보이게 한다. 일반적으로, 나뭇가지 곤충들은 갈색이다, 비록 몇몇은 초록일 수도 있지만. 초록 나뭇가지 곤충들은 풀 속에 숨는다 / 그것들의 포식동물들을 피하기 위해, 하지만 갈색 나뭇가지 곤충들은 나무의 잎사귀들 안의 탁 트인 곳에 앉아 있다. 나뭇가지 곤충들은 보통 완전히 움직이지 않은 상태에 있다, / 하지만 그것들이 움직이지 않으면 안될 때, 그것들은 그들의 동작을 위장할 수 있다. 그것들은 동작을 흉내 낸다 / 부는 바람에 의해 야기되는.

분석
1. some이 가리키는 것은?
   'some'은 본문에서 부정대명사로서 '몇몇'이라는 뜻으로 쓰이고 있습니다. 'some'은 원래 'some stick insects'에서 형용사였는데 앞에 'stick insects'가 이미 나와 있기 때문에 중복을 피하기 위해 부정대명사로 쓰이는 것입니다. 그래서 정답은 (B)입니다.

2. 질문에 나온 'a majority of stick insects avoid their predators'의 내용은 본문의 첫째 문장부터 나오고 있습니다. 즉, 'Stick insects have taken camouflage by resembling a stick or twig', 'Their body colors made them look like part of the plant', 'when they are forced to move, they camouflage their motion'. 나뭇가지 곤충들의 위장 방법들은 '그들의 나뭇가지 같은 모습', '그들의 몸 색깔', '그들의 움직이는 모습'입니다. Stick insects의 대다수는 갈색이고, 갈색 나뭇가지 곤충들은 숨지 않고 탁 트인 곳에 몸을 드러내므로 정답은 (D)입니다.

3. still(정지한, 움직이지 않는)
   (A) 설득력 있는   (B) 앉아 있는
   (C) 움직이지 않는, 정지된   (D) 눈에 띄지 않는

4. 질문에 나온 'when they must move, how do stick insects act'의 내용은 본문의 마지막 문장에 나오고 있습니다. 즉, 'They simulate the motion like the movement which is caused by wind blowing.' '나뭇가지 곤충들이 어쩔 수 없이 움직여야만 할 때, 그들은 마치 나뭇가지가 바람에 의해 움직이는 것처럼 움직임을 흉내낸다'는 것입니다. 이런 내용을 반영하는 보기는 (A)입니다.

p. 147 Passage 2

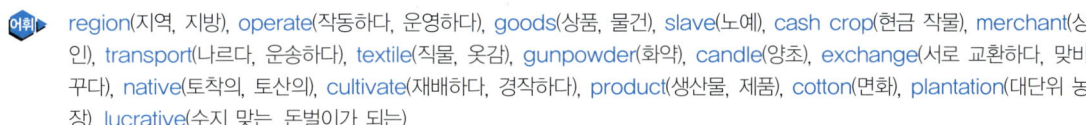

어휘 region(지역, 지방), operate(작동하다, 운영하다), goods(상품, 물건), slave(노예), cash crop(현금 작물), merchant(상인), transport(나르다, 운송하다), textile(직물, 옷감), gunpowder(화약), candle(양초), exchange(서로 교환하다, 맞바꾸다), native(토착의, 토산의), cultivate(재배하다, 경작하다), product(생산물, 제품), cotton(면화), plantation(대단위 농장), lucrative(수지 맞는, 돈벌이가 되는)

해석 영국의 삼각 무역은 세 지역들 사이의 무역을 나타냈다: 영국, 아프리카 그리고 서인도 제도. 그것은 영국에게 부의 주요한 원천들 중 하나를 제공했다. 그 삼각 무역은 18세기 동안 운영됐다, / 제조된 상품들, 노예들, 그리고 현금 작물들을 운반하면서. 영국 상인들은 제조 상품들을 운송하곤 했다 / 직물들, 화약, 유리, 양초들과 맥주 같은 / 아프리카로, / 거기서 그들은 그것들을 노예들과 교환할 수 있었다. 그 다음에, 그들은 이 노예들을 서인도 제도로 운송했다, / 거기에서 그들은 그 노예들을 설탕, 차, 담배, 그리고 커피와 같은 토산품들과 교환했다. 이 상품들은 영국으로 운반되어서 팔렸다. 그 노예들은 설탕과 면화 같은 작물들을 재배했다 / 서인도 제도에 있는 대단위 농장들에서; 나중에, 이것들은 영국으로 운반되어서 팔렸다. 그 삼각 무역은 상인들에게 수지맞았다 / 왜냐하면 그들의 배들은 제조된 상품들, 노예들, 또는 현금 작물들로 가득

31

채워져 있었으므로.

5. them이 가리키는 것은?
'them'과 같은 문장에 있는 복수 명사들은 'they = British merchants', 'slaves', 'West Indies'입니다. 이 단어들을 'them' 자리에 넣었을 때 의미가 통하는 것은 'slaves'이므로 정답은 (C)입니다.

6. lucrative(수지 맞는, 돈벌이가 되는)
 (A) 무능력의 (B) 이익이 되는
 (C) 인심 좋은, 관대한 (D) 무익한, 소용 없는

7. 'all of the following statements is true about the triangle trade'이라는 질문의 답을 찾으려면 단락 전체 내용을 이해해야 합니다. 주제 문장에 나온 삼각 무역의 핵심 내용을 찾아야 합니다. 즉, '영국과 아프리카의 무역 내용', '아프리카와 서인도 제도의 무역 내용', '서인도 제도와 영국의 무역 내용'을 파악해야 합니다. 영국 상인들은 아프리카에 제조 상품들을 팔고 노예들을 얻고, 그 노예들을 서인도 제도의 토산품들과 맞교환 한 후에 그 토산품들을 영국으로 들여와 판 후에 큰 이익을 남겼습니다. 이런 내용과 맞지 않는 내용은 (A)입니다.

Review Test p. 148~151

[정답] 1. (D)　2. (A)　3. (C)　4. (C)　5. (D)　6. (B)　7. (C)　8. (A)

sedimentary rock(퇴적암), make up(~을 구성하다), crust(지각, 표면, 껍질), sediment(퇴적물, 침전물), particle(입자, 소량), mud(진흙), gravel(자갈), expose(드러내다, 노출시키다), erode(서서히 파괴하다, 침식하다), transport(운송하다, 나르다), turn into(변하다, 되다), mudstone(이암), shale(이판암), sandstone(사암), conglomerate(복합체, 역암), fossil(화석), evident(분명한, 명백한), feature(이목구비, 두드러진 점, 특징), layer(지층), deposit(쌓이게 하다, 퇴적시키다), relative(상대적인), formation(형성), horizontal(수평의), bed(토대, 지층), stratum(층, 지층), state(분명히 말하다, 공표하다), sequence(연속, 순서), geologist(지질학자), principle(원리), flat(납작한, 평평한), level(고른, 평평한), observe(지켜보다, 관찰하다), disturb(방해하다, 어지럽히다), angle(각도), degree(정도, (온도의) 도, 범위), support(지지하다, 받치다), internal(내부의), friction(마찰), grain(곡물, 알갱이)

지구 표면 위에서 발견되는 바위들의 대부분은 퇴적암들이다. 그것들은 지구 표면 위의 모든 바위들의 75%를 차지한다, / 비록 그것들은 지구 지각 안에 있는 모든 바위들의 단지 5%를 차지함에도 불구하고. 그것들은 입자들의 퇴적에 의해 형성된다 / 땅 속과 강이나 바다 사이에 있는 진흙, 모래와 자갈 같은. 바위들이 바람, 비, 그리고 태양에 노출될 때, 그것들은 침식되고 부서져서 진흙, 모래와 자갈이 된다. 이 퇴적 입자들이 강들, 호수들과 바다들로 운반되고, 그 물의 바닥 위에 있는 죽은 동물들과 식물들을 묻을 수 있다. 시간이 지나서, 이 퇴적물들이 더 많은 입자들에 의해 축적될 때, 그것들은 퇴적암들이 된다. 진흙은 이암 또는 이판암이 되고, 모래는 사암이 되고, 자갈은 역암이 되고, 동물과 식물 입자들은 화석이 된다.

퇴적암들의 가장 분명한 특징은 그것들의 층들이다, / 그것들은 형성된다 / 퇴적 입자들이 시간에 걸쳐 쌓일 때. 1600년대 중반에, 이 개념은 Nicholas Steno에 의해 개발되었다. 그는 발견했다 / 퇴적암들의 상대적인 위치를 결정하는 것은 가능하다 것을. 그는 인식했다 / 진흙, 모래와 자갈의 입자들은 강물/바닷물의 바닥에 정착한다는 것을 / 그것들의 상대적 무게나 크기에 따라. 가장 무겁고, 가장 큰 입자들은 처음에 정착하고 가장 가볍고, 가장 작은 입자들은 마지막에 정착한다. 입자 크기나 구조에서 작은 변화들은 그 바위들의 층들의 형성을 야기한다.

퇴적암들은 수평의 층들 안에서 쌓인다 / 지층들 또는 층들이라고 불리는. 그것들은 입자 곁에 입자로 그리고 지층 곁에 지층으로 형성된다. 이 개념은 Nicholas Steno의 '지층누중의 법칙'에서 언급되고 있다. 그 법칙에 따르면, 층을 이룬 바위들의 연속에서, 지층이 더 깊으면 깊을수록, 그 지층 속에 있는 바위들은 더 오래됐다. 다른 말로 하면, 어떤 주어진 지층은 더 오래됐음에 틀림 없다 / 그 위에 있는 어떤 지층보다도. 그 법칙은 과학자들을 돕고 있다 / 바위 층들과 그것들 속에 있는 화석들의 상대적인 나이들을 결정하는 것을. 그래서, 층을 이룬 바위들의 연속을 조사함으로써, 그 지질학자들은 지구 역사에 대해 많은 것을 배울 수 있다.

퇴적암들은 수평이거나 거의 수평으로 쌓인다 / 그들이 원래 형성될 때. 이 원리는 '퇴적면 수평성의 법칙'으로 알려져

Part II 문제 유형 분석 **정답과 해설**

있다, / Nicholas Steno에 의해 처음으로 제안된. 그 바위들은 납작하고 평평하게 아래 놓인다, / 도처에 하나의 층을 형성하면서. 하지만, 지금은 관찰된다 / 그것들이 더 이상 수평이 아니라는 것이. 그것들은 지구 지각의 여러 가지 나중 움직임들에 의해서 어지럽혀져 왔다 / 그것들이 형성되었던 이래로. 또한 알려져 있다 / 모든 퇴적암들이 원래 수평으로 아래 놓이지 않는다는 것이. 예를 들면, 모래 층은 약 15도의 각도들로 아래 놓인다, / 그것의 알갱이들 사이의 내부 마찰에 의해 받쳐진 채.

1. 'NOT true of sedimentary rocks'라는 질문의 답을 찾으려면 단락 전체 내용을 이해해야 합니다. 단락 전체 내용을 요약하면, '퇴적암들은 지구 표면의 대부분을 차지하지만 지구 지각의 5% 정도를 구성한다', '퇴적암들은 진흙, 모래, 자갈과 같은 입자들의 퇴적으로 형성된다', '퇴적암들이 바람, 비, 태양에 노출될 때, 그것들은 침식되고 진흙, 모래, 자갈로 분해된다'입니다. 이런 내용과 맞지 않는 것은 (D)입니다. (D)에서 'a majority of → a few of'로 바꿔야 본문 내용과 맞습니다.

2. 질문에 나온 'sediments need all of the following to become sedimentary rocks'의 내용은 본문의 셋째 문장부터 제시되고 있습니다. 즉, '땅 속과 강/바다 사이에서 입자들이 축적될 때 퇴적암이 형성된다', '오랜 시간이 지난 후, 퇴적물들이 더 많은 입자들로 축적될 때, 퇴적암이 된다' 등입니다. 이런 내용과 맞지 않는 것은 (A)입니다. 'conglomerate'는 마지막 문장에 나오는데, 이것은 퇴적암을 만드는 조건이 아니라 퇴적암의 한 종류라는 점에 유의하시기 바랍니다.

3. 질문에 나온 'fossils'는 본문의 마지막 문장에 나오고 있습니다. 즉, '화석은 동물과 식물의 입자들이 강이나 바다에 계속 축적될 때 만들어 지는 것'이죠. 이 내용을 반영하는 보기는 (C)입니다.

4. feature(이목구비, 두드러진 점, 특징)
   (A) 변경, 변화   (B) 구조
   (C) 특성, 특징   (D) 목책, 장애물

5. 'NOT true about ways that solid particles settle'라는 질문에서 'solid particles'는 넷째 문장에서 'mud, sand and gravel'로 나오고 있습니다. 이 입자들의 상대적 위치에 대한 자세한 설명은 그 다음 문장에서 제시되고 있습니다. 즉, '가장 무겁고 가장 큰 입자들이 처음에 정착하고 가장 가볍고 가장 작은 입자들은 맨 마지막에 정착한다', '입자의 크기나 구조의 약간의 변화들이 지층들의 형성을 야기한다'는 것입니다. 이런 내용에 맞지 않는 보기는 (D)입니다. (D)에서 퇴적암들의 위치는 그것들의 지층들에 의해서 결정되는 것이 아니라 그것들의 무게와 크기에 의해 결정되는 것이기 때문에 본문 내용과 맞지 않습니다.

6. 'true about layers EXCEPT'라는 질문에서 'layers'는 본문의 첫째 문장에 나오고 있으므로 답을 찾으려면 단락 전체 내용을 이해해야 합니다. 단락 전체 내용을 요약하면, '퇴적암들은 수평 층들 안에 쌓인다', '퇴적암들은 지층과 지층에 의해 형성된다', '지층이 아래에 있을수록, 그 안에 있는 바위들은 더 오래됐다', '지층 속의 바위 순서들을 조사하면 지구 역사를 아는데 도움이 된다'입니다. 이런 내용과 맞지 않는 것은 (B)입니다. (B)에서 'no'를 없애야 본문 내용과 맞습니다.

7. them이 가리키는 것은?
   'them'과 같은 문장에 있는 복수 명사들은 'geologists', 'ages', 'rock layers', 'fossils'입니다. 이 단어들을 'them' 자리에 넣었을 때 의미가 통하는 것은 'rock layers'이므로 정답은 (C)입니다.

8. 'NOT true of layered rocks'라는 질문에서 'layered rocks'는 본문의 첫째 문장에 나오고 있으므로 답을 찾으려면 단락 전체 내용을 이해해야 합니다. 전체 내용을 요약하면, '퇴적암들은 처음에 형성될 때 수평 또는 거의 수평으로 쌓인다', '퇴적암들은 나중에 여러 가지 지각 운동들로 인해 어지럽혀졌다', '원래부터 수평으로 놓이지 않고 특별한 방법으로 쌓인 퇴적암도 있다'입니다. 이런 내용과 맞지 않는 보기는 (A)입니다. (A)에서 fixed → variable로 바뀌어야 본문 내용과 맞습니다.

33

THE IBT TOEFL SERIES **READING**

Chapter 05 Purpose(목적) 문제

Warming-up p. 157~160

|정답| 1. (C) 2. (B) 3. (C) 4. (B) 5. (B) 6. (C) 7. (B) 8. (C)

p. 157 Passage 1

어휘 dispute(논쟁하다, 논박하다), subspecies(아종, 아래 종), present(현존하는, 현재), adapt to(~에 적응하다), harsh(거친, 황량한), postglacial(후빙기의, 빙하 이후의), distinctive(독특한, 특유한), characteristic(특징), branch off from(~로부터 갈라져 나오다), ancestor(조상)

분석 'the author's primary purpose' 라는 질문은 주제 문장을 참고하여 답하면 됩니다. 주제 문장은 첫 문장에 나오고 있죠. 즉, '과학자들은 네안데르탈인들이 호모 사피엔스의 아종인지 전혀 다른 종인지 논쟁하고 있다' 는 것입니다. 이런 내용을 반영하는 보기는 (C)입니다.

해석 과학자들은 논쟁해왔다 / 네안데르탈인들이 호모 사피엔스의 아종인지 아니면 다른 종인지에 대해. 네안데르탈인들은 400,000 또는 약 250,000부터 30,000만년 전만큼 최근까지 살았다, 반면에 호모 사피엔스는 약 250,000전부터 현재까지 살아왔다. 몇몇 과학자들은 주장한다 / 네안데르탈인들이 호모 사피엔스들이었다고 / 거친 상황들 속의 삶에 적응한 / 빙하시대 이후의 유럽에서 발견되는. 다른 과학자들은 주장한다 / 네안데르탈인들은 뚜렷한 특징들을 가진 별개의 종이었다고, / 비록 네안데르탈인들과 호모 사피엔스들이 약 400,000만년 전에 공통 조상으로부터 갈라져 나왔지만.

p. 157 Passage 2

어휘 controversy(논쟁, 논의), genius(천재), extraordinary(비상한, 엄청난), inborn(타고난, 선천적인), environment(환경), major(주요한, 중요한), play a role(한 역할을 하다), bring up(기르다, 양육하다), world class(세계 수준의), grandmaster(명인), demonstrate(논증하다, 확실하게 보이다), huge(거대한), amount(양)

분석 'Laszlo Polgar' 라는 사람을 언급하는 이유를 묻는 문제입니다. 이 질문처럼 사람 이름이나 동식물 이름에 밑줄을 긋고 '왜 이 사람 또는 동식물을 언급하는가?' 라고 질문하면 바로 그 전 문장에서 답을 찾으세요. 그 이유는 특정적인 사람이나 동식물은 바로 앞에 있는 내용의 보충 설명으로 쓰이기 때문입니다. 'Laszlo Polgar' 가 들어 있는 문장의 바로 앞 문장 내용은 'the environment plays the major role(환경이 중요한 역할을 한다)' 이므로 정답은 (B)입니다.

해석 논쟁이 있어 왔다 / 무엇이 한 아이를 천재로 만드는가에 대한. 몇몇 사람들은 믿는다 / 비상한 재능은 그 아이의 타고난 재능의 결과로서 나타난다고. 다른 사람들은 믿는다 / 환경이 주요한 역할을 한다고. 예를 들면, Laszlo Polgar는 그의 자녀들을 체스 선수들로 길렀다 / 그리고 나중에 그의 딸들 셋 모두 세계 수준의 선수들이 되었다, / 그들 중 두 명은 체스 명인들이다. 이것은 나타낸다 / 적절한 교육은 엄청난 양의 기술을 발전시킬 수 있다는 것을.

p. 158 Passage 3

어휘 social parasitism(사회적 기생관계), species(종), nest(둥지), abandon(버리다, 포기하다), host bird(주인 새), babysitter(애 돌보는 것), raise(기르다, 양육하다), parasite(기생 동물), cuckoo(뻐꾸기), remove(제거하다), avoid(피하다), recognition(인식, 알아보기)

분석 'cuckoos(뻐꾸기들)' 이라는 새들을 언급하는 이유를 묻는 문제입니다. 이 질문처럼 밑줄 그어진 어구 앞에 such as(~와 같은) / like(~처럼) / including(~을 포함하는)이라는 어구가 있을 때 이런 질문 유형의 답은 바로 앞에 나온 어구입니다. 즉, 본문에서 'such as cuckoos' 바로 앞에 'The famous social parasites are birds' 라고 나오고 있으므로 정답은 이 내용을 반영하는 (C)입니다.

해석 사회적 기생관계는 많은 종들에 의해 실행된다 / 그들은 그들 자신의 둥지들을 짓지 않고 / 오히려 그들의 알들을 다른 종들의 둥지들 속에 놓고 그것들을 거기에 버린다. 그 주인 새는 애 돌봐주는 것으로 행동한다 / 그것이 그 알들을 그 자신의 것으로 기를 때. 가장 유명한 사회적 기생동물들은 뻐꾸기들과 같은 새들이다. 만일 그 주인 새가 그 뻐꾸기의 알들을 치우면, 그 뻐꾸기는 돌아와서 그 둥지를 공격할 것이다 / 이 기생관계를 유지히기 위하여. 그 뻐꾸기는 하나 이상의 주인 알들을 치울 수도 있다 / 탄로나는 것을 피하기 위하여.

p. 158 Passage 4

어휘 location(장소, 위치), nest(둥지), food resource(식량 자원), site(장소), mate(짝짓다, 결혼시키다), seabird(바다 새), guard(지키다, 보호하다), hummingbird(벌새), drive away(쫓아버리다), nectar-feeding(꿀을 먹는), favorite(마음에 드는, 선호하는), nectar-bearing(꿀을 함유한), customarily(습관적으로, 관습적으로), utilize(이용하다, 활용하다), mating show(교미 의사 표시), pheasant(꿩)

분석 'pheasants(꿩들)'이라는 새들을 언급하는 이유를 묻는 문제입니다. 주제 문장인 첫 문장을 보면 글의 전개 방법이 열거 방식이라는 것을 알 수 있습니다. 글의 전개 방법이 열거 방식일 때 정답은 주제 문장에 있습니다. 즉, 주제 문장인 'Birds protect the location of their nest, their food resources, or a site to mate'는 '새들이 그들의 둥지, 식량 자원들 또는 짝짓기 할 장소를 보호한다'라는 내용이므로 그 다음에 '둥지 보호', '식량 자원들 보호', '짝짓기 할 장소 보호'의 내용이 순서대로 나올 거라고 예상할 수 있습니다. 마지막 문장에 나온 '꿩들'에 대한 내용은 '짝짓기 할 장소 보호'의 예로 나오고 있으므로 정답은 (B)입니다.

해석 새들은 그들 둥지의 위치, 그들의 음식 자원들, 또는 짝지을 장소를 보호한다. 많은 바다 새들은 그들의 둥지들에 가까운 지역을 지킨다. 예를 들면, 몇몇 펭귄들은 돌들을 지킨다 / 그 둥지가 지어진. 벌새들은 다른 꿀을 먹는 새들을 쫓아버린다 / 꿀을 함유한 꽃들의 선호 지역들에 접근하려고 시도하는. 그들의 장소 위에서 / 공개적인 교미 의사 표시들을 위해 관습적으로 이용되는, / 꿩들은 작은 지역들을 보호한다.

p. 159 Passage 5

어휘 enormous(큰, 거대한), expansion(확대, 팽창), present(제공하다, 주다), volcano eruption(화산 폭발), reduce(줄이다, 감소시키다), release(풀다, 배출하다), sulphur dioxide(이산화 황), carbon dioxide(이산화 탄소)

분석 'a bottle of soda(소다수 병)'이라는 물질을 언급하는 이유를 묻는 문제는 본문에서 이 어구 앞 문장에서 답을 찾으면 됩니다. 왜냐하면 특정적인 물질이 언급되는 이유는 앞에 나온 내용을 보충 설명하기 때문입니다. 이 어구 앞 문장 내용은 '마그마가 표면에 도달하고 그것의 압력이 감소할 때, 그것이 가스들을 배출한다'는 것이고, 이 과정이 '소다수 병을 열었을 때 가스가 새어 나오는' 것과 비슷하다는 것입니다. 이런 내용을 반영하는 보기는 (B)입니다.

해석 화산 가스들의 엄청난 증가는 화산 폭발의 가능성에 대한 귀중한 정보를 제공할 수 있다. 화산 폭발 이전에, 마그마는 그 화산 아래에 있는 지역으로 이동한다. 그 마그마가 그 표면에 접근하고 그것의 압력이 감소할 때, 그것은 이산화 황과 같은 가스들을 배출한다. 이 과정은 발생하는 것과 아주 비슷하다 / 소다수 병이 열리고 이산화탄소가 새어나올 때.

p. 159 Passage 6

어휘 territory size(텃세권 크기), resource availability(자원 유용성), species(종), sea gull(바다 갈매기), Golden Eagle(황금 독수리), Song Sparrow(참새), comparatively(비교적), shrub land(관목 지대), bay land(만 지대), habitat(서식 환경, 서식지)

분석 'Song Sparrows(참새들)'이라는 새를 언급하는 이유를 묻는 문제는 바로 그 앞 문장에서 답을 찾으면 됩니다. 왜냐하면 특정적인 사람이나 동식물은 바로 앞에 있는 내용의 보충 설명으로 쓰이기 때문입니다. 'Song Sparrows'가 들어 있는 문장의 바로 앞 문장 내용은 'Territory size also varies with the environmental conditions.(텃세권 크기는 또한 환경 조건들에 따라 변한다)'이므로 정답은 (C)입니다.

해석 텃세권 크기는 인구 크기와 자원 유용성에 의해 보통 영향 받는다. 그것은 개별적인 새들과 종들에 따라 많이 다르다. 예를 들면, 바다 갈매기들은 단지 몇 평방 피트의 텃세권을 가진다 / 반면에 황금 독수리들은 35평방 마일의 텃세권을 가진다. 텃세권 크기는 또한 환경적인 조건들에 따라 다르다. 예를 들면, 참새들은 약 3평방 마일의 텃세권들을 가진다 / 상대적으로 자원이 빈약한 오하이오 관목 지대에서, / 반면에 그들은 약 0.5 마일의 텃세권들을 가진다 / 자원이 풍부한 샌프란시스코 만 지역들에서.

p.160 Passage 7

어휘▶ If it had not been for(~이 없었다면), railroad industry(철도 산업), significantly(중요하게, 크게), rail(철로), hold up(지탱하다), substitute(대체하다), expensive(비싼, 비용이 많이 드는), costly(값이 비싼), blend(섞다, 혼합하다), iron ore(철광석)

분석▶ 'a slow and costly process of heating and blending iron ore' 라는 긴 어구를 묻는 문제는 본문에서 이 어구가 들어있는 문장의 바로 앞 문장에서 답을 찾으면 됩니다. 왜냐하면 이런 긴 어구가 나오는 이유는 앞 문장 내용을 뒷받침하기 위해 쓰이기 때문입니다. 이 어구 바로 앞 문장의 내용은 '1870년대 이전에, 강철은 너무나 비싸서 그것은 널리 사용될 수 없었다' 는 것이고 바로 다음에 나온 이 어구는 앞 내용에 대한 이유로 제시되고 있습니다. 이런 내용을 반영하는 보기는 (B)입니다.

해석▶ 만일 강철이 없었다면, 철도 산업은 크게 발전하지 못했었을 것이다. 철로 만들어진, 첫 번째 철로들은 무거운 열차들을 지탱하기에는 너무나 약했다 / 높은 속도들로 달리는. 철도 간부들은 철 철로들을 강철 철로들로 대체하기를 원했다. 하지만, 1870년대 이전에, 강철은 너무나 비싸서 그것은 널리 사용될 수 없었다. 그것은 느리고 값이 비싼 과정에 의해서 생산되었다 / 철광석을 가열하고 혼합하는 것의.

p.160 Passage 8

어휘▶ land mass(땅 덩어리), isolated(격리된, 고립된), link(고리, 연결하다), excessive(과도한, 지나친), settle(정착하다, 살다)

분석▶ 'the most isolated high islands in the world' 라는 긴 어구를 묻는 문제는 본문에서 이 어구가 들어있는 문장의 바로 앞 문장에서 답을 찾으면 됩니다. 이 어구 바로 앞 문장의 내용은 '하와이 군도가 처음으로 형성되었을 때, 그 군도에는 아무런 식물들과 동물들이 없었다' 는 것이고 바로 다음에 나온 이 어구는 앞 내용에 대한 이유로 제시되고 있습니다. 이런 내용을 반영하는 보기는 (C)입니다. (A)는 저자의 의도를 나타내는 것이 아니라 밑줄 그어진 어구의 의미를 설명하고 있으므로 답이 될 수 없습니다. 이 문제 유형은 '저자가 이 어구를 왜 썼는가?' 라고 묻는 것이지 '이 어구의 의미는 무엇인가?' 라고 묻는 것이 아니라는 점에 유의하시기 바랍니다.

해석▶ 7000만년 전에, 하와이 군도가 화산 활동들에 의해 형성됐을 때, 그 군도 안에 아무런 식물들과 동물들이 없었다 /. 약 2,500 마일(4,000 킬로미터) 떨어진 곳에 위치한 / 가장 가까운 거대 땅 덩어리로부터, / 그들은 세계에서 가장 고립된 고지의 섬들이다. 하와이 군도는 결코 육지와 연결된 적이 없다. 이 지나친 고립은 아주 어렵게 만들었다 / 식물들과 동물들이 그 군도에 정착하는 것을.

Exercise   p. 161~163

|정답| 1. (C) 2. (A) 3. (B) 4. (D) 5. (C) 6. (B) 7. (C) 8. (D)
9. (B)

p.161 Passage 1

어휘▶ driving force(추진력), biological(생물의), evolution(진화), organism(유기체, 생물), flourish(꽃피우다, 번성하다), slightly(약간, 조금), trait(특징), blossom(꽃, 꽃이 피다, 번영하다), be composed of(~로 구성되다), species(종), eventually(결국에는), completely(완전히), frog(개구리)

해석▶ Charles Darwin은 자연 선택을 생물 진화의 추진력이라고 간주했다. 자연 선택의 개념은 간단하지만 강력했다. 그것은 의미한다 / 변화가 오랜 시간에 걸쳐 일어날 때, 새로운 환경들에 가장 잘 적응한 그런 생물들은 번성할 것이지만, 잘 적응하지 못한 생물들은 살아남지 못할 것이라는 것을. Darwin은 주목했다 / 2개의 조건들이 자연 선택이 일어나기 위해서 요구된다는 것을. 첫째, 생물들은 종종 약간의 다른 특징을 가졌다. 둘째, 그 특징들 중 몇몇은 그 생물들을 어떤 환경들에 더 잘 적응하게 만들었다. 오랜 시간에 걸쳐서, 그 더 잘 적응한 생물들은 번성할 것이지만 나머지 다른 것들은 마침내 멸종될 것이다. 그 후의 인구는 전적으로 더 나은 특징을 가진 그런 생물들로 구성될 것이다. 오랜 시간에 걸쳐서, 이것은 하나의 종을 결국에는 완전히 다른 생물이 되도록 야기할 수도 있다, / 개구리가 되는 물고기처럼.

분석 1. those가 가리키는 것은?
지시대명사 'those'는 '그것들'이라는 의미 때문에 주로 같은 문장의 복수 명사를 가리킵니다. 'those' 앞에 나온 복수 명사는 'organisms'과 'environments'입니다. 이 두 단어를 'those' 자리에 넣어 의미가 통하는 것을 고르세요. 'those'가 가리키는 것은 'organisms'이네요. 그래서 정답은 (C)입니다.

2. blossom(꽃이 피다, 번영하다)
   (A) 번성하다   (B) 변하다
   (C) 사라지다   (D) 힘들여 나아가다, ~하려고 싸우다

3. 'a fish becoming a frog(개구리가 되는 물고기)'라는 어구를 언급하는 이유를 묻는 문제입니다. 이 질문처럼 밑줄 그어진 어구 앞에 such as(~와 같은) / like(~처럼) / including(~을 포함하는)이라는 어구가 있을 때 답은 바로 앞에 나온 어구입니다. 즉, 본문에서 'like a fish becoming a frog' 바로 앞에 'a completely different organism'이라고 나오고 있으므로 정답은 이 내용을 반영하는 (B)입니다.

p. 162 Passage 2

어휘 provide A with B(A에게 B를 제공하다), function(기능, 효용), above all(무엇보다도), primarily(첫째로, 주로), method(방법), emotion(감정, 정서), A rather than B(B보다는 오히려 A), convey(나르다, 전달하다), fiction(소설, 꾸며낸 이야기), non-fiction(사실적 이야기), poetry(시, 운문), reveal(드러내다, 나타내다), unique(유일한, 특유한), imaginative(상상의, 상상력이 풍부한), safety valve(안전 밸브), hidden(숨겨진), deep(깊은), inner(안의, 내부의), motivate(동기를 주다, 흥미를 느끼게 하다), enthusiastic(열광적인, 열중해 있는)

해석 창조적인 글쓰기는 필자에게 많은 효용들을 제공할 수 있다. 무엇보다도, 그것은 주로 자기 표현의 한 방법이다. 그것은 글쓰기이다 / 생각들, 느낌들과 감정들을 표현하는 / 단순히 정보를 전달하기 보다는. 픽션, 논픽션 또는 시를 쓰는, 필자는 그것들을 독특하고, 상상력이 풍부하고 시적인 방법으로 드러낸다. 둘째로, 창조적인 글쓰기는 숨겨진 스트레스들을 위한 안전 밸브로 작용할 수 있다. 그것은 필자에게 하나의 기회를 제공한다 / 그 안에서 그는 내부의 생각들을 보일 수 있다 / 그가 오랜 시간 동안 품고 있었던. 세 번째로, 창조적인 글쓰기는 필자를 더 많이 읽도록 동기를 줄 수 있다. 단편소설이나 시들을 쓰기 위해서, 그는 훌륭한 문학 작품의 열렬한 독자가 될 수도 있다.

분석 4. 'the primary purpose of the author'라는 질문은 주제 문장을 참고하여 답하면 됩니다. 주제 문장은 첫 문장에 나오고 있죠. 즉, '창조적인 글쓰기는 필자에게 많은 효용들을 제공할 수 있다'는 것입니다. 이런 내용을 반영하는 보기는 (D)입니다. (D)에서 'positive effects'는 주제 문장의 'functions'와 비슷한 의미입니다.

5. 질문에 나온 'hidden stresses'는 본문의 다섯 번째 문장에 'Secondly, creative writing can function as a safety valve for hidden stresses'라고 나오고 있습니다. 그에 대한 이유는 그 다음 문장에 'It gives the writer an opportunity in which he can show deep inner thoughts which he had kept for a long time.'라고 나오고 있는데 그 의미는 '창조적인 글쓰기가 필자가 오랫동안 갖고 있던 깊은 내부의 생각들을 보일 수 있는 기회를 제공한다'는 것입니다. 이런 내용을 반영하는 보기는 (C)입니다.

6. motivate(동기를 주다, 흥미를 느끼게 하다)
   (A) 작게 하다   (B) 용기를 북돋다, 장려하다
   (C) 제한하다   (D) 정당하게 평가하다

p. 163 Passage 3

어휘 shift(이동, 변화), transition(변화, 변천), refer to(~라고 말하다), spread to(~로 뻗다), region(지역, 지방), revolutionary(혁명적인), significantly(중요하게, 상당히), improve(향상시키다, 개선하다), radically(근본적으로, 철저히), transform(변형시키다, 바꾸다), untouched(만지지 않은, 영향 받지 않은, 상처 받지 않은), be involved in(~에 관련되다, ~에 연루되다), era(시대)

산업 혁명은 경제적 사회적 변화를 묘사하기 위해 사용되어 왔다 / 농업 사회에서 공업 사회로의 전환을 의미하는. 그것은 영국 역사의 기간인 1750~1830년을 주로 나타낸다. 산업화의 과정으로서, 그것은 영국에서 시작됐고 나중에 유럽, 미국과 세계의 다른 지역들로 퍼져나갔다. 그것은 혁명적이었다 / 왜냐하면 그것은 영국, 유럽과 미국의 생산 능력을 상당히 향상시켰고, 그들의 사회들을 근본적으로 변형시켰기 때문에. 프랑스 혁명처럼, 아무도 산업 혁명에 의해 영향 받지 않은 채 남지 않았다. 누구나 그것에 관련되었다. 산업 혁명은 서양 사회의 역사에서 새로운 시대를 열었다.

 7. transition(변화, 변천)
   (A) 회전, 교대   (B) 재생산, 번식, 복제
   (C) **변화, 변경**   (D) 전진, 진보, 향상

8. 'true about the Industrial Revolution EXCEPT'라는 질문의 답을 찾으려면 단락 전체 내용을 이해해야 합니다. 단락 전체 내용을 요약하면, '산업 혁명은 농업 사회에서 공업 사회로 전환된 경제적 사회적 변화이다', '산업 혁명은 원래 영국의 1750년부터 1830년을 의미했다', '처음에 영국에서 시작돼서 다른 유럽, 미국, 그 외 다른 지역으로 확대되어 왔다', '누구나 산업 혁명에 영향 받았다'입니다. 이런 내용과 맞지 않는 보기는 (D)입니다. (D)에서 'not to the current societies'가 본문 내용과 맞지 않습니다. not을 빼야 합니다.

9. 'the French Revolution(프랑스 혁명)'이라는 어구를 언급하는 이유를 묻는 문제입니다. 본문에서 이 어구 앞에 Like(~처럼)이 있다는 사실에 주목하시기 바랍니다. Like라는 어구가 있을 때 정답은 같은 문장에 나온 어구들입니다. 즉, Like와 같은 문장에 있는 'nobody was left untouched by the Industrial Revolution(아무도 산업 혁명에 의해 영향 받지 않은 채 남지 않았다 = 누구나 산업 혁명에 의해 영향 받았다)' 내용을 포함하는 보기가 정답입니다. 그래서 정답은 (B)입니다.

Review Test p. 164~167

|정답| 1. (B) 2. (D) 3. (C) 4. (D) 5. (C) 6. (B) 7. (D) 8. (C)

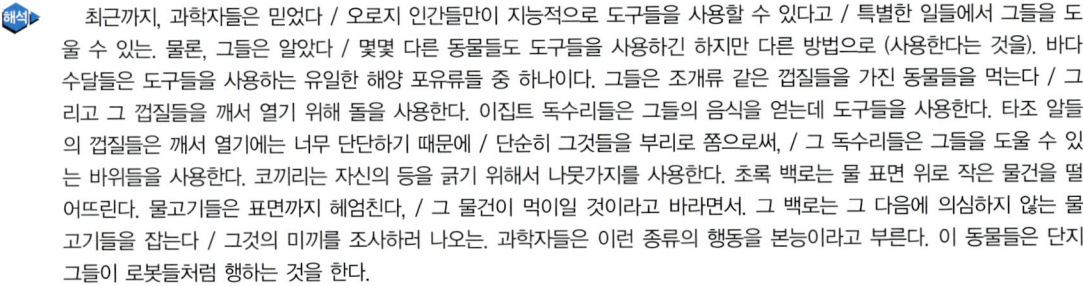

specific(특정적인, 명확한), intelligence(지력, 지능), otter(수달), marine(바다의, 바다에 사는), mammal(포유류), tool(도구), shell(껍질, 꼬투리), clam(조개류), vulture(독수리), ostrich(타조), peck at(부리로 쪼다), assist(돕다), scratch(긁다), heron(백로), drop(떨어뜨리다), object(물건), surface(표면), prey(먹이), snatch(잡아채다, 낚아채다), unsuspecting(의심하지 않는), inspect(조사하다, 점검하다), bait(미끼), instinct(본능), challenge(도전하다), witness(목격하다, 눈앞에서 보다), termite(흰개미), ant(개미), huge(큰, 거대한), incredible(믿을 수 없을 정도의, 엄청난), nest(둥지), baboon(개코 원숭이), select(고르다, 선택하다), twig(작은 가지), accurate(정확한), strip off(껍질을 벗기다), finger(손가락), scrape away(문지르다, 긁어내다), thin(얇은), layer(층), soil(토양, 흙), cautiously(주의 깊게), insert(삽입하다, 끼워 넣다), bite(깨물다), juicy(즙이 많은, 팔팔한), observe(보다, 관찰하다), branch(나무 가지), in front of(~앞에서), assume(가정하다, 떠맡다)

최근까지, 과학자들은 믿었다 / 오로지 인간들만이 지능적으로 도구들을 사용할 수 있다고 / 특별한 일들에서 그들을 도울 수 있는. 물론, 그들은 알았다 / 몇몇 다른 동물들도 도구들을 사용하긴 하지만 다른 방법으로 (사용한다는 것을). 바다 수달들은 도구들을 사용하는 유일한 해양 포유들 중 하나이다. 그들은 조개류 같은 껍질들을 가진 동물들을 먹는다 / 그리고 그 껍질들을 깨서 열기 위해 돌을 사용한다. 이집트 독수리들은 그들의 음식을 얻는데 도구들을 사용한다. 타조 알들의 껍질들은 깨서 열기에는 너무 단단하기 때문에 / 단순히 그것들을 부리로 쪼음으로써, / 그 독수리들은 그들을 도울 수 있는 바위들을 사용한다. 코끼리는 자신의 등을 긁기 위해서 나뭇가지를 사용한다. 초록 백로는 물 표면 위로 작은 물건을 떨어뜨린다. 물고기들은 표면까지 헤엄친다, / 그 물건이 먹이일 것이라고 바라면서. 그 백로는 그 다음에 의심하지 않는 물고기들을 잡는다 / 그것의 미끼를 조사하러 나오는. 과학자들은 이런 종류의 행동을 본능이라고 부른다. 이 동물들은 단지 그들이 로봇들처럼 행하는 것을 한다.

1960년에, Jane Goodall 박사는 그 생각에 도전했다 / 인간은 유일한 똑똑한 도구 제작자라는. 그녀는 실제로 도구들을 만드는 침팬지들을 목격했다, / 하나의 일을 마무리 짓기 위해, / 이 경우에 흰개미들을 낚는 것. 침팬지들은 흰개미들을 먹는 것을 아주 좋아한다, / 대부분의 개미들보다 더 큰 곤충들인, / 그 개미들은 크고 엄청난 둥지들을 만든다. 개코 원숭이들과 새들은 또한 흰개미들을 먹는 것을 즐긴다, / 하지만 그들은 흰개미들이 그들의 둥지들로부터 뛰어나올 때까지 기

Part II 문제 유형 분석 **정답과 해설**

다린다 / 그들을 잡기 위하여. 침팬지들은 기다리지 않는다. 그 흰개미들을 잡기 위하여, 침팬지들은 정확한 크기의 작은 가지를 주의 깊게 선택하고 그 다음에 그 잎사귀들을 벗겨낸다. 그들의 손가락들을 이용하여, 그들은 흰개미들이 터널들을 덮고 있는 흙의 얇은 층을 긁어내고, 조심스럽게 그 작은 가지를 터널 안으로 집어넣는다. 여러 흰개미들이 그 작은 가지를 깨문다. 그 침팬지들은 빠르게 그것을 빼내고 그 팔팔한 곤충들을 먹는다.

그녀의 연구 동안에, 제인은 또한 도구들을 사용하는 침팬지들을 관찰했다 / 다른 상황들에서. 몇몇 침팬지들은 나뭇가지들을 사용한다 / 많은 곤충들에 의해 쏘이는 것을 피하기 위해 / 나뭇가지들로부터 매달려 있는 동안에. 다른 것들은 다른 침팬지들 앞에서 바위들이나 나뭇가지들을 던진다 / 그들의 공동체에서 더 지배적인 위치를 차지하기 위해. 침팬지들은 또한 잎사귀들을 스폰지들로 사용하는 것으로 관찰되어 왔다 / 그들이 획득할 수 없는 마실 물을 얻기 위하여.

1. 'all of the following animals use tools to obtain food EXCEPT'라는 질문의 답을 찾으려면 단락 전체 내용에서 각 동물들의 도구 사용 방법들을 확인해야 합니다. 즉, sea otters는 조개류 같은 껍질을 가진 동물들을 먹기 위해 돌을 사용하고, Egyptian vultures는 타조 알을 먹기 위해 돌을 사용합니다. elephants는 자신의 등을 긁기 위해 나뭇가지를 사용하고, green herons는 물고기를 잡기 위해 작은 물건을 물 표면에 떨어뜨립니다. 음식을 얻기 위해 도구들을 사용하지 않는 동물은 elephants입니다. 그래서 정답은 (B)입니다.

2. 질문에 나온 'robots'는 본문의 마지막 문장에서 like 앞에 쓰이고 있습니다. 이 경우에 답은 like 바로 앞에 나온 어구인 'These animals just do what they do'를 참고해야 하는데 막연한 의미이므로 그 앞 문장에 나온 'instinct(본능)'을 참고하여 답하면 됩니다. instinct의 의미를 포함하는 보기는 (D)입니다.

3. 질문에 나온 'the difference between humans and some other animals when they use tools'는 본문의 주제 문장인 첫째 문장에 'scientists believed that only humans were able to use tools to help them in specific tasks with intelligence'라고 나오고 있습니다. 즉, '과학자들은 인간들만이 지능적으로 도구들을 사용할 수 있고 다른 동물들은 지능적으로 도구들을 사용할 수 없다고 믿는다'는 것입니다. 이런 내용을 반영하는 보기는 (C)입니다. (C)에서 'cognitively(인지적으로, 경험적 지식에 입각하여)'는 주제 문장에 있는 'with intelligence'와 비슷한 의미입니다.

4. 'the author's main purpose'라는 질문은 주제 문장을 참고하여 답하면 됩니다. 주제 문장은 첫 문장에 나오고 있죠. 즉, '1960년에, Jane Goodall 박사는 인간이 유일한 똑똑한 도구 제작자라는 생각에 도전했다'는 것입니다. '도전했다'는 의미는 '그 생각이 맞지 않다'는 것이죠. 그 다음 문장들에서 구달 박사는 침팬지들이 지능적으로 도구들을 만든다는 것을 설명하고 있습니다. 이런 내용을 반영하는 보기는 (D)입니다.

5. 질문에 나온 'chimpanzees make simple tools'는 본문의 여섯째 문장에서 'chimpanzees carefully select a small twig of the accurate size and then strip off the leaves'라고 나오고 그 목적에 대해서는 같은 문장에 'To catch the termites(그 흰개미들을 잡기 위하여)'라고 나옵니다. 이런 내용을 반영하는 보기는 (C)입니다. Termites는 침팬지의 음식이니까요.

6. 'Baboons and birds'를 언급하는 이유를 묻는 문제는 본문에서 이 어구가 들어 있는 문장과 앞 문장의 내용을 참고하여 답하면 됩니다. 즉, '개코 원숭이들과 새들은 침팬지들처럼 흰개미들을 먹는 것을 좋아하지만 침팬지들과는 달리 흰개미들을 낚지 않는다. 그들은 흰개미들이 둥지를 나올 때까지 기다린다'는 내용에서 '개코 원숭이들과 새들'이 언급된 이유는 침팬지들과의 차이를 나타내기 위해서라는 것을 알 수 있습니다. 이런 내용을 반영하는 보기는 (B)입니다.

7. 'Jane Goodall's observations are essential chiefly because they'라는 질문의 답은 주제 문장인 첫 문장과 둘째 문장을 참고하여 답하면 됩니다. 즉, '1960년에, 제인 구달 박사는 인간들만이 유일한 똑똑한 도구 제작자라는 생각이 틀렸음을 밝혔다. 그녀는 침팬지들도 흰개미들을 잡기 위해 지능적으로 도구들을 만드는 것을 목격했다'는 것입니다. 이런 내용을 반영하는 보기는 (D)입니다. (D)에서 'disproved'는 '~의 오류를 입증했다, ~을 반증했다'는 뜻입니다.

8. 'NOT mentioned in paragraph 3 as a reason why chimpanzees use tools'라는 질문에 답하려면 세 번째 단락 전체 내용을 이해해야 합니다. 단락 전체 내용을 요약하면, '침팬지들은 흰개미들을 잡는 것 이외의 다른 상황들에서도 도구들을 만든다', '그들은 곤충들을 피하기 위해 나무 가지들을 사용한다', '그들은 더 지도적인 지위를 차지하기 위해 바위들이나 나무들을 던진다', '그들은 물을 얻기 위해 잎사귀들을 이용한다'입니다. 이런 내용과 맞지 않는 보기는 (C)입니다. (C)에서 'show off'는 '자랑하다, 과시하다'는 뜻입니다.

39

THE IBT TOEFL SERIES **READING**

Chapter 06 Insertion(삽입) 문제

Warming-up   p. 175~178

|정답| 1. (C)   2. (D)   3. (B)   4. (B)   5. (D)   6. (D)   7. (C)   8. (D)

p.175 Passage 1

어휘▶ dolphin(돌고래), frequency(빈도, 주파수), range(범위, 한도), experiment(실험), pool(수영장, 물웅덩이), clicking(찰 깍하는), teaspoon(찻숟가락), drop(떨어지다)

분석▶ 삽입 문제의 기본적인 전략을 이용하세요. 첫째, 문제 속에 주어진 문장은 'Through these noises(이런 소리들을 통해)' 때문에 이전의 내용에 대한 보충 설명을 나타냅니다. 둘째, 문제에 주어진 문장의 주어 'They'는 이전 문장의 내용을 가리키고, 술부 'could hear and carefully watch their pool'은 다음 문장의 내용과 연결됩니다. 의미상 'They'는 '돌고래들'이라야 합니다. 이와 같은 여러 힌트들 중에서 결정적인 것은 'these noises'입니다. 'these'라는 지시형용사 때문에 'noises'라는 단어가 바로 앞 문장에 나와야 합니다. (C) 앞 문장에 'clicking noises'라고 나오고 있습니다. 둘째 전략이 맞는지 확인해보면, (C) 앞 문장의 주어가 'two dolphins'이므로 주어진 문장에 나온 'They'의 지시 대상이 될 수 있습니다. (C) 다음 문장에 'could hear'와 관련된 구체적인 내용이 나오고 있습니다. 그러므로 정답은 (C)입니다.

해석▶ 알려져 왔다 / 돌고래들은 잘 발달되고, 예리한 청각을 가지고 있다는 것이. 돌고래들은 1 kHz에서 150 kHz까지의 주파수 범위 내에 있는 소리를 들을 수 있다, / 반면에 인간들의 평균 청각 범위는 약 0.02 kHz에서 17 kHz까지 이다. 한 실험에서, Winthrop Kellogg는 발견했다 / 돌고래들은 소통하기 위하여 소리를 사용하는 것을. 옥외 수영장에서, 두 마리 돌고래들은 매 15초에서 20초마다 찰깍하는 소리들을 보냈다. 그것들의 청각은 너무나 예리해서 그것들은 들을 수 있었다 / 찻숟가락 분량의 물이 그 수영장에 떨어졌을 때.

p.175 Passage 2

어휘▶ medieval(중세의), times(시대), organize(조직하다), feudal system(봉건 제도), root(뿌리 박게 하다, 정착시키다), relationship(관계), right(권리), property(재산), noble(귀족), rent(임대료, 소작료), support(지지하다), knight(기사), lord(주인, 영주, 귀족), in return(답례로서, 보답으로)

분석▶ 삽입 문제의 전략에 따르면, 첫째, 문제 속에 주어진 문장은 'In return(보답으로)' 때문에 이전의 내용에 대한 보충 설명을 나타냅니다. 이전 내용에 '어떤 사람들이 농부들에게 무엇인가를 줬다'는 내용이 나왔을 것입니다. 둘째, 문제에 주어진 문장의 주어 'the famers'는 이전 문장의 내용을 가리키고, 술부 'work for the knights'는 다음 문장의 내용과 연결됩니다. 이와 같은 여러 힌트들 중에서 결정적인 것은 'the farmers'입니다. 'the'는 '그'라는 뜻이기 때문에 'farmers'가 바로 앞 문장에 나와야 합니다. (D) 앞 문장에 'farmers'가 나오고 있습니다. 첫째 전략이 맞는지 확인해 보면, (D) 앞 문장에 '기사들은 그들의 땅의 일부를 농부들에게 줬다'가 나왔으므로 맞습니다. 둘째 전략이 맞는지 확인해 보면, (D) 다음에 '농부들이 기사들을 위해 일했다'는 내용과 관련된 내용이 나오고 있으므로 맞습니다. 그래서 정답은 (D)입니다.

해석▶ 중세 시대에, 서부 유럽은 봉건 제도로 조직화되었다. 그것은 사람들 사이의 관계들에 뿌리 박혀 있었다 / 그들의 권리들과 재산을 결정했던. 왕은 그의 나라를 통치하고 모든 땅을 소유했다. 그는 땅의 넓은 지역들을 교회와 그의 귀족들에게 나눠줬다. 그 귀족들은 왕에게 그 땅에 대한 소작료를 지불하고 그를 지지할 것을 맹세했다. 그들은 그들의 땅의 약간을 기사들에게 줬다. 그 기사들은 그들의 영주들을 섬겼고 그들을 위해 싸울 것을 맹세했다. 그들은 그들의 땅의 더 작은 구획들을 농부들에게 줬다. 그 농부들은 봉건 제도의 맨 아랫부분에 있었다.

p.176 Passage 3

어휘▶ native species(토착적인 종들), surroundings(주변 환경), purposely(의도적으로), disturb(방해하다, 어지럽히다), equilibrium(균형), for instance(예를 들면), compete with(~와 경쟁하다), territory(지역, 영토, 텃세권), accidentally(우연히)

40

Part II 문제 유형 분석 **정답과 해설**

분석▶ 삽입 문제의 전략에 따르면, 첫째, 문제 속에 주어진 문장은 'Others' 의미 때문에 이전의 내용과 대조적이라야 합니다. 둘째, 주어진 문장의 주어 'Others'는 그 바로 앞에 나오는 〈some + 복수명사〉나 〈many + 복수명사〉와 연결되고, 술부인 'accidentally introduced in Hawaii'는 그 다음 문장 내용과 연결되어야 합니다. 본문에서 (B) 바로 앞 문장에 나온 'Some animals'는 'Others'와 대조적이고, 바로 다음 문장에 나오는 'a non-native animal'은 accidentally introduced animals의 예가 될 수 있으므로 정답은 (B)입니다.

해석▶ 사람들이 하와이에 도착하기 이전에, 그 섬에 있는 모든 동물들은 토착적인 종들이었다. 하지만, 오늘날 하와이 주변 환경들은 비토착적인 동물들로 가득 차있다 / 사람들이 외부로부터 가져온. 몽구스와 같은 몇몇 동물들은 의도적으로 하와이에 가져와졌다 / 해로운 동물들을 억제하기 위하여. 사람들이 비토착적인 동물을 가져올 때 / 질병들과 같은 자연적인 통제들 없이, 그 동물은 토착적인 환경의 균형을 어지럽힌다. 예를 들면, 도입된 일본산 하얀 눈의 새들은 텃세권들을 위해 토착종들과 경쟁한다.

p. 176 Passage 4

어휘▶ rank(지위, 계급), social position(사회적 지위), status(지위, 신분), consist of(구성하다), class(계급), horseman(기수), cavalry(기병대), contain(포함하다), foot soldier(보병), archer(활 쏘는 사람, 궁수), sailor(선원, 수병), navy(해군), responsibility(책임)

분석▶ 삽입 문제의 전략에 따르면, 첫째, 문제 속에 주어진 문장은 'Each class(각 계급)'의 의미 때문에 이전의 내용을 보충 설명하고 있습니다. 둘째, 주어진 문장의 주어 'Each class'는 그 바로 앞에 나오는 〈classes〉와 연결되어야 하고, 술부의 'a certain degree of political responsibility'는 그 다음 문장 내용과 연결되어야 합니다. 본문에서 (B) 바로 앞 문장에 나온 'four classes'는 'Each class'와 연결되고, 바로 다음 문장에 나오는 'provided the military with leaders'는 문제의 주어진 문장에 나온 'a certain degree of political responsibility'의 구체적인 설명이 될 수 있으므로 정답은 (B)입니다.

해석▶ 고대 아테네 남자가 군대에 가기 전에, 그의 계급은 그의 사회적 지위에 의해 결정되었다. 그 아테네 사회적 지위는 네 개의 계급들로 이루어졌다, / 대략 기원전 500년에 솔론에 의해 제정된. 가장 부유한 계급은 군대에 지도자들을 제공했다. 두 번째 계급은, / 기수들이라고 불리는, / 아테네 기병대를 포함했다. 세 번째 계급은 보병을 포함했다. 마지막으로, 가장 가난한 계급은 군 복무했다 / 육지에서 활 쏘는 사람들이나 아테네 해군을 위한 수병들로서.

p. 177 Passage 5

어휘▶ desertification(사막화), result in(~을 야기하다, ~로 끝나다), impact(영향, 결과), affected region(영향 받은 지역), surrounding(둘러싸는, 주변의), flooding(홍수), dust storm(먼지 폭풍), pollution(오염), harm(해치다, 손상하다), migration(이주, 이동), bring about(일어나게 하다, 생기게 하다), instability(불안정)

분석▶ 삽입 문제의 전략에 따르면, 첫째, 문제 속에 주어진 문장은 'For example'의 의미 때문에 이전의 내용을 보충 설명하고 있습니다. 둘째, 주어진 문장의 주어 'human migrations from desert regions to cities and other countries'는 이전 문장의 내용과 연결되고, 목적어 'social instability'는 그 다음 문장 내용과 연결되어야 합니다. 이와 같은 여러 힌트들 중에서 결정적인 것은 'For example'입니다. '예를 들면'이라는 의미 때문에 주어진 문장의 핵심어인 'social instability'는 앞에 제시된 내용의 예가 되어야 합니다. 본문에서 '사회적인 영향'과 관련된 내용은 (D) 앞에 나오고 있습니다. (C) 이전 내용들은 모두 '환경적인 문제들'에 관련된 것들입니다. 그래서 정답은 (D)입니다.

해석▶ 사막화는 환경적이고 사회적인 문제들을 일으킨다. 그것은 환경적인 영향을 미친다 / 직접적으로 영향 받는 지역들뿐만 아니라 그 주변 지역들에. 사막화는 범람, 황사들과 오염을 야기한다 / 직접적으로 영향 받는 지역에 사는 사람들에게 해를 입힐 수 있는. 그 황사들은 주변 지역에 사는 사람들에게 건강 문제들을 야기할 수 있다, / 심지어 수 천 킬로미터 떨어진. 더욱이, 사막화의 사회적 영향은 주변 지역들에 미친다.

p. 177 Passage 6

어휘▶ living things(생물들), adapt(적응하다), survive(오래 살다, 살아 남다), global(전세계의, 세계적인), climate(기후), regard A as B(A를 B로 간주하다), generalize(일반화하다, 보편화하다), form of life(생명체), insect(곤충),

41

specialize(특수화하다, 특정 범위로 한정하다)

분석 ▶ 삽입 문제의 전략에 따르면, 첫째, 문제 속에 주어진 문장은 'However' 의미 때문에 이전의 내용과 대조적이라야 합니다. 둘째, 주어진 문장의 주어가 'other forms of life'이므로 그 바로 앞 문장에 '생물'이 나올 거라 예상할 수 있습니다. 술부에 'specialized'가 나오고 있으므로 그 다음 문장에 'specialized'에 대한 자세한 언급이 나와야 합니다. 이와 같은 여러 힌트들 중에서 결정적인 것은 'However'입니다. '하지만'이라는 의미 때문에 주어진 문장의 핵심어인 'specialized'는 앞에 제시된 내용의 반대가 되어야 합니다. 즉, 앞 문장에 'specialized'의 반대인 'generalized'가 나와야 합니다. 그래서 정답은 (D)입니다. (D) 앞 문장의 주어 'They = humans'로서 생물입니다.

해석 ▶ 생물들은 생존하기 위해서 적응할 수 있어야 한다. 몇몇 생물들은 환경 변화에 다른 것들보다 더 쉽게 적응한다. 예를 들면, 인간들은 어떤 상황에서도 살아남을 수 있다. 그들의 몸들은 돕는다 / 그들이 지구 기후 변화들에 더 쉽게 적응하는 것을. 그들은 일반화된다고 간주된다. 그들은 오로지 어떤 기후에서만 살 수 있다. 그들은 살아 남을 수 있다 / 너무 춥거나 너무 뜨거울 때.

p. 178 Passage 7

어휘 ▶ ozone layer(오존층), essential(본질적인, 아주 중요한), absorb(흡수하다), harmful(해로운), ultraviolet(자외선), ray(광선), penetration(침투, 관통), element(요소), smog(스모그, 연기 같은 안개), pollutant(오염 물질), release(풀다, 배출하다), react(반응하다), exposure(노출), coughing(기침), headache(두통), crop loss(작물 손실), on the contrary(이와 반대로, 오히려), invisible(눈에 보이지 않는, 분간할 수 없는)

분석 ▶ 삽입 문제의 전략에 따르면, 첫째, 문제 속에 주어진 문장은 'On the contrary(이와 반대로)'의 의미 때문에 이전의 내용과 대조적이라야 합니다. 둘째, 주어진 문장의 주어 'ozone at ground level'은 앞 문장과 연결되고, 술부 'acts as an invisible air pollutant'는 다음 문장과 연결되어야 합니다. 이와 같은 여러 힌트들 중에서 결정적인 것은 'On the contrary'입니다. '이와 반대로'라는 의미 때문에 주어진 문장의 핵심어인 'an invisible air pollutant'는 앞에 제시된 내용의 반대가 되어야 합니다. 즉, 앞 문장에는 긍정적인 의미가 나와야 하고 다음 문장에는 부정적인 내용이 나와야 합니다. (C) 앞 문장까지의 내용은 긍정이고 (C) 다음 문장부터 부정적 내용이 나오고 있으므로 정답은 (C)입니다.

해석 ▶ 오존층은 인간들, 동물들과 식물들에 아주 중요하다. 그것은 태양의 해로운 자외선 광선들의 대부분을 흡수한다, / 지구의 표면에의 관통을 막으면서. 그것은 하나의 층이다 / 지구의 표면 위에 15마일(24 km)과 30마일(48 km) 사이에 존재하는. 그것은 스모그의 주요 원소들 중 하나이다. 그것은 형성된다 / 가솔린과 디젤 동력의 자동차들로부터 배출된 오염 물질들이 열과 햇볕에 반응할 때. 오존 노출은 눈과 코의 고통, 기침과 두통들을 야기할 수 있다. 그것은 식물들에 해를 입히고 작물 손실을 야기한다 / 매해마다.

p. 178 Passage 8

어휘 ▶ urban heat islands(도시 열섬들), demand(요구, 수요), cooling(냉각), relatively(상대적으로, 비교적), refrigeration(냉장), considerable(고려할만한, 상당한), effect(결과, 효과), every decade(매 10년마다), estimate(추정하다, 평가하다), in contrast(대조적으로)

분석 ▶ 삽입 문제의 전략에 따르면, 첫째, 문제 속에 주어진 문장은 'In contrast(대조적으로)' 의미 때문에 이전의 내용과 대조적이라야 합니다. 둘째, 주어진 문장의 주어가 'Chicago'이므로 그 바로 앞 문장에 '어떤 도시'가 나왔을 것이라 예상할 수 있습니다. 술부인 'needs less energy for summertime cooling'은 다음 문장과 연결되어야 합니다. 이와 같은 여러 힌트들 중에서 결정적인 것은 'In contrast'입니다. '대조적으로'라는 의미 때문에 주어진 문장의 핵심어인 'needs less energy'는 앞에 제시된 내용의 반대가 되어야 합니다. 즉, 앞 문장에는 '어떤 도시가 에너지를 더 필요로 한다'는 부정적인 의미가 나와야 하고 다음 문장에는 긍정적인 내용이 나와야 합니다. (D) 앞 문장에 '로스앤젤레스가 에너지 수요로 1억 달러의 비용이 든다'라는 부정적인 내용이 나오고 있으므로 (D)가 정답입니다.

해석 ▶ 도시 열섬들의 한 결과는 도시들에서 여름철 시원함을 위한 더 높은 수요이다 / 비교적 따뜻한 기후들 속에 있는. 그 도시들에 있는 가정들과 건물들은 햇볕을 흡수하기 때문에, 도시 열섬은 에너지를 증가시킬 수 있다 / 에어컨과 냉장을 위해 필요한. 예를 들면, 그것들은 로스엔젤레스 시에 상당한 영향들을 미친다. 그 도시의 평균 온도는 2차 세계 대전 이래로 매 10년마다 약 1°F 만큼 증가해왔다. 추정된다 / 그 도시 열섬 효과는 그 도시에 연간 약 1억 달러 비용을 지출하게 한다고 / 증가된 에너지 수요에서.

Exercise   p. 179~181

|정답| 1. (C) 2. (B) 3. (A) 4. (D) 5. (B) 6. (C) 7. (C) 8. (D)
9. (B) 10. (A) 11. (B)

p. 179 Passage 1

어휘 field(분야, 영역), transportation(교통), farming(농업), accomplishment(성취, 업적), document(서류, 문서), triangular-tipped(삼각형 끝을 가진), stylus(날카로운 연필), authority(권위, 권위자), credit A with B(A에게 B라는 영예를 주다), wheeled vehicle(바퀴 달린 차량), seafaring(해상 여행의), come up with(제출하다, 제안하다), pi(파이, 원주율=3.14), algebra(대수학), arithmetic(산수), notably(현저하게, 주목할만하게), usher in(안내하다, 인도하다, 선구가 되다), era(시대), intensive(강렬한, 집중적인), raise(재배하다, 기르다), wheat(밀), barley(보리), cattle(소떼, 가축), for the first time(처음으로), on a large scale(대규모로), irrigation(관개), dike(제방, 논두렁 길), canal(운하), reservoir(저수지)

해석 수메리아인들은 아마도 가장 많이 기억되고 있다 / 그들의 다양한 실용적인 발명품들 때문에 / 교육, 교통, 수학, 그리고 농업과 같은 분야에서. 수메리아인들의 가장 위대한 업적들 중 하나는 가장 일찍 알려진 서체 시스템의 발명이었다. 수메리아인들은 글로 쓰여진 문서들을 만들었다 / 삼각형 끝을 가진 날카로운 연필을 사용함으로써. 많은 권위자들은 그들에게 영예를 주고 있다 / 바퀴 달린 차량들, 범선들, 그리고 해상 여행용 배들의 발명에 대해. 그들은 시간 단위의 개념을 내놓았다, / 하루를 24시간, 한 시간을 60분, 1분을 60초로 나누면서. 그들은 달력, 원주율, 대수학, 산수, 그리고 360도의 개념을 가졌다. 가장 주목할만하게도, 그들은 고대 메소포타미아에서 집중 농업의 시대를 열었다. 그들은 밀, 보리, 양들과 소떼를 키웠다 / 맨 처음 대규모로. 그들은 또한 관개 시스템들, 제방들, 운하들, 그리고 저수지들을 발명했다.

분석
1. **them이 가리키는 것은?**
   'them'과 같은 문장에 있는 복수 명사는 'authorities'인데 'them'은 'authorities'를 가리킬 수 없습니다. 주어와 목적어가 같은 것이 되려면 themselves라야 합니다. 이런 경우에는 앞 문장의 복수 명사들을 'them' 자리에 넣어 의미가 통하는 것을 고르세요. 앞 문장의 복수 명사는 'Sumerians', 'documents'입니다. 이 둘 중에서 의미가 통하는 것은 'Sumerians'이므로 정답은 (C)입니다. 참고로, credit A with B는 'A에게 B라는 영예를 주다'라는 뜻이므로 credit의 목적어는 사람이라야 합니다.

2. **ushered in**(안내했다, 인도했다, 선구가 됐다)
   (A) 요구했다   (B) **시작했다**
   (C) 거절했다, 하락했다 (D) 위험에 처했다

   'usher in'을 'usher(어서)'는 소리 나는 대로 생각하고, 'in(안으로)'은 의미로 이해해서 '어서 안으로 = 안내하다'로 외우면 쉽습니다.^^

3. 질문에 나온 'inventions by the Sumerians'는 본문의 주제 문장인 첫 문장에 'The Sumerians are perhaps remembered most for their various practical inventions'라고 나오고 있고, 구체적인 종류들로는 'such fields as education, transportation, mathematics, and farming'라고 나오고 있습니다. 즉, '수메리아인들의 발명품들은 교육, 교통, 수학, 농업 분야의 것들'이라는 것이죠. 이런 분야들과 맞지 않는 보기는 (A)입니다. (B): 'wheeled vehicle(바퀴 달린 차량)'은 transportation 분야의 것이고, (C): pi는 mathematics 분야의 것이고, (D): writing system은 education 분야의 것입니다.

4. 삽입 문제의 전략에 따르면, 첫째, 문제 속에 주어진 문장은 'These inventions(이런 발명들)' 때문에 이전의 내용에 대한 보충 설명을 나타냅니다. 둘째, 문제에 주어진 문장의 주어 'These inventions'는 이전 문장의 내용을 가리키고, 술부 'set the Sumerians among the most innovative civilizations'는 다음 문장의 내용과 연결됩니다. 이와 같은 여러 힌트들 중에서 결정적인 것은 'These inventions'입니다. 'These'라는 지시형용사 때문에 'inventions'가 이전 문장에 나와야 합니다. 내용상 '이런 발명들'이란 앞에 언급된 모든 발명들이라야 하므로 정답은 (D)입니다.

p.180 Passage 2

어휘 volcanologist(화산학자), skillful(숙련된, 능숙한), forecast(예측하다, 예보하다), probability(가능성, 확률), eruption(폭발), barrier(장애물, 가로막는 것), exactly(정확하게, 바로), take place(생기다, 일어나다), instrument(도구), critical(비판적인, 중대한, 결정적으로 중요한), improve(개선하다, 향상시키다), predict(예보하다, 예언하다), non-explosive(폭발하지 않는), active volcano(활화산), check(점검하다), personality(성격, 개성)

해석 '비록 화산 학자들이 폭발의 가능성을 예측하는데 점차적으로 능숙하지만, 몇 가지 장애물들이 남아있다. 정확하게 아는 것은 아주 어렵다 / 언제 화산 폭발이 일어날 것인지를. 우리가 가지고 있는 그 도구들은 우리에게 단지 그 화산이 지금 무엇을 하고 있는지를 말할 뿐이다. 그것들은 우리에게 중요한 정보를 주지 않는다 / 그것이 지금으로부터 2주 또는 3주 후에 무엇을 할 것인지에 대해. 그 기술은 휴화산 폭발을 예보하는데 향상되고 있지만, 전 세계에 있는 약 550개의 활화산들 중 극소수만이 면밀하게 점검되고 있다. '각각의 화산은 사람처럼 개별적으로 행동하고, 그것은 그 자신의 개성과 행동을 가지고 있습니다' 라고 Bob Tilling은 말했다, / United States Geological Survey에 근무하는 화산학자인.

분석
5. barriers(장애물들, 가로막는 것들)
   (A) 규제들, 규칙들   (B) 장애물들, 방해들
   (C) 기회들   (D) 기초들, 토대들

6. 질문에 나온 'very difficult for scientists to predict the volcanoes accurately' 는 본문의 둘째 문장에서 'It is very hard to know exactly when the volcanic eruption will take place' 라고 나오고 있습니다. 이에 대한 이유는 그 다음 두 문장에 '우리가 오늘날 가지고 있는 도구들은 현재 화산에 대해서만 알려줄 뿐 2주 또는 3주 후에 무슨 일이 벌어질 지에 대한 것을 알려주지 않는다' 라고 언급하고 있습니다. 이런 내용을 반영하는 보기는 (C)입니다.

7. 삽입 문제의 전략에 따르면, 첫째, 문제 속에 주어진 문장은 'Furthermore(게다가, 더구나)' 라는 의미 때문에 이전의 내용과 비슷한 내용을 나타냅니다. 둘째, 문제에 주어진 문장의 주어 'the data from a volcano' 는 이전 문장의 내용을 가리키고, 술부 'not necessarily applied to other volcanoes' 는 다음 문장의 내용과 연결됩니다. 이와 같은 여러 힌트들 중에서 결정적인 것은 술부의 부정적인 내용인 'not necessarily applied to other volcanoes(반드시 다른 화산들에 적용되지는 않는다)' 입니다. 부정적인 내용이 나오면 그 다음 문장에 이에 대한 이유가 나와야 합니다. 그 이유로 제시된 것은 (C) 다음 문장에 'Each volcano behaves individually like a person, and it has its own personality and behavior(각각의 화산은 사람처럼 개별적으로 행동하고 그것은 그 자신의 개성과 행동을 가지고 있다)' 입니다. 그래서 정답은 (C)입니다.

p.181 Passage 3

어휘 readily(쉽사리, 기꺼이), available(이용할 수 있는, 얻을 수 있는), limestone(석회암, 석회석), make up(구성하다), cliff(절벽), temple(신전, 사원), tomb(무덤), statue(동상), bowl(사발), ritual(의례적인, 종교 의식의), equipment(설비, 장비), exposed(~에 노출된, 드러나 있는), granite(화강암), represent(나타내다, 표현하다), sediment(침전물, 퇴적물), flood(홍수), resurgence(부활), revive(되살아나다, 소생시키다), associate A with B(A와 B를 결합시키다)

해석 이집트 예술가들은 주로 돌들로 작업했다. 쉽게 얻어질 수 있는 가장 부드러운 돌들 중 하나는 석회석이었다, / 그것은 나일강 계곡의 절벽들을 구성했다. 그 부드러운 돌들은 초기 이후에 신전들과 무덤들에 사용됐다. 반면에, 단단한 돌들은 동상들, 사발들, 그리고 종교적인 장비를 만들기 위해 사용됐다. 채색은 때때로 단단한 돌에 적용됐지만, 종종 그 돌은 그것의 상징성을 위해 드러냈다. 화강암과 같은 검은 돌은 생물로서 표현됐다 / 나일강 홍수들에 의해 남겨진 검은 퇴적물을 주는, / 그래서 새로운 삶, 부활, 그리고 죽은 사람들의 되살아난 신인 Osiris를 상징화하면서. 빨강, 갈색, 노랑과 금색은 태양과 연관되었다; 그래서 그런 색깔들의 돌들은 태양을 상징화했다.

분석
8. 질문에 나온 'limestone' 은 본문의 둘째 문장에 'One of the softest stones readily available was limestone' 이라고 나오고 있습니다. '석회암이 이집트 예술가들에 의해 주로 쓰인 이유' 는 'which made up the cliffs of the Nile Valley' 이기 때문입니다. 즉, '석회암을 쉽게 얻을 수 있었던 이유는 그것이 나일강 계속의 절벽들을 구성하는 물질이기 때문' 이었습니다. 이런 내용을 반영하는 보기는 (D)입니다.

9. 삽입 문제의 전략에 따르면, 첫째, 문제 속에 주어진 문장은 'Other ordinary soft stones' 의미 때문에 이전의 내용과 대조적이라야 합니다. 둘째, 주어진 문장의 주어 'Other ordinary soft stones' 는 그 바로 앞에 나오는 〈some +

복수명사)나 〈many + 복수명사〉와 연결되고, 술부의 'contained calcspar, crystal, and sandstone'는 그 다음 문장 내용과 연결되어야 합니다. 본문에서 (B) 바로 앞 문장에 나온 'One of the softest stones'는 'Other ordinary soft stones'와 대조적이고, 바로 다음 문장에 나오는 'used in temples and tombs'는 앞 문장에 대한 구체적인 설명이 될 수 있으므로 정답은 (B)입니다.

10. exposed(~에 노출된, 드러나 있는)
    (A) 가린 것이 없는, 노출된   (B) ~에 위치한
    (C) 묘사된   (D) 보존된, 보호된

11. 질문에 나온 'black stone symbolized'는 본문의 여섯째 문장에서 'Black stone such as granite was represented as the life giving black sediment left by Nile floods, thus symbolizing new life, resurgence, and Osiris, the revived god of the dead.'라고 나오고 있습니다. 즉, '검은 돌은 새로운 생명, 부활, 죽은 사람들의 되살아난 신을 상징'합니다. 그래서 정답은 (B)입니다. 마지막 문장에 'the sun'을 상징하는 색깔은 검은 색이 아니라 빨강, 갈색, 노랑과 금색이라고 나오고 있습니다.

Review Test   p. 182~185

|정답| 1. (A)   2. (D)   3. (D)   4. (B)   5. (A)   6. (C)   7. (D)   8. (B)
      9. (A)

어휘 distinctive(뚜렷한, 독특한), migrate(이주하다, 이동하다), overwintering(겨울을 보내는), location(장소, 위치), species(종), site(위치, 장소), coast(해안), mate(짝짓다, 결합시키다), lay eggs(알들을 낳다), face(직면하다, 직접 부딪히다), suffer from((고통을) 겪다, 경험하다), fatigue(피로), storm(폭풍), predation(약탈, 포식), expressway(고속도로), crush(박살내다, 뭉개버리다), cluster(한 무리로 만들다), resist(저항하다, 맞서다), massive(거대한, 큰 덩어리를 이루는), bundle(다발, 묶음), grape(포도), hang(매달려 있다), weigh(무게가 ~이다, 무게를 재다), defend(막다, 방어하다), keeps A from B(B로부터 A를 막다/지키다), blow away(바람 불어 흩뜨리다), shortage(부족), chill(냉기, 차가움), variability(변화), look for(~을 찾다)

해석 제왕나비들은 독특하다 / 그들이 남쪽으로 매해마다 특별한 겨울을 보내는 장소까지 이동한다는 의미에서, / 많은 종의 새들이 그러는 것처럼. 그 새들과는 달리, 남쪽으로 가는 그 나비들은 그들이 태어난 장소로 돌아오는데 실패한다. 그들은 어떤 다른 나비보다도 더 멀리 이동한다. 매 가을마다, 약 1억 마리의 제왕나비들은 그들의 이주에서 약 3000마일 정도 이동한다. 로키 산맥 서쪽에 있는 제왕나비들은 캘리포니아 해안까지 날아가고 로키 산맥 동쪽에 있는 것들은 중앙 멕시코까지 날아간다. 봄에, 그들은 짝짓고, 알들을 낳고, 그 후에 죽는다.

약 3000마일의 그들의 이동 동안에, 제왕나비들은 몇몇 위험들에 부딪힌다. 그들은 긴 여행 동안에 약 50마일을 날아야 하기 때문에, 그들은 피로를 겪는다. 겨울 폭풍들과 새들에 의한 포식은 다수의 제왕나비들을 죽인다. 고속도로들 위의 자동차들은 수 백 마리의 제왕나비들을 박살낸다. 강한 바람들의 위험은 여전히 제왕나비들의 생존에 대한 위협이다, / 심지어 그들이 겨울 집들에 도달한 후에도.

그들이 겨울 집들에 도착했을 때, 제왕나비들은 나쁜 날씨에 맞서기 위해 함께 모인다. 약 10만 마리의 제왕나비들은 하나의 나무 위에 모일 수 있다 / 하나의 거대한 다발의 포도들처럼. 그것의 날개들을 펼친 채, 각각의 나비는 그 아래에 있는 다른 제왕나비 위에 매달려있다. 하나의 나비는 1 그램 이하의 무게가 나가지만, 약 10만 마리의 나비들은 많이 무게 나간다. 그 무리의 무게는 그 나비들을 비로부터 보호하고 열을 만든다. 그것은 또한 그들이 바람에 불려나는 것으로부터 막는다. 그들은 겨울 집들에 3월까지 머문다, / 그들이 여름 집들로 북쪽으로 날아가기 시작할 때인.

왜 제왕나비들은 이동하는가? 그 질문에 대한 가장 단순한 대답은 추운 날씨와 음식 부족이다 / 온도가 떨어질 때 발생하는. 가을에, 그들은 공중에서 차가움을 느낀다. 그들은 햇볕의 변화하는 양과 낮과 야간 온도들의 변화를 알아챈다. 계절이 가을에서 겨울로 변할 때, 낮들은 더 짧아지고, 밤들은 더 길어지고, 야간 온도들은 더 차가워진다. 더욱이, 추운 날씨는 북부 식물들의 성장을 막고 음식 부족을 야기한다. 그 때에, 제왕나비들은 남쪽으로 멕시코와 캘리포니아에 있는 더 따뜻한 장소로 이동해야 한다, / 음식을 찾아서.

THE IBT TOEFL SERIES **READING**

1. **their가 가리키는 것은?**
   'their' 바로 앞에 있는 복수 명사들은 'Monarch butterflies'와 'the Rocky Mountains'입니다. 이 단어들 중 'their' 자리에 넣어 의미가 통하는 것은 'Monarch butterflies'이므로 정답은 (A)입니다.

2. 'NOT true about monarch butterflies'라는 질문의 답을 찾으려면 단락 전체 내용을 이해해야 합니다. 단락 전체 내용을 빠르게 이해하는 방법은 주제 중심으로 읽으면서 동사 이후 핵심어에 주목하는 것입니다. 주요 내용을 살펴보면, '제왕나비들은 새들처럼 남쪽에서 겨울을 보낸다', '새들과는 달리 그들은 북쪽으로 돌아오지 못한다', '그들은 캘리포니아 해안 또는 중앙 멕시코까지 날아간다', '봄에 그들은 짝짓기하고, 알들을 낳고 죽는다'. 이런 내용들과 맞지 않는 것은 (D)입니다. (D)에서 'return → do not return'으로 고쳐야 본문 내용과 맞습니다.

3. 삽입 문제의 전략에 따르면, 첫째, 문제 속에 주어진 문장은 'After emerging from the eggs'의 의미 때문에 이전의 내용과 비슷해야 합니다. 둘째, 주어진 문장의 주어 'the next generation of monarchs'는 그 바로 앞 문장과 연결되고, 술부의 'migrates north to the summer homes'는 그 다음 문장 내용과 연결되어야 합니다. 이와 같은 여러 힌트들 중에서 결정적인 것은 'the eggs'입니다. 정관사 'the'가 '그'라는 의미를 나타내므로 그 앞 문장에 'eggs'에 대한 언급이 나와 있어야 합니다. (D) 앞 문장에 'eggs'가 있고, 내용의 연결도 맞으므로 정답은 (D)입니다.

4. **crush**(박살내다, 뭉개버리다)
   (A) 직면하다   (B) **파괴하다**
   (C) 저항하다, 맞서다   (D) 견디다, 참다

5. 질문에 나온 'When monarch butterflies finally arrive in central Mexico and the California coast'에 관한 내용은 본문의 마지막 문장에 'they reach their winter homes'라고 나오고 있습니다. 그리고 질문에 나온 'what kind of danger do they primarily face'는 본문의 마지막 문장에 'The danger of strong winds is still a main element'라고 나오고 있습니다. 즉, '제왕나비들이 남쪽 목적지에 도달한 후에도 강한 바람의 위험을 피해야 한다'는 것입니다. 이런 내용을 반영하는 보기는 (A)입니다.

6. 'a massive bundle of grapes(거대한 다발의 포도들)'이라는 어구를 언급하는 이유를 묻는 문제입니다. 이 질문처럼 밑줄 그어진 어구 앞에 such as(~와 같은) / like(~처럼) / including(~을 포함하는)이라는 어구가 있을 때 답은 바로 앞에 나온 어구입니다. 즉, 본문에서 'like a massive bundle of grapes' 바로 앞에 'cluster on a single tree(하나의 나무 위에 떼지어 모여 있다)'라고 나오고 있으므로 정답은 이 내용을 반영하는 (C)입니다.

7. 'NOT mentioned in paragraph 3 as a reason why monarchs cluster together'라는 질문의 답을 찾으려면 단락 전체 내용을 이해하고 풀어도 되지만 주제 문장만 보고도 답할 수 있습니다. 즉, 주제 문장에 'monarch butterflies cluster together to resist bad weather(제왕나비들은 나쁜 날씨에 맞서기 위해 함께 떼지어 모인다)'라고 나오고 있으므로 '떼지어 모이는 이유'는 '나쁜 날씨 때문'이라는 것을 알 수 있습니다. 그래서 정답은 나쁜 날씨와 관계없는 (D)입니다.

8. **chill**(냉기, 오한, 차가움)
   (A) 변화   (B) **차가움, 냉담함**
   (C) 기후   (D) 부족

9. 질문에 나온 'environmental conditions for which the monarchs migrate to overwintering places'는 본문의 둘째 문장부터 나오고 있습니다. 이 질문의 답을 찾으려면 단락 전체 내용을 이해해야 합니다. 주요 내용을 살펴보면, '제왕나비들이 이주하는 이유는 추운 날씨와 음식 부족 때문이다', '가을에 그들은 공중에서 차가움을 느낀다', '그들은 낮이 짧아지고 밤이 길어지며 야간 온도가 내려간다는 것을 느낀다', '그들은 음식 부족을 알고 남쪽으로 음식을 찾아 떠난다'. 이런 내용과 맞지 않는 보기는 (A)입니다. (A)에서 'longer days → shorter days'로 고쳐야 본문 내용과 맞습니다.

Chapter 07 Inference(추론) 문제

Warming-up   p. 195~198

|정답| 1. (A) 2. (C) 3. (A) 4. (C) 5. (B) 6. (B) 7. (B) 8. (A)

p. 195 Passage 1

어휘▶ upcoming(다가오는), volcanic eruption(화산 폭발), a series of(일련의), earthquake(지진), crust(지각, 껍질), tremor(몸서리, 떨림, 흔들림), predict(예보하다, 예측하다)

분석▶ 질문에 나온 'scientists in Mexico City predicted the eruption'은 본문의 마지막 문장에 'scientists at a research center in Mexico City predicted a volcanic eruption in December, 2000'라고 나오고 있습니다. 같은 문장에 이 과학자들이 화산 폭발을 예측한 방법으로 'Using research into increasing long-period tremors'라고 나오고 있는데 유감스럽게도 핵심어구인 'tremors'가 너무 어려운 단어입니다. 이럴 때 주제 문장을 참고하세요. 주제 문장에 'tremors'에 대한 힌트가 주어지고 있습니다. 주제 문장의 핵심어구가 무엇일까요? earthquakes죠. 즉, 'earthquakes = tremors'입니다. 그래서 정답은 (A)입니다.

해석▶ 다가오는 화산 폭발의 첫 예시는 일반적으로 일련의 지진들이다. 마그마는 지각 안에서 위로 움직인다, 그래서 땅이 흔들린다. 그 지진 활동이 낮은 수준에서 높은 수준으로 증가할 때, 그것은 화산 폭발의 강한 신호일 수 있다. 증가하는 장기간 진동들에 대한 연구를 사용한, 멕시코 시티 연구 센터에 근무하는 과학자들은 2000년 12월의 화산 폭발을 예측했다. 그 화산은 48시간 후에 폭발했다 / 그것이 예측됐던 때로부터.

p. 195 Passage 2

어휘▶ crisis(위기), Roman Empire(로마 제국), threat(위협), invasion(밀어닥침, 침입), nomadic(유목민의, 방랑의), tribe(부족), recurring(재발하는, 되풀이되는), civil war(내란, 내전), enemy(적), mass(덩어리, 집단)

분석▶ 질문에 나온 'the Vandals(반달족들)'은 본문의 셋째 문장에 나오고 있습니다. 이 특정적인 부족이 쓰이는 이유는 그 앞 문장에 나온 'the foreign enemies'를 좀 더 구체적으로 설명하기 위해서 입니다. 'the foreign enemies'는 주제 문장에 'nomadic tribes'라고 나오고 있으므로 결국 'the Vandals'는 'nomadic tribes의 한 종류'임을 알 수 있습니다. 그래서 정답은 (C)입니다.

해석▶ 로마 제국의 3세기 위기는 침입의 위협으로부터 나타났다 / 북쪽과 동쪽에서 여러 유목민 부족들에 의한. 로마 군인들이 서로 싸우느라 바쁠 때 / 계속되는 내전들 때문에, 그 외국의 적들은 그 로마 제국을 공격하기 위하여 그 상황을 이용했다. 로마 제국은 고트족들과 반달족들 같은 부족들에 의해 공격 받았다. 그들은 그 제국을 침입하기 시작했다, / 처음에는 작은 그룹들로, 그 후에는 더 큰 집단들로.

p. 196 Passage 3

어휘▶ If it had not been for(~이 없었다면), railroad industry(철도 산업), significantly(중요하게, 크게), rail(철로), hold up(지탱하다), substitute(대체하다), expensive(비싼, 비용이 많이 드는), costly(값이 비싼), blend(섞다, 혼합하다), iron ore(철광석), durable(내구력이 있는, 튼튼한), abundant(풍부한)

분석▶ 질문에 나온 'the railroad industry preferred steel to iron'의 내용은 본문의 셋째 문장에 'railroad senior managers wanted to substitute steel rails for iron rails'라고 나오고 있습니다. 즉, '철도 관계자들은 철 철로들을 강철 철로로 바꾸기 원했다'는 것입니다. 그 이유는 바로 앞 문장에 'the first rails were too weak to hold up heavy trains'라고 제시됐습니다. 즉, '철 철로들은 무거운 열차들을 지탱하기에는 너무 약했다'는 것입니다. 여기서 내포된 의미는 '강철 철로'는 무거운 열차들을 지탱할 수 있기 때문에 선호된다는 것입니다. 강철 철로가 무거운 열차들을 지탱하려면 '강하고 내구성이 뛰어나야' 하겠죠. 이런 내용을 반영하는 보기는 (A)입니다.

해석▶ 만일 강철이 없었다면, 철도 산업은 크게 발전하지 못했었을 것이다. 철로 만들어진, 첫 번째 철로들은 무거운 열차들을 지탱하기에는 너무나 약했다 / 높은 속도들로 달리는. 철도 간부들은 철 철로들을 강철 철로들로 대체하기를 원했다. 하지만, 1870년대 이전에, 강철은 너무나 비싸서 그것은 널리 사용될 수 없었다. 그것은 느리고 값이 비싼 과정에 의해서 생산되었다 / 철광석을 가열하고 혼합하는 것의.

p. 196 Passage 4

어휘▶ expedition(탐사, 원정대), celebrated(유명한), tale(이야기), adventure(모험), set out(출발하다), turn up(나타나다), give up(포기하다), continent(대륙), originally(원래, 처음에), amount(양), drainage(배수, 배출되는 물), barrier(장애물), prior to(~보다 이전에), inhabitant(주민), undervalue(실제보다 낮게 평가하다, 경시하다)

분석▶ 질문에 나온 'the size of the continent'는 본문의 넷째 문장에 'the United States continent was wider than it was originally assumed'라고 나오고 있습니다. 즉, '미국 대륙은 처음에 생각했던 것보다 더 넓었다'는 것입니다. 그렇다면 질문에 'prior to the Lewis and Clark expedition, the size of the continent had been'이라고 나온 것처럼 루이스 클락 원정대 이전에, 미국 대륙은 어땠을까요? 본문의 넷째 문장에 내포된 의미는 '루이스 클락 원정대 이전에, 미국 대륙은 더 좁게 생각됐다'는 것입니다. 즉, 미국 대륙은 실제 보다 과소 평가됐다는 것입니다. 이런 내용을 반영하는 보기는 (C)입니다.

해석▶ Lewis Clark 원정대는 미국 역사상 아마도 가장 유명하고 유용한 모험 이야기이다. 그 원정대는 1804년 5월에 출발해서 1806년 9월에 나타났다, / 모든 사람들이 크게 놀라도록. 대통령 제퍼슨과 국민들은 그들을 다시 보는 것에 대한 희망을 오랫동안 포기했었다. Lewis와 Clark은 많은 새로운 정보를 가져왔다, / 지식을 포함하여 / 미국 대륙은 원래 생각되었던 것보다 더 넓다는. 더욱 특별하게도, 그들은 강 배수들과 산 장애물들에 대한 많은 것을 배웠다.

p. 197 Passage 5

어휘▶ urban heat island(도시 열섬), simultaneous(동시에 일어나는, 동시에 존재하는), surrounding(둘러싸는, 주변의), calm(조용한, 고요한), accumulate(쌓아 올리다, 축적하다), cool off(서늘해지다, 차가워지다), in contrast(대조적으로), blow(바람이 불다)

분석▶ 질문에 나온 'the strong winds'는 본문의 마지막 문장에 'In contrast, the temperature differences are smallest when strong winds blow'라고 나오고 있습니다. 즉, '대조적으로, 시골과 도시의 온도 차이는 강한 바람이 불 때 가장 작다'는 것입니다. 바로 앞 문장에 '도시와 시골 온도 차이가 가장 클 때는 고요하고 맑은 저녁 때인데 그 이유는 도시가 많은 열을 가지고 있기 때문'이라는 것입니다. 이 두 내용을 통해 '강한 바람은 도시가 가지고 있는 열을 날려 버리기 때문에 도시의 온도는 내려가고 시골과의 온도 차이를 줄일 수 있다'라는 사실을 유추할 수 있습니다. 이런 내용을 반영하는 보기는 (B)입니다.

해석▶ 도시 열섬은 발생한다 / 도시 내부의 온도가 주변 시골 지역들의 상응하는 온도보다도 더 클 때. 보통, 도시 열섬에서의 온도는 화씨 20도(섭씨 11도)만큼 더 높다 / 그 도시를 둘러싸고 있는 시골 지역들의 그것보다. 조용하고, 청명한 저녁에, 도시와 시골 온도들의 차이들은 가장 크다. 도시들은 그 열의 많은 것을 유지한다 / 건물들과 도로들에 축적된, 반면에 시골 지역들은 빠르게 시원해진다. 대조적으로, 그 온도 차이들은 가장 작다 / 강한 바람들이 불 때.

p. 197 Passage 6

어휘▶ newborns(신생아들), infant(어린아이, 유아, 5~7세의 아동), adolescent(청년기의, 13~19세의 청소년), essentially(본질적으로, 본래), adult(성인, 어른)

분석▶ 질문에 나온 'human infants'는 본문의 주제 문장인 첫째 문장에 'Unlike other newborns of animals, human infants are born with their eyes wide open and able to see'라고 나오고 있습니다. 즉, '동물들의 다른 새끼들과는 달리, 유아들의 눈은 태어날 때부터 넓게 뜨이고 볼 수 있다'는 것입니다. 그렇다면 질문에 'animal newborns other than human infants'라고 나온 것처럼 '유아가 아닌 동물들의 새끼들의 눈'은 어떨까요? 주제 문장에 내포된 의미는 '동물들의 새끼들의 눈은 유아의 눈과는 달리 닫혀 있고 볼 수도 없다'는 것입니다. 이런 내용을 반영하는 보기는 (B)입니다.

동물들의 다른 새끼들과 달리, 인간의 유아들은 태어난다 / 넓게 뜨이고 볼 수 있는 눈들과 함께. 그들이 태어날 때, 그들의 눈들은 성인들의 그것들에 비해 약 70%만큼 크다. 그들의 눈들은 첫 해 동안에 가장 빠르게 커지고, 그 후 청소년기까지 천천히 커진다. 청소년기 동안에, 그들의 눈들은 본질적으로 성인들의 그것들만큼 커지게 된다.

p.198 Passage 7

 raise(키우다, 양육하다, 재배하다), gym suit(체육복), rough(거친), mice(쥐들; mouse의 복수형)

 질문에 나온 'it was very unusual for girls to'는 본문의 마지막 문장에 'her interest in rough sports and shooting mice surprised people'라고 나오고 있습니다. 즉, '그녀의 거친 스포츠에 대한 관심과 쥐들을 총으로 쏘는 것은 사람들을 놀라게 했다'는 것입니다. '사람들이 놀랐다'는 것은 '사람들이 예상하지 못했다'는 것을 내포합니다. 즉, '20세기 초 미국에서 어린 소녀가 축구를 하고 총을 갖고 노는 것은 예상치 못한 일이기에 사람들은 그런 모습을 보고 놀랐다'는 것입니다. 이런 내용을 반영하는 보기는 (B)입니다. (D)에서 'sports → rough sports'로 고치면 본문 내용과 맞습니다.

 1900년대 초에, 수지의 부모는 그들의 어린 활동적인 딸을 특별한 방법으로 키웠다. 그녀의 아버지는 수지에게 축구공들과 총들을 줬다, / 반면에 그녀의 어머니는 지역 사회를 놀라게 했다 / 그 소녀에게 스커트 대신에 체육복을 입힘으로써. 그녀의 아버지의 직업은 그 가족을 여러 도시로 옮기도록 야기했고, 거친 운동들에 대한 그녀의 관심과 쥐들을 총으로 쏘는 것은 사람들을 놀라게 했다 / 그녀가 가는 곳마다.

p.198 Passage 8

 species(종), continent(대륙), barrier(장애물), overcome(극복하다), adaptation(적응), mammal(포유류), survive(오래 살다, 살아남다), disharmony(부조화, 불협화음), term(용어, 기간), missing(없어진, 결여된, 행방 불명인), cow(암소, 젖소), goat(염소), boar(멧돼지)

 질문에 나온 'there are no cows in the Hawaiian Islands'는 본문의 마지막 문장에 'Cows, goats, sheep, bears, and wild boars are examples of the disharmony'라고 나오고 있습니다. 즉, '젖소들은 부조화의 예들'이라는 것입니다. 부조화란 그 앞 문장에서 '하와이에 없는 식물들과 동물들을 일컫는 용어'라고 밝히고 있습니다. 여기서 주의해야 할 것은 (C)에 있는 'disharmonized'는 젖소들이 하와이에 없는 이유를 나타내는 것이 아니라 젖소들이 하와이에 없다는 것을 나타내는 용어라는 것입니다. 그래서 (C)가 답이 될 수 없습니다. 젖소들이 하와이에 없는 이유는 둘째 문장에 'They had barriers to overcome: long distance to cross over and adaptation to the islands'라고 제시되고 있습니다. 즉, '생물들은 하와이 군도까지 먼 거리를 이동하고 거기에 적응해야만 하는 장애물들을 가졌다'는 것입니다. 이 내용을 반영하는 보기는 (A)입니다.

 큰 동물들의 많은 종들은 / 대륙들 위에서 발견되는 / 하와이에서 발견되지 않는다. 그것들은 극복해야 할 장애물들을 가졌다: 가로질러야 할 먼 거리와 섬들에 적응하는 것. 큰 포유류들은 그 섬들까지 여행에서 살아남지 못했다. 부조화는 (하와이에) 없는 식물들과 동물들의 종들에 대한 용어이다. 젖소들, 염소들, 양들, 곰들, 그리고 멧돼지들은 그 부조화의 예들이다.

Exercise p. 199~201

|정답| 1. (B) 2. (A) 3. (B) 4. (D) 5. (B) 6. (C) 7. (B) 8. (C)
     9. (A) 10. (D)

p.199 Passage 1

 significant(중요한, 상당한), controversy(논쟁, 논의), dinosaur(공룡), extinct(멸종한, 꺼진), the Cretaceous Period(백악기), radically(근본적으로, 철저히), debate(논의, 논쟁), concentration(집중, 집합물, 농도), asteroid(소행

성), sediment(퇴적물, 침전물), crust(지각, 껍질), extremely(극단적으로, 대단히), dense(밀집한, 밀도가 높은), sink into(~속으로 서서히 내려가다, ~속으로 가라 앉다), core(핵, 핵심), molten(녹은), diameter(지름, 직경), collide with(~와 충돌하다)

상당한 논쟁들이 있었다 / 왜 공룡들이 백악기 말인 약 6500만년 전에 멸종하게 됐는가에 대한. 한 이론이 나왔다 / 1980년에 그 논쟁을 근본적으로 바꿨던. Luis Alvarez에 의해 이끌리는 버클리 대학의 과학자들의 한 팀은 드문 금속인 이리듐(소행성들에 종종 발견되는)의 많은 양을 발견했다 / 그 공룡들이 멸종된 지구 지각의 퇴적물 속에서. 그 발견은 중요했다 / 왜냐하면 그 당시에, 다른 과학자들은 이리듐에 대해 다르게 생각했었으므로. 그들은 믿었다 / 이리듐은 지구 지각에 극히 드물다고 / 왜냐하면 그것은 아주 밀도가 높고, 그래서 그것의 대부분은 지구 핵 속에 가라 앉았기 때문에 / 지구가 여전히 녹았을 동안에. 그 Alvarez 팀은 주장했다 / 지름이 약 10km인 소행성이 6천 5백 만년 전에 지구와 충돌했다고.

1. **radically**(근본적으로, 철저히)
   (A) 약간, 다소   (B) **근본적으로**
   (C) 명백히, 외관상   (D) 정교하게, 복잡하게

2. **it이 가리키는 것은?**
   'it' 바로 앞에 있는 단수 명사들은 'iridium', 'the Earth', 'crust' 입니다. 이 단어들 중에서 'it' 자리에 넣어 의미가 통하는 것은 'iridium'이므로 정답은 (A)입니다.

3. 질문에 나온 'the metal iridium that the Alvarez team discovered'는 본문의 셋째 문장에 'A team … discovered a high concentration of the rare metal iridium'라고 나오고 있습니다. '금속 이리듐이 어디에서 왔는가?'에 대한 the Alvarez team의 주장은 맨 마지막 문장에 'an asteroid which was about 10km in diameter collided with the Earth 65 million years ago'라고 나오고 있습니다. 즉, '직경 10킬로미터 정도 되는 소행성이 6500만년 전에 지구와 충돌했을 때 소행성에 있던 이리듐이 지구에 떨어졌다'는 것입니다. 이런 내용을 반영하는 보기는 (B)입니다.

4. **collided with**(~와 충돌했다, ~와 상반했다)
   (A) 다뤘다, 처리했다   (B) 설명했다
   (C) 산산조각이 났다   (D) **~에 부딪쳤다**

p. 200 Passage 2

decrease(줄이다, 감소시키다), predation(포식, 약탈), uniformly(일정하게, 고르게), territoriality(텃세권), keep A from B(B로부터 A를 지키다/막다), flock(무리, 떼), cluster(송이, 무리, 집단), breeding season(산란기), search for(~을 찾다), prey(먹이), predator(포식동물, 약탈자)

포식으로부터의 위험을 줄이기 위하여, 새들은 그들의 둥지를 떨어뜨려 놓으려고 노력한다 / 그들의 영토 전체에 걸쳐 아주 일정하게. 이 행동은 텃세권이라고 불린다. 그것은 그들이 무리들이나 집단들로 나타나는 것으로부터 막는다 / 산란기 동안에. 이 행동 패턴은 그 새들로 하여금 포식을 피하는 것을 돕는다. 그것은 포식자들이 같은 종류의 먹이를 찾는 경향이 있기 때문이다 / 그들이 먹이의 한 마리 또는 몇 마리를 발견한 후에. 무리 짓는 것은 포식자들에 의한 탐색을 더 쉽게 만들 수 있고 / 그래서 각 개별 먹이의 안전을 줄일 수 있다.

5. **it이 가리키는 것은?**
   'it' 바로 앞에 있는 단수 명사들은 'behavior', 'territoriality' 입니다. 이 단어들을 'it' 자리에 넣으면 둘 다 의미가 통한다는 것을 알 수 있습니다. 'This behavior = territoriality' 이니까요. 그래서 정답은 (B)입니다.

6. **clusters**(송이들, 무리들, 집단들)
   (A) 지역들, 지방들   (B) 종류들
   (C) **집단들**   (D) 무질서들, 혼란들

7. 질문에 나온 'birds' flocking'은 본문의 마지막 문장에 'Flocking can make easier the search by predators and thus decrease the safety of each individual prey'라고 나오고 있습니다. 즉, '무리 짓는 것은 포식자들에게 탐색을 쉽게 할 수 있게 하고 개별 새들의 안전을 줄일 수 있다'는 것입니다. 바꿔 말하면, '무리 짓는 것은 포식의 위험을 높인다'는 것입니다. 이런 내용을 반영하는 보기는 (B)입니다.

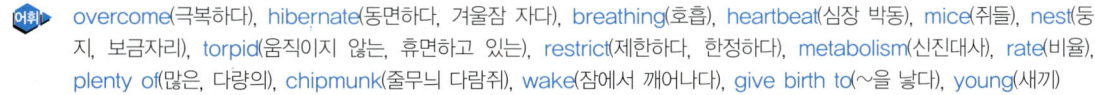

p. 201 Passage 3

어휘 overcome(극복하다), hibernate(동면하다, 겨울잠 자다), breathing(호흡), heartbeat(심장 박동), mice(쥐들), nest(둥지, 보금자리), torpid(움직이지 않는, 휴면하고 있는), restrict(제한하다, 한정하다), metabolism(신진대사), rate(비율), plenty of(많은, 다량의), chipmunk(줄무늬 다람쥐), wake(잠에서 깨어나다), give birth to(~을 낳다), young(새끼)

해석 동면은 하나의 방법이다 / 작은 동물들이 수면에 의해 겨울의 추위와 음식 부족을 극복하는. 작은 동물들은 큰 것들보다 더 많은 에너지를 잃는다 / 왜냐하면 그들은 더 빠르게 열을 잃기 때문에. 그래서, 그들은 에너지를 절약하기 위하여 동면한다. 그들이 잠잘 때, 그들의 체온은 떨어지고, 그들의 호흡과 심장 박동은 감소한다. 그들은 아주 적은 에너지를 사용한다. 예를 들면, 쥐들은 겨울 동안에 지하에 둥지들을 만들고 추운 날씨 내내 거기에서 잠잔다. 대조적으로, 여우들과 같은 더 큰 동물들은 겨울 내내 활동적인 채로 있을 수 있다.

많은 동물들은 또한 추운 겨울에 잠자지만, 같은 방법으로 자지 않는다 / 진짜 동면 동물들이 하는 것과. 그들은 휴면적일 수 있다, / 그것은 의미한다 / 그들이 아주 졸리고 아주 많이 움직이지 않는다는 것을. 휴면은 신체 신진대사의 제한된 감소이다, / 낮은 산소 소비율들, 체온들, 심장 박동, 그리고 호흡을 나타내는. 많은 동물들이 있다 / 추운 겨울 동안에 휴면을 경험하는. 예를 들면, 줄무늬 다람쥐들은 겨울의 대부분 동안 잠자지만, 가끔씩 먹기 위해 잠을 깬다. 몇몇 곰들은 겨울에 깬다 / 밖에 나가 음식을 찾거나 그들의 새끼를 낳기 위해서.

분석
8. 'why can foxes be more active than mice?'라는 질문의 답은 본문의 주제 문장과 다음 문장에서 찾을 수 있습니다. 즉, '작은 동물인 mice(쥐들)은 동면을 통해 추위와 음식 부족을 이겨낼 수 있다'는 것입니다. 그 이유는 '작은 동물들은 열을 더 빨리 잃어버리기 때문에 더 많은 에너지를 잃는다'는 것입니다. 바꿔 말하면, foxes(여우들)과 같은 큰 동물들은 '에너지를 많이 잃지 않기 때문에 동면하지 않아도 된다'는 것입니다. 이런 내용을 반영하는 보기는 (C)입니다.

9. 질문에 나온 'mice'는 1단락에서 동면 동물의 예로 제시되고, 'chipmunks'는 2단락에서 휴면 동물의 예로 제시되고 있습니다. 그래서 'mice differ from chipmunks in the fact that'라는 질문은 '동면과 휴면의 차이점은 무엇인가?'라는 것과 같습니다. 휴면에 대한 답은 2단락 다섯째 문장에 'chipmunks sleep for most of the winter, but wake up sometimes to eat'라고 언급되고 있습니다. 동면에 대한 것은 1단락 여섯째 문장에 'mice make nests underground during the winter and sleep there through cold weather'라고 언급되고 있습니다. 이 두 가지 내용을 요약하면, '휴면 동물인 chipmunks는 겨울의 대부분을 잠 자지만 가끔씩 깬다'는 것이고 '동면 동물인 mice는 겨울 내내 잠 잔다'는 것입니다. 이 내용을 반영하는 보기는 (A)입니다.

10. 질문에 나온 'the state of torpidity'는 본문의 셋째 문장부터 나오고 있습니다. 이런 유형의 질문에 답하기 위해서는 torpidity에 대한 내용 요약이 필요합니다. 즉, '휴면은 신진대사의 감소로서 산소 소비율, 체온, 심장 박동과 호흡이 모두 감소한다', '다양한 동물들이 이 휴면 상태를 경험한다', '그런 동물들의 예가 줄무늬 다람쥐들과 곰들이다'. 이런 내용과 맞지 않는 것은 (D)입니다. (D)에서 small animals는 동면 동물들의 특징입니다. 휴면 동물들 중에는 곰처럼 큰 동물들도 있습니다.

Review Test   p. 202~205

정답	1. (C)	2. (B)	3. (D)	4. (B)	5. (D)	6. (B)	7. (A)	8. (C)
	9. (D)							

어휘 propose(제안하다), convincing(설득력이 있는), organism(유기체, 생물), adjust(맞추다, 적응시키다), prime(가장 중요한, 가장 적절한, 최고의, 최초의), variety(다양성, 종류, 변형), moth(나방), widespread(광범하게 퍼진, 널리 받아들여진), prior to(~보다 이전에), industrial revolution(산업 혁명), soot-stained(숯 검댕으로 얼룩진), mix with(섞이다, 혼합하다), make up(구성하다), overlook(못 보고 넘어가다, 간과하다), evolutionary(진화의), gradual(점진적인, 완만한), observe(관찰하다), pollution(오염), fade(희미해지다, 바래다, 사라지다), eventually(결국), biologist(생물학자),

oppose(반대하다, 대항하다), beak(부리, 주둥이), finch(되새류), enlarge(크게 하다, 확대하다), drought(가뭄), reduce(줄이다, 감소시키다), seed(씨앗), genetically(유전적으로), stable(안정적인), minor(보다 작은, 중요하지 않은), genetic(유전의), offspring(자식, 자손)

　　1859년에, Charles Darwin은 자연 선택의 개념을 제안했다 / 간단하지만 설득력 있는: 그들의 환경들에 잘 적응한 생물들은 살아남고 새끼를 낳을 거라고 더 기대된다. 영국 산업 도시들에 사는 나방들은 자연 선택의 가장 적절한 예였다. 그들은 종류들을 가졌다 / 몸 색깔에서 연한 색에서 어두운 색까지 다른. 더 엷은 색의 나방들은 산업 혁명 이전에 영국에서 흔했다. 그들은 발견하기 어려웠다 / 영국에서 흔한 많은 나무들의 밝은 색깔의 껍질에 대하여. 하지만 산업 혁명이 숯 검댕으로 얼룩진 건물들과 나무들을 야기한 후에, 그 더 연한 색의 나방들은 새들에게 더 쉬운 표적들이었다. 대조적으로, 더 어두운 색의 나방들은 더 쉽게 살아남았다 / 왜냐하면 그들은 검은 환경과 뒤섞였기 때문에. 1895년에, 그 더 어두운 색의 나방들은 영국 도시들 가까이에 있는 나방들의 90% 이상을 차지했다.
　　하지만, Charles Darwin은 자연 선택에 대한 한 가지 중요한 점을 간과했다: 환경 조건들이 정상으로 돌아올 때, 그 개체 수의 균형도 그렇게 된다는 것을. Darwin은 주장했다 / 진화적인 변화는 점진적이고 느리다고, 몇 백만 년에 걸쳐 일어나면서, 하지만 몇몇 다른 과학자들은 관찰했다 / 그 변화는 몇 백 년, 또는 심지어 몇 년에 걸쳐 발생한다는 것을. 1950년대 이래로, Clean Air 법률들은 영국 도시들에 있는 더러워진 건물들과 나무들을 깨끗하게 해왔다. 오염이 감소하기 시작했을 때, 더 어두운 색의 나방들의 개체 수는 시간이 지나면서 점차적으로 감소했고 더 엷은 색의 나방들은 증가했다. 결국, 나방 개체 수는 그것의 정상적인 상태로 돌아왔다.
　　Peter Grant와 Rosemary Grant는, 프린스턴 대학의 생물학자들인, 관찰했다 / 진화적인 변화는 몇 년에 걸쳐 일어났다는 것을, 다윈의 주장과 반대로. 1977년에, 그들은 발견했다 / 갈라파고스 군도의 되새류들의 부리 크기는 확대되기 시작했다는 것을 / 작은 씨앗들을 줄어들도록 야기했던 심각한 가뭄 때문에. 매우 큰 부리들을 가진 새들만이 크고, 단단한 씨앗들을 깨서 열고 살아남을 수 있었다. 작은 부리들을 가진 많은 수의 보통 새들은 죽었다. 하지만, 그 가뭄이 끝났을 때, 그 개체군은 정상적인 부리를 가진 새들로 돌아왔다. Peter Grant와 Rosemary Grant는 놀랐다 / 얼마나 빨리 그 진화적인 변화가 발생했는가에 대해.
　　왜 종의 균형은 정상으로 돌아갈까 / 자연 조건들이 정상으로 돌아올 때. 그 이유는 종들이 유전적으로 안정적이기 때문이다. 자연 선택은 존재하는 종류들 중에서 최고의 것을 선택하기 때문에, 그것은 작은 유리한 유전적 변화들을 확립하는 것을 돕는다. 예를 들면, 만일 한 종의 구성원이 기능적인 장점을 얻으면, 그것은 그 장점을 그것의 후손에게 유전적으로 전한다. 그 유전적인 장점은 그 구성원이 야생에서 더 잘 경쟁할 수 있게 한다 / 같은 종의 불리한 구성원들보다. 나방들의 예는 드러낸다 / 더 어두운 색의 나방들은 오염 기간 동안에 몸 색깔에서 유전적 장점을 가졌다는 것을.

 1. 질문에 나온 'lighter-colored moths and darker-colored moths'는 본문의 넷째 문장부터 나오고 있습니다. 주요 내용을 살펴보면, '더 엷은 색의 나방들은 산업 혁명 이전에 영국에서 흔했다', '하지만 산업 혁명 이후에, 건물들과 나무들이 숯 검댕으로 얼룩지게 돼서, 더 연한 색의 나방들은 새들에게 더 쉬운 표적들이었다', '반면에, 더 어두운 색의 나방들은 더 쉽게 살아남았다', '1895년에, 더 어두운 색의 나방들은 나방들의 대다수를 차지했다'. 이런 내용과 맞지 않는 보기는 (C)입니다.

2. soot-stained(숯 검댕으로 얼룩진)
　　(A) 산업의, 공업용의　　　　　(B) 어두워진, 검게 된
　　(C) 혼합된　　　　　　　　　　(D) 적합한, 알맞은

3. 삽입 문제의 전략에 따르면, 첫째, 문제 속에 주어진 문장은 'As a result(결과적으로)'라는 의미 때문에 이전의 내용에 대한 보충 설명을 나타냅니다. 둘째, 문제에 주어진 문장의 주어 'the lighter-colored moths', 'the darker-colored moths'는 이전 문장의 내용을 가리키고, 술부 'decreased', 'increased over a period of decades'는 다음 문장의 내용과 연결됩니다. 이와 같은 여러 힌트들 중에서 결정적인 것은 'As a result'입니다. 바로 그 앞 문장에 '연한 색의 나방들이 줄어들고, 어두운 색의 나방들이 증가한 이유'가 나와야 합니다. (D) 앞 문장에 '어두운 색의 나방들이 검게 된 환경과 혼합됐기 때문에 더 쉽게 살아 남았다'는 내용이 나오고, (D) 다음 문장에 '어두운 색의 나방들이 전체 나방의 90%를 차지했다'는 내용이 나오고 있으므로 (D)가 정답입니다.

4. 'the author's main purpose'라는 질문은 주제 문장을 참고하여 답하면 됩니다. 주제 문장은 첫 문장에 나오고 있죠. 즉, 'Charles Darwin은 중요한 점을 간과했다. 즉, 환경의 조건들이 정상으로 돌아올 때, 그 개체 수의 균형도 정상으로 돌아온다'는 것입니다. 이런 내용을 반영하는 보기는 (B)입니다.

5. fade(희미해지다, 바래다, 사라지다)

(A) 거무스름해지다 (B) 발생하다
(C) 중지하다, 끝나다 (D) 거절하다, 감소하다

6. 질문에 나온 'moths'는 본문의 마지막 두 문장에 'When the pollution started to fade, the population of darker-colored moths gradually decreased over time and the lighter-colored moths increased. Eventually, the moth population returned to its normal state.'라고 나오고 있습니다. 그 의미를 요약하면, '오염이 감소하기 시작했을 때, 어두운 색의 나방들의 개체 수는 점점 감소했고, 연한 색의 나방들은 증가했다. 결국, 나방의 개체 수는 연한 색의 나방들이 많았던 원래 상태로 돌아 갔다'는 것입니다. 이런 내용을 반영하는 보기는 (B)입니다.

7. 질문에 나온 'dry conditions'에 관한 내용은 본문의 둘째 문장부터 나오고 있습니다. 그 내용을 요약하면, '1977년, 갈라파고스 군도에서 심각한 가뭄으로 인해 작은 씨앗들이 줄어들자 되새류의 부리 크기가 확대되기 시작했다. 왜냐하면 큰 부리들을 가진 새들만이 크고 단단한 씨앗들을 깨서 열고 먹을 수 있었기 때문'이라는 것입니다. 여기서 유추할 수 있는 것은 '작은 부리들을 가진 새들은 크고 단단한 씨앗들을 깨지 못했다'는 것입니다. 이런 내용을 반영하는 보기는 (A)입니다.

8. 'why were Peter and Rosemary Grant surprised'라는 질문의 답은 본문의 마지막 문장에 'Peter and Rosemary Grant were surprised at how quickly the evolutionary change had taken place'라고 나옵니다. 그 의미는 '얼마나 빠르게 진화의 변화가 발생하는가에 대해 그들은 놀랐다'는 것입니다. 여기서 '진화적 변화'란 '새들의 부리가 환경의 변화에 맞춰 변하는 것'을 의미하므로 정답은 (C)입니다.

9. 질문에 나온 'natural selection'은 네 번째 단락 전체에 걸쳐 나오고 있으므로 주제 문장에 초점을 맞춰 답을 찾으면 됩니다. 왜냐하면 주제 문장이 본문 전체의 내용을 지배하니까요. 주제 문장 중심으로 전체 내용을 요약하기로 하죠. 첫 문장이 의문문이므로 주제 문장이 아닙니다. 주제 문장은 둘째 문장이죠. 즉, '종의 균형이 정상으로 돌아가는 이유는 종이 유전적으로 안정적이기 때문'이라는 것입니다. 이 의미는 막연하기 때문에 다음 문장들에서 구체화되고 있습니다. 즉, '자연 선택은 존재하는 종류들 중에서 최고의 것을 선택하기 때문에, 자연 선택은 기능적 장점을 가진 종을 선택해서 그 장점을 다음 세대로 유전을 통해 전할 수 있게 한다'는 것입니다. 바꿔 말하면, '자연 선택은 기능적인 단점을 가진 종을 도태시킨다'는 것입니다. 이런 내용을 반영하는 보기는 (D)입니다.

Chapter 08 Sentence Simplification(문장 간결화) 문제

Warming-up 08   p. 217~222

|정답| 1. (C) 2. (C) 3. (D) 4. (B) 5. (C) 6. (D)

p. 217 Passage 1

어휘 expansion(확대, 팽창), transportation(교통), network(조직, 망), stimulate(자극하다, 격려하다), significantly(중요하게, 상당히), reduce(줄이다, 감소시키다), bind(묶다, 결합하다), tremendously(무섭게, 무시무시하게, 엄청나게), region(지방, 지역), cut off(잘라내다, 끊다, 단축하다)

분석 본문에서 음영 처리된 문장의 연결어구는 Because입니다. Because는 '~이기 때문에'라는 의미이므로 두 절의 내용이 원인과 결과를 나타냅니다. 이를 확인하기로 하죠. '운송과 통신이 엄청나게 발전했기 때문에'는 원인을 나타내고, '미국 도시들과 지방들 사이의 거리들은 크게 단축됐다'는 결과를 나타냅니다.
(A): 'will be extended'라는 시제가 맞지 않습니다. (B): '미국 도시들과 지방들 사이의 거리들이 단축됐다'는 내용이 빠졌습니다. (C): '미국 도시들과 지방들 사이의 거리들이 상당히 좁혀졌다'라는 결과와 '교통과 통신의 주목할만한 발전 때문에'라는 원인이 제대로 쓰이고 있으므로 정답입니다. (D): 'although they were far away' 부분이 맞지 않습니다.

해석 1800년과 1840년 사이에, 교통 망들의 확대는 경제 발전을 자극했다 / 그 새로운 나라를 가로지르는 여행 시간을 단축시킴으로써, 그리고 시장까지 물건들을 운송하는 것의 비용을 상당히 줄임으로써. 동시에, 주들 안과 주들 사이에 증가된 여행과 통신은 그 나라를 함께 결합하는 것을 도왔다. 운송과 통신이 엄청나게 발전했기 때문에, 미국 도시들과 지방들 사이의 거리들은 크게 단축됐다.

p. 218 Passage 2

어휘 reproduce(재생산하다, 번식하다, 복사하다), seed(씨앗), seed-raised(씨앗에서 자란), variation(변화), species(종), subspecies(아종, 아래 종), hybrid(잡종, 혼혈종), flower(꽃, 꽃이 피다)

분석 본문에서 음영 처리된 문장의 연결어구는 before입니다. before는 '~이전에'라는 의미이므로 두 절의 내용이 시간의 전후 관계를 나타냅니다. 이를 확인하기로 하죠. '씨앗들에 의해 생산된 튤립 식물들은 종종 적어도 5년의 성장을 필요로 한다'는 이전의 상황을 나타내고, '식물들이 꽃피는 크기가 되는 것'은 후의 상황을 나타냅니다. 이 내용을 쉽게 정리하면, '튤립 식물들이 꽃을 피울 정도가 되려면 적어도 5년간 성장해야 한다'는 것입니다.
(A)와 (B): '꽃을 피우다' 부분이 빠졌습니다. (C): '씨앗에서 자란 튤립들은 꽃 피지 않는다 / 그들이 5년 동안 자랄 때까지'라는 뜻으로 다시 말하면 '그들이 5년이 되어서야 꽃을 피운다'는 뜻이므로 정답입니다. (D): '꽃을 위해서가 아니라 씨앗들을 위해서 자란다'는 의미가 맞지 않습니다.

해석 튤립들은 씨앗들로부터 번식될 수 있다. 씨앗에서 자란 식물들은 더 큰 변화를 보이고, 씨앗들은 종들과 아종들을 키우기 위해 아주 종종 사용되거나 새로운 잡종들을 만들기 위해 사용된다. 씨앗들에 의해 생산된 튤립 식물들은 종종 적어도 5년의 성장을 필요로 한다 / 그 식물들이 꽃피는 크기가 되기 전에. 그들이 5살 된 후에, 그들은 보통 꽃피울 것이다.

p. 219 Passage 3

어휘 outstanding(두드러진, 뛰어난), figure(그림, 숫자, 인물), perform(수행하다, 상연하다), numerous(매우 많은, 엄청난), award(상, 상품), along with(~와 함께, ~에 더하여), significant(중요한, 상당한), generation(세대, 발생), playwright(극작가)

분석 본문에서 음영 처리된 문장의 연결어구는 Along with입니다. Along with는 '~와 함께'라는 의미이므로 두 내용이 같은 방향이라야 합니다. 밑줄 그어진 내용을 간단하게 말하면, 'Tennessee Williams와 Arthur Miller 둘 다 2차 세계대전 이후 세대에서 가장 중요한 극작가들로 간주된다'는 것입니다.
(A): 'Unlike' 때문에 '둘 다 ~ 한다'라는 내용이 될 수 없습니다. (B): 시제가 과거 시제이기 때문에 맞지 않습니다. 즉, '한 때 그들은 가장 중요한 극작가들로 간주됐지만 지금은 아니다'라는 뜻이 내포되어 있어서 맞지 않습니다. (C): 'important → most important'로 바꿔야 본문 내용과 맞습니다. (D): 정답입니다.

해석 Arthur Miller는 미국 연극과 영화에서 뛰어난 인물이었다, / '세일즈맨의 죽음'과 같은 연극들을 포함하여, 많은 각본들을 쓰면서, / 그 연극은 전 세계적으로 상연되고 있다. 그의 훌륭한 작품들 때문에, Miller는 아주 많은 상들을 받았다, 1962년 퓰리처 각본상을 포함하여. Tennessee Williams와 함께, Arthur Miller는 가장 중요한 극작가로 간주되어 왔다 / 2차 대전 이후 세대의 미국 극작가들 중에서.

p. 220 Passage 4

어휘 extremely(극단적으로, 대단히), column(기둥, 세로 행), huge(매우 큰, 막대한), stairway(계단), fountain(샘, 분수), palace(궁전), exhibition(전시), remarkable(주목할만한, 눈에 띄는), rank with(지위를 차지하다, 등급을 가지다), gallery(화랑), the Stone Age(석기 시대)

분석 본문의 음영 처리된 문장에서 분사구문 'established in 1866'을 원래의 절로 고치면 'although it was established in 1866'가 됩니다. 접속사 although가 쓰이는 이유는 1866년과 now가 시간의 대조를 이루고 있기 때문입니다. 즉, '그 미술관은 1866년에 설립됐지만 = 오랜 역사를 가진 것은 아니지만'이라는 분사구문과 '그 미술관은 지금 유럽의 오래된 화랑들의 소장품들에 견줄만한 것들을 갖고 있다'라는 주절의 내용이 대조적입니다. 보기에서 대조적 관계를 나타내는 접속사 / 접속부사 / 전치사를 찾으세요.
(A)에서 비교 접속사 than, (B)에서 Although, (C)에서 Because, (D)에서 When이 나오고 있습니다. (C)와 (D): 대조적

관계를 나타낼 수 없으므로 답이 될 수 없습니다. (A)와 (B)의 내용을 점검하겠습니다. (A): 'more art collections'가 본문 내용과 맞지 않습니다. (B): 본문 내용과 일치하므로 정답입니다.

해석 뉴욕의 Metropolitan Museum of Art는 대단히 크다. 그것의 큰 기둥들과 창문들, 거대한 계단들과 분수들과 함께, 그 미술관은 궁전처럼 보인다. 전시 중인 예술 작품들의 수와 종류는 훨씬 더 주목할만하다. 그 미술관은, / 1866년에 설립된, / 지금은 예술 소장품을 가지고 있다 / 유럽의 더 오래된 화랑들의 그것들과 같은 등급을 가진. 그것의 소장품은 세계의 모든 지역의 예술품들을 포함하고 있다, / 석기 시대부터 20세기에 걸쳐서.

p. 221 Passage 5

어휘 goat(염소), cliff(절벽), sure-footed(발걸음이 확실한, 넘어지지 않는), predator(포식동물), rough(거친), suitable(적합한, 알맞은), steep(가파른, 경사가 급한), slope(경사지, 비탈), angle(각도), high-altitude(높은 곳에 있는), habitat(거주지, 서식지), elevation(고지, 고도)

분석 본문의 음영 처리된 문장에서 분사구문 'Rarely seen'은 결과이고 그 다음에 나오는 주절의 내용이 원인이 됩니다. 즉, '그 염소들은 드물게 보인다'는 것은 결과이고, '그들은 아주 확실한 발을 갖고 있어서 포식 동물들로부터 자신들을 보호할 수 있는 거친 산악 지대에 산다'는 것은 원인입니다. 이렇게 인과 관계를 나타내는 보기를 찾아보세요.
(A): '그들은 드물게 보인다'는 부분이 빠졌습니다. (B): 인과 관계가 아닙니다. (C): 인과 관계를 나타내고 본문의 내용과 일치하므로 정답입니다. (D): 'Because they are not simply observed'에서 Because가 빠져야 되고, 'rarely hide' 부분도 맞지 않습니다.

해석 하얀 산악 염소들은 바위 절벽들 가까이 머무는 것을 선호한다. 드물게 보여지는, 그 염소들은 아주 발걸음이 확실한 동물들이다 / 그들의 포식동물들로부터 자신들을 보호하는 / 가장 거칠고, 암석이 많은 환경들에 삶으로써. 그들의 발들은 가파르고, 암석이 많은 비탈들을 오르는데 아주 적절하다, / 때때로 60도 이상의 각도를 가진. 그들은 높은 곳에 있는 거주지들에서 발견될 수 있다, / 그 거주지들은 4,000미터 이상의 고지에 다다른다. 그들의 포식동물들은 그렇게 높은 곳에 도달할 수 없기 때문에, 그들은 그들의 거주지들에서 쉽게 안전을 즐길 수 있다.

p. 222 Passage 6

어휘 globalization(세계화), associate A with B(A와 B를 연결/결합하다), transportation(교통, 운송), instant(즉각적인, 즉석의), globe(지구), expansion(확대, 팽창), superhighway(간선 고속도로), interconnect(서로 연락하다, 연결하다), remote(먼, 멀리 떨어진), isolated(분리된, 고립된), commonplace(보통인, 평범한, 진부한)

분석 본문에서 음영 처리된 문장은 주어 'Jet travel and instant communication networks'가 원인을 나타내고, 술부 'the remote and isolated places familiar and even commonplace'와 and 이하의 절 'foreign names have become part of the common language'이 결과를 나타냅니다. 즉, '제트기 여행과 즉각적인 통신망들'이 원인이고 '멀고 고립된 지역들을 친숙하고 심지어 흔해빠진 곳으로 만들어왔고, 외국 이름들은 일상적인 언어의 일부가 되어왔다'가 결과입니다. 인과 관계를 나타내는 보기를 찾으세요.
(A): 내용이 맞지 않고, '멀고 고립된 지역들을 친숙하고 심지어 흔해빠진 곳으로 만들어왔다'라는 부분이 빠졌습니다. (B): '멀고 고립된 지역들을 친숙하고 심지어 흔해빠진 곳으로 만들어왔다'라는 부분이 빠졌습니다. (C): '외국 이름들은 일상적인 언어의 일부가 되어왔다'는 부분이 빠졌습니다. (D): 본문 내용과 일치하므로 정답입니다.

해석 세계화는 일반적으로 우리 세계의 작아짐과 연결되어 있다, / 운송 체계들의 발전과 전 세계의 즉각적인 통신에 기반하여. 운송 체계들의 확대는 전세계를 연결하는 것을 도왔다. 또한 정보 간선 고속도로는 전세계를 잘 연결된 장소들의 조직으로 만든다. 제트기 여행과 즉각적인 통신망들은 멀고 고립된 지역들을 친숙하고 심지어 흔해빠진 곳으로 만들어왔고, 외국 이름들은 일상적인 언어의 일부가 되어왔다.

Exercise   p. 223~225

|정답| 1. (C) 2. (D) 3. (D) 4. (A) 5. (D) 6. (C) 7. (C) 8. (B)
9. (C)

p. 223 Passage 1

어휘 ▶ defend(지키다, 방어하다), territory(영역, 영토), evolve(진화하다, 발전시키다), keep-out(접근 금지), warn away(경고하여 쫓아버리다), potential(잠재적인), invader(침입자), far from(~로부터 거리가 먼, 결코 ~ 아닌), cheer up(환호하다, 기운 나게 하다), announcement(발표), threat(위협), violent(격렬한), ineffective(효과 없는, 무력한), visual display(시각적 표현), combat(싸움, 전투)

해석 ▶ 실질적인 신체 접촉에 대한 필요성을 최소화하기 위하여 / 영역들을 지키기 위해, 수컷 새들은 노래들을 발전시켜왔다. 그 노래들은 '접근 금지' 신호들로 작용한다 / 잠재적인 침입자들을 경고해서 쫓아내기 위한. 아름다운 음악과는 거리가 먼 / 인간의 환경을 기운 나게 하기 위해 의도된, / 그것들은 소유권의 선언이고 한 지역의 가능한 격렬한 방어의 위협들이다. 만일 그 청각적인 경고(= 노래들)이 효과적이지 않으면, 그 수컷 새들은 종종 그들의 활동들을 높일 것이다 / 시각적인 표현들, 추적들, 그리고 심지어 싸움을 포함하는.

분석 ▶
1. 질문에 나온 'male bird songs'는 주제 문장인 첫 문장에 나오고 그것들의 역할에 대해서는 둘째 문장에 'The songs serve as 'keep-out' signals to warn away potential invaders.' 라고 나옵니다. 즉, '그 노래들은 잠재적인 침입자들을 쫓아내기 위한 경고 신호들'이라는 것입니다. 이를 반영하는 보기는 (C)입니다.

2. 본문에서 음영 처리된 문장의 연결어구는 If입니다. If는 '만일 ~라면'이라는 의미이므로 두 절의 내용이 같은 방향이라야 합니다. 밑줄 그어진 내용을 좀 더 쉽게 말하면, '그 노래들이 효과가 없으면, 수컷 새들은 시각적 위협, 쫓아감, 싸움을 증가시킬 것이다'. 이런 내용을 반영하는 보기를 찾으세요. (A): '수컷 새들은 시각적 위협, 쫓아감, 싸움을 증가시킬 것이다'라는 부분이 빠졌습니다. (B): '그 노래들이 효과가 없으면'이라는 부분이 빠졌고, 'other than visual warning'이 틀렸습니다. (C): 'When their songs fail to please people'이 틀렸습니다. (D): 본문 내용과 일치하므로 정답입니다.

3. 삽입 문제의 전략에 따르면, 첫째, 문제 속에 주어진 문장은 'Even with(~와 함께 조차도)'라는 의미 때문에 이전의 내용에 대한 보충 설명을 나타냅니다. 둘째, 문제에 주어진 문장의 주어 'these behaviors'는 이전 문장의 내용을 가리키고, 술부 'shown by the birds'는 다음 문장의 내용과 연결됩니다. 이와 같은 여러 힌트들 중에서 결정적인 것은 'these behaviors'입니다. 'these'라는 지시형용사 때문에 'behaviors'라는 의미가 바로 앞 문장에 나와야 합니다. (D) 앞 문장에 나온 'visual displays, hunts, and even combat'가 'behaviors'의 의미입니다. 그래서 정답은 (D)입니다. 여기서 주의해야 할 사항은 (B)앞에 나온 '노래들을 부르는 것'이 '여러 행동들(behaviors)'이 아니라 '하나의 행동 (behavior)'이기 때문에 (B)는 답이 될 수 없다는 것입니다.

p. 224 Passage 2

어휘 ▶ article(기사, 논문, 물건, 조항), Constitution(헌법), organization(조직), legislature(입법부), Congress(의회), two houses(양원), upper(상부의, 상위의), Senate(상원), lower(하부의, 하위의), the House of Representatives(하원), senator(상원 의원), regardless of(~에 관계없이), Representative(하원 의원, 대표자), in accordance to(~에 일치하여, ~에 따라서), census(인구 조사)

해석 ▶ 미국 헌법의 1조는 입법 부문의 기본 조직을 서술한다. 그것은 의회를 규정한다, / 의회는 양원제로 구성되어 있다; 상부의 의회는 상원이라 불리고 하부의 의회는 하원이라 불린다. 상원의 구성원들은, / 상원 의원들로 알려진, / 매 2년마다 선출된다. 헌법은 요구한다 / 각각의 주는 2명의 상원 의원들을 가져야 한다고, / 그것의 인구에 관계없이. 하원의 구성원들은, / 하원 의원들이라 불리는, / 그것의 인구에 따라 각 주에 배정된다. 헌법은 규정한다 / 인구조사가 각각의 주에서 매 10년마다 이루어져야 한다고 / 그 주의 하원 의원들의 수를 결정하기 위하여. 하원 의원들은 매 2년마다 선출된다. 각각의 주는 적어도 1명의 하원 의원을 가져야 한다, / 그것의 인구와 관계없이.

Part II 문제 유형 분석 **정답과 해설**

4. It이 가리키는 것은?
주격 'It'은 앞에 나온 주어를 가리킬 확률이 아주 높으므로 바로 이 주어부터 확인하세요. 앞에 나온 주어 'Article 1'을 'It' 자리에 넣어 보면 의미가 통하므로 정답은 (A)입니다.

5. 본문에서 음영 처리된 문장의 연결어구는 regardless of입니다. regardless of는 '~에 관계 없이'라는 의미이므로 두 내용이 반대 방향이라야 합니다. 밑줄 그어진 내용을 좀 더 쉽게 말하면, '미국 헌법은 규정한다 / 모든 주는 인구 크기에 관계 없이 두 명의 상원의원들을 가져야 한다'는 것입니다. 이런 내용을 반영하는 보기를 찾으세요.
(A): '두 명의 상원의원을 가져야 한다'라는 부분이 빠졌습니다. (B): 내용이 정반대라서 틀렸습니다. (C): 'one → each'로 고쳐야 본문 내용과 맞습니다. (D): 본문 내용과 일치하므로 정답입니다.

6. 'true about Congress'라는 질문에서 'Congress'는 본문의 둘째 문장부터 나오고 있습니다. Congress에 대한 내용을 각 문장의 동사 이후 핵심어에 맞춰 요약하면, '의회는 상원과 하원인 양원으로 구성되어 있다', '상원의원은 매 2년마다 선출된다', '각각의 주는 인구수와 관계없이 두 명의 상원의원을 가져야 한다', '하원의원은 인구 비례로 선출된다', '하원의원 수를 결정하기 위하여 각각의 주에서 매 10년마다 인구조사가 이루어져야 한다', '하원의원은 매 2년마다 선출된다', '각각의 주는 인구수와 관계없이 적어도 한 명의 하원의원을 가져야 한다'입니다.
(A): one → two (B): senators → representatives
(C): 정답 (D): are given → are not given

p.225 Passage 3

어휘 ignore(무시하다), inventive(창의성이 풍부한, 창조적인), resist(저항하다, 대항하다), rigid(굳은, 엄격한), restriction(제한, 제약), get rid of(제거하다), established(확립된, 뿌리 박힌), focus on(초점을 맞추다), creative(창조적인), relaxed(느슨한, 편한), choreographer(안무가), emotion(감정), mood(기분), performance(공연), contrary to(반대로, 거꾸로), attempt(시도), interpret(해석하다), rather(반대로, 오히려, 다소), inspiration(영감, 자극), inner(내부의)

해석 미국에서 오랫동안 무시됐던, 무용 예술은 갑자기 새로운 창조적인 삶을 시작했다 / Isadora Duncan의 작품 활동과 함께. 1900년대 초에, Isadora Duncan은 고전 발레의 엄격한 제약들에 대항하기 시작했다. 그녀는 전통적인 방법들과 고전 발레의 뿌리 박힌 어휘들을 제거하기를 바랬다. 그녀는 창조적인 자기 표현에 초점을 맞췄다 / 기술적인 재능보다는. Isadora Duncan의 무용은 더 느슨하고, 자유로운 스타일의 무용이다 / 안무가들이 그들 자신의 움직임을 창조하기 위해 감정들과 기분들을 사용하는. 그녀의 공연들에서, Duncan은 Beethoven, Wagner와 Gluck의 음악에 맞춰 춤췄지만, 대중의 믿음과 반대로, 그녀는 그 음악을 해석하려는 아무런 시도도 하지 않았다; 오히려, 그녀는 단순하게 음악에 의지했다 / 움직임을 통해 내부의 감정들을 표현하기 위한 영감을 제공하기 위하여.

7. 본문의 음영 처리된 문장에서 분사구문 'Long ignored in America'를 원래의 절로 고치면 'although / after it had long ignored in America'가 됩니다. 접속사 although / after가 쓰이는 이유는 'suddenly started'와 시간의 대조를 이루고 있기 때문입니다. 그리고 'the work of Isadora Duncan'은 원인이고 'the art of dancing suddenly started new inventive life'는 결과가 됩니다. 즉, 'Isadora Duncan의 작품으로 인해 무용 예술은 새로운 창조적인 삶을 시작했다'는 것입니다.
(A): 'Long ignored in America' 부분이 빠졌습니다. (B): 'paid much attention to her dancing' 부분이 맞지 않고, 'the art of dancing suddenly started new inventive life' 부분이 빠졌습니다. (C): 본문 내용과 일치하므로 정답입니다. (D): 'Because the traditional dance focused on technical method' 부분이 맞지 않고, 'the work of Isadora Duncan' 부분이 빠졌습니다.

8. 질문에 나온 'Duncan intended to develop a dance'는 본문의 둘째 문장부터 나오고 있습니다. 이를 요약하면, '고전 발레의 엄격한 제약들에 대항했다', '고전 발레의 뿌리 박힌 어휘들을 제거했다', '기술적인 재능보다는 창조적인 자기 표현에 초점을 맞췄다', '더 느슨하고, 자유로운 스타일의 무용을 추구했다', '무용의 움직임을 통해 내부 감정을 표현하려 했다' 등입니다. 이런 내용과 맞지 않는 보기는 (B)입니다. (B)에서 'revive → get rid of'로 고치면 본문 내용과 맞습니다.

9. 질문에 나온 'Duncan depended on music in her performances'는 본문의 마지막 문장에 'In her performances, Duncan danced to the music of Beethoven, Wagner, and Gluck'라고 나오고 있습니다. '그

녀의 공연에 음악을 쓴 목적'에 대해서는 같은 문장에 'she simply relied on it to provide the inspiration for expressing inner feelings through movement' 라고 나오고 있습니다. 이를 요약하면, '그녀가 무용에 음악을 사용한 목적은 내부 감정을 표현하는데 영감을 제시하기 위해서' 입니다. 이런 내용을 반영하는 보기는 (C)입니다.

Review Test   p. 226~229

|정답| 1. (A)   2. (B)   3. (C)   4. (B)   5. (D)   6. (B)   7. (A)   8. (C)

어휘 warrior(전사), rule(~을 통치하다), amount to(결국 ~이 되다, 합계 ~이 되다), concentrate on(~에 집중하다), extend(확대하다), wheel(바퀴), accomplish(이룩하다, 달성하다), feat(공적, 위업), highland(고지, 산악 지역), steep(가파른), slope(경사지, 비탈), step(발걸음, 계단), contain(포함하다), block(큰 덩어리, 한 구획), suitable(적합한, 알맞은), razor blade(면도날), remarkable(주목할만한), coast(해안), construct(건설하다), withstand(저항하다, 견디다), sophisticated(복잡한, 정교한), huge(매우 큰, 거대한), relay(중계하다), vehicle(운송 수단, 차량), oral(구두의, 입의), confront(직면하다), tough(거친, 힘든, 어려운), restrict(제한하다), scarce(모자라는, 부족한), compensate(메우다, 보충하다), terrace(계단식 대지, 계단식 단), devise(고안하다, 발명하다), pre-Inca(잉카 이전의), civilization(문명), elevated(높은), flat(평평한), irrigate(관개하다, 물을 대다), plough(쟁기로 갈다), keep A from B(B로부터 A를 지키다/막다), topsoil(표토, 토양의 표면)

해석 잉카 사람들은 강하고 강력한 군대를 가진 전사들이었다. 그들은 부유하고 복잡한 문명을 세웠다 / 500만에서 1100만 사람들을 통치했던. 그 잉카 제국은 약 100년간 지속됐다, / AD 1438년부터 1532년에 스페인 사람들이 올 때까지. 잉카 지역들은 약 35만 평방 마일(90만 6500 킬로미터)였다. 잉카 제국의 영토는 안데스 산맥의 정상들에 중심을 이루었고, 현재의 에쿠아도르, 볼리비아, 칠레, 그리고 아르헨티나의 지역까지 확대됐다. 그것의 정치 중심지는 현재의 페루에 있었다.
쓰여진 언어와 바퀴의 개념의 부족에도 불구하고, 잉카 사람들은 토목공사의 위업을 이루었다 / 로마 제국에 대등했던. 그들은 주로 도시들을 고원들과 안데스 산맥의 가파른 비탈들 위에 세웠다. 그 도시들은, / 돌 계단들로 지탱되는, / 돌 집들과 종교적인 건물들을 포함했다. 그 도시들의 건축은 너무나 훌륭해서 대부분의 과학자들은 여전히 그것에 놀라고 있다. 그 돌 덩어리들은 너무나 단단히 함께 잘 놓여 있어서 심지어 면도날마저도 그것들 사이에 끼울 수 없다. 잉카 사람들은 또한 주목할만한 도로 체계를 가지고 있었다. 예를 들면, 한 도로는 거의 남미 태평양 연안의 전체 거리만큼 길었다. 그 도로들은 안데스 산맥의 고지대들에 지어져야 했기 때문에, 그 도로들은 큰 토목공사와 건축 기술을 요구했다. 그것들은 심한 바람, 홍수들과 얼음을 견디도록 지어졌다.
그들의 정교한 도로 체계 때문에, 잉카 사람들은 거대하고, 복잡한 제국 전체에서 쉽게 통신을 취할 수 있었다. 도시들 사이의 통신의 주요 형태는 젊은 남자들인 chasqui였다, / 메시지들을 중계하도록 그들의 소년 시절에 훈련 받았던. 그 뛰는 사람들은 발로 이동했다 / 왜냐하면 아무런 운송수단이 없었으므로. 그들은 공식적인 메시지들을 운반했다, / 하루에 250 마일(400 킬로미터) 정도에 달하는 중계들에서 일하면서. 한 명의 chasqui는 chasqui 출발점에서 출발하여 약 1 킬로미터를 달렸다 / 그 메시지를 구술 방식으로(= 입으로) 또 다른 chasqui에게 중계하기 위하여, / 또 다른 지점 밖에서 기다리고 있는.
잉카 사람들은 농업에 대한 어려운 조건들에 직면했다. 산악 환경들은 그 농토들을 제한했고 물은 때때로 부족했다. (그 단점을) 메우기 위하여, 잉카 사람들은 계단식 방법들을 사용했다 / 잉카 이전 문명들에 의해 고안된. 그들은 높고, 평평한 토지들을 만들기 위하여 돌 벽들을 세웠다. 이 토지들은 언덕들의 측면들을 따라 계단식 형태들을 이루었다 / 그들의 자연 상태에서 물을 대거나 쟁기로 갈기에는 너무나 가팔랐던. 계단식 대지들은 더 많은 농토를 만들었고 토양의 표면이 폭우 속에서 씻겨 없어지지 않도록 막았다.

분석 1. 'inferred about the Inca Empire?' 라는 질문은 본문의 주제 문장인 첫 문장을 참고하여 답할 수 있습니다. 즉, 'The Incas were warriors with a strong and powerful army(잉카 사람들은 강하고 강력한 군대를 가진 전사들이었다)' 라는 주제 문장에서 우리는 '잉카 문명이 정복 전쟁을 통한 강력한 군사 문화를 이뤘음'을 짐작할 수 있습니다. 보기에서 '강력한 군사 문화'와 관계 있는 보기는 (A)입니다.

2. **Its가 가리키는 것은?**
    'Its' 바로 앞 문장의 단수 명사들은 'territory'와 'empire'입니다. 이 단어들 중 'Its' 자리에 넣어 의미가 통하는 것은 'empire'이므로 정답은 (B)입니다.

3. 본문에서 음영 처리된 문장의 연결어구는 Despite입니다. Despite는 '~에도 불구하고'라는 의미이므로 두 내용이 반대라야 합니다. 이를 확인하기로 하죠. '쓰여진 언어와 바퀴의 개념의 부족에도 불구하고'는 부정적 의미이고 '잉카 사람들은 로마 제국에 대등했던 토목공사의 위업들을 이루었다'는 긍정적 의미이므로 서로 대조적 의미를 나타냅니다. 이런 대조적 의미의 보기를 찾아보세요.
    (A): 'more sophisticated engineering than the Romans' 부분이 틀렸습니다. (B): 'due to their access to the wheel and written language' 부분이 틀렸습니다. (C): '로마 사람들처럼, 잉카 사람들은 토목공사의 업적들 위에 그들의 제국을 세웠다, / 비록 그들은 바퀴와 쓰여진 언어가 없었지만'이라는 내용은 본문 내용과 일치하므로 정답입니다. (D): 'Because → Although'로 고치면 본문 내용과 맞습니다.

4. 'a razor blade(면도 날)'이라는 물질을 언급하는 이유를 묻는 문제는 본문에서 이 어구 앞 문장에서 답을 찾으면 됩니다. 왜냐하면 특정적인 물질이 언급되는 이유는 앞에 나온 내용을 보충 설명하기 때문입니다. 이 어구 앞 문장 'The architecture of the cities was so wonderful that most scientists are still surprised at it.'을 해석하면 '그 도시들의 건축이 너무 훌륭해서 대부분의 과학자들이 여전히 놀란다'는 것입니다. '잉카 도시들의 건축이 너무 훌륭하다'는 내용을 반영하는 보기는 (B)입니다.

5. **withstand**(저항하다, 견디다)
    (A) 줄이다, 감소하다 (B) 꽃피다, 번성하다
    (C) 혼란시키다 (D) 저항하다, 견디다

6. 질문에 나온 'chasqui'는 본문의 둘째 문장부터 나오고 있습니다. chasqui에 관한 내용을 요약하면, '그들은 어린 소년들로서 어린 시절부터 메시지들을 중계하도록 훈련 받았다', '그들은 발로 뛰어서 메시지들을 하루에 400킬로미터 정도 운반했다', '한 명이 약 1킬로미터 달려서 다른 chasqui에게 메시지를 구두로 중계했다' 등입니다. 여기서 알 수 있는 것은 하루에 400 킬로미터 정도를 달리려면 400명의 chasqui가 필요했을 거라는 것입니다. 이런 내용을 나타내는 보기는 (B)입니다. (A): rough가 틀렸습니다. (C): written on documents가 틀렸습니다. (D): on horse → on foot

7. **scarce**(모자라는, 부족한, 드문)
    (A) 모자라는, 드문 (B) 복잡한
    (C) 풍부한, 충분한 (D) 불임의, 메마른

8. 질문에 나온 'a reason why the Incas built stone walls'는 본문의 주제 문장인 넷째 문장에 'They constructed stone walls to make elevated, flat lands.'라고 나오고 있습니다. 즉, '그들은 높고, 평평한 토지들을 만들기 위하여 돌 벽들을 세웠다'는 것입니다. '높고 평평한 토지들을 만든' 이유는 '계단식 형태들'을 만드는 것입니다. 계단식 형태들은 'irrigate(관개하다, 물을 대다)'와 'plough(쟁기로 갈다)'를 쉽게 하고 '더 많은 농토'를 만들고 'topsoil(토양의 표면)'이 물에 휩쓸려 가지 않도록 막는 역할을 한다고 합니다. 이런 내용과 맞지 않는 것은 (C)입니다. (C)에 나온 '마실 수 있는 물을 reservoirs(저수지들)에 저장하기 위해서'라는 내용은 본문에 나오지 않고 있습니다.

Chapter 09 Summary(요약) 문제

Warming-up p. 244~248

|정답| 1. (B)(D)(E) 2. (A)(C)(D) 3. (A)(C)(F) 4. (B)(D)(E) 5. (C)(D)(F)

p. 244 Passage 1

어휘 skilled(기술이 좋은, 숙련된), volcano(화산), eruption(폭발), result in(~로 끝나다, ~에 귀결되다), release(풀다, 배출하다), coming up(다가오는, 나타나는), satellite(위성, 인공 위성), detect(간파하다, 탐지하다), gradually(서서히, 점차적으로), inflate(부풀리다, 팽창시키다, 부당하게 인상하다), build up(심해지다, 고조되다, 모이다), influx(유입, 흘러듦, 도래), earthquake(지진), impending(임박한, 곧 일어날 듯한), expert(전문가)

분석 Introductory sentence에서 주어 부분의 핵심 어구는 'Scientists'이고, 술부의 핵심어구는 'skilled at finding warning signs of a volcano eruption'입니다. 정답 찾는 전략: 'warning signs'에 관한 내용을 포함하는 문장들은 정답이고 그렇지 않은 문장들은 오답이 됩니다. 오답 찾는 전략: 첫째, 주제문의 내용이 긍정적인 내용이므로 부정적인 내용의 보기는 오답입니다. 둘째, 〈명사 is 명사〉의 문장은 용어 설명의 가능성이 높으므로 유의하시기 바랍니다. 셋째, 구체적인 사람, 동식물, 사물이 나오면 보충 설명 문장이 되므로 오답이 됩니다. 넷째, 두 개의 보기들의 내용이 비슷할 때 큰 개념이 정답이고 작은 개념은 오답이 됩니다.

(A): 부정적인 내용이므로 주제 내용과 맞지 않습니다.
(B): 'Gases'는 warning signs의 한 종류일 수 있으므로 정답입니다.
(C): 'Radar satellites'는 특정적인 화산 측정 도구들로서 뒷받침 문장으로는 적합하지만 주제 문장으로는 적절하지 않으므로 오답입니다.
(D): 화산의 모양이 'inflate in building up to an eruption' 하는 것은 warning signs의 한 종류일 수 있으므로 정답입니다.
(E): 'earthquakes'는 warning signs의 한 종류일 수 있으므로 정답입니다.

해석 (F): 'Mount Galeras'라는 고유명사로 인해 이 문장은 뒷받침 문장으로는 적합하지만 주제 문장으로는 적절하지 않으므로 오답입니다.

주제문: 과학자들은 점점 더 숙련되고 있다 / 화산 폭발의 경고 신호들을 발견하는데.
(A): 종종, 움직이는 마그마는 폭발로 귀결되지 않는다.
(B): 화산 가까이에 배출된 가스는 다가오는 사건의 신호일 수 있다.
(C): 레이더 인공 위성들은 작은 것을 탐지할 수 있다 / 화산 크기의 1 밀리미터 증가만큼.
(D): 화산들은 폭발에 이르기까지 서서히 팽창한다 / 마그마의 유입 때문에.
(E): 연구자들은 지진들을 기록한다 / 임박한 화산 활동의 신호들을 탐지하기 위하여.
(F): 1993년에, Galeras 산은 폭발했다 / 한 그룹의 화산 전문가들이 그 산 정상에 있을 때.

p. 245 Passage 2

어휘 territorial(영토의, 텃세적 습성을 가진), exclude(차단하다, 몰아내다, 배제하다), predator(포식 동물), focus on(~에 초점을 두다), prey(먹이), keep A from B(B로부터 A를 지키다/막다), flocking(무리 짓기), breed(새끼를 낳다), warn away(경고해서 쫓아버리다), defend(방어하다, 지키다), region(지역, 지방), lessen(줄이다, 감소시키다), safety(안전)

분석 Introductory sentence에서 주어 부분의 핵심 어구는 'many birds'이고, 술부의 핵심어구는 'the territorial behaviors'입니다. 정답 찾는 전략: 'the territorial behaviors'를 포함하는 문장들은 정답이고 그렇지 않은 문장들은 오답이 됩니다. 오답 찾는 전략: 첫째, 주제문의 내용이 부정적인 내용이므로 긍정적인 내용의 보기는 오답입니다. 둘째, 〈명사 is 명사〉의 문장은 용어 설명의 가능성이 높으므로 유의하시기 바랍니다. 셋째, 구체적인 사람, 동식물, 사물이 나오면 보충 설명 문장이 되므로 오답이 됩니다. 넷째, 두 개의 보기들의 내용이 비슷할 때 큰 개념이 정답이고 작은 개념은 오답이 됩니다.

(A): 'protect the area'는 territorial behaviors의 한 종류가 될 수 있으므로 정답입니다.
(B): 이 문장은 새들에 관한 것이 아니라 포식 동물에 관한 것이므로 단락의 주제가 될 수 없습니다.
(C): 'keeps birds from flocking while breeding'은 territorial behaviors의 한 종류가 될 수 있으므로 정답입니다.
(F): (C)에 나온 'flocking'이 언급되고 있습니다. (C)의 개념이 큰 것이고 (F)는 작은 개념이므로 (C)가 단락의 주제 문장이 되고 (F)는 뒷받침 문장으로 쓰입니다.
(D): 'sing songs to warn away other birds'는 territorial behaviors의 한 종류가 될 수 있으므로 정답입니다.
(E): 'The San Francisco birds'는 특정적인 새들을 나타내므로 뒷받침 문장에 쓰이고 단락의 주제 문장에 쓰일 수 없습니다.

[분석] 주제문: 이 지문은 텃세적 행동들을 논하고 있다 / 많은 새들이 그들의 영토로부터 다른 새들을 배제하려고 하는.
(A): 몇몇 새들은 그들이 차지하고 있는 지역을 방어한다.
(B): 많은 포식 동물들은 한 종류의 먹이에 초점을 맞춘다.
(C): 텃세권은 새들이 무리 짓는 것을 막는다 / 새끼를 낳는 동안에.
(D): 새들은 다른 새들을 경고해서 쫓아버리기 위해 노래들을 부른다.
(E): 샌프란시스코 새들은 훨씬 더 작은 지역을 방어할 필요가 있다.
(F): 무리 짓는 것은 각각의 개별 새의 안전을 줄일 수 있다.

p. 246 Passage 3

[어휘] cause(원인), consequence(결과, 중요성), desertification(사막화), domestic animal(가정에서 사육하는 동물), grassland(초원, 목초지), accelerate(촉진하다, 가속화하다), topsoil(토양의 표면, 표토), developing country(개발도상국), lead to(~에 이르게 하다, ~을 야기하다), removal(제거), surface(표면), arid(습기가 없는, 불모의, 무미 건조한), semi-arid(반 건조의), halt(정지하다, 중지시키다), reduce(줄이다, 감소시키다), soil erosion(토양 침식)

[분석] Introductory sentence에서 술부의 핵심어구는 'the causes and consequences of desertification'입니다. 정답 찾는 전략: '사막화의 원인들과 결과들'에 관한 내용을 포함하는 문장들은 정답이고 그렇지 않은 문장들은 오답이 됩니다. 오답 찾는 전략: 첫째, 주제문의 내용이 부정적인 내용이므로 긍정적인 내용의 보기는 오답입니다. 둘째, 〈명사 is 명사〉의 문장은 용어 설명의 가능성이 높으므로 유의하시기 바랍니다. 셋째, 구체적인 사람, 동식물, 사물이 나오면 보충 설명 문장이 되므로 오답이 됩니다. 넷째, 두 개의 보기들의 내용이 비슷할 때 큰 개념이 정답이고 작은 개념은 오답이 됩니다.
(A): 'Domestic animal pressure on grasslands'는 사막화의 원인이 될 수 있으므로 정답입니다.
(B): 이 문장은 사막화의 원인이나 결과를 나타내는 것이 아니므로 답이 될 수 없습니다.
(C): 'Overpopulation in developing countries'를 먹여 살리기 위해서는 농토가 필요하여 숲을 제거하게 되고 이는 사막화를 초래할 수 있으므로 정답입니다.
(D): 이 문장은 사막화의 원인이나 결과를 나타내는 것이 아니므로 답이 될 수 없습니다.
(E): 'To stop desertificaton'은 사막화의 원인이나 결과를 나타내는 것이 아니라 사막화에 대한 대책을 나타내므로 답이 될 수 없습니다.
(F): 'causes soil erosion'은 사막화의 결과를 나타내므로 정답입니다.

[해설] 주제문: 이 지문은 사막화의 원인들과 결과들을 논의한다.
(A): 목초지들에 대한 가정에서 사육하는 동물의 압력은 사막화를 가속화시켜 왔다.
(B): 남 아프리카는 매해마다 많은 토양의 표면을 잃고 있다.
(C): 개발도상국들에서의 인구 과잉은 숲들의 제거, 대규모 침식과 사막화를 야기한다.
(D): 전 세계 땅 표면의 약 1/3은 건조하거나 반 건조하다.
(E): 사막화를 중단시키기 위하여, 목초지 위의 동물들의 숫자는 감소되어야만 한다, 식물들이 다시 자랄 수 있게 하면서.
(F): 사막화는 토양 침식을 야기한다 / 바람과 물에 의해 가속화 되는.

p. 247 Passage 4

 invent(발명하다), commercially(상업적으로), steam ship(증기선), possess(가지다, 소유하다), crucial(결정적인, 아주 중요한), resource(자원), Industrial Revolution(산업 혁명), vast(거대한), majority(대다수, 대부분), isolated(격리된, 고

립된), transportation(운송, 수송), improve(개선하다, 향상시키다), surplus(잉여, 나머지), spread(뻗다, 퍼지다)

Introductory sentence에서 주부의 핵심어구는 'The Industrial Revolution'이고, 술부의 핵심어구는 'ideal conditions'입니다. 정답 찾는 전략: 'ideal conditions'에 관한 내용을 포함하는 문장들은 정답이고 그렇지 않은 문장들은 오답이 됩니다. 오답 찾는 전략: 첫째, 주제문의 내용이 긍정적인 내용이므로 부정적인 내용의 보기는 오답입니다. 둘째, 〈명사 is 명사〉의 문장은 용어 설명의 가능성이 높으므로 유의하시기 바랍니다. 셋째, 구체적인 사람, 동식물, 사물이 나오면 보충 설명 문장이 되므로 오답이 됩니다. 넷째, 두 개의 보기들의 내용이 비슷할 때 큰 개념이 정답이고 작은 개념은 오답이 됩니다.

- (A): 'George Stevenson'은 특정적인 사람을 나타내므로 뒷받침 문장에 쓰이고 단락의 주제 문장에 쓰일 수 없습니다.
- (B): 'Britain possessed lots of crucial resource'는 '이상적인 조건들' 중 하나가 될 수 있으므로 정답입니다.
- (C): 'the vast majority of Britain's population lived in the countryside'는 영국의 산업 혁명과 정반대의 개념이므로 오답입니다.
- (D): 'New inventions such as ship and trains'는 '이상적인 조건들' 중 하나가 될 수 있으므로 정답입니다.
- (E): 'a huge increase in agriculture productivity and thus a food surplus'는 '이상적인 조건들' 중 하나가 될 수 있으므로 정답입니다.
- (F): 'The Industrial Revolution started in Britain and later spread'는 '이상적인 조건들'과 관계 없으므로 오답입니다.

주제문: 산업 혁명은 처음에 영국에서 발생했다 / 왜냐하면 그 나라는 이상적인 조건들을 가졌으니까.
- (A): George Stevenson은 1825년에 첫 번째 상업적으로 성공적인 증기선을 발명했다.
- (B): 영국은 많은 아주 중요한 자원들을 소유했다 / 산업 혁명을 야기했던.
- (C): 18세기 초에, 영국 인구의 거대 다수는 시골에 살았다, / 완전히 고립된 채.
- (D): 배들과 열차들과 같은 새로운 발명들은 교통 체계를 크게 향상시켰다.
- (E): 영국 농업 혁명은 농업 생산성의 큰 증가를 일으켜서 식량 잉여물을 야기했다.
- (F): 산업 혁명은 영국에서 시작됐고 나중에 유럽, 미국, 전 세계의 다른 지역들로 퍼졌다.

p. 248 Passage 5

arctic(북극의, 혹한의), adaptation(적응), survive(살아남다, 견디다), extreme(극단적인, 극도의), frog(개구리), tolerate(견디다, 참다), regulate(조절하다, 통제하다), frozen(혹한의, 몹시 추운), deal with(다루다, 처리하다), freezing(영하의, 혹한의), cold-blooded(냉혈의), lower(내리다, 낮추다), heart rate(심장 박동수), respiration(호흡), hibernation(동면, 겨울 잠), give birth to(낳다), young(새끼), mammal(포유류), coat(외투, 모피), trap(덫, 함정, 가두다)

Introductory sentence에서 주부의 핵심어구는 'Animals'이고, 술부의 핵심어구는 'a lot of adaptations for extreme cold'입니다. 정답 찾는 전략: 'adaptations for extreme cold'에 관한 내용을 포함하는 문장들은 정답이고 그렇지 않은 문장들은 오답이 됩니다. 오답 찾는 전략: 첫째, 주제문의 내용이 긍정적인 내용이므로 부정적인 내용의 보기는 오답입니다. 둘째, 〈명사 is 명사〉의 문장은 용어 설명의 가능성이 높으므로 유의하시기 바랍니다. 셋째, 구체적인 사람, 동식물, 사물이 나오면 보충 설명 문장이 되므로 오답이 됩니다. 넷째, 두 개의 보기들의 내용이 비슷할 때 큰 개념이 정답이고 작은 개념은 오답이 됩니다.

- (A): 'Chorus frogs, gray tree frogs, and wood frogs'는 특정적인 동물들을 나타내므로 뒷받침 문장에 쓰일 수는 있지만 단락의 주제 문장에 쓰일 수 없습니다.
- (B): 'Keeping warm is no easy task'는 '적응 방법들'에 관한 내용이 아니기 때문에 오답입니다.
- (C): 'avoid freezing or tolerate it'은 '적응 방법들' 중 하나가 될 수 있으므로 정답입니다.
- (D): 'the ability to lower their heart rates, respiration, and body temperatures in a state of hibernation'은 '적응 방법들' 중 하나가 될 수 있으므로 정답입니다.
- (E): 'Bears'는 특정적인 동물들을 나타내므로 뒷받침 문장에 쓰일 수는 있지만 단락의 주제 문장에 쓰일 수 없습니다.
- (F): 'Mammals have coats that trap warm air'는 '적응 방법들' 중 하나가 될 수 있으므로 정답입니다.

주제문: 북극에 사는 동물들은 극단적인 추위를 견디기 위한 많은 적응 방법들을 개발해왔다.
- (A): 합창 개구리들, 회색 나무 개구리들과 숲 개구리들은 혹한의 상태를 견디고 조절한다.
- (B): 따뜻함을 유지하는 것은 쉬운 일이 아니다 / 북극 툰드라 같은 극도로 추운 지역들에서.
- (C): 영하의 온도들을 다루기 위해, 냉혈 동물들은 어는 것을 피하거나 견뎌야 한다.
- (D): 동물들은 그들의 심장 박동수, 호흡과 체온들을 낮추는 능력을 가지고 있다 / 동면의 상태에서.

(E): 곰들은 겨울에 깬다 / 밖에 나가서 음식을 찾거나 그들의 새끼를 낳기 위해.
(F): 포유류들은 모피를 가지고 있다 / 그들의 몸들 가까이에 따뜻한 공기를 가두는.

Exercise p. 249~251

|정답| 1. (B) 2. (C) 3. (D) 4. (C) 5. (A) 6. (B) 7. (D) 8. (B)(E)(F)

어휘 predict(예보하다, 예측하다), weasel(족제비), abandon(포기하다, 버리다, 떠나다), destroy(파괴하다, 멸망시키다), skeptical(회의적인, 의심 많은), huge(매우 큰, 거대한), underground(지하의, 지하에서 일어나는), eruption(폭발, 돌발), rupture(파열, 터짐), detect(찾아내다, 탐지하다), violently(격렬히, 난폭하게), destruction(파괴, 파멸), approaching(다가오는, 접근하는), nervously(신경질적으로), low-frequency(저주파), electromagnetic(전자석의, 전자기의), signal(신호), crack(깨진 틈, 벌어진 틈), crystalline rock(결정암), experiment(실험), statistically(통계적으로), valid(타당한, 정당한 근거가 있는), slight(조금의, 사소한), cite(인용하다), witness(목격하다, 증언하다), escape(도망, 도망치다), chief conservator(관리 위원장), observe(보다, 목격하다), blackbuck(검은 사슴), rush away to(~로 빠르게 달아나다), tsunami(해일), wave(파도), stroke(쳤다, 강타했다: strike의 과거형), coastline(해안선)

해석 많은 사람들은 오랫동안 믿어왔다 / 동물들은 지진들을 예측할 수 있다고. 기원전 373년에, 쥐들, 뱀들과 족제비들은 그리스의 Helice시를 떠났다고 보고되었다 / 지진이 그 도시를 파괴하기 몇 일 전에. 최근 몇 년간, 동물들의 경고 행동에 기반한 지진 예측은 중국과 일본에서 시도되었지만, 미국의 과학자들은 여전히 의심하는 상태이다.

몇몇 과학자들은 주장한다 / 인간들은 P파(1차 지진파)를 감지할 수 없다고 / 지진의 거대한 지하 폭발이나 파열에 의해 생성되는 / 왜냐하면 그것은 너무 작기 때문에, 하지만 동물들은 그것을 탐지할 수 있다고. 그 P파는 S파(2차 지진파)보다 더 빠르게 움직인다 / 지면을 가장 격렬하게 흔들고 가장 큰 파괴를 야기시키는. 지진이 일어날 때, 동물들은 다가오는 P파를 감지한 다음에 신경질적으로 행동할 수 있다. 곧, 그 동물들은 안전한 곳으로 이동한다 / S파가 도달하기 전에.

다른 과학자들은 제안한다 / 그 동물 행동은 저주파 전자기 신호들의 증가에 대한 그들의 반응일 뿐이라고. 콜라라도 대학은 보여왔다 / 전자기 움직임은 결정암의 깨진 틈에 의해 생성될 수 있다는 것을. 한 최근 실험에서, 전자기 감지 장치들은 통계적으로 유효한 결과들을 내보인다 / 동물 행동들에 기반한 지진 예측에서.

몇몇 사람들은 주장한다 / 동물들은 다가오는 지진들을 예측할 수 있다고 / 왜냐하면 그 동물들은 환경의 약간의 변화들에 선천적으로 더 민감하기 때문에. 이 주장을 지지하면서, 예들은 인용되고 있다 / 사람들이 동물들의 도망을 목격했을 때 / 지진이 발생하기 직전에. 예를 들면, Tamil Nadu 인도 주의 삼림 관리 위원장은 500마리의 검은 사슴들을 목격했다 / 안전한 산꼭대기로 도망친, / 지진에 의해 생성된 살인적인 해일 파도들이 2004년에 인도 해안선을 강타하기 약 1시간 전에.

 1. skeptical(회의적인, 의심 많은)
   (A) 알맞은, 충분한   (B) 의심스러운
   (C) 인상적인   (D) 호기심 많은, 알고 싶은

2. 질문에 있는 'earthquake prediction based on animal behavior'는 본문의 첫 문장부터 끝까지 나오고 있습니다. 전체 내용을 요약해보면, '많은 사람들은 동물들이 지진들을 예측할 수 있다고 믿는다', '기원전 373년에, 동물들이 지진을 예측하고 미리 도망쳤다', '최근에, 중국과 일본에서 동물 행동에 기초한 지진 예측이 시도되어 왔지만 미국 학자들은 그런 예측에 회의적이다' 입니다. 이런 내용에 맞는 보기는 (C)입니다. (A): China and Japan → Greece (B): not을 빼야 합니다. (C) 정답입니다. (D): believe → do not believe

3. rupture(파열, 터짐)
   (A) 밀도, 농도   (B) 경우, 실례
   (C) 경관, 풍경   (D) 파괴, 붕괴

4. 'true about earthquake waves EXCEPT'라는 질문에서 'earthquake waves'는 본문의 첫째 문장부터 끝까지 나오고 있으므로 답을 찾으려면 단락 전체 내용을 이해해야 합니다. 단락 전체 내용을 요약하자면, '인간들은 P파를 감지할 수 없지만 동물들은 가능하다', 'S파는 P파보다 느리게 움직이고, 파괴력이 크다', '동물들은 P파를 감지하고 S

파가 도달하기 전에 안전한 곳으로 피한다'입니다. 이런 내용에 맞지 않는 보기는 (C)입니다. (C): 'S-wave → P-wave'로 고쳐야 본문 내용과 맞습니다.

5. **valid**(타당한, 정당한 근거가 있는)
   (A) 알맞은, 적합한   (B) 전형적인
   (C) 애매한, 불분명한   (D) 정도를 벗어난, 별난

6. 삽입 문제의 전략에 따르면, 첫째, 문제 속에 주어진 문장은 이전의 내용에 대한 보충 설명을 나타냅니다. 둘째, 문제에 주어진 문장의 주어 'Such movement'는 이전 문장의 내용을 가리키고, 술부 'occurs in break lines before earthquakes'는 다음 문장의 내용과 연결됩니다. 이와 같은 여러 힌트들 중에서 결정적인 것은 'Such movement' 입니다. 'Such'는 '그런'이라는 뜻이기 때문에 'movement'가 바로 앞 문장에 나와야 합니다. (B) 앞 문장에 'movement'가 나오고 있으므로 정답입니다. (B) 다음 문장에 '전자기 감지기들이 지진 예측의 통계적으로 타당한 결과들을 내놓는다'는 내용은 주어진 문장의 술부 'occurs in break lines before earthquakes'와 잘 연결되고 있습니다.

7. 'the chief conservator'라는 사람을 언급하는 이유를 묻는 문제입니다. 이 질문처럼 사람 이나 동식물에 밑줄을 긋고 '왜 이 사람 또는 동식물을 언급하는가?'라고 질문하면 바로 그 전 문장에서 답을 찾으세요. 그 이유는 특정적인 사람이나 동식물은 바로 앞에 있는 내용의 보충 설명으로 쓰이기 때문입니다. 'the chief conservator'가 들어 있는 문장의 바로 앞 문장 내용은 'people have witnessed escape of animals just before an earthquake occurs(사람들은 지진이 일어나기 직전에 동물들의 도망을 목격해왔다)'이므로 이를 반영하는 보기는 (D)입니다.

8. Introductory sentence에서 주부의 핵심어구는 'people'이고, 술부의 핵심어구는 'associate an approaching earthquake with animal behavior'입니다. 정답 찾는 전략: 'associate an approaching earthquake with animal behavior'에 관한 내용을 포함하는 문장들은 정답이고 그렇지 않은 문장들은 오답이 됩니다. 오답 찾는 전략: 첫째, 주제문의 내용이 긍정적인 내용이므로 부정적인 내용의 보기는 오답입니다. 둘째, 〈명사 is 명사〉의 문장은 용어 설명의 가능성이 높으므로 유의하시기 바랍니다. 셋째, 구체적인 사람, 동식물, 사물이 나오면 보충 설명 문장이 되므로 오답이 됩니다. 넷째, 두 개의 보기들의 내용이 비슷할 때 큰 개념이 정답이고 작은 개념은 오답이 됩니다.
   (A): 'rats, snakes, and weasels'는 특정적인 동물들을 나타내므로 뒷받침 문장에 쓰일 수는 있지만 단락의 주제 문장에 쓰일 수 없습니다.
   (B): 'When they sense the P-wave …, animals can notice the incoming earthquake'는 '지진과 동물 행동의 관계'를 나타내므로 정답입니다.
   (C): 〈명사 is 명사〉의 문장으로서 용어 설명이므로 단락의 주제가 될 수 없습니다.
   (D): 'S-wave'는 (B)에도 언급이 되고 있습니다. (B)가 큰 개념이고 (D)는 작은 개념이므로 (D)는 뒷받침 문장으로 쓰여야 하므로 오답입니다.
   (E): 'Changes in electromagnetic field … are linked to an earthquake escape behavioral system'는 '지진 과 동물 행동의 관계'를 나타내므로 정답입니다.
   (F): 'aware of an incoming earthquake because they are naturally more sensitive to environmental changes'는 '지진과 동물 행동의 관계'를 나타내므로 정답입니다.

Review Test	p. 252~257

|정답| 1. (A) 2. (C) 3. (B) 4. (D) 5. (C) 6. (D) 7. (B) 8. (B)
       9. (C) 10. (B)(C)(E)

 sophisticated(복잡한, 정교한), astronomy(천문학), extraordinary(놀라운, 비범한), architecture(건축), ancient(고대의, 옛날의), civilization(문명), Mesoamerica(남미), originate(비롯되다, 시작하다), prominence(두드러짐, 뛰어남, 유명), invent(발명하다), complicated(복잡한), hieroglyphic(상형 문자의), interpret(해석하다, 번역하다), improve(개선

하다, 향상시키다), accurate(정확한), pre-Hispanic(라틴 아메리카 이전의), lunar cycle(달의 순환), predict(예보하다, 예측하다), heavenly occurrence(천체의 출현), construct(세우나, 건설하다), advanced(전진한, 발전된), adorn(장식하다), ceremonial(의식의, 의식용의), temple(사원), kingdom(왕국), noble(귀족), complex(복잡한), hierarchical(계층제의), arable(경작에 알맞은, 경작 가능한), labor force(노동력), waterworks(상수도, 급수시설), reservoir(저수지), tend(돌보다, 재배하다), surplus(여분, 잉여 농산물), urban(도시의), tropical(열대의), rain forest(우림), orderly(정돈된), fashion(유행, 방법), torn down(tear의 과거분사; 무너져 내린), over and over(계속해서), seemingly(겉으로 보기에), scatter(흩뜨리다, 분산시키다), boundary(경계), entirely(완전히), rural(시골의), decline(쇠퇴, 하락), involve(포함하다, 관련시키다), enormous(거대한), primarily(본질적으로, 첫째로), slash and burn farming technique(나무 베고 태우는 농업 기술), nutrient(영양물), dung(똥, 거름), extremely(극도로, 대단히), infertile(메마른, 불모의), section(구획, 구역), bean(콩), squash(호박), tobacco(담배), on the contrary(이와 반대로, 오히려), terrace(계단식 대지, 계단식 단)

그들의 완전히 발전한 문서 언어, 천문학과 수학의 복잡한 개념들, 놀라운 건축과 함께, 마야는 의심할 여지없이 남미의 위대한 고대 문명들 속에 있었다. 기원전 2600년 경에 Yucatan 반도에서 시작된, 그들은 기원후 300년 경에 뛰어난 위치로 발전했다 / 현재의 남부 멕시코, 구아테말라, 북부 벨리즈와 서부 온두라스에. 마야인들은, / 고대 멕시코의 가장 뛰어난 기획자들로서 간주되는, / 복잡한 스타일의 상형 문자를 발명했다 / 지금까지 완전히 해석되지 않는. 그들은 정확한 과학들을 발전시켰다 / 다른 라틴 아메리카 이전의 문명들로부터 배웠던. 천문학과 수학에 대한 그들의 지식을 사용하여 마야인들은 달의 순환을 계산했고, 정확하게 천체 출현들을 예측했고, 정교한 달력 체계를 만들었다. 금속 도구들 없이, 그들은 발전되고 아주 장식적인 의식용의 건물들을 지었다, / 궁궐들과 사원들과 같은.

마야 문명은 왕들과 귀족들에 의해 통치되는 아주 조직화된 왕국들로 발전했다 / 기원후 300~900년의 고전 시대 동안에. 몇몇 이유들이 있을 수 있다 / 왜 마야가 지방 공무원들에 의해 통치되는 작은 농업 사회들에서 고대 시대의 복잡한 계층적인 왕국들로 바뀌었는가에 대한. 빗물을 모으는 방법들을 찾고 농업을 위한 더 많은 경작할 수 있는 토지를 만드는 것이 이런 변화들을 야기시켰다. 거대한 노동력은 조직되었다 / 저수지들 같은 급수 시설들을 세우고 유지하고 옥수수 밭들을 경작하기 위하여. 그래서, 마야인들은 잉여 농산물을 창출했다 / 이웃하는 국가들과 더 나은 무역을 야기하고 그 후의 인구 증가를 야기시켰던.

마야는 결코 진짜 도시 문화가 아니었다. 거의 모든 도시 중심지들은 열대 우림들 안에 세워졌다. 마야 도시들은 정돈된 연결망으로 설계되지 않았고, 계획적이지 않은 방식으로 발전했던 것처럼 보인다, / 사원들과 궁궐들은 무너진 다음에 몇 세기에 걸쳐서 계속 재건된 채. 이런 겉보기에 불규칙하고 흩어진 패턴의 거주 때문에, 마야 도시들의 경계들은 종종 결정하기 어렵다. 그 도시 중심지들은 종교적 중심지들로서 거의 전적으로 사용됐다 / 그들을 둘러싼 시골 주민을 위한. 기원후 900년 이후의 도시 중심지들의 쇠퇴는 종교 변화만큼 그렇게 많이 거대한 사회 변화를 포함하지 않았다 / 왜냐하면 도시들의 버림받음은 주로 북부로부터의 종교 변화에 기인했으므로.

열대 우림들을 경작하도록 강요 받은, 마야인들은 나무를 베고 태우는 농업 기술들을 사용했다 / 농업을 위한 토지들을 만들기 위해. 그 숲에서, 식물들은 너무 빠르게 자라서 그 식물들은 아주 빠르게 그 영양분들을 소모했다 / 죽은 식물들과 동물 거름에 의해 제공된. 게다가, 폭우들은 그 열대 우림이 농업을 위해 대단히 메마르게 되도록 야기시켰다. 그래서, 저지대들에서, 마야인들은 한 구역의 숲을 잘라 내고, 나무들과 식물들을 태우고, 그 다음에 그 구역을 경작하곤 했다. 그들은 옥수수, 콩들, 호박과 담배를 재배했다. 반대로, 고지대에서, 그들은 농업을 위해 산허리의 계단식 대지를 만들었다. 그들은 새로운 농장을 2년 동안 사용한 후에, 그들은 그것을 10년 동안 경작되지 않은 채 놔뒀다 / 그것을 다시 사용하기 전에.

1. prominence(두드러짐, 뛰어남, 유명)
   (A) 명성, 평판   (B) 애매함, 모호
   (C) 자각, 인식   (D) 사소함, 하찮음

2. 질문에 나온 'achievements which the Maya accomplished'는 본문 전체에 걸쳐 나오고 있습니다. 하지만, 이 질문에 대한 답은 본문의 주제 문장인 첫 문장을 참고하면 됩니다. 왜냐하면 주제 문장에 아주 중요한 정보가 포함되어 있기 때문입니다. 즉, 'With their fully developed written language, sophisticated concepts of astronomy and mathematics, and extraordinary architecture, the Maya were undoubtedly among the great ancient civilizations of Mesoamerica.' 이를 쉽게 표현하면, '아주 발전된 언어, 천문학과 수학의 복잡한 개념들, 뛰어난 건축으로 인해 마야인들은 위대한 고대 문명을 이뤘다'는 것입니다. 이런 내용에 맞는 보기는 (C)입니다. (A): well interpreted → not well interpreted (B): not을 빼야 합니다. (D): unsophisticated and undecorated → sophisticated and decorated

3. 질문에 나온 'a reason why the Maya adopted a hierarchical system of government with rule by kings

and nobles'는 본문의 셋째 문장에 나오고 구체적인 이유들은 다음 문장들에 나오고 있습니다. 즉, 'Finding ways to collect rainwater and creating more arable land for agriculture(빗물을 모을 수 있는 방법들을 찾는 것과 농업을 위해 더 경작할 수 있는 땅을 만드는 것)', 'A large labor force was organized in order to build and maintain the waterworks such as reservoir and tend the cornfields.(다수의 노동력이 조직됐다 / 저수지와 같은 급수시설들을 짓고 유지하고 옥수수 밭을 경작하기 위해)'. 이런 내용들과 맞지 않는 것은 (B)입니다. '인구 증가 억제'에 대한 내용은 본문에 없습니다.

4. tend(돌보다, 재배하다)
   (A) 향상시키다   (B) 막다, 방해하다
   (C) 황폐시키다   (D) 경작하다

5. 삽입 문제의 전략에 따르면, 첫째, 문제 속에 주어진 문장은 이전의 내용을 보충 설명하고 있습니다. 둘째, 주어진 문장의 주어 'These innovations'는 이전 문장의 내용과 연결되고, 술부의 핵심어구 'increased food production'는 그 다음 문장 내용과 연결되어야 합니다. 이와 같은 여러 힌트들 중에서 결정적인 것은 'These innovations'입니다. '이런 혁신들'이라는 의미 때문에 '앞에 나온 여러 가지 혁신들'을 가리켜야 합니다. 본문에서 '여러 가지 혁신들'은 (C) 앞에 나오고 있습니다. (C) 다음 문장에 'increased food production'와 관련된 내용인 'a surplus(잉여 농산물)'이 나오고 있습니다. 그래서 정답은 (C)입니다.

6. 질문에 나온 'urban centers'는 본문의 둘째 문장에 'Almost all the urban centers were built in tropical rain forests.'라고 나오고 있습니다. 'urban centers'에 대해서 유추할 수 있는 힌트는 첫째 문장과 단락 중간에 나오고 있습니다. 즉, '마야는 진짜 도시 문화가 아니다'는 것과 'urban centers were almost entirely used as religious centers for the rural population surrounding them(도시 중심지들은 시골 주민을 위한 종교 중심지들로서 거의 전적으로 사용됐다)'는 것입니다. 다시 말하면, '주민들은 주로 시골에 살아서 마야 문명은 시골 문명이고 마야 도시들은 비체계적으로 세워졌고, 오로지 종교적 역할만 했으므로 설령 그것들이 붕괴됐을 때라도 주민들에게 큰 타격을 입히지 못했다'는 것입니다. 이런 내용을 반영하는 보기는 (D)입니다.

7. 본문에서 음영 처리된 문장의 연결어구는 because입니다. Because의 의미 때문에 두 절의 내용이 인과 관계라야 합니다. 즉, '도시 중심지들의 쇠퇴는 종교 변화만큼 그렇게 많이 거대한 사회 변화를 포함하지 않았다'는 결과이고 '도시들의 버림받음은 주로 북부로부터의 종교 변화에 기인했다'는 원인입니다.
   (A): 'resulted in religious change as well as huge social change' 부분이 틀렸습니다. (B): 본문의 내용과 일치하므로 정답입니다. (C): 'causing enormous social change' 부분이 틀렸습니다. (D): 'not involved → involved'라야 본문 내용과 맞습니다.

8. 'the nutrients supplied by dead plants and animal dung'라는 긴 어구를 묻는 문제는 본문에서 이 어구가 들어있는 문장의 바로 앞 문장에서 답을 찾으면 됩니다. 왜냐하면 이런 긴 어구가 나오는 이유는 앞 문장 내용을 뒷받침하기 위해 쓰이기 때문입니다. 이 어구 바로 앞 문장의 내용은 'the Mayans used slash and burn farming techniques to make lands for agriculture(마야인들은 농토들을 만들기 위해 나무를 베고 태우는 기술들을 사용했다)'는 것이고 바로 다음에 나온 이 어구는 앞 내용에 대한 이유로 제시되고 있습니다. 이런 내용을 반영하는 보기는 (B)입니다.

9. 질문에 나온 'Mayan agriculture'는 본문의 첫째 문장부터 단락 끝까지 나오고 있습니다. 전체 단락 내용을 이해한 후 이 질문에 답할 수도 있지만 주제 문장을 참고해도 보기 2개는 제거할 수 있습니다. 왜냐하면 주제 문장에 아주 중요한 정보가 포함되어 있기 때문입니다. 즉, 'Forced to cultivate tropical rain forests, the Mayans used slash and burn farming techniques to make lands for agriculture.' 이를 쉽게 표현하면, '열대 우림들을 경작하지 않으면 안 되는 마야인들은 농토들을 만들기 위해 나무를 베고 태우는 농업 기술들을 사용했다'는 것입니다. 여기에 내포된 의미는 '마야 지역은 농사 짓기에 적합한 곳은 아니었다', '마야 사람들은 slash and burn farming techniques를 이용하여 우림이었던 곳(= 비가 많이 오는 곳)에서 농사 짓는데 성공했다 = 폭우에도 견디는 작물들을 키웠다', '마야인들은 어려운 여건들을 이겨낸 대단한 사람들이다' 등. 이런 내용을 바탕으로 (A)와 (B)를 제거할 수 있습니다. (C): 맞는 내용이므로 정답이고요. (D): 다섯째와 여섯째 문장을 참고하면 (D)가 틀렸음을 알 수 있습니다. 즉, 'highlands → lowlands'로 고치면 본문 내용과 맞습니다.

10. Introductory sentence에서 주부의 핵심어구는 'The Maya civilization'이고, 술부의 핵심어구는 'one of the most highly developed civilizations'입니다. 정답 찾는 전략: 'one of the most highly developed civilizations'에 관한 내용을 포함하는 문장들은 정답이고 그렇지 않은 문장들은 오답이 됩니다. 오답 찾는 전략: 첫째, 주제문의 내용이 긍정적인 내용이므로 부정적인 내용의 보기는 오답입니다. 둘째, 〈명사 is 명사〉의 문장은 용어 설명의 가능성이 높으므로 유의하시기 바랍니다. 셋째, 구체적인 사람, 동식물, 사물이 나오면 보충 설명 문장이 되므로 오답이 됩니다. 넷째, 두 개의 보기들의 내용이 비슷할 때 큰 개념이 정답이고 작은 개념은 오답이 됩니다.

(A): 'depended on agricultural gods, such as the rain god'는 '뛰어난 문명'과 관계없고, 본문에 언급되고 있지 않으므로 오답입니다.
(B): 'the high civilizations, producing remarkable architecture, science, and writing system'은 '뛰어난 문명'을 나타내는 어구이므로 정답입니다.
(C): 'grew to be a kingdom ruled by nobles and kings'는 마야의 정치 분야를 언급하므로 정답입니다.
(D): '사원들과 궁전들이 계속해서 파괴되고 재건된'것은 부정적인 의미로서 '뛰어난 문명'과 정반대 의미이므로 오답입니다.
(E): 'The Maya created arable land by using a slash-and-burn technique'는 마야의 농업 분야를 언급하므로 정답입니다.
(F): 'The Maya writing system'은 (B)에도 언급되고 있습니다. (B)가 큰 개념이고 (F)는 작은 개념으로 처리되므로 오답입니다.

Chapter 10 Table(표) 문제

Warming-up   p. 262~263

|정답| 1. Ancient Greece: (B)(F)(I), Ancient Rome: (A)(C)(E)(H)
2. Athenian Women: (B)(E)(G), Spartan Women: (A)(D)

p. 262 Passage 1

 expand(확대하다, 팽창하다), sculptor(조각가), invasion(침입, 침략), portrait(초상화), decoration(장식), hilly(언덕이 많은, 험한), countryside(지방, 시골), high-powered(매우 유능한, 성능이 우수한), innovative(혁신적인), Mediterranean(지중해, 지중해 부근의), terrain(지형, 지세), scatter(흩뜨리다, 분산시키다), organism(생물, 유기적 조직체), lane(통로, 항로), assemble(모으다, 조립하다), territorial(영토의, 토지의), conquest(정복, 획득), imitator(모방자), on a larger scale(대규모로), civilization(문명), quality(특성, 질), quantity(양, 수량), original(독창적인), derivative(파생적인, 원본이 아닌), inventor(발명가), division(구분, 구역, 급), citizen(시민)

 고대 그리스와 고대 로마의 특징들을 아래와 같이 표로 정리하면 문제를 푸는데 아주 도움이 됩니다.

Ancient Greece	Ancient Rome
흩어진 도시들로부터 발전했다. 지중해 수로들을 따라 확대됐다. 질을 중요시 했다. 독창적이고 발명가였다. 여성들은 시민들이 아니었다.	하나의 유기적 조직체로부터 발전했다. 영토 정복에 의해 모아졌다. 그리스 모방자였다. 양을 중요시 했다. 파생적이고 연구와 개발 수준이었다. 여성들은 시민들이었다.

(A): '그것은 하나의 원래 정착지로부터 확대를 가졌다.' → 로마의 특성
(B): '그것의 조각가들의 목표는 이상적인 예술 형태를 만드는 것이었다.' → 그리스의 특성
(C): '그것의 주요 관심은 침략에 의한 영토 확장에 있었다.' → 로마의 특성
(D): '그것의 경제는 주로 제조업 위에 기반하고 있었다.' → 두 나라의 특징이 아님(제조업은 근대의 산업 혁명 이후에 나타난 현상)
(E): '그것의 예술가들의 목표는 장식을 위한 실질적 초상화를 만드는 것이었다.' → 로마의 특성
(F): '그것의 도시들은 언덕이 많은 지방에 의해 서로 분리되어 있었고 모두 지중해 가까이에 있었다.' → 그리스의 특성(흩어진 도시들, 수로들을 따라 확대)
(G): '그것의 성공에 대한 열쇠는 고성능 배들과 강한 육군에 놓여 있었다.' → 어느 한 나라의 특성이 아님(고성능 배는 그리스 특성이고, 강한 육군은 로마의 특성이므로)
(H): '그것의 여성들은 시민들로 간주되었다.' → 로마의 특성
(I): '그것의 문명은 혁신적인 질을 가졌다.' → 그리스의 특성

고대 그리스와 고대 로마 둘 모두 지중해 부근의 나라들이었지만, 그 두 나라들의 지형은 아주 달랐다. 그리스는 흩어진 도시들로부터 발전한 반면에, 로마는 단 하나의 유기적 조직체로부터 발전했다. 그리스 세계는 지중해 수로들을 따라 확대된 반면에, 로마 세계는 영토 정복에 의해 모아졌다. … 로마는 대규모로 그리스의 모방자였다. … 그리스 문명은 질을 가졌다; 로마는 단지 양을 가졌다. 그리스는 독창적이었다; 로마는 파생적이었다. 그리스는 발명가였다; 로마는 연구와 개발 수준이었다. … 그리스 여성들은 시민들이 아니었다; 로마 여성들은 시민들이었다.

p. 263 Passage 2

dominant(지배적인, 권위가 있는), figure(인물, 모양, 그림, 숫자, 몸매), household(가정), confine(제한하다), participate in(참여하다), physical fitness(신체적인 적합함), take part in(참여하다), athletic event(운동 경기), obedient(순종하는, 말을 잘 듣는), permit(허락하다, 허가하다), inherit(물려 받다, 상속분으로 받다), asset(재산, 장점), be forced to(~하도록 강요되다), indoors(집안에서), allow(허락하다, 인정하다), attend(참석하다), in contrast(대조적으로), counterpart(사본, 복사물, 한쪽), property(재산, 부동산), state policy(국가 정책), on a regular basis(정규적인 방식으로), principal figure(주요한 인물)

아테네 여성들과 스파르타 여성들의 특징들을 아래와 같이 표로 정리하면 문제를 푸는데 아주 도움이 됩니다.

Athenian Women	Spartan Women
집안에 머무르도록 강요 받았다. 아버지와 남편에 의해 통제 받았다. 종교적인 행사에 참석할 때만 외출 가능했다. 재산을 상속 받을 수 없었다.	자유로운 삶을 영위했고, 언제나 외출 가능했다. 그들은 재산을 상속 받도록 허용되었다. 고등 교육과 체육 교육을 받았다. 가정의 주요한 인물이었다.

(A): '그들은 가정의 지배적인 인물들이었다.' → 스파르타 여성들의 특성
(B): '그들은 그들의 집에 감금되었다.' → 아테네 여성들의 특성
(C): '그들은 정치에 참여할 수 있었다.' → 여성의 정치 참여에 대한 언급이 없음
(D): '그들은 신체적인 적합함을 위해 훈련 받았고 달리기와 레슬링 같은 운동 경기에 참여했다' → 스파르타 여성들의 특성
(E): '그들은 순종적이 되도록 기대됐다 / 그녀의 아버지나 남편의 보호 아래.' → 아테네 여성들의 특성
(F): '그들은 어린 시절에 남자들에 의해 통제되었지만, 그 후에 자유로운 삶을 살았다.' → 어느 쪽도 아님(남자들에 의해 통제된 것은 아테네 여성들이고, 자유로운 삶을 산 것은 스파르타 여성들임)
(G): '그들은 재산들을 상속 받는 것이 허용되지 않았다' → 아테네 여성들의 특성

아테네 여성들은 집안에 머무르도록 강요 받았다. 그들은 어린 시절에 그들의 아버지들에 의해 통제 받았고 결혼 후에는 그들의 남편들에 의해 통제 받았다. 그들은 오로지 집을 떠나도록 허용되었다 / 어떤 종교적인 축제들에 참석할 때만. … 대조적으로, 스파르타 여성들은 자유로운 삶을 영위하고 그들의 집들을 떠날 수 있도록 허용되었다. 그들의 아테네 상대들(여성들)과는 달리, 그들은 재산을 상속 받도록 허용되었다. … 그들은 국가 정책에 의해 요구되었다 / 고등 교육과 체육 교육을 받도록. … 대부분의 남자들이 정규적인 방식으로 집을 떠나 있을 때 / 전쟁들에 대비한 훈련 때문에, 스파르타 여성들은 주요한 인물이 되곤 했다.

Exercise p. 264~265

|정답| 1. (D) 2. (B) 3. (D) 4. (B) 5. Butterflies: (A)(D)(G), Moths: (B)(E)

어휘 nocturnal(밤의, 야행성의), rest(휴식, 쉬다, 눕다), fold(접다, 포개다), roost(홰, 보금자리), spread out(밖으로 펼친), side(옆, 측면, 옆구리), noticeable(남의 눈을 끄는, 두드러진), thin(얇은, 가느다란), feathery(깃으로 뒤덮인, 깃털이 많은), slender(가느다란, 날씬한), abdomen(배, 복부), fine(훌륭한, 가는, 홀쭉한), scale(비늘, 비늘 털), absorb(흡수하다), solar(태양의), radiation(복사 에너지), retain(보유하다, 간직하다), brightly(밝게, 빛나서), obscuring(덮어 감추는, 흐리게 하는, 칙칙한), camouflage(위장)

해석 나비들과 나방들은 아주 비슷하지만, 그들은 크게 두 가지 차이점들을 가지고 있다: 행동적 차이점들과 구조적 차이점들. 대부분의 나비들은 낮 동안에 난다 / 반면에 대부분의 나방들은 야행성이다. 나비들은 그들의 날개들을 접은 채 쉰다. 그들은 자주 그들의 날개들을 그들의 등 위에 접는다 / 그들이 보금자리에 앉아있을 때. 대조적으로, 나방들은 보통 그들의 날개들을 옆구리들에 펼친 채 쉰다.

가장 뚜렷한 차이는 안테나들 안에 있다. 나비들은 길고, 얇은 안테나들을 가지고 있다 / 반면에 나방들은 종종 더 짧고 깃으로 덮인 안테나들을 가지고 있다. 나비들은 가늘고 부드러운 배들을 가지고 있다, / 반면에 나방들은 강하고 털 많은 몸들을 가지는 경향이 있다. 나비들은 가는 비늘 털들을 가지고 있다, / 반면에 나방들은 그들의 날개들 위에 큰 비늘 털들을 가지고 있다. 왜 이런 차이가 나타나는가? 나비들은 태양 복사 에너지를 낮 동안에 흡수할 수 있다, / 반면에 나방들은 추운 밤들 동안에 열을 보존할 필요가 있다. 나비들은 밝게 채색된 날개들을 가지고 있다. 대조적으로, 야행성 나방들은 갈색이나 검정 같은 칙칙한 색깔들을 가지고 있다 / 그것들은 그들을 위장하는 것을 돕는다 / 그들이 낮 동안에 휴식을 취할 때.

1. nocturnal(밤의, 야행성의)
   (A) 자각하고 있는   (B) 오후의
   (C) 눈에 보이지 않는   (D) 밤의, 야행성의

2. fine(훌륭한, 가는, 홀쭉한)
   (A) 똑바른, 직접적인   (B) 얇은, 가느다란
   (C) 평평한   (D) 더 뛰어난

3. 질문에 나온 'moths have large scales on their wings'는 본문의 넷째 문장에 나오고 구체적인 이유는 그 다음 문장에 'moths need to retain heat during the cold nights'라고 나옵니다. 즉, '나방들은 추운 밤들 동안에 열을 보존할 필요가 있다'는 것입니다. 이런 내용을 반영하는 보기는 (D)입니다.

4. 질문에 나온 'moths usually have dull colors'는 본문의 마지막 문장에 'nocturnal moths have obscuring colors'라고 나오고 그 이유는 'which help camouflage them as they have a rest during the day'라고 나옵니다. 즉, '그 칙칙한 색깔은 그들이 낮 동안 쉴 때 위장하는 것을 돕는다'는 것입니다. 이런 내용을 반영하는 보기는 (B)입니다.

5. 나비들과 나방들의 특징들을 아래와 같이 표로 정리하면 문제를 푸는데 아주 도움이 됩니다.

Butterflies	Moths
낮 동안에 움직인다.	야행성이다.
날개들을 접은 채 쉰다.	날개들을 펼친 채 쉰다.
길고 얇은 안테나들을 가지고 있다.	짧고 깃털 많은 안테나들을 가지고 있다.
가늘고 부드러운 배들을 가지고 있다.	강하고 털 많은 몸들을 가지고 있다.
가는 비늘 털들을 가지고 있다.	날개들에 큰 비늘 털들을 가지고 있다
태양 에너지를 낮 동안에 흡수한다.	추운 밤에 열을 보존할 필요가 있다.
밝게 채색된 날개들을 가지고 있다.	갈색이나 검정 같은 칙칙한 색깔들을 가지고 있다.

(A): '그들은 보통 날개들을 접은 채 쉰다.' → 나비들의 특성
(B): '그들은 보통 날개들 위에 흐릿한 색깔들을 가지고 있다.' → 나방들의 특성
(C): '그들은 일반적으로 낮과 밤 동안에 음식을 모은다.' → 어느 쪽도 아님(나비들은 낮에 움직이고 나방들은 밤에 움직인다)
(D): '그들은 얇고 가는 안테나들을 가지고 있다 / 끝에 곤봉 모양인.' → 나비들의 특성
(E): '그들은 더 두껍고 더 털 많은 몸을 가지고 있다.' → 나방들의 특성
(F): '그들의 날개들은 수 천 개의 작고 큰 비늘 털들로 덮여 있다 / 다채로운 날개 패턴들을 만드는.' → 어느 쪽도 아님 (나비들은 작은 비늘 털, 나방들은 큰 비늘 털들을 가지고 있다)
(G): '그들은 햇볕을 흡수할 수 있다 / 왜냐하면 그들은 얇은 비늘 털들을 가지고 있으므로.' → 나비들의 특성

Review Test   p. 266~270

|정답| 1. (D)   2. (B)   3. (C)   4. (B)   5. (A)   6. (B)   7. (A)   8. (D)
        9. Comets: (A)(E), Asteroids: (B)(D)(F)

어휘 mistakenly(잘못되어, 틀리게), comet(혜성), asteroid(소행성), interchangeable(교환할 수 있는, 교체할 수 있는), bit(조각, 조금), nucleus(핵), dust(먼지), particle(입자), vaporize(증발하다, 증발시키다), atmosphere(대기, 주위 상황), minor(작은, 중요치 않은), planet(행성), orbit(궤도, 궤도를 그리며 돌다), term(용어, 기간, 조건), refer to(언급하다), object(물건), melt(녹다), elliptical(타원형의, 생략의), Uranus(천왕성), Neptune(해왕성), Pluto(명왕성), solid(단단한, 고체의), solar(태양의), nebula(성운), Mars(화성), Jupiter(목성), tremendous(무서운, 엄청나게 큰), diameter(직경, 지름), diverse(다양한), figure(그림, 모습, 숫자, 인물), one-tenth(1/10), loosely(느슨하게, 헐렁하게), weak(약한), gravity(중력)

해석   대부분의 사람들은 잘못 생각한다 / 혜성들과 소행성들은 교환할 수 있다고 / 왜냐하면 그것들은 모두 바위들이나 얼음 조각들이기 때문에. 실제로, 그것들은 아주 다르다. 혜성들과 소행성들의 주요 차이는 그것들이 구성된 것이다. 혜성들의 기본적인 요소들은 얼음과 먼지이다. 혜성의 핵은 공 모양의 얼음과 먼지 입자들이다. 혜성들이 태양에 충분히 가까워질 때, 그것의 열은 그 핵 위의 그 얼음을 증발시킨 다음에 가스와 먼지 입자들을 우주 공간으로 내보낸다. 그 가스와 먼지 입자들은 코마라 불리는 그 혜성의 대기를 형성한다. 또 한편으로, 소행성들의 요소들은 금속들과 바위 물질이다. 작은 행성이라고 불리는, 소행성은 바위이다 / 행성처럼 태양을 도는. 용어 소행성은 보통 다양한 작은 물체들을 지칭한다 / 태양 주변을 도는.

혜성들과 소행성들의 두 번째 차이는 그들이 형성됐던 장소이다. 혜성들은 태양에서 더 멀리 형성됐다 / 얼음들이 녹지 않았던. 그들은 긴 타원 궤도들에 있다고 믿어진다 / 그 궤도들은 그것들을 천왕성의 궤도 너머에서부터 태양 주변에까지 취한다. 이 물체들은 천왕성과 해왕성 사이에 있는 Kuiper Belt와 명왕성 너머에 있는 Oort Cloud에서 발견된다. 대조적으로, 소행성들은 태양에 훨씬 더 가까이 형성됐다, / 거기에서 그것들은 단단한 채 남을 수 있었다. 그것들은 약 45억 5천년 전에 태양의 성운으로부터 형성됐던 것으로 생각된다, / 일반적으로 화성과 목성 사이에 있는 지역 안에.

혜성과 소행성들 사이의 세 번째 차이는 그들의 크기이다. 혜성들은 타는 가스와 얼음의 엄청나게 큰 물체들이다, / 그것들은 보통 소행성들보다 더 크다. 1000억 이상의 혜성들이 있다 / 태양 주변의 긴 궤도들을 가진, 대략적으로 200억 킬로미터만큼 긴. 가장 유명한 것은 Halley 혜성이다, / 그것은 매 77년마다 한 번 지구에 접근한다. 일반적으로, 큰 혜성의 핵은 지구 크기만큼 크지만 Halley 혜성의 그것은 지름이 단지 약 6마일(10킬로미터)이다. 대조적으로, 소행성들은 상대적으로 작은 크기들과 다양한 모습들을 가진다. 가장 큰 소행성인 Ceres는 580마일(930킬로미터)이지만 가장 작은 소행성들은 그 크기의 단지 1/10이다. Mathilde 같은 몇몇 소행성들은 그것들의 약한 중력에 의해 단지 느슨하게 함께 받쳐지고 있다.

 1. **interchangeable**(교환할 수 있는, 교체할 수 있는)
   (A) 깊은, 심오한   (B) 의도적인, 신중한
   (C) 무질서의   (D) **동등한, 같은**

2. 'NOT true about comets and asteroids' 라는 질문의 답을 찾으려면 단락 전체 내용을 이해해야 합니다. 단락 전체 내용을 요약하면, '혜성들은 얼음과 먼지로 구성된다', '혜성이 태양 가까이 접근할 때, 태양은 혜성의 얼음을 증발시

키고 가스와 먼지 입자들을 우주 공간에 보낸다', '소행성은 금속들과 바위 물질로 구성된다', '소행성은 행성처럼 태양을 도는 바위이다' 입니다. 이런 내용들과 맞지 않는 보기는 (B)입니다. 혜성들은 태양 가까이 있으면 녹기 때문에 태양 가까이에서 형성될 수 없습니다.

3. 질문에 나온 'in long elliptical orbits(긴 타원형의 궤도들 속에)'의 내용은 본문의 셋째 문장에 나오고 있습니다. 그것의 의미는 같은 문장과 그 다음 문장에 나오고 있습니다. 즉, 'long elliptical orbits that take them from beyond the orbit of Uranus to around the sun(긴 타원형 궤도들은 혜성들을 천왕성 궤도 위로부터 태양 주변에까지 취한다)' 와 'These objects are found in the Kuiper Belt between Uranus and Neptune(이 물체들은 천왕성과 해왕성 사이의 Kuiper Belt에서 발견된다)'는 것입니다. 이 두 가지 사실로부터 알 수 있는 것은 혜성들은 태양에서 멀리 위치해 있고 태양까지 오는 데 오랜 시간이 걸린다는 것입니다. 이런 내용을 반영하는 보기는 (C)입니다.

4. **These objects가 가리키는 것은?**
'These objects' 앞 문장에 나온 복수명사들은 'They = Comets', 'orbits', 'them = Comets', 'ices'입니다. 이 단어들 중에서 'These objects' 자리에 넣어 의미가 통하는 것은 'Comets'이므로 정답은 (B)입니다.

5. 'why did not comets form closely to the sun' 라는 질문은 본문의 둘째 문장과 다섯째 문장을 참고하여 답하면 됩니다. 즉, 'Comets formed farther from the sun where ices would not melt.(혜성들은 태양에서 더 먼 곳에 형성됐다 / 거기에서 얼음들은 녹지 않곤 했다)'와 'On the contrary, asteroids formed much closer to the sun, where they could remain solid.(대조적으로, 소행성들은 태양에서 훨씬 더 가까이 형성됐다 / 거기에서 그것들은 단단한 채 머물 수 있었다)'. 이 두 가지 사실로부터 알 수 있는 것은 '혜성들은 얼음들로 형성되어 있어서 태양 가까이에 접근하면 녹게 되고, 소행성들은 금속들과 바위들로 형성되어 있어서 태양 가까이에 접근해도 녹지 않는다'는 것입니다. 이런 내용을 반영하는 보기는 (A)입니다.

6. **tremendous(무서운, 엄청나게 큰)**
(A) 강력한　　　　　　　　　(B) **매우 큰, 막대한**
(C) 미세한, 상세한　　　　　　(D) 내구력 있는, 튼튼한

7. 질문에 나온 'Halley's Comet'은 본문의 넷째 문장과 다섯째 문장에 나오고 있습니다. 이를 요약하면, 'Halley's Comet은 매 77년마다 지구에 접근한다. 그것의 크기는 직경이 약 10km 밖에 안 된다'는 것입니다. Halley's Comet의 크기는 가장 작은 소행성들의 크기(930km의 1/10 = 93km) 보다 작습니다. 이런 내용을 반영하는 보기는 (A)입니다. (B): 'short → long'으로 고쳐야 맞습니다. (C): Mathilde 같은 몇몇 소행성들의 특징이므로 맞지 않습니다. (D): 큰 소행성의 핵 크기가 지구 크기 정도이고 Halley's Comet의 크기는 지구보다 훨씬 작습니다.

8. 삽입 문제의 전략에 따르면, 첫째, 문제 속에 주어진 문장은 'Other asteroids'의 의미 때문에 이전의 내용과 대조적이라야 합니다. 둘째, 주어진 문장의 주어 'Other asteroids'는 그 바로 앞에 나오는 〈some + 복수명사〉나 〈many + 복수명사〉와 연결되고, 술부의 'metallic in nature', 'solid rock'은 그 다음 문장 내용과 연결되어야 합니다. 본문에서 (D) 바로 앞 문장에 나온 'Some asteroids'는 'Other asteroids'와 대조적이므로 정답은 (D)입니다.

9. 혜성들과 소행성들의 특징들을 아래와 같이 표로 정리하면 문제를 푸는데 아주 도움이 됩니다.

Comets	Asteroids
얼음과 먼지로 구성되어 있다. 태양에 가까워질 때, 얼음이 녹는다.	금속들과 바위 물질로 구성되어 있다. 행성처럼 태양 주변을 돈다.
태양에서 더 먼 곳에 형성됐다. 천왕성과 해왕성 사이 또는 명왕성 너머에서 발견된다.	태양 가까이에서 형성됐다. 화성과 목성 사이의 지역에서 형성됐다.
소행성들보다 훨씬 더 크다. 반면에, Halley 혜성은 아주 작다. 태양 주변에서 긴 궤도를 가진다.	크기가 작고 다양한 모습을 가지고 있다. 가장 큰 것은 930km, 가장 작은 것은 93km이다. 몇몇은 약한 중력에 의해 느슨하게 받쳐졌고, 다른 것들은 단단하다.

(A): '그들은 먼지와 가스 꼬리들의 특징이 있다 / 태양 가까이에 있을 때.' → 혜성들의 특성
(B): '그들은 태양에 훨씬 더 가깝게 형성됐다 / 왜냐하면 단단한 채 있을 만큼 견고하니까.' → 소행성들의 특성
(C): '그들은 태양으로부터 먼 곳에 형성됐다 / 거기에서 얼음들이 녹았다.' → 어느 쪽도 아님(태양에서 먼 곳에 형성된 것은 혜성들이지만 그곳에서 얼음이 녹지 않습니다.)
(D): '그들은 태양을 도는 바위들이다, / 행성들처럼.' → 소행성들의 특성
(E): '그들은 형성됐다고 믿어진다 / 차가운 바깥 태양계 속에서.' → 혜성들의 특성
(F): '그들의 대부분은 화성과 목성 사이의 괘도에서 발견된다.' → 소행성들의 특성
(G): '그들은 비교적 작은 천체들이다, / 얼음과 먼지로 구성된, / 그들은 태양 주변을 돌고 있다.' → 어느 쪽도 아님(작은 천체들은 소행성들이고, 얼음과 먼지로 구성된 것은 혜성들이므로 맞지 않습니다.)